Moderniser son système d'information

Sabine **BOHNKÉ**

Moderniser son système d'information

EYROLLES

ÉDITIONS EYROLLES
61, bd Saint-Germain
75240 Paris Cedex 05
www.editions-eyrolles.com

Table des matières

Partie II – La DSI et ses défis

Partie III – Approches tactiques pour la modernisation

Partie IV – Les meilleures pratiques de l'évolution

Annexes – Un héritage hétérogène

Avant-propos

Le commencement est la moitié de tout.

Platon

Après cinquante ans d'exercice en entreprise, l'informatique ne devrait plus être un secteur si nouveau qu'il faille en vulgariser l'approche pour les spécialistes.

Rien n'est moins sûr, pourtant. Les technologies de l'information et des communications sont une chose ; les systèmes d'information d'entreprise, une tout autre. Une vérité première que les directions doivent enfin comprendre pour piloter intelligemment le levier stratégique d'adaptation à l'économie immatérielle: leur système d'information.

Ce livre a pour ambition d'éclairer les différentes parties prenantes, chefs de projets, directions des systèmes d'information mais aussi directions générales et directions métier, sur l'enjeu du bon pilotage d'un système d'information. Il offre une méthode pour faire évoluer les comportements, les organisations et l'héritage du passé pour exploiter pleinement ce levier potentiel.

Il nous paraît nécessaire de rappeler sept vérités :

1. La valeur du système d'information réside d'abord dans ses actifs immatériels, pas dans une logique purement tayloriste.

2. Le système d'information nécessite d'avoir réfléchi sur l'information avant de réfléchir aux technologies.

3. La course aux technologies est contre-productive quand on a un existant à gérer.

4. L'évolution ne tire pas ses nouveautés du néant. Elle travaille sur ce qui existe déjà. S'il n'y a pas de visibilité sur l'existant, on ne peut évoluer efficacement.

5. La direction des systèmes d'information est une question transverse de stratégie d'entreprise.

6. L'innovation par le système d'information peut rendre les petites entreprises aussi concurrentielles que les grandes.

7. Sans gestion proactive du patrimoine applicatif, l'existant devient une dette.

La valeur du système d'information réside d'abord dans ses actifs immatériels

En effet, ce n'est pas une logique purement tayloriste qui fonde la valeur d'un système d'information.

Quand on parle de productivité et d'industrialisation, les abaques[1] et les mesures des secteurs industriels producteurs de matières, en particulier la logique du taylorisme, ne sont pas applicables à un système d'information dont la valeur se mesure surtout à l'aune d'actifs immatériels. Or, ce type de mesures est mal maîtrisé (voir l'encart ci-après « Comment mesurer l'intangible ? »).

Les actifs immatériels sont des biens non physiques de l'entreprise mais qui représentent un patrimoine à valeur ajoutée, par exemple la valeur d'une marque connue, ou des bases de données contenant de précieuses informations sur les clients ou les fournisseurs. Ces biens ont une valeur certaine mais implicite et rarement formalisée clairement dans un portefeuille de gestion des actifs. Il en est de même pour les risques associés. Pour les entreprises qui assimilent encore leur informatique à un « centre de coûts » (voir dans le chapitre 4, « Réorganiser un centre de coûts en centre de valeurs », les définitions de *centre de coûts*, *centre de services* et *centre de valeur*), il serait utile qu'elles réfléchissent aux conséquences financières, sur leurs ventes de produits et services, d'une interruption totale de tous leurs systèmes, voire de la simple perte de données client. Pour les entreprises qui a contrario souhaitent évoluer vers la mise en place d'une DSI pilotée par la valeur, les chapitres 4, 5 et 6 développent des pistes concrètes en ce sens.

> **Comment mesurer l'intangible ? – Une économie immatérielle à 86 %**
>
> « Selon une étude de la Banque mondiale, l'économie française est immatérielle à 86 %. Sur les grandes places financières, l'évolution est de même nature. Ainsi, la valeur immatérielle des entreprises cotées est devenue nettement supérieure à leur valeur comptable. Enfin, les normes IAS-IFRS[2] accompagnent ce mouvement en reconnaissant un nombre important d'actifs incorporels et la nécessité de les mesurer précisément. »
>
> Cet extrait est issu du portail de l'observatoire de l'immatériel (www.observatoire-immateriel.com) dédié à la mesure des actifs immatériels. L'observatoire a été créé en 2005, suite au constat de l'importance financière et managériale de ces derniers dans la gestion d'entreprise et au manque de normes et méthodes de mesures. Ses contributeurs ont entrepris un important travail de recherche pour proposer un premier référentiel européen de mesure de ces actifs à l'aide d'un outil « baromètre » qui organise la mesure, la comparaison et la progression de 9 actifs fondamentaux, 71 critères d'analyse et 175 indicateurs de mesure.
>
> Le système d'information figure au titre des 9 actifs fondamentaux, mais son rôle est particulier. Jean-Pierre Corniou, président d'EDS Consulting Services[3] qui livre son témoignage sur ce même portail, souligne : « Dans l'ère immatérielle, nous sommes passés de la main d'œuvre au cerveau d'œuvre. Le système d'information est le bras armé du cerveau d'œuvre », et de préciser : « La capacité du SI à fédérer l'ensemble du capital

---

1. Les abaques sont des tables de calcul qui donnent rapi-dement (à la lecture) un résultat de référence selon des valeurs normées suite à la fourniture de paramètres en entrée. Dans les systèmes d'infor-mation, si des modèles d'abaques existent localement pour prévoir les délais et les coûts des projets, la fiabilité de ces estimations n'a rien d'industriel. D'autre part, délais et coûts de production ne signifient rien sans mesure de la valeur du produit fini (par exemple, la valeur d'usage des services fournis par une application).

2. IFRS *International Financial Reporting Standard*, complé-ment des normes IAS *International Accounting Standard*, sont des normes comptables internationales élaborées par l'IASB, *International Accounting Standards Board*.

3. Société de services informatique

immatériel de l'entreprise représente un facteur stratégique pour l'entreprise [...] en créant une communauté virtuelle efficace entre tous les acteurs. »

Les critères d'analyse du SI comprennent les coûts, la couverture métier actuelle en termes d'indicateurs de données, sorties et traitement mais également en terme de réactivité par rapport aux besoins d'évolution fonctionnelle. Les limites techniques d'obsolescence matériel et logiciel sont également suivies ainsi que les niveaux de maturité sur les dimensions culture (de l'information), humaine (compétences), infrastructure (architecture, intégration, pilotage) et processus de connaissance. Les niveaux de services sont considérés à travers les axes robustesse, disponibilité et sécurité.

Le baromètre ne propose pas de métriques et d'indicateurs métiers pour évaluer l'apport du SI à l'entreprise (par exemple temps de traitement d'une facture avec ou sans le SI). Par contre, il permet de mesurer la maturité de l'entreprise vis-à-vis de son SI et sa capacité à évoluer, notamment à travers les mesures de réactivité et d'obsolescences.

Reste à définir la contribution du SI aux autres actifs de l'entreprise. C'est-à-dire, dans chaque entreprise, pour chaque cas d'usage d'une application ou d'un service informatique, l'apport que représente son utilisation. Que ce soit en termes de réduction de temps de travail, diminution de litiges et de pertes d'affaires grâce à des informations plus fiables, obtention de chiffre d'affaires, amélioration d'une image de marque, etc. Ce qui nécessite, avant tout projet applicatif, d'estimer l'apport attendu avec les utilisateurs en termes métiers, et de convenir de moyens réalistes de mesurer cet apport, l'application une fois en production.

Penser l'information avant les technologies

Un système d'information ne se résume pas à un assemblage de technologies, loin s'en faut. En effet, l'objectif final de ces fameux systèmes d'information est de stocker, préserver, exploiter et échanger des informations pour automatiser des tâches réplicables de façon plus sécurisée que ne le pourrait une intervention humaine, ou fournir à des utilisateurs les informations indispensables pour leur permettre d'agir à bon escient et plus vite.

Les fameuses statistiques d'échecs de projets informatiques (voir la section « La théorie du chaos » du chapitre 5) n'illustrent pas seulement une faiblesse éventuelle de pilotage ou des difficultés d'ordre technique, mais également la défaillance de la nécessaire composante humaine, organisationnelle et architecturale de tout projet de changement d'un système d'information.

Comment architecturer ces informations, comment en expliquer et en diffuser l'utilisation ? Pour le comprendre, il faut mener une réflexion en amont sur la valeur de l'information à manipuler.

Il s'agit de déterminer non seulement qui a besoin de quelles informations, mais aussi quels sont les processus et les règles métiers auxquels elles contribuent. Il reste à qualifier la fiabilité des données dont on dispose pour construire le système, de vérifier si elles existent déjà et sous quelle forme, de comprendre les contraintes éventuelles liées à leur diffusion et d'instaurer des règles de création, de modification et de consultation pour un partage de l'information en toute sécurité.

Cette réflexion amont revient à concevoir tout système dans le cadre d'une architecture d'entreprise, avec les concepts de système d'information durable développés dans le chapitre 9.

Sans cela, le système risque fort d'être insatisfaisant pour les utilisateurs, voire de conduire à une plaie commune aux entreprises de toutes tailles : une floraison de petites applications à droite et à gauche, développées par des utilisateurs sur des applications bureautiques (en particulier grâce aux macros Microsoft Excel) ; autant d'applications créées au fil de l'eau, pour reconstituer rapidement les informations oubliées ou difficilement accessibles des systèmes institutionnels. Les conséquences pour la cohérence de l'ensemble sont facilement imaginables.

Une course aux technologies contre-productive s'il y a un existant à gérer

Le cycle de vie des applications en entreprise n'est pas celui des technologies et la course folle vers les dernières nouveautés peut se révéler contre-productive si on oublie « l'héritage » des cinquante dernières années.

Une application en entreprise peut vivre quarante ans sur des technologies dont le support sur le marché ne dure pas aussi longtemps. Reste, bien entendu, à mesurer aussi toutes les conséquences de l'obsolescence et à comprendre comment prévenir les seuils critiques d'obsolescence plutôt que de réagir quand ils sont atteints, au risque de mettre en danger la viabilité de l'entreprise toute entière (voir chapitre 3, « L'obsolescence, facteur de risque » ainsi que la section « Prévenir les risques d'obsolescence »).

Ils l'ont dit – Passer systématiquement d'une technologie à la nouvelle : un coût aberrant, par Paul Strassmann

« Tous les sept ans, nous avons mis à la poubelle ce qui avait été fait auparavant et recommencé. Il y a eu huit cycles de "mise en place et abandon" depuis 1946. Le premier a coûté 100 millions de dollars américains ce qui correspondait à 7 % des investissements d'entreprise à l'époque. Le dernier à coûté 2 milliards, soit 47 %. Le suivant aurait coûté 5 000 milliards mais nous étions à court d'argent : nous sommes arrivés à la fin de l'histoire telle que nous la connaissions. »

Paul A. Strassman, ancien patron des systèmes d'information de General Foods, Kraft, Xerox et du Département de la Défense américain.

Sans visibilité sur l'existant, pas d'évolution efficace

La réflexion en amont ne suffit pas si elle ne prend pas en compte les contraintes ou les forces de l'existant. Les schémas directeurs qui sous-estiment la connaissance déjà enfouie dans les systèmes existants – sans même parler des habitudes d'usage – sont voués à l'échec. Leurs grandes lignes directionnelles doivent tenir compte des capacités et contraintes de départ.

Certains de ces systèmes sont le fruit de nombreux investissements, opérationnels depuis des années, et peuvent avoir recueilli les meilleures pratiques suite à des demandes d'évolution de la part des utilisateurs. En outre, ils soutiennent parfois des opérations critiques pour le métier des organisations.

En parallèle, ils doivent faire face à une pénurie de compétences et à une perte de connaissances car ils sont bâtis sur des technologies anciennes non enseignées, ou conçus par des personnes qui ne sont plus disponibles pour les faire évoluer.

De surcroît, la logique de conception – ancienne – ne répond probablement pas à l'agilité requise aujourd'hui par le contexte économique, c'est-à-dire la capacité à répondre rapidement à de nouveaux besoins fonctionnels et métier. Dès lors, la tentation est grande d'opter pour des solutions de remplacement ou de refonte. Or, sans lecture approfondie des avantages et des limites de ces solutions, non seulement par rapport aux nouvelles fonctions et nouveaux services qu'elles pourraient fournir, mais aussi par rapport à leur capacité de couverture de tous les services existants, la réponse sera insatisfaisante.

Malheureusement, les services existants ne sont pas suffisamment visibles dans leur ensemble pour que cette lecture ait lieu sans effort conséquent.

De ce fait, le paradoxe est le suivant : à cause des difficultés à mettre de l'ordre dans l'existant, à le faire réagir plus rapidement et à donner plus de visibilité à sa valeur, on rajoute des couches hétérogènes les unes sur les autres. On construit alors une architecture accidentelle où chaque nouveau besoin conduit à une nouvelle application, jusqu'à ne plus avoir du tout de visibilité sur la valeur réelle du système d'information global à l'entreprise – devenu une sorte de Tour de Pise construite par strates – et pas plus de capacité à y mettre de l'ordre. Une gestion de portefeuille applicatif bien menée (voir la section « La gestion du portefeuille applicatif » du chapitre 6) peut a contrario prévenir ce scénario.

La direction du SI, une question transverse de stratégie d'entreprise

La direction des systèmes d'information n'est pas uniquement affaire de maîtrise des technologies de l'information ; elle est aussi nécessairement transverse. En effet, la transversalité est indispensable pour remonter vers la qualification de la valeur de l'information évoquée ci-dessus.

Ainsi, si le principe des architectures orientées services (AOS ou SOA – *Service Oriented Architecture*) n'a pas abouti au succès escompté, c'est en partie faute d'avoir pris conscience de l'implication profonde des autres directions de l'entreprise dans la démarche et d'avoir aussi donné du temps à cette prise de conscience. On ne brusque pas le changement (voir la section « Optimiser la relation avec les autres directions de l'entreprise » du chapitre 5).

Ensuite, la transversalité est nécessaire pour piloter des ressources très différentes, alliant des problématiques d'infrastructure technique à celles de gestion des ressources humaines. Il s'agit de mobiliser des compétences hétérogènes, multiculturelles et multidisciplinaires, couplées à celles de fournisseurs internes et externes à l'entreprise. Celle-ci ne peut plus être certaine de disposer seule de toutes les compétences.

La transversalité est également nécessaire pour éviter les « silos » et ne pas découper le système d'information en applications ou en organisations verticales. Les conséquences de ce découpage sont souvent les mêmes : difficulté à gérer des processus métier de bout en bout ou à maintenir la continuité entre l'émission d'une demande métier, le développement ou la maintenance évolutive y afférant, et la mise en production d'une application.

Enfin, la transversalité doit aller au-delà d'une vision projet, fût-il d'entreprise. Nous sommes à une époque charnière où les systèmes d'information dépassent le cadre de l'entreprise du fait de l'Internet, et le centre de gravité de l'économie des pays développés bascule des productions lourdes vers l'économie immatérielle.

L'innovation par le système d'information : une nécessité concurrentielle

Cette innovation marque l'arrivée à maturation d'un processus lancé en 2000. Le niveau d'équipement des ménages (accès Web, smartphone) progresse de telle manière que les offres purement numériques, c'est-à-dire issues d'un système d'information, ont une audience de plus en plus large, et sont même attendues des usagers. L'innovation a rencontré le marché, et créé une nécessité.

Des entreprises nouvelles fondées sur le commerce électronique font leur apparition. Leur modèle repose sur l'usage intensif des technologies de l'information, à tel point que le ratio du budget de la Direction des systèmes d'information (DSI), par rapport au chiffre d'affaires de l'entreprise, avoisine les 50 % (par exemple Price Minister), là où les entreprises traditionnelles, tous secteurs confondus, se cantonnent à des pourcentages moyens à un chiffre.

C'est aussi une formidable opportunité pour les petites et moyennes entreprises de renverser la donne qui voulait jusqu'à présent que seules les organisations

ayant suffisamment de moyens en budget et en ressources humaines compéten-
tes pouvaient bâtir des systèmes d'information performants.

La plate-forme Internet a généré de nouveaux modèles de l'économie immatérielle, car elle a permis l'émergence et la diffusion des offres autour des logiciels
libres ou des solutions de type *Software As A Service*, ou plus largement X As A *service* jusqu'au *cloud computing* (voir définition dans la section « Gouverner l'héritage
du passé pour contribuer au futur » du chapitre 9).

Aujourd'hui des infrastructures puissantes d'entreprise, ou même des briques
logicielles pointues, sont à portée de tous et permettent de se concentrer sur la
valeur des services et non sur les contraintes de la technique. Dès lors, l'innovation par le système d'information peut être un critère de différenciation des
David contre des Goliath. Reste à comprendre les principes de ce type d'innovation et la distinguer d'une nécessité d'évolution par rapport à la maturité d'un
marché, ainsi que le développe le chapitre 11. Il faut également adapter la direction des SI aux nouveaux modèles d'organisation induits.

La pression d'Internet sur les DSI – Les plates-formes de services vont modifier le rôle des DSI

La mise à disposition d'une infrastructure réseau mondiale à travers une interface convi-
viale (Web), a progressivement conduit à faire d'Internet un tissu cellulaire de l'économie
immatérielle en étant un réseau d'échanges d'information et d'achats/ventes de biens et
services reliant entreprises, clients, fournisseurs et partenaires. En France, les ventes en
ligne brassent aujourd'hui des milliards d'euros[4] de chiffre d'affaires et poursuivent une
croissance à deux chiffres. Pourtant, Internet est loin de se cantonner uniquement à la
vente en ligne et à de nouveaux canaux de ventes.

Le Web (qui ne cesse d'évoluer avec le 2.0) a favorisé l'éclosion de nouveaux services, de
nouveaux modèles économiques, de nouvelles logiques d'architecture, de nouvelles bases
d'information et de connaissance et de nouveaux modes d'organisation. Le mouvement
est loin d'être achevé, en particulier pour les DSI .

L'enjeu de modernisation des SI n'est dès lors pas seulement technique ou applicatif mais
aussi organisationnel. Avec les offres SaaS (*Software as A Service*) et cloud computing, la
DSI est attendue au tournant sur sa capacité à être réactive. Si l'organisation et la
logique des directions des SI ne changent pas, elles risquent fort de disparaître au profit
de solutions entièrement externalisées. Au-delà des débats sur les réelles économies de
ces solutions ou des risques sur la sécurité des données, la DSI doit être capable de
trouver des réponses efficaces et rapides aux besoins des utilisateurs en montrant une
plus value face aux offres externes. Pour cela il faut qu'elle arrive à instaurer le dialogue
entre tous les acteurs et à adapter ses propres processus, ne pas chercher à savoir faire,
mais savoir comprendre le besoin, choisir et gérer au mieux la réponse, interne ou
externe, tout en gardant cohérence à l'ensemble et en veillant à sa sécurité. Des intranets
des débuts aux sites Internet institutionnels en passant par les extranets reliant des
partenaires, puis aux « ASP – Application Service Provider » (débuts balbutiants du
Software As A Service qui a amorcé des logiques d'hébergement d'applications chez le
fournisseur accessible au client par Internet), les technologies et les niveaux de maturités
ont conduit à de véritables plates-formes de services profitant d'une puissance d'infrastructure démultipliée par les techniques de virtualisation et de cloud computing (voir

4. Selon les études publiées par la Fédération des Entreprises de Vente à Distance (Fevad), le chiffre d'affaires de l'e-commerce, produits et services, représentait 25 milliard d'euros en 2009, avec une croissance de 25 % par rapport à 2008.

définitions au chapitre 9 dans la section « Gouverner l'héritage du passé pour contribuer au futur »).

Aujourd'hui, il y a nécessité et urgence pour toutes les entreprises traditionnelles d'augmenter leur offre de services numériques ainsi que leur usage interne de ces technologies, désormais largement diffusées à l'extérieur. Sans cela, elles risquent de perdre des parts de marché face à des entreprises plus agiles, qui démarrent sans passif d'existant ou de codes spécifiques à maintenir.

Avec le Web 2.0, nous avons passé un tournant : l'usage des nouvelles technologies est aussi mature, sinon plus, à l'extérieur des entreprises qu'en interne. D'autre part, les applications d'entreprise proposées sur Internet surclassent parfois en fonctionnalités et en fiabilité des applications développées en interne. Dès lors, les utilisateurs et les clients sont plus exigeants sur les services informatiques qui leur sont proposés. Si les directions des systèmes d'information des entreprises n'arrivent pas à s'adapter à la demande car contraints de gérer un existant coûteux sans plus value face aux offres externes, c'est non seulement la viabilité de leur fonction qui va être mise en cause, mais également le potentiel d'adaptation de l'entreprise face aux autres. Ainsi que développé dans le chapitre 5, le patrimoine applicatif peut être une ressource de différenciation, comme il peut devenir une dette.

Sans gestion proactive du patrimoine applicatif, l'existant devient une dette

Pour rester compétitives, les entreprises doivent réfléchir à l'intégration à part entière du système d'information dans leur stratégie. Il s'agit d'aller bien au-delà d'une déclinaison tactique des enjeux métier qui consisterait à aligner le système d'information à une stratégie d'entreprise déjà déterminée.

En parlant d'alignement stratégique, on risque d'induire implicitement que le système d'information suit les décisions stratégiques de l'entreprise. C'est ce qui se passe au mieux dans les entreprises déjà matures. Le retard est énorme, car le tournant se situe aujourd'hui davantage dans une approche proactive, où le système d'information doit participer aux orientations stratégiques, en impliquant les bons acteurs dans les comités de direction.

Or, pour que les directions des systèmes d'information puissent peser sur les décisions stratégiques et prétendre à un apport de valeur, elles doivent avoir la capacité à prendre du recul et voir plus loin que la gestion des contraintes opérationnelles de continuité de services qui est leur première mission.

Pour cela, elles doivent se libérer autant que possible des contraintes non justifiées par la valeur mais imposées par l'inertie d'un existant, c'est-à-dire appliquer en premier lieu à « l'héritage patrimonial » cette fameuse gouvernance des systèmes d'information dont on parle depuis quelques années. C'est en effet sous le terme *legacies* que nos amis Anglo-Saxons désignent les applications existantes. Elles s'avèrent être aussi bien des legs précieux que des dettes, si on ne sait pas les faire évoluer en utilisant les meilleures pratiques et référentiels de la profession.

En effet, sans gestion volontaire de leur patrimoine, les directions des systèmes d'information peuvent se retrouver asphyxiées en permanence par le maintien à niveau d'un existant de plus en plus rigide et coûteux, qui demande de plus en plus d'efforts pour fournir a minima les mêmes services aux utilisateurs. Pour cela il faut prévenir les risques d'obsolescences et maintenir les bonnes conditions d'utilisation et d'évolutivité, selon des critères développés au chapitre 5.

À qui s'adresse ce livre ?

Ce livre veut montrer en quoi il est nécessaire pour les entreprises d'avoir une approche des systèmes d'information et des organisations associées qui soit guidée par la valeur.

Cela implique de faire évoluer un héritage d'applications et de pratiques existantes à travers une véritable gestion de patrimoine immatériel. L'ouvrage dresse les pistes pour y arriver, nécessairement transversales et multiaxes selon le niveau de maturité et le contexte de l'entreprise, et propose quelques principes de bon sens doublés de bonnes pratiques.

Nous espérons donner au lecteur les moyens de comprendre le pilotage des systèmes d'information existants, pour que, armé d'une vision de ce que devrait être la place stratégique du système d'information dans l'entreprise, il puisse élaborer des trajectoires d'évolution.

Au-delà de cette ambition première, l'objectif de cet ouvrage sera atteint si tout lecteur amené à prendre une décision d'évolution sur son système d'information, quelle que soit la direction à laquelle il appartienne et la taille de son entreprise, puisse y trouver matière à organiser sa réflexion sur la stratégie d'évolution et sa déclinaison opérationnelle.

Nous souhaiterions également lui donner envie de partager cette réflexion avec ses pairs, car le DSI idéal (voir la section « Le DSI idéal » du chapitre 4) qui rassemblerait toutes les qualités nécessaires est un… collectif de compétences !

Aussi ce livre, s'il traite du pilotage des systèmes d'information, ne s'adresse pas seulement aux fonctions transverses et de directions propres aux métiers des systèmes d'information, c'est-à-dire directeur des SI, responsables de services informatiques ou de domaines applicatifs, urbanistes, architectes, chefs de projet… Il s'adresse également à tout acteur de l'entreprise souhaitant mieux comprendre comment faire du système d'information un atout gagnant pour la stratégie de son entreprise et comment piloter la transition vers cet état.

Aussi, pour ne pas perdre ses lecteurs, ce livre prendra le parti de revenir, grâce à de multiples apartés, sur du jargon technique ou sur des fondamentaux des systèmes d'information qui paraissent évidents aux spécialistes mais qu'il est toujours bon de rappeler, ainsi que sur quelques historiques qui ont semblé à l'auteur ne pas manquer d'intérêt pour comprendre les évolutions.

Structure de l'ouvrage

L'ouvrage est divisé en cinq parties. En premier lieu, il part du constat du legs d'un patrimoine hétérogène et traite des enjeux exogènes de l'évolution des systèmes d'information (pressions externes dues au contexte socio-économique) et des risques au niveau de l'entreprise. En seconde partie, il développe les défis et les moyens de la DSI pour se diriger du pilotage opérationnel vers le pilotage par la valeur, et ouvre la troisième partie sur les solutions tactiques de la modernisation. On expose en quatrième partie les meilleures pratiques de l'évolution. L'annexe revient sur les étapes historiques qui ont mené aux difficultés à faire communiquer des strates hétérogènes et montrent en quoi Internet est devenu un véritable catalyseur de l'évolution.

L'évolution est exigée par la bascule vers une économie majoritairement immatérielle, où les systèmes d'information sont devenus les colonnes vertébrales des entreprises. Or, le manque d'agilité de ces derniers peut conduire les entreprises au bord de la paralysie face à des enjeux d'évolution qui requièrent des systèmes flexibles, rapidement adaptables. Outre le risque du manque d'agilité face à un environnement concurrentiel mouvant, risque loin d'être neutre, l'obsolescence des systèmes conduit à d'autres risques certains pour les entreprises. C'est ce que décrivent les chapitres 2 et 3 de la partie 1.

En partie 2, les chapitres 4, 5 et 6 décrivent l'évolution des organisations vis-à-vis de leurs systèmes d'information (chapitre 4), les enjeux et défis des DSI (chapitre 5) et les méthodes d'activation des leviers de création de valeur pour faire du SI un levier d'évolution d'entreprise (chapitre 6).

La partie 3 s'ouvre sur la mise en perspective des solutions de modernisation (chapitre 7) pour expliquer ensuite les différentes options tactiques (chapitre 8) et la méthode d'approche pour une rénovation progressive de l'existant.

La partie 4 aborde les meilleures pratiques de l'évolution, autant en termes d'approche architecturale de construction des systèmes d'information qu'en termes d'industrialisation ; d'une part, pour que les SI puissent s'adapter dans la durée et disposer de composants recyclables dans un cadre de cohérence global (chapitre 9), d'autre part, pour exploiter le potentiel d'industrialisation de certains processus propres au développement et à la maintenance des systèmes (chapitre 10). Pour finir sur l'avenir et la création de valeur, les meilleures pratiques de l'évolution intègrent les dimensions indispensables de l'innovation et de l'évolution des compétences (chapitre 11).

Enjeux et risques d'un SI qui évolue

Dans cette partie, nous décrivons les leviers de la modernisation des systèmes d'information au niveau exogène. Il s'agit des enjeux d'adaptation et d'anticipation auxquels sont confrontées les entreprises dans un environnement mouvant modelé par les technologies de l'information qui poussent à moderniser des systèmes existants, devenus incapables d'y répondre. Nous abordons également le pourquoi de cette incapacité en traitant les risques de l'obsolescence et leurs conséquences.

Chapitre 1

L'évolution face au poids de l'existant

*Pour prévoir l'avenir, il faut connaître le passé,
car les événements de ce monde ont en tout temps
des liens aux temps qui les ont précédés.
Créés par les hommes animés des mêmes passions,
ces événements doivent nécessairement
avoir les mêmes résultats.*

Nicolas Machiavel

Si beaucoup de choses ont évolué depuis cinquante ans d'informatique en entreprise[1], si des architectures et des méthodes de conception et de développement émergent pour rapprocher la mise en œuvre de services informatiques des besoins métier auxquels ils doivent répondre, l'héritage a également évolué de son côté, pour devenir de plus en plus complexe. Tant qu'il ne sera pas traité à sa juste mesure, les systèmes d'information auront une épée de Damoclès au-dessus d'eux, ne tenant qu'à un fil écartelé entre risques et valeur.

Promesses des technologies et réalité de l'existant

Une entreprise qui souhaite mettre en place un nouveau service informatique pour répondre à ses besoins, dispose aujourd'hui de moyens techniques ou de solutions logicielles beaucoup plus performants qu'il y a vingt ou même dix ans et chaque décennie apporte son lot de progrès (on pourra se référer à l'annexe pour les retracer sur cinquante ans).

Les sociétés ayant des ressources en interne pour assurer des développements en réponse à des besoins spécifiques, peuvent puiser dans un cadre structurant pour sécuriser et accélérer ces développements. Ainsi les méthodes agiles[2] (voir la section « Agilité et logiciel » du chapitre 2 de l'annexe), les environnements de développements intégrés (voir la section « Une nouvelle façon de penser les développements » de l'annexe 2), les bibliothèques de programmes, les

---

1. Voir en annexe l'historique des principales étapes de l'évolution sur cinquante ans d'informatique d'entreprise.

2. Le défi des méthodes agiles est de produire des logiciels de meilleure qualité, c'est-à-dire qui satisfassent aux besoins sans erreur et sans oubli, dans des délais plus courts. Ce qui peut paraître contradictoire de prime abord. Précurseur des méthodes agiles, le RAD, *Rapid Application Development*, fait son apparition au début des années 1990. Il s'inscrit en rupture par rapport aux cycles séquentiels classiques. Depuis, des méthodes comme Scrum et eXtrême Programming (XP) ont fait de nombreux émules (pour en savoir plus, voir la section « Agilité et logiciel » de l'annexe 2).

approches standardisées autour des services web, leur assurent une évolution vers un mode de production de logiciels de plus en plus industrialisé (voir la section « Le principe de l'usine logicielle »).

> **Services web**
>
> Il s'agit d'une technologie permettant à des applications de dialoguer à distance via Internet, et ceci indépendamment des plates-formes et des langages sur lesquelles elles reposent. Pour ce faire, les services Web s'appuient sur un ensemble de protocoles Internet très répandus (XML, http, SOAP, simple Object protocol), afin de communiquer. Cette communication est basée sur le principe de demandes et réponses, effectuées avec des messages XML. Les services web sont décrits par des documents WSDL (*Web Service Description Language*), qui précisent les méthodes pouvant être invoquées, leurs signatures et les points d'accès du service. Des annuaires UDDI (*Universal Discovery Description and Integration*) permettent de trouver facilement et de réutiliser les services aux fonctionnalités pertinentes pour construire des applications par assemblage de services. Les architectures SOA (orientée services) ont approfondi cette notion de services pour l'étendre à toutes les applications de l'entreprise dans un cadre architectural commun, souvent structuré autour d'un bus de services (ESB ou *Enterprise Service Bus*) pour l'infrastructure d'échanges.

L'essor des logiciels libres (voir la section « Les logiciels libres, l'union fait la force » de l'annexe 2), couplé avec la réutilisation des services web, autorise également la recherche de « briques » *open source* pour pouvoir se concentrer sur les développements vraiment différenciateurs et réutiliser des parties déjà développées, partagées par toute une communauté qui garantit leur maintenance et leur évolution.

Reste qu'utiliser des logiciels libres requiert a minima des compétences pour les choisir, les installer et les maintenir.

D'un autre côté, pour les entreprises qui n'ont pas besoin de développements extrêmement spécifiques et ne disposent pas d'équipes de développement, l'offre de solutions clés en main s'étoffe.

D'une part, parce que l'offre de progiciels se diversifie de par la concurrence entre acteurs commerciaux et solutions open source, d'autre part avec l'apparition des offres de « services logiciels » externalisées sur le Web, ou SaaS[1] (*Software As A Service*) et plus largement le cloud computing. Le principe du *cloud computing* fait référence à l'utilisation de la mémoire et des capacités de calcul des ordinateurs et des serveurs répartis dans le monde entier et liés par Internet (c'est l'ancien principe de *grid computing*, ou grille informatique). Pour en savoir plus, voir la section « Gouverner l'héritage du passé pour contribuer au futur » du chapitre 9.

La facilité d'utilisation de ces dernières est clairement une opportunité pour des petites entreprises qui n'ont ni les ressources ni les moyens à consacrer à un développement logiciel ou une installation de progiciel, même libre.

---

1. SaaS, acronyme de Software As A Service, désigne des logiciels déployés comme un service hébergé accessible via Internet, le plus souvent sur abonnement. Il existe différents modèles de SaaS, suivant l'architecture ou la tarification (voir la section « Du service informatique aux services informatisés » du chapitre 2 de l'annexe).

Progiciels : l'embarras du choix

Un choix de fonctions riche mais aussi de modes de commercialisation, entre les progiciels sous licence (mode classique), les progiciels open source et les progiciels « à la demande »

Le jeu de la concurrence et les rachats ont consolidé le paysage des éditeurs de progiciels de gestion intégrés (ERP) internationaux « classiques», autrefois composé d'une pléiade d'acteurs, à trois concurrents majeurs : Oracle, SAP et Microsoft (avec Navision entre autres).

Face à ces grands acteurs que l'on retrouve souvent chez les grands comptes, des acteurs locaux se maintiennent auprès des PME/PMI, pour des raisons historiques ou parce qu'ils répondent à des besoins verticaux métier précis.

Ainsi dans le classement 2010 du Truffle[2] des dix premiers éditeurs du secteur logiciel français, on trouve Cegedim Acitv, en 9e position, spécialisé dans les progiciels pour les acteurs de l'assurance à la personne (régime obligatoire, complémentaire, prévoyance…)., ainsi que Generix group, spécialisé dans la gestion des commerces et de la chaine logistique. A la 8e position figure ESI Group qui commercialise une solution de prototypage et de simulation de produit, prenant en compte la physique des matériaux. Si Dassault systems occupe sans surprise la première place, on trouve CEGID en 4e position, qui domine encore le marché français des progiciels de gestion auprès des petites et moyennes entreprises.

Côté progiciels open source, l'offre s'est étoffée en quelques années, suffisamment pour concurrencer sérieusement les progiciels propriétaires.

Au-delà de la distribution linux Redhat, du serveur web Apache, du serveur d'application JBoss et de la base de données MySQL, les communautés du libre ont été fécondes en solutions, jusqu'à couvrir désormais bon nombre de domaines fonctionnels. On trouve des solutions de CRM[3] (avec SugarCRM, l'un des plus connus), des solutions de GED/groupware (tels Alfresco, KnowledgeTree, etc.), une suite bureautique (OpenOffice.org) et un client de messagerie (Mozilla Thunderbird) capables de concurrencer Microsoft Office et Microsoft Outlook. On trouve également des progiciels de gestion intégré (tels Adempierre, Compiere, ERP5, Jfire, Openbravo, OpenErp, etc.), des solutions de gestion de données (tels Talend) ou décisionnelles (tels Jaspersoft) et des CMS (*Content Management System*), tels Wordpress, qui n'ont rien à envier aux offres sous licence commerciale[4].

Quant aux offres de services sur abonnement (SaaS), les premiers acteurs tels que Salesforce (CRM), Taleo (RH) Citrix Online (virtualisation et briques d'infrastructures) ont été rejoints par une pléiade de nouveaux dans tous les domaines (marketing, ventes, gestion de la chaîne logistique, gestion administrative et financière, RH, etc.). Parallèlement, les éditeurs traditionnels proposent de plus en plus leurs solutions en ce mode. Quant aux plateformes de services, si Salesforce a ouvert la voie avec Force, une plate-forme de développement d'applications qui fournit toutes les briques de base pour se concentrer sur l'assemblage de services, Google Apps propose une plate-forme concurrençant la suite Office de Microsoft. Ce dernier répliquant à son tour avec les Web Apps d'Office 2010.

Pour autant, les risques existent toujours aussi bien dans les développements, indépendamment des techniques utilisées que dans le choix de solutions clés en mains. Outre le fait que les progiciels sont structurants et que leur mise en œuvre requiert un projet organisationnel, le jeu des rachats entre concurrents peut mettre à mal certaines promesses sur le long terme.

2. Le Truffle100 est publié par la société de Private Equity Truffle Capital et le cabinet d'études CXP. Ce classement des 100 premiers éditeurs

3. CMR : *Customer Relationship Management* ou gestion de la relation client.

4. Pour une liste plus complète des solutions open source, la société de services Optaros publie un répertoire consultable en ligne : www.eosdirectory.com

Certains progiciels peuvent tout simplement disparaître au cours du temps, soit parce qu'il s'agit de progiciels de niche, sur un marché sectoriel très restreint et que l'éditeur n'a pas survécu à une année moins faste que les autres, soit du fait de multiples rachats, nombreux dans un univers où la meilleure façon d'éliminer son concurrent consiste parfois à le racheter. C'est une manière de récupérer sa base installée, pour convaincre petit à petit les utilisateurs de migrer vers les propres solutions de l'acheteur.

D'autre part les offres de type X *as A service* nécessitent de prendre des précautions sur la sécurité et la capacité à rapatrier des données externalisées ultérieurement.

Ce sont pourtant des risques visibles, ils ne sont pas des freins à l'évolution dès lors qu'on les prend en considération. La problématique d'intégration avec un existant et de modernisation de ce dernier s'avère autrement préoccupante.

Il n'est pas rare de trouver des applications en production de plus de quinze ans dans bon nombre d'entreprises, bien antérieures aux nouvelles pratiques et aux standard générés par le développement d'Internet. Une grande partie des projets de développement du système d'information consiste à étendre le champ des fonctionnalités et des services de ces applications. Outre la difficulté à trouver des compétences sur des langages qui ne sont plus enseignés, ces applications sont les parentes pauvres de l'évolution des techniques. D'une part, les architectures présentent des freins structurels aux échanges dans un monde ouvert et les langages utilisés ne disposent pas d'environnement de développement intégré ou de bibliothèques de composants. D'autre part, les méthodes de développement « agile » sont rarement applicables en maintenance, pour faire évoluer un existant en production depuis un moment.

L'existant logiciel ayant vocation à se complexifier inéluctablement (voir les lois de Lehman à la section « Le cycle de vie des applications » du chapitre 3), la capacité à le modifier nécessite de comprendre où réaliser une modification pour obtenir l'évolution souhaitée, quels sont ses impacts sur les différents programmes et comment garantir la « non régression », c'est-à-dire la continuité de services des anciennes fonctions avec la même qualité. La plupart du temps, il faut retrouver la connaissance à partir du code, sans interlocuteur métier pour faciliter la compréhension du système en place. Ici, à l'inverse des méthodes agiles, la documentation de la connaissance est clé, les tests de non régression également et l'expertise du système n'est pas partagée.

Pourtant, malgré leur ancienneté, beaucoup de ces systèmes existants sont conservés car ils contiennent une réelle logique métier spécifique à l'entreprise qu'aucune offre du commerce ne peut remplacer. Cependant, le manque d'ouverture d'architectures datées face aux besoins d'évolution d'un environnement économique global, où le système d'information devient le système nerveux des échanges avec les clients et les partenaires, peut s'avérer épineuse, voire bloquante à terme. Dès lors, il est impératif pour les entreprises de moderniser leur existant à temps, par exemple afin de bénéficier des perspectives du commerce électronique (voir la section « Le commerce électronique impose l'ouverture de l'existant » du chapitre 3) ou pouvoir s'adapter aux changements législatifs.

Le défi de l'intégration entre applications

Les applications sont rarement autonomes, elles ont besoin d'échanger avec d'autres soit pour récupérer des données, soit pour fournir à leur tour des informations. Un processus métier s'appuie souvent en transverse sur plusieurs applications et alimente lui-même d'autres processus métier. Les flux des échanges sont supportés par des protocoles, des formats d'échange et des outils de communication (par exemple : http, smtp, rpc, queue de messages, middleware, etc.), plus ou moins évolués, plus ou moins standardisés.

D'ailleurs, quand une entreprise adopte des standards, c'est le plus souvent pour les futurs développements des applications. Reste à faire fonctionner ces dernières avec les applications patrimoniales, dont les développements ont été antérieurs à l'arrivée du nouveau standard.

Comment ça marche ? – Processus métier et informatique

Selon la norme ISO 9001:2000, un processus est un ensemble d'activités corrélées ou interactives qui transforment les éléments d'entrée en éléments de sortie. Par « éléments », il faut comprendre objets matériels ou information.

Dans une organisation, il existe des processus principaux opérationnels directement liés au cœur de métier de l'entreprise (production de biens ou de services) et des processus secondaires, dits « de support », dont les résultats sont nécessaires pour l'exécution des processus principaux (comptabilité, paye, RH, par exemple). Il existe également des processus de pilotage et de décision pour contrôler l'atteinte des objectifs au regard de la stratégie de l'entreprise. En réalité, tous ces processus sont des processus métier au sens où ils décrivent les activités de transformation de différents métiers s'exerçant dans l'entreprise.

Un processus métier n'est pas forcément automatisé. Il peut l'être pour partie, ou pas du tout. En revanche, le système d'information ne se conçoit pas sans sa finalité de support ou de mise en œuvre de processus métier (au sens large). D'où l'intérêt de cartographier les processus métier de l'entreprise, pour une meilleure visibilité (quoi et pourquoi) et lisibilité (quoi et comment) de l'apport du système d'information à chacun, afin de mieux comprendre la valeur du SI (le coût qu'il y aurait à faire sans) et ses possibilités d'évolution (les bénéfices de faire avec).

La maturité des entreprises par rapport à l'alignement de leur système d'information avec leurs enjeux dépend aussi de leur capacité à évaluer en quoi celui-ci supporte les objectifs de leurs processus métier, et en quoi il pourrait aider à faire mieux, ou autrement.

L'évolution des sigles relatifs à la conception et à l'automatisation des processus métier dans le système d'information montre bien l'évolution des préoccupations, de la vision technique à la vision métier. Ainsi a-t-on d'abord parlé de *workflow* (flux de travail) pour l'automatisation d'un processus, puis de BPM (*Business Process Management*) pour évoquer une couche de gestion des processus orientée métiers au-dessus de leur automatisation, à la suite de quoi l'OMG (*Object Management Group*) a essayé de standardiser la formalisation des processus métier pour mieux passer de la modélisation fonctionnelle à son instanciation outillée, avec le BPMN (*Business Process Modeling Notation*).

Il n'y a pas que l'hétérogénéité des langages et des plates-formes pour constituer un défi d'intégration entre applications. Ces dernières ont souvent été développées au coup par coup des besoins, sous l'égide d'une entité organisationnelle, et intégrées au point par point, suivant une logique de tuyaux et de flux d'une application à une autre, pour ses besoins immédiats d'échange. La conception n'envisage pas le plus long terme. Le résultat est un « SI spaghetti », véritable casse-tête de l'intégration.

Le SI « spaghetti » : le casse tête de l'intégration des applications

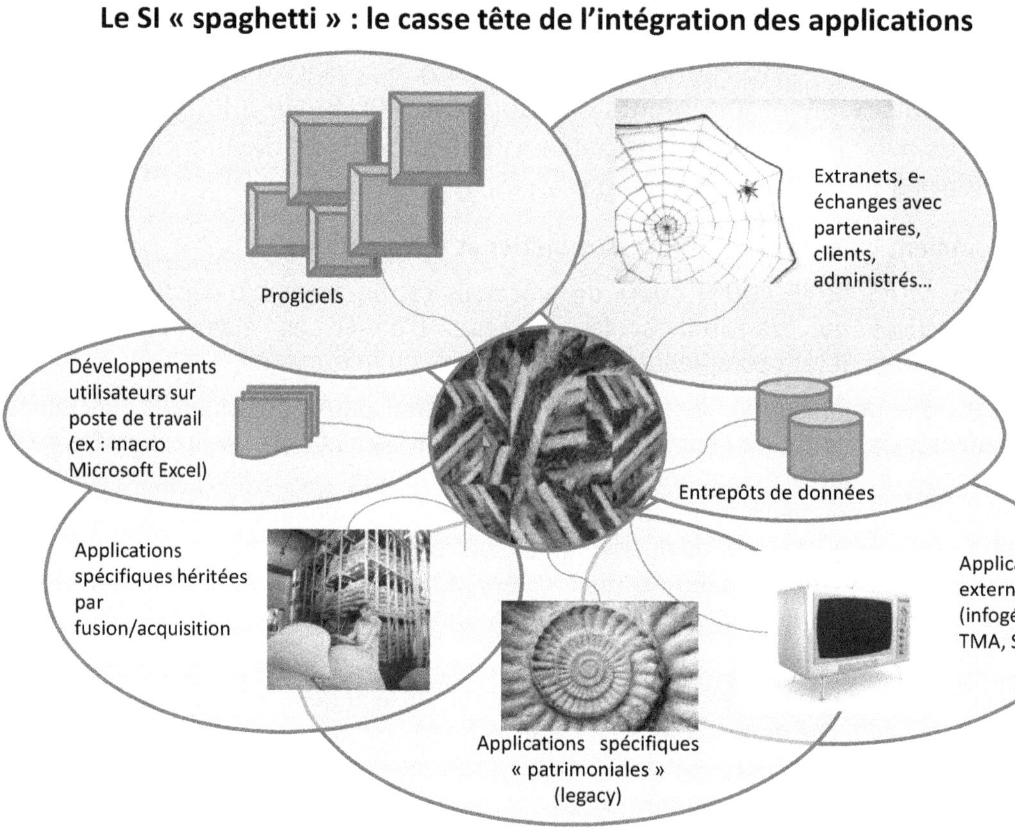

Figure 1-1 : Le SI « spaghetti »

Il est alors difficile de considérer une intégration avec une autre application comme un simple branchement. Par ailleurs, les applications développées en « silos organisationnels » présentent des redondances avec d'autres à l'échelle du système d'information d'entreprise.

Certaines briques applicatives présentent des recouvrements de fonctionnalités ou de données. D'autres contiennent dans leurs bases de données des informations métiers historiques essentielles, par exemple, sur les clients, les contrats, les produits, les articles, les données techniques ou les services de l'entreprise. Dès lors il est difficile de remplacer proprement une application en interne par un progiciel ou une application externalisée sans prendre en compte son insertion dans une architecture d'ensemble des services fournis par le système d'information, tant en termes de processus, de fonctions que de données.

La possibilité d'évaluer l'effort de ce qu'on maintient en exploitation au regard du bénéfice diminue en proportion des redondances, tandis que la complexité et les coûts de maintenance augmentent.

Cette approche d'architecture globale n'est pas tant affaire de choix techniques d'infrastructure que d'analyse de la valeur des portefeuilles applicatifs et projets. La visibilité (qu'est-ce qui fait quoi ? qui l'utilise ?) et la lisibilité (à quoi ça sert ?) de ce qu'apporte le système d'information sont à ce prix, comme l'ouvrage le développe en partie 2.

Si une infrastructure d'intégration d'entreprise peut également s'avérer nécessaire pour mieux contrôler l'évolution, elle représente un investissement davantage du ressort de grands comptes ou d'entreprises de taille intermédiaires (ETI[5]) dont la croissance rapide a conduit a des problématiques d'intégration complexes.

Un héritage inégal selon les tailles d'entreprises

PME/PMI : un héritage sous-estimé

Bien que leurs problématiques d'intégration ne soient pas à l'échelle de grands comptes, les PME ont également un héritage à gérer en système d'information. Leur survie dans un environnement concurrentiel, ou le succès d'une reprise, peuvent dépendre de la bonne gestion de ce « legs » et son évolution.

Certes, les PME françaises ont encore du chemin à faire pour considérer leur système d'information comme partie intégrante du pilotage de leur entreprise et en tirer partie en ce sens. Pour beaucoup, leur SI représente encore une fonction de support sur laquelle réduire les coûts au maximum. A l'extrême, certaines n'ont ainsi pas de responsabilité désignée pour le système d'information ni de service informatique, mais une personne chargée des achats informatiques entre autres fonctions.

Pour la plupart, elles n'ont ni la maturité en système d'information issue de l'expérience des grandes entreprises ou des entreprises de taille moyenne, ni les moyens financiers ou humains pour investir dans des solutions relativement complexes à mettre en œuvre. Une bonne partie ne souhaite pas avoir à maintenir des développements spécifiques, même externalisés.

Dès lors, leurs choix se fondent essentiellement sur l'ergonomie, la simplicité de mise en œuvre et d'implémentation de solutions qui répondent spécifiquement

5. Selon les définitions de l'INSEE, une entreprise de taille intermédiaire est une entreprise qui a entre 250 et 4 999 salariés, et soit un chiffre d'affaires n'excédant pas 1,5 milliards d'euros soit un total de bilan n'excédant pas 2 milliards d'euros. Une entreprise qui a moins de 250 salariés, mais plus de 50 millions d'euros de chiffre d'affaires et plus de 43 millions d'euros de total de bilan est aussi considérée comme une ETI. Les ETI constituent une catégorie d'entreprises intermédiaire entre les PME et les grandes entreprises. La catégorie des petites et moyennes entreprises (PME) est constituée des entreprises qui occupent moins de 250 personnes, et qui ont un chiffre d'affaires annuel inférieur à 50 millions d'euros ou un total de bilan n'excédant pas 43 millions d'euros. Une grande entreprise est une entreprise qui a au moins 5 000 salariés. Une entreprise qui a moins de 5 000 salariés mais plus de 1,5 milliards d'euros de chiffre d'affaires et plus de 2 milliards d'euros de total de bilan est aussi considérée comme une grande entreprise.

à des besoins métiers verticaux (distribution de médicaments, gestion de concessions automobiles, industries agroalimentaires…).

Bon nombre disposent de progiciels locaux pour des applications de gestion de la production (GPAO) ou de comptabilité (tels CEGID, SAGE, CIEL, etc.) pour lesquels elles préfèrent les éditeurs hexagonaux, plus ciblés PME, que les acteurs internationaux qui cherchent pourtant à adapter leur offre à ce segment.

Leur système d'information est relativement peu complexe. Si certaines ont franchi le pas du « tout intégré », le plus souvent le SI est structuré autour de deux ou trois progiciels, peu d'applications spécifiques, un intranet et un site internet.

Là où le bât blesse, c'est dans l'utilisation appropriée des progiciels et dans la gestion de l'obsolescence des solutions utilisées.

Ainsi pour prendre un exemple simple, faute de formation, un responsable commercial peut se mettre à extraire et manipuler des tableurs (par exemple Microsoft Excel) pour réaliser un reporting des ventes, alors qu'un paramétrage du logiciel dédié aurait suffi pour obtenir simplement les informations, à jour et fiables, en moins de temps.

Les commerciaux quant à eux verront d'un mauvais œil la mise à jour et le partage de leurs contacts dans un outil central. Mais sans les sensibiliser à cette gestion centralisée et en laissant les contacts être gérés individuellement, éventuellement sous forme de cartes de visites, un jour viendra où l'entreprise n'aura plus l'historique des liens avec ses clients (départ des commerciaux, retraites …).

Il reste également aux PME à franchir l'étape des applications « en silos » pour considérer le partage d'information en transverse. Ce qui s'avère parfois plus facile à réaliser pour une PME que pour un grand compte dans la mesure où des solutions progicielles intégrées répondent à l'ensemble de leurs besoins. Encore faut-il faire ce choix.

Même si leurs besoins ne sont pas tous couverts, loin s'en faut, par leurs applications, bon nombre de PME rechignent à investir dans de nouveaux équipements matériels ou logiciels, ou à migrer vers des versions supérieures, sans de fortes contraintes. Faute d'attention à la prévention des risques de l'obsolescence, elles se retrouvent ainsi avec de vieilles versions de progiciels et des systèmes propriétaires datés. Au fil des ans, elles ont à faire face à des obsolescences avérées, qui se traduisent par l'absence de support ou des contraintes structurelles d'architecture qui freinent des évolutions stratégiques (voir la section « Faire évoluer l'existant pour être plus agile » du chapitre 3).

Ainsi des PME industrielles ont encore des GPAO sous DOS, comme il existe un parc installé chez des PME de progiciels verticaux sur des moyens systèmes propriétaires des années 1980, iSeries et AS400. Ces derniers peuvent présenter des limitations structurelles pour l'accès aux données, contraignant la mise en place d'applications décisionnelles ou l'ouverture au web.

Des solutions tactiques de migration existent (voir partie 3, chapitre 8 « Tactiques orientées solutions »). Pour autant, mieux vaut prévenir que guérir. D'autant qu'il existe une alternative désormais à la migration. En choisissant le cloud computing et les plateformes de services, les PME peuvent faire abstraction de l'infrastructure et ne pas se préoccuper de développements, d'installation, ni de montées de version.

Le choix reste toutefois à faire au cas par cas selon le degré de spécificité des fonctionnalités existantes, les données à garder, les compétences internes. On renverra ici aux chapitres 3 et 5 sur les analyses à faire pour une meilleure gestion des choix d'évolution du patrimoine applicatif.

Les entreprises en croissance : un héritage redondant au fil de l'eau

Si les redondances se conçoivent éventuellement dans des grands groupes du fait qu'une entité puisse ignorer ce qu'a déjà réalisé une autre – ce qui suppose de ne pas gérer le portefeuille applicatif au niveau global à l'entreprise , cas qui n'a malheureusement rien d'exceptionnel – les sociétés de moyenne importance ne sont souvent pas mieux loties.

En effet, elles ont souvent à gérer deux facteurs d'extension de leur système d'information, liés à la croissance, qui génèrent la redondance, la complexité et les coûts croissants de maintenance. Le premier facteur est l'héritage de briques applicatives disparates du fait de rachat de sociétés ayant leur propre système d'information. Le second est le développement d'applications au « fil de l'eau » des besoins, réalisé par de petites équipes informatiques qui se trouvent vite débordées dès lors que la société, souvent PME au départ, poursuit une croissance rapide tant en terme de chiffre d'affaires que d'employés.

En effet, la redondance naît souvent d'un manque d'homogénéisation des développements, de l'absence de cadres de référence (standards, recommandations et référentiels) et de l'absence de recherche de réutilisation. Il est souvent plus facile, à court terme, de copier-coller du code, que de réfléchir à une fonction, un module qui puisse être factorisé et, dès lors, réutilisable, pourquoi pas en termes de service métier, dans les futurs développements du système d'information.

Si les développements s'effectuent au fil de l'eau, il n'y a en général pas de recherche de mutualisation ou de réutilisation. Un client interne exprime son besoin, et à un besoin correspond une application. Dès lors, il y a de fortes probabilités pour qu'aucun dispositif d'intégration de type middleware, EAI, et encore moins ESB (*Enterprise Service Bus*), n'ait été mis en place. Les interfaces sont vraisemblablement en mode point à point, asynchrone, et l'intégration de toute nouvelle application – éventuellement héritée du rachat ou de la fusion avec une autre structure – nécessite d'écrire une interface par échange de flux.

Ne pas concevoir les fonctionnalités ou les services des applications dans une logique de réutilisabilité implique une redondance probable de fonctions et de données, voire des incohérences dans la manipulation de données de référence.

Le cas est particulièrement criant pour les applications de gestion de la relation client (de la gestion des contacts à la campagne marketing en passant par la gestion des forces de ventes). La multiplication des applications implique souvent des opérations lourdes de dé-doublonnage de bases ou de fichier clients.

Par contrainte de délais et faute d'une vision globale des applications, les modèles conceptuels des données des applications de gestion sont également souvent négligés.

En conséquence, les directions utilisatrices ayant besoin d'une donnée manquante dans une application, à des fins opérationnelles ou de reporting, vont être tentées de développer une solution de facilité « à côté » des applications officielles, qui leur permettront de collecter et de manipuler simplement des données, ce qu'offrent les principaux tableurs du marché.

À terme, la multiplication de ces solutions de contournement conduira à des redondances et des incohérences de données, et au non-partage dans l'organisation d'informations cruciales pour tous.

La problématique est donc de reprendre le contrôle de ses actifs logiciels. Une entreprise qui souhaite fédérer les applications existantes et poursuivre des rachats peut avoir tout intérêt à mettre en place un ESB (Enterprise Service Bus). Il permettra d'encapsuler des applications existantes, même propriétaires, sous forme de services, afin de pouvoir les faire communiquer avec d'autres au sein d'un processus global. Ensuite, petit à petit, on peut remplacer des briques ou en rajouter quand l'ensemble est structuré autour d'un bus central. L'investissement de départ peut sembler important à l'échelle d'un projet. A l'échelle d'une entreprise et comparé aux coûts de maintenance et aux risques d'un système d'information « spaghetti », son importance est autrement justifiable.

Cette infrastructure d'intégration ne suffit pas pour autant pour reprendre la maîtrise du système d'information. Encore faut-il auditer l'existant et en cartographier les processus, les données et flux de données. L'objectif de cet audit est d'identifier d'une part les redondances, d'autre part, d'analyser le patrimoine applicatif en termes de coûts, risques et valeurs, afin de pouvoir décider des évolutions pertinentes.

Des grands comptes menacés par des applications rétives aux changements

S'il n'est pas rare de trouver des applications de plus de quinze ans encore en exploitation en entreprise, les grands comptes, particulièrement dans les secteurs industries et banques/assurances, maintiennent parfois des applications plus anciennes encore.

L'évolution de ces applications devient progressivement difficile à contrôler du fait de leur architecture, encore souvent sur des systèmes propriétaires et de leur volumétrie. Il s'agit de milliers de programmes contenant des millions de lignes de code avec une documentation non à jour. Le défi est de préserver les fonctionnalités d'un patrimoine spécifique et stratégique.

Face à l'obsolescence des systèmes propriétaires, la perte d'expertise et de connaissance des fonctions et des langages, le manque de compétences, des entreprises sont tentées de refondre complètement ces applications, parfois en les réécrivant totalement. Malheureusement, les projets de réécriture sont souvent pharaoniques et ne conduisent pas aux résultats escomptés. Ainsi, une entreprise de crédit, il y a 5 ans, a abandonné son mainframe[6] et son langage de programmation de 3e génération, pour réécrire l'ensemble en Java, dans un environnement distribué. Le nouveau système cible n'ayant été ni prêt, ni performant, aux dates escomptées, l'entreprise a dû reprendre l'usage de son mainframe, avec des programmes de centaine de milliers de lignes à remettre au niveau des fonctionnalités attendues, car leur évolution avait été bloqué sur plusieurs années.

La réécriture n'est pas la seule solution de modernisation, il en existe d'autres qui permettent de préserver les fonctionnalités du système existant, comme développé en partie 3 dans les solutions tactiques de modernisation.

Pour éviter toutefois d'envisager les solutions tactiques de modernisation au pied du mur, quand les contraintes des systèmes existant deviennent telles que la rénovation ne peut plus être repoussée, les entreprises de toutes tailles doivent comprendre que l'évolution de leur patrimoine applicatif nécessite une gestion permanente. Cette dernière implique de garder l'œil sur les enjeux d'évolution exogène qui peuvent imposer la modernisation de leurs systèmes d'information, ainsi que sur les risques d'obsolescence qui menacent leur capacité à s'adapter.

6. Apparus à la fin des années 50, les mainframes sont des ordinateurs de grande puissance de traitement fonctionnant en systèmes centralisés avec un système d'exploitation propriétaire. Les programmes ne sont pas « portables », c'est-à-dire qu'ils ne peuvent pas s'exécuter sur n'importe quelle plate-forme car ils ont de fortes adhérences aux machines (chaque ordinateur est différent de par la structure matérielle, l'OS, etc.). Pour en savoir plus, voir la section « Première époque : la période centralisée » de l'annexe 2.

Chapitre 2

S'adapter et anticiper : mission impossible ?

*La modernisation commence là
où les pratiques existantes n'arrivent pas
à répondre aux objectifs.*

adm.omg.org

Par enjeu d'évolution, nous entendons les enjeux de changement auxquels l'entreprise et les directions concernées sont confrontées dans leur environnement économique et qui peuvent pousser à la modernisation de systèmes existants pour les rendre plus agiles, c'est-à-dire capables de réagir plus rapidement aux nouveaux besoins en proposant des réponses appropriées.

L'informatique et la productivité : des liens pas si directs

Le paradoxe de Solow : un déficit d'image pour les SI

Le défi de l'héritage des systèmes d'information n'est pas seulement technique. Il y a un déficit d'image qui a amené les directions générales à considérer les directions informatiques d'abord comme des centres de coûts.

Ajoutez au fameux paradoxe de Solow (voir encadré page 27), les déclarations au milieu des années 1980 de Paul Strassmann[1] sur la non-existence de relation directe entre le montant des investissements informatiques d'une entreprise et ses performances, et vous avez une génération d'entreprises prêtes à considérer l'informatique comme un centre de coûts à réduire. Cela en sautant sur des conclusions hâtives, sans passer par l'analyse des raisons du constat.

Les causes sont pourtant de plusieurs natures : d'une part, il est difficile de mesurer sur du court terme des effets qui ne deviennent visibles que sur du long

1. Paul Strassmann : célèbre gourou américain successivement responsable de systèmes d'information d'entreprises telles que General Foods, Kraft et Xerox avant d'être responsable du traitement de l'information du Department of Defense (DoD).

terme (3 à 7 ans) ; d'autre part, ainsi que le souligne P. Strassmann, on ne peut mesurer que la productivité des individus, pas celle des ordinateurs.

Est-ce la productivité des individus qu'il faut d'ailleurs mesurer, ou l'adéquation de l'information qu'on leur fournit par rapport à l'enjeu de meilleure productivité ? En effet, les ordinateurs ne sont là qu'en tant que ressources d'un dessein plus large, celui de manipuler efficacement de l'information utile, quel que soit son format (données, texte, images, sons, etc.), pour exécuter au mieux des processus métier, dans et entre des organisations.

Comment déterminer l'utilité d'une information ? Par l'analyse des enjeux auxquels elle doit répondre, car la valeur de l'information n'est pas absolue. Pour en revenir aux définitions, le Petit Larousse nous en fournit plusieurs pour le mot « information », dont on retiendra les trois suivantes :

- action d'informer, fait de s'informer ;
- renseignement obtenu de quelqu'un sur quelqu'un ou quelque chose ;
- élément de connaissance susceptible d'être codé pour être conservé, traité ou communiqué.

Les deux premières montrent bien une dynamique qui fait que l'intérêt d'une information dépend de son public et de sa cible car il y a volonté et action pour la capter. La dernière introduit implicitement les systèmes d'information d'entreprise en tant que gestionnaires des moyens et opérations pour capter, utiliser, transmettre et stocker les informations afin d'exploiter au mieux ces éléments de connaissance.

La difficulté du paradoxe de Solow est de vouloir faire une équation directe entre des technologies d'automatisation et des bénéfices de productivité, comme il pouvait y en avoir par le passé avec l'introduction d'automates pour le travail à la chaîne. Seulement, il ne s'agit pas ici de travail manuel.

Sans analyse préalable de la valeur de l'information, sans reconnaissance par les utilisateurs de l'apport du système d'information pour partager et manipuler cette dernière dans les processus métier, il n'y aura pas adhésion de leur part, et donc pas de levier de productivité: ils continueront à faire autrement.

Les individus ne sont pas contre le changement s'ils en voient clairement les bénéfices. Or, s'ils ne sont pas accompagnés dans l'usage de nouvelles applications et/ou technologies qui viennent changer leurs habitudes, ils perdront d'abord de la productivité à comprendre ou à expliquer (pour ceux qui ont compris) le nouveau système.

Le problème est d'abord organisationnel et de pilotage avant que d'être affaire de technologies. Depuis le milieu des années 1980, les mentalités ont heureusement évolué et l'apparition de méthodes de « conduite du changement » (voir la section « La conduite du changement » du chapitre 5) ont fait progresser les entreprises jusqu'à ce qu'au milieu des années 1990, on puisse enfin mesurer indirectement les apports des systèmes d'information dans la productivité des entreprises.

Le paradoxe de Solow – Le péché originel de la productivité

En 1987, Robert Solow, économiste américain, fit cette remarque : « Nous voyons des ordinateurs partout, sauf dans les statistiques de productivité», remarque à l'origine du fameux paradoxe de Solow. Le constat de Solow validait une déception quant à la productivité attendue des systèmes d'information, puisque l'introduction massive des ordinateurs dans l'économie, contrairement aux attentes, ne se traduisait pas par une augmentation statistique de la productivité d'entreprise.

Solow a reconnu aujourd'hui que son paradoxe n'existait plus (la tendance s'étant inversée depuis le milieu des années 1990).

Reste que le « péché originel » n'a pas fini d'avoir des effets. Ainsi, une récente étude du cabinet Ernst & Young (octobre 2009) révèle que la perte de productivité d'un salarié lorsqu'il est face à des outils informatiques qu'il ne maîtrise pas peut atteindre 4 000 par an. Face à l'ampleur de ce constat, il devient stratégique pour toute PME dynamique de consolider les efforts de formation bureautique auprès de ses collaborateurs. Ce constat « stratégique » est un peu tardif, mais mieux vaut tard que jamais.

Une vision bipolaire du SI, entre coûts et valeurs

Si le paradoxe de Solow n'existe plus, les attentes des entreprises vis-à-vis de leurs systèmes d'information sont encore extrêmement modelées par une vision bipolaire.

En effet, le système d'information est vu à la fois comme un accélérateur de productivité et comme un vecteur de changement. Il n'est d'ailleurs pas sûr que les entreprises le voient de ces deux façons en même temps, comme nous y reviendrons dans le positionnement des DSI.

Ainsi, à la question « Quels sont les enjeux d'évolution d'entreprise qui poussent le plus à la modernisation des SI ? », posée en 2009 et 2010 à un échantillon représentatif de DSI par le cabinet Sapientis dans son observatoire « Modernisation des systèmes d'information et maturité des entreprises », la « réduction des coûts de fonctionnement » et la « création de nouvelles offres/services » sont arrivés en tête deux années de suite.

En premier, les entreprises attendent toujours beaucoup des systèmes d'information en matière de productivité, notamment en réduisant les coûts de traitement de certaines opérations grâce à l'automatisation de tâches jusqu'alors manuelles. Outre le fait de réduire les temps de traitement, cette automatisation a également l'avantage, en échangeant des données numériques, de réduire des risques éventuels d'erreur de ressaisies qui pourraient générer des litiges dans un processus de facturation, par exemple.

La nouvelle donne de l'économie immatérielle, ce monde plat cher à Thomas Friedman (voir encadré ci-après), apporte un autre éclairage à cet aspect « réduction de coûts de fonctionnement » en autorisant la recherche de partenaires et de fournisseurs à n'importe quel endroit du monde, sans logistique lourde associée.

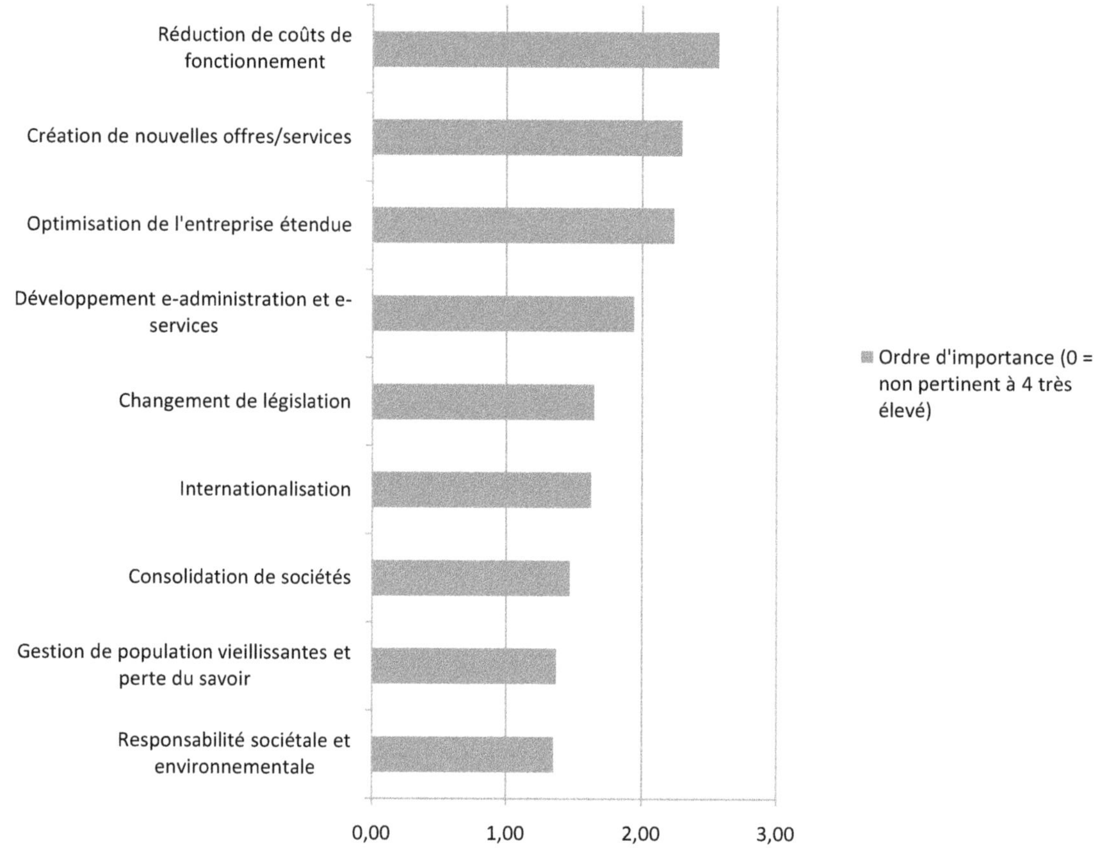

Figure 2-1 : Les enjeux d'évolution d'entreprise
Source : © Sapientis

La terre est plate, Thomas Friedman journaliste, 2004

Thomas Friedman est surtout connu dans le monde informatique en raison de son ouvrage *The World is Flat*. Dans ce livre, écrit en 2004 et réactualisé en 2006, le journaliste lauréat du prix Pulitzer avait fourni sa vision de l'évolution vers laquelle tendait le vingt-et-unième siècle : un monde plat où les distances s'abolissent avec les nouvelles technologies de l'information, où les échanges s'accélèrent et où le centre de gravité politique et économique se déplace vers l'Asie avec la globalisation. Un monde également où toute tâche peut être délocalisée là où la capacité à faire est la plus optimum.

La connexion Internet devient la clé vers ce monde plus ouvert que plat. De même, la collaboration et l'échange intermétier et intergéographie au sein d'une même entreprise, peuvent bénéficier d'applications collaboratives, conduisant à des réductions d'allers-retours ou de déplacements et, donc, de réductions des coûts.

Mais cette vision du système d'information le cantonne encore essentiellement à un rôle de support. C'est ici un accélérateur de changement, pas un catalyseur. Il ne modifie pas le métier de l'entreprise, il contribue seulement à aller plus vite en réduisant les risques d'erreurs et les coûts.

Or, d'un autre côté, de plus en plus d'entreprises ont conscience d'être entrées dans l'ère de l'économie immatérielle. En corollaire, leurs clients ont changé. Ils sont surtout de plus en plus équipés de portables, PDA, téléphones mobiles intelligents, etc. De plus en plus d'équipements mobiles font office d'interfaces avec le monde numérique.

La convergence des canaux de diffusion des informations s'est accélérée en quelques années. Les particuliers attendent des entreprises et des institutions qu'elles prennent en compte ces changements dans leurs modes de relations avec eux. De nouveaux services peuvent être potentiellement délivrés en utilisant exclusivement les technologies de l'information et des communications et en tirant partie des différents équipements de connectivité. Ainsi voit-on apparaître des sociétés dont le modèle économique repose en premier sur les plates-formes d'échange et de diffusion à travers des portails de services.

B2B, B2C, B2B2C, m-commerce : le B.A.-BA du e-commerce

Dans la relation commerciale sur Internet, le système d'information (la manipulation et le contrôle de l'information numérique) est la clé des échanges de l'entreprise avec ses clients ou avec ses partenaires.

B2C – Business To Consumer, se dit des relations de commerce en ligne entre une entreprise et ses clients particuliers.

Parmi les différents modèles économiques, il y a celui des boutiques d'achats en ligne, l'affiliation, avec des acteurs plus larges comme Amazon, par exemple, les mises à disposition de contenu par abonnement (portails de services d'information), ou le modèle publicitaire qui est celui retenu par les moteurs de recherche. Avant Google, le modèle classique était d'utiliser un système de bannières publicitaires affichées sur les pages de résultats. Avec Google et l'achat de mots-clés, il y a un affichage plus discret de liens publicitaires correspondants aux thématiques de la recherche et le paiement se fait au « clic ». L'annonceur ne paie qu'en proportion du nombre d'activations des liens qui pointent vers son site commercial et le positionnement du lien dans la liste des liens commerciaux dépend de la somme qu'il est prêt à verser.

B2B – Business to Business, se dit des relations commerciales entre entreprises via le commerce en ligne, et notamment des « places de marché » qui mettent en relation fabricants, fournisseurs et clients, pour des échanges commerciaux ou des projets de collaboration (Exostar pour l'aéronautique et la défense, par exemple).

B2B2C – Business to Business to consumer, se dit d'échanges ou transactions commerciales en ligne où une entreprise vend un produit ou un service à un consommateur en se servant d'une autre entreprise comme intermédiaire.

m-commerce : il s'agit des échanges et services commerciaux via les téléphones ou équipements mobiles (par exemple envoi d'une facture par sms, e-ticketing, achat/téléchargement de sonneries, etc.). En particulier, la technologie NFC (*Near Field Communication*), le « sans contact mobile » permet d'échanger ou de collecter des informations en toute simplicité. Il suffit pour cela de positionner un téléphone portable équipé à quelques centimètres d'une borne. Un mobile NFC peut servir, par exemple, de titre de transport, de billet de concert, de moyen de paiement et de carte de fidélité chez un commerçant, de code d'accès à une entreprise, de lecteur d'étiquettes électroniques apposées sur un produit ou un équipement urbain, ou même de système d'échange entre deux téléphones.

Le système d'information peut ici, au-delà d'augmenter la productivité au regard de processus existants, apporter de la valeur au cœur de métier d'une entreprise, par exemple en permettant la création de nouvelles offres multicanal, par une approche et un suivi différents du client et de ses besoins, ou par des échanges nouveaux avec les clients et/ou partenaires en exploitant toutes les possibilités du commerce électronique dans un monde où le PC n'est plus le seul moyen d'accès aux offres numériques.

Le système d'information peut aussi augmenter la qualité d'un processus par une meilleure traçabilité et un contrôle d'informations financières, de flux logistiques ou de biens matériels. Il peut également aider à optimiser la mobilité des employés (interventions d'agents terrain ou de commerciaux, télétravail) et répondre à des niveaux d'engagement élevés.

Mobilité : les nomades urbains et l'optimisation des interventions sur le terrain

Qu'entend-t-on par mobilité ? Il s'agit de la capacité des personnels itinérants ou nomades à communiquer avec leur entreprise et à effectuer des transactions depuis leur lieu d'intervention en s'appuyant sur les nouvelles solutions technologiques.

En réalité, la mobilité couvre de nombreux cas de figures, des collaborateurs dits « nomades » qui veulent retrouver leur bureau hors des murs de l'entreprise et disposer des mêmes services que leurs collègues en poste fixe, en toute sécurité, aux techniciens de maintenance en passant par les forces de vente sur le terrain. En accédant en temps réel au SI de l'entreprise, les forces sur le terrain peuvent disposer d'informations pertinentes pour réduire les temps de déplacement, gérer plus rapidement les données logistiques, optimiser les tournées...

La mobilité permet également de la télésurveillance en temps réel des chaînes d'équipements constituant un réseau de distribution (eau ou électricité, par exemple), en fournissant des informations via RFID (*Radio Frequency IDentification*) sur ces composants tels que tuyaux, pompes, réservoir, vannes, installations de retraitement...

Les commerciaux, de leur côté, ont la possibilité d'accéder aux informations clients et produits sur site, et peuvent établir des devis ou des promotions sur place.

Derrière ces enjeux d'évolution, il y a à la fois les nouvelles technologies qui rendent possible ces gains, le nécessaire questionnement sur les choix d'infrastructure, d'équipements, d'intégration et de sécurité des échanges, mais surtout la prise en compte des changements d'organisation sans lesquels les gains ne pourront être obtenus. La mobilité a une dimension transformationnelle pour les processus de l'entreprise.

Au-delà des équipements de la mobilité, terminaux mobiles tels que PDA, tablette PC, smartphone, chez les agents, téléphones plus intelligents, plus interactifs chez les clients (NFC), technologies de communication (3G, GPRS, WiFi...), progiciels de gestion des interventions, géolocalisation, il ne faut pas négliger le « middleware d'intégration », c'est-à-dire la couche d'intégration des technologies entre elles. C'est cette dernière qui va permettre d'homogénéiser les accès vers le SI. De même, il faudra adapter l'infrastructure de sécurité à l'enjeu mobilité.

Reste que pour répondre à ces deux natures de besoins – réduction des coûts de fonctionnement et création de valeur – le système d'information, afin d'être crédible, doit, d'une part, éliminer ses propres coûts récurrents s'ils ne sont pas justifiés au regard de la productivité recherchée et, d'autre part, faire rapidement la preuve de sa valeur dans la création de nouveaux services différentiateurs au sein d'un environnement de plus en plus concurrentiel.

Or, si l'évolution est freinée par un héritage lourd, aussi bien en matière de contraintes d'architecture technique que de freins organisationnels, le système d'information ne sera pas en mesure de répondre aux attentes de valeur ajoutée.

Il existe également un engrenage pernicieux. Quand l'existant a été construit par strates hétérogènes, que le résultat au fil des ans s'est transformé en un « SI spaghetti » avec non seulement un entrelacs de connexions point à point entre applications, mais également des redondances de fonctions, de données et des codes sources complexes, les coûts récurrents de maintenance et d'exploitation d'applications en production grossissent de façon disproportionnée.

Ces coûts d'exploitation et de maintenance deviennent si élevés qu'ils laissent peu de place à l'investissement sur de nouveaux projets, et en particulier ceux qui devraient contribuer à réduire les coûts récurrents en restructurant le système d'information pour plus d'agilité et de flexibilité. L'engrenage de l'évolution se grippe de lui-même, progressivement et sûrement.

Si, en revanche, l'entreprise prend la peine de rationaliser ses coûts récurrents, non dans une optique financière court terme mais bien avec l'ambition de réinjecter les économies ainsi obtenues dans le système d'information pour financer une architecture globale plus agile, alors, d'une part, les coûts récurrents diminueront progressivement et, d'autre part, le système d'information saura en proportion être plus réactif aux demandes d'évolutions fonctionnelles.

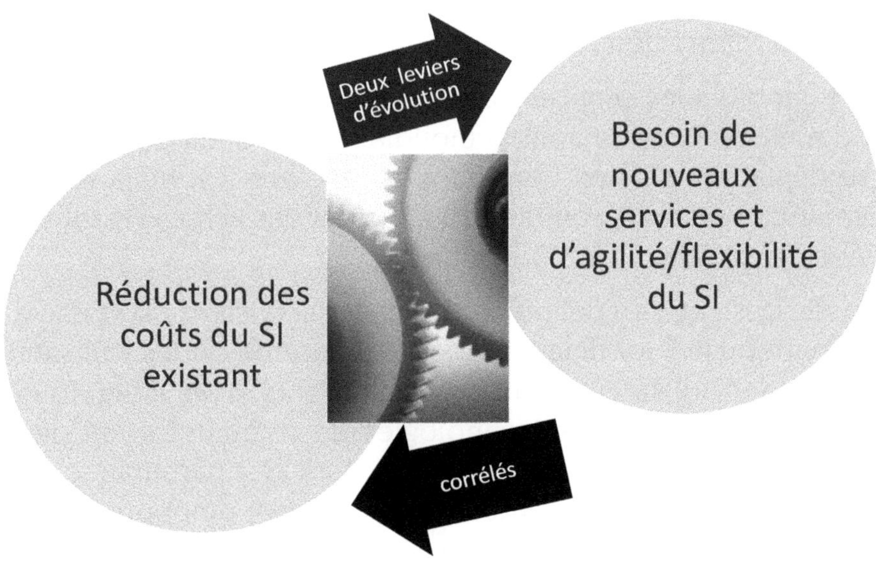

Figure 2-2 : Les leviers d'évolution

Si les deux leviers coût et agilité sont bien perçus comme corrélés, ils peuvent contribuer à mettre une dynamique vertueuse en place. À l'inverse, mis en opposition, ils figent le système.

Reste que réinvestir les économies de rationalisation des coûts récurrents dans une restructuration de l'agilité de l'architecture peut sembler très théorique. Pour que le projet puisse aboutir, il faut procéder par étapes, avec des résultats intermédiaires visibles et qui démontrent concrètement l'apport des changements effectués pour la mise en œuvre de nouveaux services.

La démarche pragmatique consiste donc à inclure autant que possible la modernisation d'un existant dans tout projet métier auquel il peut contribuer.

Pourquoi l'évolution de l'économie immatérielle pousse à la modernisation des SI

Le monde plat où les clients sont connectés à l'entreprise, les employés nomades, les partenaires « en flux tendu » directement connectés dans une logique d'entreprise étendue, tout cela nécessite une intégration toujours plus forte de technologies très hétérogènes entre elles. En corollaire, cela impose également des contraintes très fortes d'ouverture du système d'information avec les problématiques de sécurité liées, ainsi que la nécessité de réutilisabilité des fonctions et services sous peine de ne pas avoir la flexibilité nécessaire face à des besoins et des comportements nouveaux.

Les systèmes d'information ne sont plus totalement dans une logique de développer des applications pour des utilisateurs internes à l'entreprise. Les frontières se sont déplacées sur plusieurs axes à la fois.

- L'axe géographique : les applicatifs sont devenus mondiaux, les utilisateurs mobiles et internationaux.

- L'axe temporel : les services doivent parfois fonctionner en continu, 24 h/24, 7 j/7. La raison en est autant la mondialisation que l'exigence des clients qui ne se déplacent plus en boutiques ou en agences, mais vont consulter les informations sur leurs comptes ou effectuer des achats via Internet et au-delà (PDA, smartphone…), à toute heure.

- L'axe services : qui, en définitive, utilise les services du système d'information d'une entreprise ? Au-delà de la logique interne où les utilisateurs sont des employés, les utilisateurs sont aussi les clients, à qui il faut fournir des services d'information via des technologies de communication de plus en plus variées. Ce sont également des fournisseurs, des partenaires dans la logique d'entreprise étendue. En particulier, l'entreprise doit apprendre à mieux partager ses services d'information, par exemple pour les collaborations de type ingénierie, en conception mais aussi en après-vente, sur des savoir-faire pointus (référentiels et catalogue de données techniques), ou pour les collaborations de type achat/vente sur des catalogues d'offres.

Dès lors, les enjeux d'évolution poussent à la modernisation des SI afin qu'ils puissent fournir les services permettant la mise en place d'un modèle d'entreprise en réseau, communicante, ouverte et sécurisée.

En particulier, il s'agit de fournir une infrastructure banalisée d'accès au SI et aux outils de communication, à tout moment, depuis n'importe où et en toute sécurité. Ensuite, il faut pouvoir partager les données efficacement, optimiser encore les processus, voire les changer en prenant en compte les nouveaux modes de travail et d'interactions avec le SI.

Les systèmes d'information hérités du passé sont loin d'avoir la flexibilité requise, en raison d'une architecture rarement pensée de façon globale (en particulier pour la sécurité) et, le cas échéant, pas assez orientée vers un usage de services partagés, au-delà même des murs de l'entreprise. Leur logique applicative est même en cause car elle a souvent entraîné des silos de données et de fonctions, avec pour conséquence des doublons, des incohérences, des redondances. D'ailleurs, quand bien même une application donnerait satisfaction aujourd'hui, cela ne garantit en rien son adaptabilité future.

En annonçant à la fin de l'année 2007 sa banque « Web 2.0 », ou la mise en service d'un environnement personnalisable avec les dernières technologies du Web pour qu'une clientèle aisée puisse gérer ses comptes en ligne, la Banque Barclays préfigurait ce que sera l'informatique de demain.

En quelque sorte, une théorie de l'environnement appliquée au numérique. Exit donc la vieille définition de traitement de l'information et, dès lors, la séparation entre informatique industrielle et informatique de gestion.Cette dernière est fondée sur un nouveau paradigme[2] extension de l'approche centrée client réservée jusqu'alors aux solutions de gestion de la clientèle (CRM). Il s'agit ici de changer l'approche des systèmes d'information pour qu'ils ne soient plus des usines à collecte et retraitement de l'information, mais des organismes adaptables, perpétuellement capables de s'aligner avec les besoins des utilisateurs et des clients finals en recyclant l'information nécessaire.

> ### Définition – Informatique ou informatiques ?
>
> Longtemps, une distinction a été fait entre :
> - l'informatique industrielle : traitement de l'information liée à l'industrie et, au sens large, tout ce qui a trait aux activités de production ;
> - l'informatique scientifique : traitement de l'information issue de la recherche scientifique applicable à la recherche opérationnelle, la bio-informatique, etc. ;
> - l'informatique de gestion : traitement des données de gestion.

L'informatique au sens large devient un outil pour optimiser des services d'information à des clients, qu'ils soient internes à l'entreprise (on parlera alors d'utilisateurs) ou externes, c'est-à-dire clients de l'entreprise elle-même. L'informatique devient le nerf de certains métiers et non plus un outil de support au traitement des données

2. Un paradigme est un modèle de représentation du monde, un schéma de pensée qui oriente la réflexion et la recherche scientifiques sur la base de croyances fondamentales (des principes de base sont posés comme permanents mais de manière empirique). C'est un terme souvent employé en informatique pour marquer des périodes technologiques axées sur des principes forts, ou des modèles d'approche de la conception, du développement, des projets, qui structurent pendant un temps l'évolution des systèmes d'information

comme elle a pu être considérée auparavant. De la même manière, les outils d'entrepôts de données (*datawarehouse*) ont évolués vers des outils d'analyse et d'aide à la décision adaptés aux métiers (BI pour *Business Intelligence*).

Cette évolution n'est pas que de pure forme, n'en déplaise aux esprits chagrins. Cela change fondamentalement les règles de gestion des systèmes d'information et a de lourds impacts en modernisation de systèmes existants. En voici quelques exemples concrets : une société du domaine de l'énergie avait jusqu'à récemment considéré ses clients à travers les compteurs et les points d'entrée de distribution d'énergie. Ce faisant, établir de nouvelles règles de gestion ou de nouvelles offres qui cumuleraient sur une même facture pour un client donné, sa maison principale et sa maison de campagne, voire son entreprise dans le cas d'artisans, supposait de modifier des systèmes existants qui, voyant deux ou trois compteurs différents, établissaient automatiquement deux ou trois factures différentes sans avoir la capacité à lier ces factures en fonction de leur point commun : le client. C'est la conception des liens entre données métier qui est à revoir et cela modifie profondément l'implémentation.

De même, de nombreuses compagnies d'assurance souhaitent évoluer d'un modèle traditionnel de gestion par produits vers un modèle client multiproduit. Le changement peut transformer l'organisation à l'échelle de l'entreprise et, là encore, la conception des systèmes d'information est à revoir.

Car si les règles de gestion des anciens systèmes exécutent une logique métier stable depuis des dizaines d'années, ce n'est pas forcément à la manière souhaitée aujourd'hui par les utilisateurs. C'est là où la modernisation devient clé pour accompagner le changement.

Le tableau suivant montre, pour différents enjeux d'évolution d'entreprise, le type d'enjeu de modernisation du système d'information existant à considérer.

Tableau 2-1 : Enjeux d'évolution et modernisation

	Enjeu d'évolution	Occasion de modernisation
Accroissement de la productivité des salariés dans toute l'entreprise et réduction de coûts	Réduire les coûts de processus internes et externes. Mise en œuvre de processus administratifs internes dématérialisés grâce au Web. Déport de services et de support en ligne (opérations réalisées par le client).	Mise en place de workflow collaboratif et de référentiels internes. Automatisation des requêtes internes (demande de congés, notes de frais) et autorisations en ligne. Mise en place d'un annuaire des employés. Si existence de données ou base de connaissance à préserver, migration de données à envisager. Si documents et archives, idem. Mise en place de contrats cadres pour les achats auprès des fournisseurs. Rationalisation de l'approvisionnement par des techniques d'e-procurement (achats en ligne). Optimisation des coûts de l'exploitation informatique.
Création de nouvelles offres/services	Augmenter le chiffre d'affaires par un canal favorisant l'atteinte de nouveaux clients et utilisateurs, réduire le coût d'acquisition client. Améliorer le service apporté aux clients existants via des nouveaux services en ligne. Accéder à de nouveaux clients en mettant en œuvre des offres spécifiques à des secteurs de clientèles particuliers (« jeunes actifs », « retraités », etc.). S'adapter aux changements des modes de consommation ou à de nouvelles opportunités de ventes de par la régulation. Exploiter la demande client et/ou l'offre pour mieux cibler la production et/ou le prix. Augmenter la visibilité d'une marque.	Mise en place d'une architecture plus moderne autorisant l'accessibilité Web et mobiles, et un meilleur usage de services partagés (SOA) ainsi qu'une flexibilité dans la gestion des règles métier. Favoriser une meilleure gestion de la relation client via un référentiel de données client unique et centralisé pour obtenir une vue 360°.

Tableau 2-1 : Enjeux d'évolution et modernisation (suite)

Optimisation de l'entreprise étendue	Améliorer la coopération entre les donneurs d'ordre et leurs sous-traitants. Augmenter la collaboration avec des partenaires locaux. Engager la collaboration avec des partenaires internationaux.	Améliorer les capacités d'intégration des systèmes existants avec des systèmes d'information externes (éventuellement via une architecture orientée services). Améliorer la gestion des données de références pour mieux contrôler les flux de données et les échanges avec les acteurs externes (fiabilité, cohérence, etc.).
Développement de l'e-administration et des e-services	Rencontrer les attentes des citoyens avec des services de proximité via le Web pour le gouvernement.	Voir « Optimisation de l'entreprise étendue » et « Création de nouvelles offres/services ».
Économie internationale et régulation	Obtenir un meilleur contrôle des coûts et des risques opérationnels. Faire appliquer les règles de conformité et les directives légales.	Simplifier la complexité des codes. Mettre en place un référentiel pour le suivi de la qualité des applications.
Consolidation de sociétés (y compris fusions et acquisitions)	Étendre sa clientèle par acquisition d'une base « client » installée ou d'une image de marque. Acquérir des services de proximité. Se lancer dans une extension géographique. Effectuer des regroupements d'intérêts. Compléter une offre par des produits à valeur ajoutée.	Mettre en place des moyens de pilotage et de consolidations des informations financières communes. Aligner les modes de fonctionnement aux nouveaux contextes métier (services 24h/24, 7j/7, banques multicanal, etc.). Reprendre connaissance des applications logicielles spécifiques à travers un inventaire global et un diagnostic de l'état des applications. Redocumenter l'existant. Collecter et rationaliser les données de référence (pour préparation à la migration ou intégration). Exploiter au mieux le meilleur des deux systèmes d'information, faire converger les applications, résoudre les problématiques d'intégration, optimiser le partage des données (base clients par exemple). Recenser les compétences nécessaires à la préservation du « patrimoine applicatif » et créer un référentiel de compétences.

Chapitre 3

L'obsolescence, facteur de risque

En juillet 2005, HSBC a admis qu'une panne matérielle, la pire de toute son histoire, a provoqué un crash majeur ayant des répercussions sur des milliers de clients des distributeurs et des services en ligne.

En décembre 2006, une interruption machine a empêché des contrôleurs aériens en Floride d'identifier et de suivre 200 vols, permettant dès lors à des avions de s'approcher trop près les uns des autres.

En novembre 2004, une panne machine au Department for Work and Pensions (DWP) a empêché 80 000 employés de traiter les retraites et remboursements sur plusieurs jours.

En 2005, la New Zealand's Reserve Bank doit subir une interruption de service, a priori due à une mise à niveau d'un microcode sur un disque IBM shark qui a mis en danger la capacité de la banque à procéder à des règlements internationaux.

Ces exemples sont autant d'avertissements pour les entreprises qui négligent les risques que représentent l'obsolescence ou le manque de support attaché à leur système d'information.

Il en existe d'autres moins retentissants mais tout aussi dommageables, où des entreprises n'ont pas réussi à mettre en œuvre des évolutions souhaitées, faute d'agilité de leur système d'information. Nombre sont celles qui ont payé ce retour d'expérience avec des projets coûteux de réécriture devenus des fiascos. Avant d'en arriver là, une bonne gestion des risques s'impose et commence par la gestion de l'évolutivité des systèmes. Dans ce chapitre, nous montrerons les différentes natures de risques, leurs conséquences et pourquoi il faut en appeler à une gouvernance de l'évolution des SI.

L'obsolescence : bien plus qu'un problème technique

Le manque d'agilité est le plus grand des risques de l'obsolescence.

La gestion des risques de l'obsolescence ne consiste pas seulement à gérer des risques d'interruption de service due à un matériel ou un logiciel obsolète, où il faut trouver le niveau de maintenance préventive économiquement viable pour cibler les opérations indispensables de modernisation technique. Cet aspect peut relativement bien se gérer, dans la mesure où l'obsolescence technologique des infrastructures s'accompagne le plus souvent d'arrêts de support programmés, ce qui conduit les entreprises à réagir en fonction d'échéances et de coûts assez bien connus.

Toutefois, même des problèmes techniques prévisibles montrent l'impréparation des entreprises pour gérer les risques d'obsolescence. Elles préfèrent traiter ces derniers le plus tard possible en comptant sur le remplacement progressif des applications qu'elles laissent vieillir dans l'intervalle.

Le problème de l'an 2000 renouvelé en 2019 – Des formats de dates IEEE qui attendent l'an 2019 pour poser problème

Le problème de l'an 2000, aussi relativement simple qu'il a été à première vue – date codée sur les deux derniers chiffres des années – a provoqué une première prise en compte des répercussions catastrophiques potentielles des risques d'obsolescence. En effet, une simple modification répercutée à l'échelle de millions de lignes de code a montré brusquement l'ampleur des enjeux relatifs à l'évolution de systèmes devenus obèses, utilisant des techniques de codage obsolètes – sans typage de structure, par exemple – et, de facto, peu flexibles. L'an 2000 n'a pas suffi toutefois à atteindre le seuil de conscience nécessaire à une remise en état programmée des vieux systèmes. L'approche a été essentiellement réactive.

En effet, les corrections de programmes ont été effectuées au niveau local (sur quelques applications), pour un problème spécifique de date, sans chercher à traiter au niveau global (sur l'ensemble du portefeuille) d'autres problèmes prévisibles identiques. Par conséquent, le même type de problème nous attend pour 2019. Les formats de dates IEEE, pour les programmes C et C++ couplés à certaines versions de bases de données relationnelles, sont prévus pour stocker des dates à partir de 1889 sur un différentiel de 4 milliards de secondes... ce qui nous amène à envisager un problème potentiel en 2019.

D'ici là, me direz-vous, toutes les applications auront été remplacées. Qu'en savons-nous ?

Des applications écrites en 1965 ont duré jusqu'en 2000, voire au-delà. Pourquoi des applications écrites il y a cinq ou six ans ne dureraient pas jusqu'en 2019 telles qu'elles ont été écrites ?

Or, les cycles de remplacement ne sont pas assez courts pour empêcher qu'une application ne souffre d'obsolescence durant son cycle de vie. Il n'est pas rare aujourd'hui de trouver des applications en entreprise qui sont en production depuis une vingtaine d'années. Les applications durent souvent beaucoup plus longtemps que ne l'envisageaient leurs concepteurs et développeurs initiaux.

Mais faut-il toutes les laisser durer et comment gérer efficacement le cycle de vie des applications en production ?

Comment et jusqu'à quand une entreprise peut-elle justifier d'une application si cette dernière n'est pas si spécifique qu'elle ne puisse être reproduite par d'autres et proposée comme une offre de service partageable, moins coûteuse que des développements et avec une maintenance en interne ?

Comment et jusqu'à quand une entreprise peut-elle dépenser de l'argent uniquement pour maintenir une application en état, sans être capable ni de la faire évoluer ni de la remplacer ?

Laisser « durer » des applications sans gestion réfléchie de son patrimoine applicatif, c'est s'exposer à d'autres risques que techniques, souvent mal évalués. En particulier, le risque du manque d'agilité par rapport aux nouveaux besoins métier. En effet, certaines applications deviennent très difficiles à modifier rapidement en raison de la complexité de codes mal structurés et volumineux, accompagnée d'une mauvaise documentation des logiciels, voire de la disparition des compétences.

Depuis l'an 2000, la pression des marchés ouverts et la concurrence mondiale conduisent à vouloir accélérer les temps de mise sur le marché de nouvelles offres, dans une économie où l'information numérique et la vente en ligne deviennent des incontournables. Le débat sur l'importance et la valeur de différenciation que les technologies de l'information et des télécommunications, et leurs applications, peuvent ou non permettre, a tout lieu d'être car les opportunités à saisir ne dureront jamais longtemps.

Il ne s'agit pas seulement de créer de nouvelles applications agiles mais de ne pas laisser des applications existantes hypothéquer le futur économique de l'entreprise, parce qu'elles empêchent déjà l'agilité de l'ensemble du système d'information et sa capacité à créer de la valeur.

Les systèmes d'information sont-ils vraiment un avantage concurrentiel ?

Si les entreprises ont l'obligation de se servir des systèmes d'information à bon escient pour ne pas jouer avec un arc et des flèches dans une guerre économique mondiale, il reste une question. Est-ce que ces systèmes d'information sont des ressources rares, stratégiques, fondamentales pour asseoir un avantage concurrentiel majeur ? Ou est-ce que la standardisation des ressources de stockage, traitement et transport des données, ne fait pas simplement des TIC (Technologies d'information et de communication) une composante de plus de l'infrastructure économique à comparer aux systèmes d'eau potable, d'irrigation, d'assainissement, aux routes, aux trains, à l'infrastructure électrique… ?

Cette question, Nicholas G. Carr, un écrivain américain, se l'est posée et y a répondu avec un scepticisme au moins égal à l'enthousiasme de Thomas Friedman vis-à-vis de son monde plat, quant à l'importance stratégique des technologies de l'information pour les affaires.

En effectuant un parallèle avec le développement de l'électricité et celui de l'ère numérique, il argumente que les TIC sont devenus une commodité semblable aux technologies liées aux transports et à l'électricité, incontournables, certes, mais non stratégiques. Aucune entreprise ne construit sa stratégie sur l'usage de l'électricité. D'où le conseil de G. Carr de gérer les TIC par les risques et les coûts, car « quand une ressource devient essentielle pour la compétition mais sans conséquence sur la stratégie, les risques qu'elle crée deviennent plus importants que les avantages qu'elle procure ».

Ils l'ont dit – IT doesn't matter

C'est en premier le titre d'un article de Nicholas G. Carr, publié en mai 2003 dans l'édition de la Harvard Business Review. C'est ensuite devenu un livre de l'auteur : *Does IT Matter? Information Technology and the Corrosion of Competitive Advantage*, publié par les Éditions de la Harvard Business School.

Dans cet article, l'auteur examine l'évolution des technologies de l'information dans les affaires et établit le parallèle avec l'évolution de technologies plus anciennes telles que l'énergie électrique et les transports ferrés. Pour lui, l'évolution est strictement similaire et, si pendant une période, les TIC ont offert une opportunité pour les compagnies visionnaires de gagner un avantage compétitif sérieux, à partir de maintenant, la disponibilité d'applications standardisées et la diminution des coûts d'acquisition et de possession rendent les TIC invisibles aux yeux de la stratégie, ce qui fait que les « TIC n'ont pas d'importance ».

Selon Nicholas G. Carr, « derrière le changement de pensée envers l'informatique [considérée d'abord comme un outil de bas niveau puis une valeur stratégique] repose une hypothèse simple : comme la puissance et l'omniprésence des TIC ont augmenté, il en est de même de leur valeur stratégique. C'est une hypothèse sensée, et même intuitive. Mais elle est erronée. Ce qui rend une ressource réellement stratégique – ce qui lui donne la capacité à être à la base d'un avantage concurrentiel durable – n'est pas l'omniprésence mais la rareté. Vous ne pouvez gagner une longueur d'avance sur vos rivaux qu'en ayant ou en faisant quelque chose qu'ils ne peuvent avoir ou faire. Dès à présent, le noyau même des fonctionnalités de l'IT – le stockage, le traitement et le transport de données, est devenu accessible et abordable pour tous. Leur puissance et leur présence même les a transformés de ressources potentiellement stratégiques en des commodités facteurs de production. Les TIC sont devenus des coûts pour faire des affaires que tous doivent payer sans pour autant fournir de différenciation à aucun ».

Il faut toutefois nuancer la vision de Nicholas G. Carr. Il a en grande partie raison mais il a aussi tort.

Il a raison dans le sens où nous sommes effectivement arrivés à un point de bascule, aujourd'hui, où beaucoup d'applications propriétaires pèsent plus lourd en coût qu'elles ne valent.

Une petite entreprise peut très rapidement avoir accès à des puissances serveurs[1] et des fonctionnalités qui étaient l'apanage des grandes il y a peu. On voit bien, en effet, l'évolution des plates-formes applicatives, des applications en mode services qui viendront, tôt ou tard, concurrencer les éditeurs de progiciel.

1. Les offres d'hébergement de machines virtuelles sont nombreuses, pour proposer des serveurs à la puissance flexible en infrastructure cloud. Amazon a fait figure de précurseur avec son offre EC2 mais on trouve également d'autres spécialistes plus petits sur ce terrain, dont Gandi, une société créée en 1999, à l'origine française, qui propose ce type de services d'hébergement en plus de l'enregistrement de nom de domaine (http://www.gandi.net/).

Car tout ce qui existe et a pu être pensé en termes d'édition logicielle aujourd'hui se verra progressivement proposé sous la forme d'abonnement de services, sans infrastructure lourde, sans équipe, sans développement spécifique à gérer, compte tenu de la rapidité des évolutions mises à disposition de tous. Vouloir concurrencer ce futur est inutile et coûteux. C'est le moment de profiter des opportunités qu'il offre. Mais cela sera plus facile pour des petites structures agiles que pour les groupes, moyens ou grands, qui n'ont pas su gérer leur héritage.

Quand ce qui a été développé en interne est devenu une meilleure pratique disponible sous forme de services Web, il est recommandé de basculer comme utilisateur de ces services plutôt que de maintenir un existant à tout prix. Ainsi, Carr évoque à juste titre l'exemple de AHS (American Hospital Supply), précurseur en 1976 avec ASAP, un système développé en interne qui permettait aux hôpitaux de passer des commandes électroniques de médicaments. Ce système, à l'origine de profits pendant plus de dix ans, a été dépassé par l'évolution d'Internet et du commerce en ligne dans le tournant des années 1990 et est devenu depuis une corde au cou des dirigeants, selon une étude de cas de la Harvard Business School.

En effet, les applications vieillissent et il y a un moment où ce qui a été développé en interne est à revoir. Ne rien faire amène inéluctablement à payer plus cher le manque de vision.

C'est là où Nicholas G. Carr a tort, quand il recommande de prendre une position défensive plutôt qu'offensive vis-à-vis des TIC, et d'attendre la disponibilité de nouveaux services plutôt que d'investir. L'approche n'est pas si manichéenne dans les choix. Geler l'investissement fait peser le risque sur l'évolution des applications existantes et certaines ne peuvent pas se trouver sous forme de services communs à tous.

Nicholas G. Carr a doublement tort parce qu'il confond technologies informatiques et systèmes d'information. Sa vision est celle qui a conduit à dévoyer le découpage maîtrise d'ouvrage/maîtrise d'œuvre vers un découpage inefficace entre organisations métiers et organisations informatiques (voir la section « Maîtrise d'œuvre et maîtrise d'ouvrage, un découpage dévoyé de son objectif » du chapitre 5).

Un système d'information d'entreprise ne manipule pas que des données parfaitement standardisées dans des tuyaux parfaitement interopérables, loin s'en faut ! Il représente une modélisation du cerveau et du corps d'une entreprise, il est la mémoire de ses processus et les informations échangées ont un impact totalement différent suivant qui les lit. Pour poursuivre la comparaison avec l'électricité, si le besoin de lumière est quasiment le même partout, les besoins en partage d'information varient selon les objectifs individuels et collectifs.

Il y a des applications spécifiques qui peuvent apporter un avantage concurrentiel sérieux à des entreprises quand elles portent sur les processus liés à leur cœur de métier. Il s'agit là de la distinction que G. Carr fait lui-même entre les technologies propriétaires et ce qu'on peut appeler les technologies d'infrastructure. Parce que ces applications spécifiques n'appartiennent qu'à une seule compagnie et qu'elles ne sont pas facilement réplicables car liées profondément à son savoir-faire, à ses ressources humaines, à ses informations historiques (qui, soit dit en passant, sont aussi des biens de l'entreprise), l'usage de ces applications est un atout concurrentiel.

Oui, les systèmes d'information sont des armes à double tranchant. Ils peuvent servir à des innovations d'usage et fournir des opportunités de différentiation. Mais si on les utilise pour développer ou maintenir en spécifique une application pour faire ce que tout le monde fait, fût-ce avec les dernières technologies, on se trompe de cible. D'autres sauront le faire à moindre coût et proposer des services que vos concurrents gagneront à acheter.

En effet, le service ou la fonction fournis par l'informatique n'établissent pas de réelle différenciation métier dès lors qu'ils sont largement adoptés, et standardisés dans les modes de fonctionnement de la plupart des entreprises. Ce sont là des commodités dont Nicholas G. Carr peut dire sans hésiter qu'on ne peut pas ne pas les avoir, sans pour autant qu'elles soient stratégiques.

Le patrimoine applicatif : entre ressource rare et corde au cou

À l'inverse, indépendamment de leur âge, les applications existantes peuvent être des systèmes-clés et receler une logique métier spécifique à l'entreprise tant en termes de données que de règles de gestion et de processus. Cette proximité avec le métier de l'entreprise est difficilement remplaçable par des applications en mode services Web ou par un progiciel standard du marché, et représente souvent une gageure en temps et coûts pour un redéveloppement complet. Dès lors, les applications patrimoniales représentent réellement cette ressource rare que les concurrents ne peuvent avoir ou cette longueur d'avance qu'ils ne peuvent franchir aisément.

Mais ce type de bien, tout immatériel qu'il soit, se dégrade inéluctablement plus ou moins vite. Ne pas faire d'efforts pour gérer son patrimoine en système d'information, c'est progressivement perdre le contrôle d'une bonne partie de ses biens immatériels. C'est s'exposer dès lors à transformer un avantage concurrentiel en « corde au cou », selon la formule du AHS (American Hospital Supply).

Dès lors, la question de la modernisation se pose en ces termes :

- Les composants de mon système existant représentent-ils une valeur métier ou de productivité spécifique à mon entreprise ? Si oui, est-ce que je les valorise et les préserve de façon appropriée à mes enjeux ? Si non, est-ce que je peux en abandonner certains, en remplacer d'autres, selon l'analyse de la valeur ?

- Quels sont leurs états d'obsolescence et quels sont les risques à ne rien faire (ne pas agir de façon proactive en prévention de l'obsolescence) ?

- Est-il possible d'en faire un meilleur usage pour les nouveaux besoins de l'entreprise, pour soutenir les changements auxquels elle doit faire face, à moindre coût, plus vite et à moindre risque qu'en choisissant de l'écarter au profit de nouvelles solutions ?
- Comment s'insère la modernisation de ce système dans une gouvernance globale du système d'information ?

À présent que nous sommes effectivement dans une économie immatérielle, quand l'économie accélère, ou quitte une vitesse de croisière adossée à quelques paradigmes (sociétés considérées comme stables, cours d'actions, comportement des acheteurs, situation de monopole, cours des matières premières, etc.) et change de paramètres, le manque de contrôle des systèmes d'information devient flagrant, dans leur incapacité à prendre rapidement en compte la fluctuation des paramètres.

Les systèmes d'information existants n'ont jamais que les capacités de contrôle et d'adaptation que les organisations leur ont prévues. Force est d'admettre que cela n'a pas été leur préoccupation jusqu'à présent. Il est grand temps pour les entreprises de faire l'analyse de la valeur de ce dont elles disposent, de nettoyer, faire évoluer, écarter, remplacer, les composants de leurs systèmes. Sinon, effectivement, l'apport de ces systèmes ne se lira plus qu'en termes de coûts et de risques.

Faire évoluer l'existant pour être plus agile

Mieux vaut prévenir que guérir

Les entreprises ont donné priorité au pragmatisme ces dernières années en ciblant leurs actions sur l'atteinte d'objectifs tels que la réduction de coût et les gains de productivité en maintenance et exploitation, compte tenu des coûts visibles et quantifiables associés à ces postes. D'où des actions tactiques telles que donner la maintenance à des tiers (TMA – *Tierce Maintenance Applicative*) pour rationaliser les processus de maintenance et leur pilotage sur la base de services définis à la cible (SLA – *Service Level Agreement*), ou de l'outsourcing pour diminuer les coûts de main d'œuvre.

Toutefois, ces actions ne diminuent pas le risque du manque d'agilité car elles n'ont pas pour objectif la gestion de l'agilité des applications. Or, tous les risques, en particulier celui du manque d'agilité, se traduisent finalement en coûts. Ne pas faire à temps la modification du système d'information que le métier ou les exigences externes imposent est un risque économique non négligeable. L'agilité doit donc faire l'objet de procédures préventives, sauf à laisser se dégrader jusqu'au point de non-retour l'adaptabilité des applications au fil du temps.

En quoi consiste le risque du manque d'agilité, comment le contourner ? De nombreuses sociétés se satisfont depuis longtemps de systèmes mainframe qui tournent bien, au sens où ils répondent à des volumes de transactions très importantes, et de manière sécurisée. Beaucoup de distributeurs d'argent automatiques reposent encore sur des transactions Cobol[2] sur mainframe. Il n'est pas rare de trouver dans des entreprises – particulièrement dans les secteurs finance et industries – des applications ayant près de 40 ans de « bons et loyaux services ».

Pour autant, il serait illusoire de croire que ces applications sont hors du champ des changements de paradigmes d'un monde en évolution. Continuer à faire toujours mieux ce que l'on sait bien faire est un principe de bon sens qui ne devrait pas pour autant en occulter un autre : dans un monde en mutation, les savoir-faire peuvent avoir à s'adapter ou à changer. Les mainframes sont d'ailleurs loin d'être les seules applications à se moderniser. Des applications d'une dizaine d'années réalisées en Java souffrent de défaut de conception pour avoir été rapidement développées.

Fusions et acquisitions nécessitent restructuration et convergence de SI

Le domaine bancaire est sujet à de nombreuses fusions et acquisitions dans un contexte international. Un rapport du Gartner[3] met en exergue que les acteurs internationaux convergeant sur des marchés traditionnellement desservis par des banques de proximité, ont trouvé difficile d'établir des économies d'échelle en raison des challenges associés aux applications informatiques existantes tels qu'inflexibilité, cycle de développement long, et modifications non documentées.

Pour donner un exemple concret, ce type de fusion et acquisition impose à des systèmes prévus pour fonctionner en transactionnel sur des fenêtres de temps restreinte (9 h-17 h, par exemple, pour un créneau horaire) une disponibilité 24 h/24 et 7 j/7. Par conséquent, le traitement des données en « batch » de nuit, héritage d'anciens systèmes, n'est plus possible. Il faut passer à des traitements quasi temps-réel sous peine de ne plus être concurrentiel au niveau des temps de réponse aux clients ou au niveau de la mise en ligne de nouveaux produits et services, ou encore au niveau du traitement des transactions financières.

La question à se poser est donc : Dois-je refondre mon système (sans garantie sur le délai) ou trouver un moyen de restructurer son architecture en réponse à ce besoin de transaction 24 h/24, 7 j/7 ?

Au-delà du domaine bancaire, la croissance par acquisitions de certaines sociétés peut être mise en difficulté quand les systèmes d'information des organisations qui se rapprochent ne permettent pas de mettre en place des moyens de pilotage et de consolidations des informations financières communes.

Sans visibilité sur les applicatifs, données et flux de données, la convergence des SI va forcément poser problème. L'agilité dans ce contexte consiste d'abord à maintenir un SI dans un état « lisible ».

2. Acronyme de *Common Business Oriented Language*, voir historique p.235.

3. Gartner Inc., fondée en 1979, est un célèbre cabinet d'analystes américain, réalisant des études dans le domaine des technologies de l'information. Si son siège est à Stanford, aux États-Unis, le Gartner est implanté sur 80 sites dans le monde. Il est particulièrement cité par les éditeurs pour ses Magic Quadrant, systèmes de classement et de positionnement de solutions sur des marchés et technologies. Il est également connu pour ses analyses des innovations technologiques.

Le commerce électronique impose l'ouverture de l'existant

Autre exemple, la nécessité de gérer l'ouverture vers les clients et/ou partenaires et fournisseurs à travers le Web. En particulier, l'intégration de prises de commandes de clients en lignes ou l'accès à distance à travers un portail Web pour des partenaires pour le suivi des achats, des bons de commande, des factures, des stocks, etc.

Cet aspect a, pour les systèmes centralisés sur mainframe, été géré dans un premier temps par le développement d'interfaces Web en lieu et place des anciens 3270 d'IBM. Le bénéfice immédiat a été de remplacer une interface graphique peu attrayante et à risque d'erreurs (codes et abréviations à saisir au lieu de menus déroulants) par une interface ergonomique permettant de réduire la durée de traitement des dossiers et de déporter une partie de la saisie chez les clients et/ou partenaires usagers.

Cette étape de modernisation cosmétique ne modifie pas les fonctions existantes et le code des traitements reste souvent inchangé. C'est une première étape simple dont le retour sur investissement est rapidement démontrable.

On peut également choisir pour ce premier stade, suivant le coût ou le risque d'obsolescence des plates-formes, de migrer vers des architectures client-serveur *n-tier*, qui impliquent de facto une séparation données/traitement/présentation et une couche de présentation Web.

Pour tirer pleinement profit de l'ouverture au Web des processus de prise de commande, la modification des interfaces doit être accompagnée d'une approche de rationalisation des données, pour pouvoir construire une vue client unique (la fameuse vue 360° du CRM), essentielle dans le commerce électronique, dont les avantages sont de trois natures :

- centralisation des informations clients pour faciliter les prises de décision opérationnelles par une meilleure connaissance du dossier client ;
- possibilité d'établir des stratégies marketing via une meilleure exploitation des données ;
- meilleure satisfaction des utilisateurs.

Cette approche peut se faire en réutilisant au maximum les systèmes et logiciels existants. Il s'agira d'abord d'établir un dictionnaire de données de références client (référentiel client standardisé), grâce à la réingénierie du code et des données, puis, dans un second temps, de confier l'orchestration des données (en particulier la synchronisation) à un *Master Data Management* (MDM). Ce dernier évitera toutes redondances et duplications de données ou risques d'incohérence et simplifiera les flux.

> **MDM – Les données de référence auraient-elles trouvé leur maitre ?**
>
> Les données de références (*Master Data*) sont des informations essentielles pour l'entreprise, manipulées dans la plupart des processus métier et qui existent indépendamment

> des applications. Ainsi en est-il des données clients, fournisseurs, produits, employés, sous-traitants, comptables, contractuelles...
>
> Le *meta-group* a défini une méthode de gestion de ces données (MDM) destinée à qualifier et à uniformiser le mode de description des informations pour en garantir une prise en compte correcte. Elle englobe ainsi tous les moyens pour constituer un référentiel de qualité comme le nettoyage des données, la mise en cohérence, la consolidation, la mise à jour, l'élimination des doublons et l'établissement des descriptifs des données de référence de l'entreprise.
>
> Par extension, les solutions s'appuyant sur cette méthode ont pris le nom de MDM et comprennent la base de stockage de données maîtres et les outils de leur gestion.

À ce stade, l'application n'est pas tellement plus flexible. Elle est plus accessible, plus rationnelle au niveau des données, mais ni plus structurée, ni plus flexible. Introduire une nouvelle offre pour un segment de clientèle particulier impliquera encore un cycle de développement et de mise en production long, pour ce qui pourrait n'être qu'une modification mineure d'un montant dans une règle de gestion, et la séparation en deux modules d'un traitement indifférencié.

En effet, cette modification a priori simple peut-être complexifiée par l'aspect monolithique du code de programmes de centaine de milliers de lignes. Il est très difficile de retrouver dans des millions de lignes non documentées où les données sont manipulées et où la règle se déclenche, et quels sont les impacts de la modification sur les autres programmes, etc.

Une nouvelle réflexion qu'il faut entreprendre ici consiste à pouvoir sortir du monolithe les aspects métier et les rendre paramétrables en dehors du cycle de développement et de mise en production, pour ne pas retomber dans le cycle de l'obsolescence, et pouvoir réagir simplement à un changement de pure logique métier.

Dès lors, on s'intéressera à la modularisation de code (par des techniques de restructuration), à l'extraction des règles métier que l'on pourra gérer en dehors du code grâce à un moteur de règles et à l'enchaînement des modules autonomes à travers un orchestrateur de processus.

Laissez la maîtrise des règles de gestion aux métiers

S'adapter à une concurrence féroce qui impose des cycles de mise sur le marché d'innovations courts, nécessite de rendre les systèmes plus adaptables afin qu'ils autorisent des modifications d'offres ou de services au niveau des métiers et non de l'informatique.

Il existe aujourd'hui des solutions (moteur de règles, par exemple) qui autorisent les utilisateurs à modifier des règles de gestion sans pour autant entrer dans un cycle de remise en production (avec les tests de non-régression et les fenêtres de mise en production associés).

Si hier l'offre se déclinait par une règle de gestion écrite directement dans le code des programmes, demain, la modélisation de la règle dans un moteur de règles permettra un autre modèle pour son évolution : celui de laisser faire les modifications à un utilisateur par un simple changement de paramètres. Ainsi, il n'y aura pas nécessité à repasser par les équipes informatiques avec un cycle de remise en production complet, comprenant développements et tests unitaires, intégration, recette et déploiement. Dès lors, il y aura possibilité de faire évoluer plus rapidement certaines offres de services.

Les règles du jeu des règles de gestion

Les règles de gestion partagent en général trois aspects : un aspect de calcul, un déclenchement conditionnel et des règles de contrôles sur les données ou des contraintes.

Le calcul peut être une formule simple ou un algorithme complet.

Voici deux exemples de déclenchement conditionnel :

- Si la quantité disponible en stock devient inférieure à la limite, déclencher le processus de réapprovisionnement.
- Le mode de calcul du salaire de retraite dépend du montant net (selon le montant net, le programme n'appellera pas la même branche).

Quant aux règles de contrôle sur les données/contraintes, en voici quelques exemples :

Le salaire d'un employé ne peut pas régresser.

Une facture comporte au moins une ligne de facture.

Le montant total des factures non réglées par un client ne peut pas dépasser le crédit autorisé pour ce client.

Pour cela, il faut pouvoir identifier les données métier de références dans le code existant et les rationaliser, c'est-à-dire supprimer les redondances, les polysémies, les incohérences et établir des règles de nommage. Ensuite, on pourra identifier à partir des données métier les règles de gestion qui s'y appliquent dans les programmes et extraire ces règles en respectant les contraintes de programmation pour pouvoir les modéliser dans un système externe qui autorise la modification par paramétrage (moteur de règles).

La mise sur le marché plus rapide de nouvelles offres de services aux clients passe d'abord par une meilleure gestion des données, éventuellement par une migration de systèmes avec des structures de données vieillissantes, le cas échéant, vers des bases de données relationnelles pour répondre aux besoins en structuration et manipulation de données.

Rationalisez les données pour un meilleur pilotage

Aux exemples précédents, il faut ajouter les besoins en pilotage par consolidation d'information et en manipulation de données. En effet, pour pouvoir améliorer toute performance, en particulier en termes de productivité ou de compétitivité d'une entreprise sur son marché, il faut avoir les données nécessaires pour la mesurer.

Or, les systèmes vieillissants souffrent de problèmes de structures de données, de sécurité, de redondances, d'accès et de flexibilité, notamment pour la capacité à exporter simplement les données dans une forme facilement manipulable. On notera en particulier la difficulté à changer les structures de données ou d'ajouter de nouvelles tables dans les systèmes de stockage de données sous fichier ou les bases de données pré-relationnelle.

Les besoins en statistiques et en alimentation d'infocentres ou d'entrepôts de données (datawarehouse) peuvent ainsi justifier d'un projet de modernisation d'une application de type rationalisation de données ou migration vers une base de données relationnelle. Il en est de même dans les cas de gestion de données sensibles (dossiers assurés, dossiers patients) où la protection des données est évidemment primordiale.

Tout projet impliquant la cohérence de données et la récupération de données existantes sous de nouveaux formats, tel que la fusion de systèmes d'information, l'installation d'un progiciel ou d'un nouveau développement, le transfert de fichiers entre machines hétérogènes, la mise en œuvre d'interfaces entre applications, l'alimentation d'un entrepôt de données, devrait impérativement avoir un chantier modernisation dédié aux données.

En effet, les applications de gestion vieillissantes partagent toutes des besoins en rationalisation de données, car elles ont développé au cours du temps un ou plusieurs des exemples d'incohérence suivants :

- règles de nommage incohérentes : une même donnée peut avoir différents noms dans différents programmes ;
- structures de champs incohérentes : un même attribut peut avoir une longueur différente dans différents programmes ;
- valeurs par défaut incohérentes : des programmes différents peuvent affecter des valeurs par défaut différentes à la même donnée logique. Cela peut provoquer des problèmes dans les programmes qui n'ont pas créé la donnée ;
- différence d'unité (devise locale versus euro) selon les programmes pour une même information : conséquences majeures sur les transactions financières ;
- différentes règles de validation appliquées selon les programmes ;
- différentes conventions sémantiques dans différents programmes, d'où des rejets non justifiés.

Moderniser un programme pour le rendre plus flexible au sens métier passe donc par une étape indispensable de rationalisation du code où, en plus de la restructuration de l'architecture du code, les données de références devront être identifiées et, grâce à des techniques de propagation, d'extension de champs, remises en cohérence dans l'ensemble des programmes.

Prévenir les risques d'obsolescence

Maintenir les bonnes conditions d'utilisation et d'évolutivité

Les risques de l'obsolescence des applications patrimoniales sont en grande partie liés à leur degré d'utilisation et leur degré d'évolutivité.

Qu'entendre par degré d'utilisation et degré d'évolutivité? Il s'agit à la fois de ce qu'un capital doit respecter pour être utilisé (et réutilisable) et ce qu'il doit assurer afin de pouvoir mettre en œuvre rapidement des évolutions fonctionnelles et être réactif à l'apparition de nouveaux besoins, même sur des signaux faibles. Les critères à mesurer pour vérifier que le système est utilisable et évolutif sont décrits dans le tableau 3-1.

Tableau 3-1 : Usage et évolutivité

	Degré d'utilisation	Degré d'évolutivité
Critères à mesurer (à respecter par le système pour être utilisable ou évolutif)	Système connu (documentation complète et à jour). Système validable (on peut prouver à tout moment qu'il est conforme aux spécifications). Système facilement accessible (fonctions accessibles par les utilisateurs). Système maintenu et supporté.	Le système assure : – des modifications sur des temps de développement ultra-courts ; – une scalabilité instantanée (pour des pics de charge imprévisibles de fréquentation de sites Web, par exemple) ; – la fiabilité et la robustesse : des temps de non-fonctionnement réduits au maximum et la possibilité de mise à niveau des systèmes sans les arrêter ; – l'ouverture des interfaces et l'accessibilité aux données : afin de répondre aux multiples besoins d'intégration et d'échanges avec des systèmes internes ou externes connus et/ou futurs ; – la sécurité : en termes d'intégrité des données et des contenus, et en termes de sécurité des échanges.

L'obsolescence des applications est liée à une baisse inévitable des degrés d'utilisation et d'évolutivité pour de multiples raisons, notamment l'altération de la qualité du code du fait de multiples interventions en maintenance, l'altération physique des supports, l'obsolescence des formats, des difficultés prévisibles comme l'arrêt du support d'un produit, l'impossibilité pour un système, de par sa conception, de prendre en compte un produit plus récent ou une architecture plus récente, etc.

Dès lors que les conditions d'utilisation et d'évolutivité énoncées ne sont plus remplies, l'entreprise risque d'être confrontée à :

- des temps de non-fonctionnement hors de prix : si l'application n'est plus connue, le support d'un composant d'infrastructure interrompu, le temps de mise à niveau des systèmes n'est plus prévisible ;

- des défauts catastrophiques sur l'image de marque : s'il n'y a pas eu de période de rodage, si les tests ont été insuffisants car l'application n'est pas assez documentée, la mise en production se fait en dépit de la qualité et la satisfaction des clients est directement mise en danger ;
- des difficultés d'intégration : le système peut avoir des limites dans la capacité à exploiter des ruptures technologiques ou architecturales majeures (objet, web, SOA) par difficulté d'intégration avec l'existant ;
- des délais de réaction inacceptables : en particulier, ces délais peuvent devenir catastrophiques par rapport aux modifications de l'environnement concurrentiel, notamment face à la nécessité de faire converger des systèmes d'information pour consolider des données financières.

Arbitrer entre les risques à prendre et ceux à ne pas prendre

Ne rien faire et garder des applications obsolètes n'est souvent ni la solution la moins risquée ni la plus économique. L'évolution est inévitable. Elle est guidée par l'évolution du marché, l'environnement économique et technique, la stratégie de l'entreprise. Elle n'est pas guidée par l'utilisation qui est faite d'une application dans un système particulier.

Il faut donc établir au plus tôt une stratégie de rénovation pour pouvoir proposer des politiques patrimoniales à long terme, au-delà de l'urgence de la sauvegarde qu'induisent les réactions aux points de rupture et du court terme de l'innovation technologique.

Cette stratégie consiste à trouver, dès les premiers signes de ruptures prévisibles, le meilleur compromis entre le risque et le coût de l'immobilisme et ceux de l'évolution.

En parallèle, pour se prémunir des manques d'agilité, il faut déterminer un seuil de criticité par application, mesuré en fonction du degré d'utilisation et celui d'évolution qui, si tôt franchi, devrait déclencher une action d'entretien et une rénovation systématique en prévention des risques.

Le tableau suivant illustre les signes des ruptures prévisibles et indique sur quels critères évaluer à la fois les coûts et les risques d'immobilisme ainsi que ceux de l'évolution.

Tableau 3-1 : Ruptures prévisibles et critères d'estimation des risques

	Signes de ruptures prévisibles	Risques et coûts de l'immobilisme	Risques et coûts de l'évolution
Facteurs exogènes	Annonce de la fin de support ou la fin de commercialisation par un vendeur : – de plates-formes, de bases de données ou de langages du système ; – de l'un des progiciels du système. Nécessité d'intervenir sur le système à travers un grand chantier d'évolution, qu'il soit dû à des besoins métier, de nouvelles réglementations ou du besoin de convergences de systèmes d'information (suite à consolidation de sociétés).	Coût élevé d'un support ou d'une maintenance spécifique. Coût élevé d'une infrastructure appropriée (compétences, matériel). Non-respect des obligations vis-à-vis du client final de l'entreprise. Rupture de services (non-disponibilité) et pertes de chiffre d'affaires ou d'image de marque. Non-compétitivité (incapacité de délivrer de nouveaux services).	Possibles répercussions sur d'autres systèmes vendus par l'entreprise. Risque de ne pas pouvoir assurer la disponibilité en continu (le basculement de l'ancien système vers le nouveau doit être transparent). Coût de maintien éventuellement de deux systèmes en parallèle pendant un temps. Difficulté de maîtriser les services cibles (courbe d'apprentissage). Délais et coûts du projet de modernisation.
Facteurs endogènes	Décision stratégique de basculement sur un progiciel qui peut avoir à échanger des données avec d'autres systèmes existants. Apparition d'une nouvelle application ayant à échanger avec les systèmes existants.	Disfonctionnements pouvant apparaître dans les systèmes existants dus à des échanges non standardisés. Lourdeur de l'intégration et rajout de « tuyaux » en point à point. Redondance de processus de fonctions, de données.	Cohérence système (possibles répercussions sur les autres applications ou progiciels du système). Possibles répercussions sur la gouvernance des systèmes d'information de l'entreprise. Nouvelles compétences à acquérir. Coût de la restructuration d'architecture.

Rester au bon niveau de compétences

Stagnation des compétences : résistances au changement en vue

Tout changement peut potentiellement entraîner des résistances. Un projet de modernisation d'une application implique une rupture dans le quotidien des équipes en charge, aussi ne faut-il pas sous-estimer l'impact organisationnel et planifier l'accompagnement au changement dès le départ.

En réalité, la problématique à adresser en premier précède la décision d'un projet de modernisation. Il s'agit de définir et d'évaluer les réels enjeux de changements humains au même titre que les enjeux d'évolution. Ainsi, les questions fondamentales à résoudre vont bien au-delà d'une vue projet ponctuelle, et sont les suivantes :

- Peut-on anticiper les besoins RH de la DSI en fonction de facteurs exogènes tels que les évolutions technologiques ou les évolutions du marché IT ?

- Peut-on accompagner l'évolution des compétences qu'impliquent de nouvelles méthodes (ITIL ou *Information Technology Infrastructure Library*, CMMI ou *Capability Maturity Model Integration*), de nouveaux modes de fonctionnement des directions des systèmes d'information ?

- Peut-on organiser le transfert des compétences entre générations et préserver la maîtrise des savoir-faire spécifiques ?

Si ces questions ne sont pas envisagées dans le cadre d'une approche globale, on prendra le risque d'avoir à gérer des conflits locaux au cas par cas des applications à rénover car ne rien faire en matière d'évolution des compétences revient, de la même manière que de garder des applications obsolètes, à prendre par défaut une solution risquée et coûteuse.

D'une part, en raison de la raréfaction des ressources qu'on laisse s'installer, d'autre part, de par l'ultra-spécialisation de ressources sur des systèmes anciens. En effet, avec la pyramide des âges, des compétences disparaissent naturellement de l'entreprise (suite aux départs de la génération du papy boom). Il faut reformer des personnes ou sous-traiter pour prendre la relève et assurer la continuité opérationnelle.

Par ailleurs, la connaissance fonctionnelle et technique n'étant plus documentée et les compétences technologiques peu réutilisables hors d'un contexte applicatif particulier, les personnels expérimentés ne sont plus valorisés que par la détention individuelle d'une connaissance incontournable.

Dès lors, tout changement entrepris pour rendre l'application intrinsèquement plus utilisable et évolutive est vécu comme un risque de mise à l'écart et provoque naturellement des freins. Or, un facteur-clé de réussite du changement est la collaboration des équipes en place.

Valoriser les compétences d'aujourd'hui, anticiper celles de demain

La mise en place d'une politique de GPEC (Gestion prévisionnelle des emplois et des compétences permet de proposer une démarche globale pour anticiper et accompagner les évolutions des métiers et des compétences.

GPEC – Gestion prévisionnelle des emplois et des compétences

Cette notion légale est apparue depuis janvier 2008. Les entreprises de plus de 300 salariés sont obligées de négocier la mise en place d'un dispositif de GPEC. Cette loi de programmation de cohésion sociale dite « loi Borloo » a été votée le 18 janvier 2005 (loi n° 2005-32) et devait donner lieu à l'ouverture de négociations jusqu'au 20 janvier 2008. Depuis cette date, les syndicats peuvent exiger une négociation sur la GPEC.

Selon le rapport du Cigref[4] « Outil de scénarisation prospective des besoins RH de la DSI : facteurs clés de l'évolution des métiers et des compétences » de 2007, cette loi met en place une politique qui permet :

- de capitaliser sur les compétences individuelles et collectives ;
- d'anticiper les compétences émergentes et le recrutement ou la formation des personnes concernées ;
- d'anticiper les compétences obsolètes et le reclassement des personnes concernées ;
- de limiter la perte d'expertise suite notamment aux départs.

D'où l'intérêt de cette démarche globale dans une approche « gouvernance du patrimoine SI », car elle accompagne la rénovation progressive des systèmes sous l'angle ressources humaines.

4. Cigref : club informatique des grandes entreprises françaises

En parallèle, pour tout projet de modernisation, on veillera, dès la planification, à accompagner le changement de paradigme technologique, le changement des modes de travail et des rôles et, enfin, le changement culturel dans la vision du système d'information.

Les modernisations par migration de base de données, de langages ou de plates-formes, introduisent de nouveaux styles technologiques. Quand une grande partie de la logique et des composants du système source peut être préservée et autogénérée sur de nouvelles cibles d'architectures, il est possible de préserver une grande partie des acquis de l'existant et des compétences, et d'accompagner le changement par un transfert de compétences ainsi que par la mise en place d'équipes mixtes, à la fois expérimentées dans les expertises de type mainframe et sur les nouvelles technologies telles que J2EE et .Net. Quant les interactions et les transformations entre les deux mondes sont claires, c'est également plus facile d'adopter de nouvelles expertises sur les plates-formes cibles.

De nouvelles méthodes accompagnent souvent les nouveaux paradigmes. Les principes d'analyse des demandes de changement de l'existant évoluent, de même que les méthodes pour tester les évolutions et les référentiels pour capitaliser. De nouveaux rôles apparaissent, les rôles existants se transforment et sont attribués différemment, des nouvelles expertises sont requises, notamment sur le plan managérial et relationnel, ou sont à acquérir (comme par exemple en matière de pilotage dans le cadre de l'offshore), et d'autres deviennent obsolètes.

Ce changement peut être l'occasion de tirer profit d'un capital de connaissances acquis par des personnels expérimentés afin de valoriser leurs expériences terrain, du métier de l'entreprise et des bonnes pratiques informatiques, en leur proposant une évolution de périmètre métier (par exemple en passant d'une fonction opérationnelle à une fonction de contrôle).

Enfin, il faudra faire comprendre que l'enjeu n'est plus de répondre à un besoin par un projet qui ajoute une nouvelle application à partir des données répliquées d'applications existantes. Il s'agit désormais, d'une part, de mieux aligner la dépense en applications sur les bénéfices métier et, d'autre part, de travailler à l'échelle du SI, ce qui conduit progressivement à passer d'une logique d'applications à une logique de processus et de services.

Pour l'existant, la poussée de nouveaux modes d'externalisation de la maintenance et la nécessité de faciliter une rénovation progressive inscrite dans des schémas d'évolution durables se traduit par un besoin de contrôle d'autant plus poussé des transformations et des évolutions. Ce contrôle sera d'autant plus accepté par les équipes en place qu'il sera décliné de manière progressive et flexible et qu'elles y verront la possibilité d'adhérer à une vision d'entreprise.

On ne peut traiter complètement les risques liés à l'obsolescence sans évoquer également le risque humain. Ce dernier est souvent laissé de côté au profit de critères plus déterministes. Pour autant, une politique de gouvernance des applications patrimoniales ne sera pas complète si elle ne prend pas en compte l'évolution des compétences, les nécessaires transferts de connaissances et la capitalisation sur les compétences déjà acquises. Le facteur humain est primordial dans la réussite d'un projet de modernisation.

Bien gérer son patrimoine SI

La rénovation des applications patrimoniales est une nécessité qui se planifie. En termes de durée et de périodicité des remises à niveau, elle entraîne des coûts qui doivent être prévus et acceptés à l'avance. Elle impose une gouvernance destinée à minimiser l'impact de ces rénovations, qui implique de détecter les signes de ruptures et de mesurer en permanence le seuil de criticité.

Ainsi faut-il veiller à ne pas descendre en dessous du seuil fixé pour les degrés d'utilisation et les degrés d'évolution afin de maximiser l'utilisation du patrimoine existant au sens large, c'est-à-dire le code déjà existant, les progiciels déjà connus, les compétences déjà acquises.

De même, il faut minimiser la nécessité de développer du nouveau code, d'introduire de nouveaux progiciels à intégrer dans une infrastructure, d'obtenir de nouvelles compétences, si rien de cela ne s'insère dans une approche long terme du système d'information.

Certaines opérations de modernisation se justifient d'elles-mêmes de par la réduction de coût ou de par les risques d'obsolescence technique liés à un arrêt définitif de support. Toutefois, lier une approche de modernisation seulement à des critères de réduction des coûts ou des risques immédiats s'avère dangereux sur le long terme. Les conditions d'adaptation à un environnement économique mouvant incluent l'investissement dans la modernisation du système d'information pour plus d'agilité. En focalisant sur les risques et les coûts, on réagit tactiquement à des contraintes immédiates, sans élaborer de stratégie pour le futur.

À l'inverse, la mise en œuvre d'un grand programme de rationalisation pour la modernisation des applications existantes est rarement envisageable, car il présenterait le même risque que les grands projets de cartographie de l'existant : s'éloigner très vite de l'approche pragmatique qu'implique le rythme des changements et perdre ainsi leur crédibilité, faute à pouvoir présenter des retours sur investissement dans un délai acceptable.

Aussi faut-il appeler à une gouvernance du patrimoine SI qui s'intègrerait dans une gouvernance globale, au sens où tout nouveau projet, toute demande métier devra être l'occasion d'une étape de modernisation dont le retour sur investissement permettrait de budgéter la suivante.

La DSI et ses défis

Si le système d'information est un levier fort d'évolution pour accompagner les changements vers une économie de plus en plus immatérielle, les entreprises vont attendre qu'il les serve avec agilité, c'est-à-dire rapidement et efficacement. Or, si l'agilité est contrainte par un existant rigide, le système d'information ne servira pas l'évolution sans avoir à… évoluer lui-même. Notamment en mettant tout en œuvre pour disposer d'une flexibilité qui lui permette de répondre rapidement à des nouveaux besoins métier, en restant aligné sur une stratégie d'entreprise.

Cette évolution est difficile en raison non seulement d'un héritage technique éventuellement contraignant, mais également du regard porté sur l'outil informatique par les directions générales.

Les mesures de ROI (retour sur investissement) appliquées aux systèmes d'information sont aujourd'hui insatisfaisantes car axées sur des critères de coût quantifiables directement, sans prendre en compte tous les coûts induits, les chiffres d'affaires indirects et le prix du « non-investissement ». Comment gérer économiquement et globalement un SI ? Comment passer d'une vision du SI en tant que « centre de coût » à une vision du SI en source d'efficacité et de création de valeur pour l'agilité et la performance de l'entreprise ? Comment incorporer l'évolution vers un univers numérique pour faire de la stratégie SI une part intégrante de la stratégie d'entreprise ?

Au-delà d'un outil support, voire accélérateur d'une stratégie, le SI peut être lui-même un axe stratégique de conquête de marchés, de clients, l'élément générateur de nouveaux produits et services. Dès lors, comment réorganiser l'entreprise pour que la fonction SI devienne lisible et visible, fournisse une vision claire de ce qu'elle apporte économiquement et, pro-activement, de ce qu'elle pourrait apporter ?

L'objectif de cette partie est d'aborder ces différentes questions en mettant en relief les enjeux et défis de l'évolution et les réponses possibles, tant en termes d'organisation que de pilotage des SI.

Chapitre 4

Réorganiser un centre de coûts en centre de valeurs

Tout est changement, non pour ne plus être mais pour devenir ce qui n'est pas encore.

Épictète

Ce chapitre traite de l'évolution des rôles et des modèles d'une direction des systèmes d'information, du modèle « centre de coûts » au modèle « centre de valeurs ».

DSI : un rôle difficile

Le DSI idéal

La liste à la Prévert qui suit est extraite des desiderata exprimés de « chasseurs de tête de DSI » : passionné, technophile, stratège, charismatique, visionnaire, opérationnel, gestionnaire, communiquant, leader, fédérateur, porteur d'idées nouvelles… Le profil unique pour réaliser tout cela demeure un idéal souvent impossible.

Il n'est en effet pas forcément opportun de demander au même profil d'être opérationnel au jour le jour, d'assurer la continuité de systèmes existants complexes hérités du passé, tout en réduisant les coûts et en fournissant une vision stratégique de la contribution du SI à la valeur intrinsèque de l'entreprise, sans même parler de fournir des idées nouvelles pour une création de valeurs. L'aspect gestionnaire et l'aspect innovateur restent des états d'esprits qui ne sont pas cumulables au même moment et on ne peut pas demander l'un et l'autre sans être clair sur le poids de l'un par rapport à l'autre.

Or, les directions qui recrutent le DSI ne sont pas forcément claires sur le rôle de la mission à lui attribuer, d'autant que, n'ayant pas de visibilité sur la valeur, elles se rattachent le plus souvent à des objectifs tangibles et visibles de coût, tout en attendant cette valeur, ce qui positionne le DSI d'emblée dans une situation difficile.

Il vaut mieux voir la direction des SI comme une collégiale de compétences complémentaires en systèmes d'information – guidée par une vision commune de l'entreprise – plutôt qu'un individu unique, fut-il surdoué. La direction des systèmes d'information doit chapeauter des responsables gestionnaires et des innovateurs métiers technophiles, des innovateurs techniques passionnés du métier et des concepteurs, des développeurs, des architectes et des techniciens opérationnels, elle doit piloter en transverse des fonctions très différentes et n'a pas pour vocation que le directeur, responsable de la stratégie, les prenne en direct.

Mais pour prétendre à la création de valeur, elle a vocation à prendre des risques, à être force de proposition et d'arbitrage et non uniquement force d'exécution. Cette vocation doit être légitimée par la direction générale. La direction des SI idéale serait donc celle qui donne de la visibilité sur ce qu'elle fait et sur la valeur du système d'information, celle qui est constituée d'une collégiale de compétences et d'intelligences transverses à toute l'entreprise, et qui interagit au niveau de la stratégie d'entreprise avec le soutien de la direction générale.

Cela ne suppose pas forcément de recruter davantage de profils mais de faire intelligemment avec les profils existants et de combler les manques éventuels par du recrutement si le besoin est essentiel et permanent, ou sinon de faire appel à du conseil externe par choix de compétences – qu'il s'agisse d'aider à prendre des directions stratégiques à un tournant ou d'apporter des connaissances pointues, méthodologiques ou technologiques. Il paraît également judicieux pour une DSI de développer des communautés d'intelligence avec des pairs pour partager les meilleures pratiques et disposer d'un miroir réfléchissant afin d'évaluer son propre niveau de maturité.

Les missions du DSI

Quelles sont les missions « régaliennes »[1] du directeur des systèmes d'information ? Celles sans lesquelles le système d'information d'entreprise n'existerait pas et qui ne peuvent être confiées à aucune autre direction ?

La direction des SI est d'abord et avant tout une direction au service des autres directions de l'entreprise ou des utilisateurs. Elle utilise des systèmes d'information pour fournir des services transverses à l'entreprise ou des services sectoriels (propres à une branche ou à un métier). Ces services sont des services d'information, qu'ils soient de contrôle, d'accès, de diffusion, d'exploitation. L'utilité du service, sa valeur d'usage, dépend tout autant de la pertinence, de la fiabilité et de l'accessibilité de l'information pour son utilisateur que du fait d'accélérer les échanges ou de mettre en cohérence des sources d'information variées.

Derrière chacun de ces mots et concepts-clés (pertinence, fiabilité, accessibilité, accélération des échanges, mise en cohérence) se trouve une des missions d'une DSI.

Derrière le concept de pertinence se cache la mission de traduction par la direction des SI d'exigences métier en matière de manipulation d'information, en une logique d'architecture de l'information efficace. Les composants d'un système logique et physique devront s'emboîter pour fournir des informations directement exploitables par l'utilisateur, sans gymnastique intellectuelle supplémentaire. Il s'agit d'aligner le service d'information aux besoins auquel il doit répondre et de qualifier l'information en fonction de son utilité et de ses usages.

Derrière le concept de fiabilité se cache la mission d'assurer la robustesse du système qui stocke les informations, de façon à ce que celles-ci soient efficacement sauvegardées et mises à jour régulièrement, sans perte ni de l'information, ni de la connaissance de son utilité et de ses usages.

Derrière le concept d'accessibilité se cache la mission d'assurer, d'une part, la disponibilité de tout service d'information et, d'autre part, d'en assurer un usage simple, compréhensible, sans « temps d'errance » pour l'utilisateur.

L'utilisateur errant

Le temps d'errance est à la fois un coût souvent caché, car non mesuré, et le temps perdu par un utilisateur dans la prise en main d'un nouvel outil informatique à rechercher la bonne information sur un paramétrage ou une utilisation, voire à solliciter d'autres collègues (dont la mobilisation représente elle-même un coût) parce que le déploiement de l'outil n'a pas inclus suffisamment de support ou de formation.

On estime que ce temps improductif dans l'usage des moyens informatiques en entreprise peut atteindre jusqu'à 9 % de la masse salariale totale (soit 20 à 30 fois le coût d'un service d'assistance de type help Desk).

Derrière « l'accélération des échanges » se cache la mission d'être à l'écoute du potentiel de transformation des technologies de l'information et de la communication pour simplifier les modes d'échange entre hommes et/ou machines et repousser des contraintes de temps et d'espace pour trouver de nouveaux usages, ou renouveler des modes de fonctionnement jusqu'alors limités.

Derrière « la mise en cohérence » de sources d'information variées se cache la mission d'une DSI de faire du système d'information un système d'aide à l'intelligence collective d'entreprise, capable de fédérer la connaissance des différents métiers et suivre les activités de l'entreprise, pour en reconstituer un ensemble cohérent et un accélérateur d'aide à la décision.

La maturité d'une direction des SI vis-à-vis de ses missions ne s'évalue pas à la maîtrise des moyens technologiques dont elle dispose. Il s'agit ici d'une condition sine qua non mais pas suffisante. Tout le défi est de dépasser l'ambiguïté des rôles et des responsabilités entre ceux qui demandent le service et ceux qui le fournissent. La maturité d'une direction des SI s'évalue dans les méthodes et les critères utilisés pour définir le service avec les utilisateurs et en évaluer le coût de mise à disposition avec une logique de valorisation complètement compréhensible par toutes les parties prenantes, afin que la logique d'investissement se fasse en toute connaissance de cause.

Les modèles d'organisation des DSI

Il existe différents types d'organisation de DSI. Elles dépendent autant de la taille de l'entreprise, de l'organisation de l'entreprise elle-même (si c'est une holding avec des filiales, par exemple), que de la maturité de l'entreprise par rapport au métier de la direction des SI. L'entreprise peut considérer la direction des systèmes d'information comme un métier à part entière, générateur de valeur de la même façon que les autres métiers de l'entreprise, ou comme une fonction de support encore mal définie dont il est difficile de percevoir la contribution à la création de valeur pour l'entreprise. Le cas échéant, rien ou quasiment, n'est mis en place pour mesurer et évaluer la valeur et le pilotage se fait essentiellement par les coûts.Les variantes révélatrices d'organisation des DSI

On peut toutefois, dans cette multitude d'organisations, déterminer deux axes pour positionner les typologies d'organisation : l'un orienté « fonctions informatiques », l'autre orienté « services informatiques », selon que ce découpage est orienté vision interne de la structure d'une DSI et de ses rôles, ou vision externe, c'est-à-dire plus proche de la finalité des fonctions (rendre des services à des utilisateurs clients) que des moyens pour les assurer.

Il existe beaucoup de variantes entre ces deux visions, selon, par exemple, qu'il y a un mixte entre fonctions et/ou métiers propre à la DSI et services fournis aux métiers, ou que le découpage en termes de services soit purement vertical (par secteur métier de l'entreprise) ou matriciel (services spécifiques à des divisions métiers et services transverses). L'enjeu d'évolution est toutefois de sortir d'un découpage vertical, qu'il soit interne, orienté vers les activités du cycle de vie logiciel, ou externe, orienté vers les donneurs d'ordre. Cela est indispensable pour éviter les silos techniques ou applicatifs et pour aller vers un découpage matriciel qui soit à l'échelle des besoins de coordination d'une architecture d'entreprise orientée services.

Il faut bien comprendre également que selon le type d'organisation de la DSI, la maîtrise du budget, la répartition des coûts par activité et la possibilité d'impliquer plus ou moins la maîtrise d'ouvrage dans l'évaluation de la valeur et des coûts, seront plus ou moins facilitées.

Le schéma ci-dessous illustre les typologies d'organisation qui pourraient apparaître selon ces deux axes. Les paragraphes suivants détaillent, d'une part, l'approche organisationnelle historique et classiquement répandue du découpage de la DSI par fonctions informatique, d'autre part, l'approche matricielle.

La vision classique par fonctions informatiques

Ce type, « classique » au sens historique, est une organisation fonctionnelle orientée autour des étapes du cycle de vie des logiciels. Ainsi y aura-t-il des entités spécialisées par grandes étapes du cycle de vie de développement et, plus largement, du cycle de vie de l'applicatif.

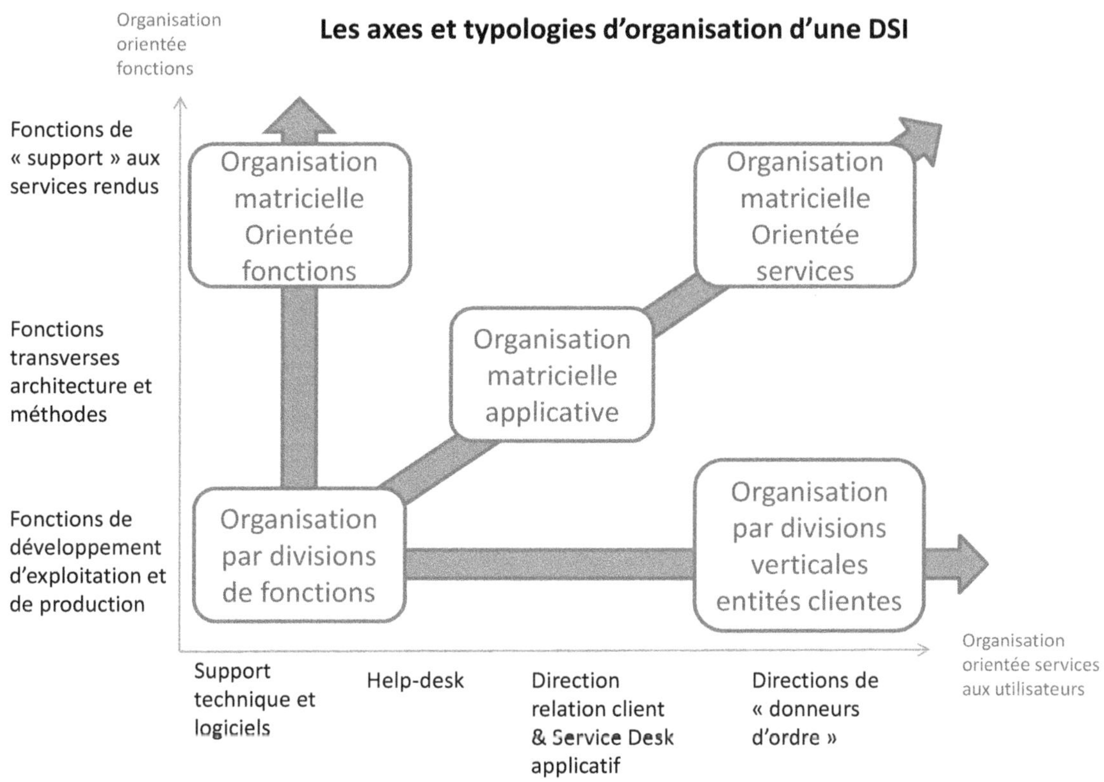

Figure 4-1 : Typologie des directions des Systèmes d'information

Ce sont des découpages organisationnels qu'on retrouve dans bon nombre d'entreprises, en particulier pour la fonction « exploitation et production », comme l'illustre dans la figure ci-dessous un des résultats de l'observatoire[2] Sapientis sur la « Modernisation des SI et maturité des entreprises » à laquelle on se référera tout au long de l'ouvrage. En 2010, 60 % des participants ont déclaré avoir une entité « Production et exploitation » et 55 % une entité « Étude, développement et intégration ».

2. http://www.sapientis.fr/conseil/?page_id=1507

Pour la partie amont, « Études et développement », une entité se verra chargée d'effectuer les études de faisabilité et de gérer le développement (souvent appelé le *Build*, par opposition au *Run* qui est l'exploitation) des projets afin de répondre aux expressions de besoin des directions générales et métier. Suite à la mise en production, il faut gérer l'exploitation des applications patrimoniales, maintenir leur qualité et prendre en compte les demandes de changement des utilisateurs, qu'il s'agisse de corriger des anomalies ou d'étendre des fonctionnalités.

Une entité « Production et exploitation » est le plus souvent dédiée à cela, tandis qu'une autre entité gère les aspects infrastructures (serveurs, plates-formes, réseaux, télécommunications) qui se sont complexifiés au fil du temps.

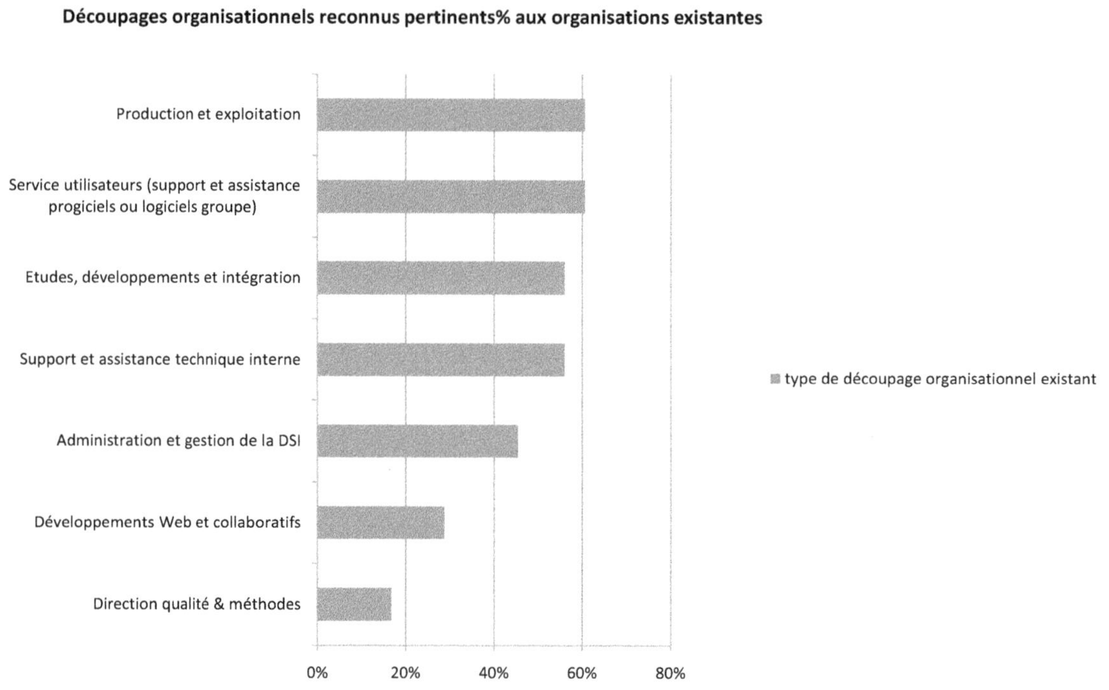

Découpages organisationnels reconnus pertinents% aux organisations existantes

Figure 4-2 : Découpages organisationnels reconnus
Source : © Sapientis

Dans ce type d'organisation, il n'existe pas toujours d'entités transverses responsables de la cohérence et de la coordination des projets et des applicatifs entre eux, et les fonctions support ne sont pas forcément centralisées dans un centre de services dédié. La figure suivante illustre l'organigramme classique de ce type d'organisation avec, en pointillé, les structures qui peuvent ou non y exister.

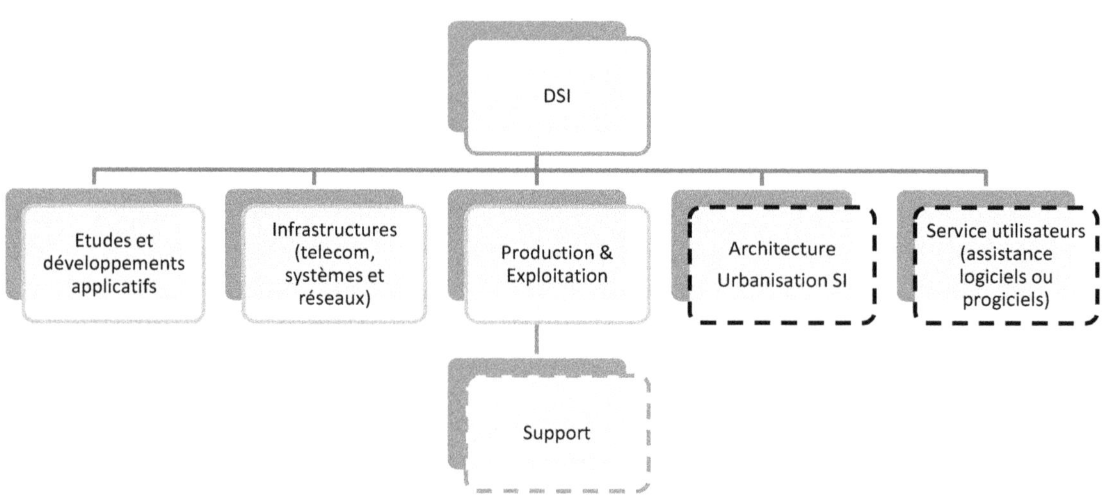

Figure 4-3 : Organigramme « classique » d'une DSI

La maturité de ce modèle dépend en partie du type de relations entre la DSI et les directions métier, et la présence de fonctions transverses nécessaires à la coordination globale. Si les relations entre DSI et directions métier sont de type « client-fournisseur » mais non formalisées, il y a fort à parier que l'informatique soit perçue comme une boîte noire ne pouvant évaluer sa contribution aux autres directions métier, comme un centre de coûts. Le support aux utilisateurs dans ce contexte ne sera pas géré comme la vitrine des services de l'informatique qu'il doit être, mais plutôt comme un passage obligé pour répondre aux bugs, aux plantages, aux problèmes techniques, sans garantie d'engagement de services.

Si, au contraire, les relations sont formalisées, des fonctions transverses de planification, de conception d'architecture globale, de mutualisation ou de stabilisation des fonctions de base, existent et si le service utilisateur est bien géré, ce modèle peut contribuer à une direction informatique performante. Reste que la dimension pilotage des systèmes d'information avec les métiers, manque à ce paysage.

L'organisation orientée services

L'objectif de cette approche est d'organiser les moyens et les ressources de la DSI autour de sa finalité, fournir des services d'information transverses à l'entreprise ou sectoriels (par métiers de l'entreprise), qui contribuent à la performance de l'entreprise sur son marché.

Dans cette approche, il est essentiel de définir et de formaliser le type de prestations fournies par la DSI auprès des clients internes (directions opérationnelles ou fonctionnelles), ainsi que la façon d'exprimer, de valider et de tracer la demande (gérer les exigences).

Les clients sont les entités responsables de la demande de prestations qui auront à prendre en charge les coûts correspondant dans un compte d'exploitation.

La définition des prestations passe par un catalogue de produits et services qui servira ensuite de base pour évaluer aussi bien le respect des engagements de la DSI que sa performance, la satisfaction des utilisateurs au regard du périmètre attendu, etc. C'est une condition indispensable à ce que la DSI ne soit pas traitée comme un centre de coûts mais bien comme une direction opérationnelle comme les autres directions métier.

Le catalogue doit non seulement être compréhensible par les clients (sans jargon trop technique), mais également correspondre à des services où les engagements des parties prenantes peuvent être clairement définis, ainsi que présenter la mesure de l'impact des services rendus au niveau des métiers (performance des ressources humaines, gains quantitatifs et qualitatifs des traitements, volume d'information générée ou traitée automatiquement, etc.).

Afin d'impliquer davantage les donneurs d'ordre, c'est-à-dire les clients internes à l'origine des demandes de services à l'informatique, l'organisation de la DSI peut inclure des divisions dédiées à un client ou à une typologie de clients, et ensuite estimer les coûts par activité pour refacturer les services aux directions opérationnelles ou fonctionnelles.

Toutefois, la structure ne peut être seulement divisionnelle car ce serait négliger la mutualisation de services transverses, la vision urbanisation de l'architecture d'entreprise, et la nécessaire coordination du portefeuille des applications et des projets en fonction des enjeux et des priorités de l'entreprise.

Il faut donc ajouter à ce découpage vertical, c'est-à-dire par métiers de l'entreprise, un découpage horizontal, c'est-à-dire transverse à tous les métiers, pour les activités qui relèvent d'une nécessaire vision globale. Ainsi en est-il des méthodes, de l'architecture et de la sécurité (qui doivent, pour être efficaces, être nécessairement vues dans le contexte global de l'entreprise).

Pour des organisations larges, plus particulièrement des grands comptes, on trouvera en outre des fonctions transverses liées :

- à la communication : il s'agit ici de communiquer à l'avance sur les changements (futurs services, modification d'un service existant, interruption de services) et du nécessaire marketing de la fonction DSI sur lequel on reviendra ;
- aux achats informatiques : selon le volume, il peut y avoir une entité dédiée chargée de mutualiser, d'obtenir des contrats cadre, etc. ;
- aux ressources humaines spécifiques à la DSI, ce qui se conçoit dans des groupes où l'informatique interne compte des centaines, voire des milliers de ressources ;
- au contrôle de gestion IT : la DSI devenant une entité opérationnelle, elle doit avoir un compte d'exploitation et son budget dépendra à la fois du volume de la demande et de sa performance dans la réalisation du service correspondant.

La figure 4-4 illustre le type de découpage organisationnel. Dans ce découpage, ne sont pas abordés les aspects stratégiques du système d'information dans l'évolution de l'entreprise.

Il s'agit ici d'évoluer vers une direction générale des systèmes d'information reconnue au même titre que les autres directions métier.

Les modèles de positionnement de la DSI

Les enjeux, défis et contraintes des DSI peuvent être sensiblement les mêmes d'une entreprise à l'autre, mais les priorités changeront de façon drastique suivant le positionnement de la DSI au sein de l'entreprise, celui-ci étant directement corrélé à la vision que peut avoir la direction générale sur l'apport du système d'information à ses enjeux et objectifs.

Le rattachement hiérarchique du DSI est d'ailleurs en lui-même une illustration symptomatique des positionnements que nous décrivons plus loin, en cela qu'il ne reporte pas systématiquement à la direction générale (seulement 40 % selon l'étude Sapientis) et qu'il est souvent proche du directeur financier à qui il reporte directement ou indirectement.

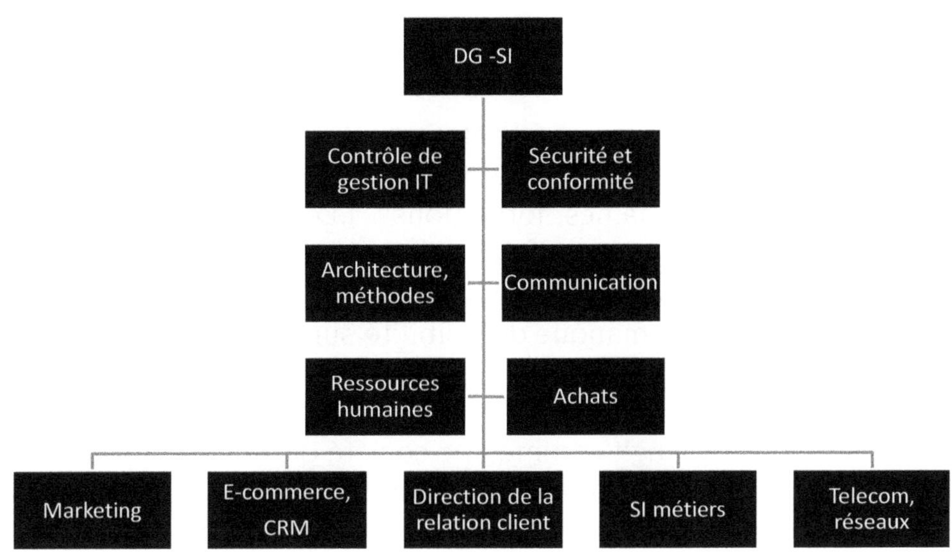

Figure 4-4 : Organigramme d'une DSI matricielle

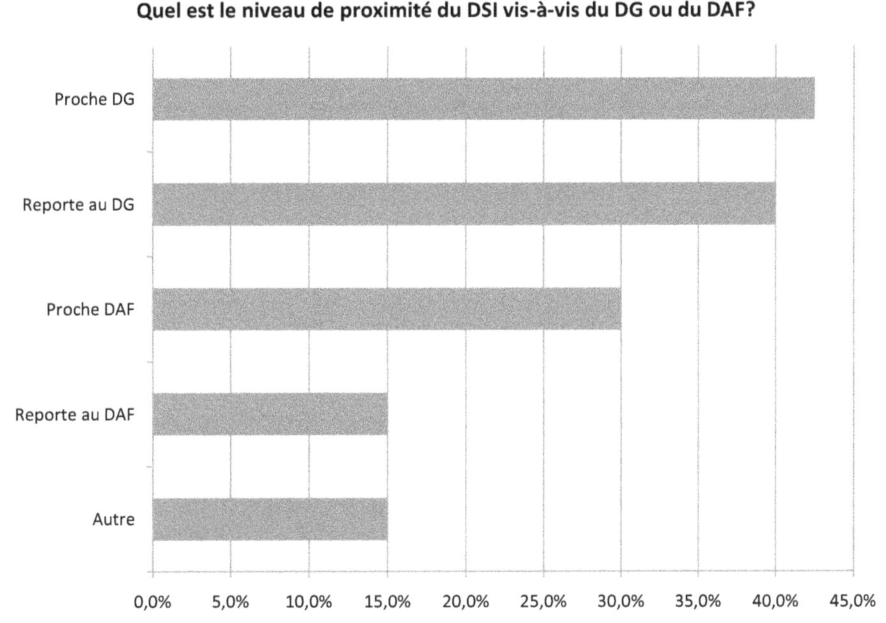

Figure 4-5 : Niveau de proximité du DSI avec le DG ou le DAF.
Proche signifie un lien de personne (accessibilité), non hiérarchique.
Source : © Sapientis

Aujourd'hui, il y a trois modes de positionnement : centre de coûts (50 % des organisations), centre de services (45 %) et centre de valeurs (5 % des organisations). L'évolution vers ce dernier reste difficile.

Le centre de coûts

Dans ce modèle, il n'y a pas de formalisation des services rendus par l'informatique ni de refacturation desdits services aux métiers.

La DSI a un budget de fonctionnement. Cette direction rend compte de son activité essentiellement à travers les dépenses de fonctionnement (coût matériel, logiciels, ressources humaines, formations…).Les résultats sont très rarement mesurés en termes de gains et bénéfices métiers. Ce qui conduit à un mode réactif et correctif piloté par les coûts, avec un budget menacé de constante diminution au regard du manque de visibilité sur la valeur.

Le centre de services

Dans ce modèle, la DSI agit comme une société de service interne. On constate une formalisation forte de la relation client-fournisseur qui va jusqu'à la création d'un catalogue de services précisant la définition des services rendus par la DSI et la refacturation aux métiers avec des logiques de tarification plus ou moins élaborées de la prestation. Ces logiques vont du calcul de coût au jour-homme du service, à des principes de partage de gains/bénéfices.

Si le modèle permet d'objectiver cette fois-ci les résultats de la DSI aux regards des enjeux donnés, il peut présenter deux inconvénients majeurs. Le premier est d'accentuer la relation client-fournisseur au préjudice d'une relation partenariale et stratégique avec la direction générale. Le second est de piloter par un ROI (*Return On Investment*) axé sur le profit comptable qui peut freiner la pérennisation de la création de valeur ainsi que l'anticipation et l'innovation.

Le centre de valeurs

La direction des systèmes d'information est un partenaire stratégique de la direction générale, à qui elle rapporte. Elle est jugée sur des résultats objectivés mais au regard d'une analyse de la valeur de l'enjeu pour l'entreprise. Il s'agit d'apporter une valeur différenciatrice, que ce soit dans des services support qui augmentent la productivité interne, ou par l'utilisation des SI pour que les produits ou services de l'entreprise soient plus compétitifs sur leur marché. Le formalisme existe aussi pour contrôler l'instanciation de la stratégie, mais il ne s'arrête pas au niveau comptable. Dans ce modèle, il y a une véritable gestion du portefeuille des actifs immatériels du SI.

Comment aller du centre de coûts vers le centre de valeurs ?

L'évolution du modèle centre de coûts vers le modèle centre de valeurs ne se fait pas sans heurts mais il est indispensable, dans cette évolution, de passer par le modèle centre de services pour donner une visibilité tangible aux services rendus par l'informatique et pour être en mesure d'améliorer les performances sur la base de mesures factuelles.

Cette approche fournisseur de services, particulièrement quand elle intègre une logique de refacturation interne, peut sembler un peu rigide pour certains. Elle présente à leurs yeux le risque de ramener la direction des systèmes d'information à un prestataire interne soumis à concurrence avec des prestataires externes, sans prendre en compte le niveau de connaissance et d'expertise qu'a développé la DSI sur les applicatifs et le métier de l'entreprise.

C'est une évolution qui peut ainsi être vue à double tranchant, comme un premier pas vers l'externalisation, mais c'est se tromper sur son utilité et l'employer à mauvais escient, le cas échéant. En effet, l'approche fournisseur de services qui refacture en interne ne suffit pas pour décider d'une stratégie d'externalisation, sauf à être dans une tactique court terme de réduction de coûts. Il y a des logiques complexes de benchmarking d'unités d'œuvre et de gestion des compétences stratégiques qu'une comparaison rapide sur les coûts ignore.

Cette évolution vers le centre de services est nécessaire en dépit, parfois, d'un niveau de satisfaction élevé au sein de l'entreprise vis-à-vis des services informatiques. C'est la seule garantie d'échapper à une vision réductrice de services de frais généraux, car la satisfaction qu'une entreprise peut avoir de son informatique ne la dispense pas de formaliser les relations entre sa DSI et les autres directions opérationnelles.

Une DSI à taille humaine peut développer avec les utilisateurs métier des relations très cordiales en acceptant de mettre en place « au fil de l'eau » les modifications demandées. L'entreprise pourra être très satisfaite de la réactivité de son informatique, jusqu'à ce qu'elle ait à affronter une croissance rapide. Elle devra alors affronter les conséquences des développements au fil de l'eau évoqués au chapitre 1.

D'autre part, la direction des SI étant en mode réactif par rapport aux demandes métier, elle n'aura pas développé avec les directions métier un dialogue sur l'ensemble du parc applicatif pour pondérer les investissements au regard des enjeux, et il n'y aura aucune responsabilité pour déterminer le sort des applications plus ou moins obsolètes – ou, du moins, à remplacer par des standards – dont le coût de maintenance et d'exploitation vient « polluer » le budget SI.

Les limites du centre de services

Si on voit bien la nécessité de passer par un centre de services, il faut néanmoins être très prudent sur plusieurs aspects. Ainsi, réduire l'évaluation de la performance informatique à la lecture des indicateurs d'un tableau de bord serait aussi dangereux que de se fonder sur une satisfaction a priori.

Le tableau de bord peut être « au vert », quoique le service mauvais et les utilisateurs mécontents. Si la définition des indicateurs n'a pas été faite en collaboration avec toutes les parties prenantes, les mesures ne sont pas significatives. La consolidation d'indicateurs est importante en ce sens.

Si la direction des SI mesure sa performance en termes de délais de temps de corrections des anomalies, elle n'aura pas une vision de l'impact utilisateurs. Une anomalie dite critique sur une application peu utilisée n'a pas le même poids que sur une application fréquemment utilisée, mais si cette application est elle-même critique, une seule anomalie sur une fonction essentielle peut induire des risques supérieurs que dans des cas fréquents d'utilisation, etc.

De même, si une anomalie est rapidement corrigée, cela ne signifie pas que la correction est de qualité. La pression des délais conduit souvent les techniciens de maintenance à effectuer des copier-coller de code avec, en conséquence, des codes « obèses » de plus en plus difficiles à maintenir. Sans indicateurs de qualité, la rapidité de corrections peut être à double tranchant.

Il y a également un nécessaire devoir de marketing de la direction des SI qui ne se réduit pas à une prestation tarifée client-fournisseur : être à l'écoute des clients pour leur proposer les bons services, les informer au mieux des services existants et en améliorer continuellement la qualité. C'est une évolution vers l'anticipation des bons services qui ne peut se produire qu'à condition d'avoir des relations de confiance entre la direction générale, les directions métier et la direction des SI.

Quant à la refacturation interne, elle doit privilégier des unités d'œuvre définies avec les métiers et adoptés par eux, et lisser autant que possible les coûts des services transverses. Par exemple, il serait catastrophique de faire payer au premier projet métier le surcoût d'investissement initial d'une architecture SOA.

Il faut donc prévoir une logique d'abonnement, comme pour les offres SaaS où tous les clients bénéficient de la mutualisation, le modèle économique se basant sur le volume. Cela évite une facturation excessive aux premiers clients qui, de surcroît, ne bénéficieront pas tout de suite des bienfaits de la rationalisation d'une architecture, ces derniers portant sur la réutilisation ou l'intégration.

Dans le cas contraire, on s'expose à la mise en œuvre de solutions de contournement. Ainsi, un grand groupe international avait mis en place une structure interne type centre de services pour le déploiement et l'utilisation d'un EAI (*Enterprise Architecture Integration*) dans toutes les filiales du groupe. Lesquelles étaient refacturées pour chaque application connectée à l'EAI sur la base d'indicateurs non métier et sur une facturation supérieure à ce que leur aurait coûté une intégration point à point. C'est dès lors ce dernier mode d'intégration qui s'est répandu, non officiellement mais rapidement, dans le groupe.

Chapitre 5

Étapes cruciales d'un pilotage réussi

*La liberté consiste à être gouverné par des lois
et à savoir que les lois ne seront pas arbitraires.*

Montesquieu

Nous avons vu précédemment que le DSI, entre réduire les coûts et investir, dispose d'une marge de manœuvre étroite et risque de se retrouver coincé dans un engrenage figé si la rationalisation des coûts ne permet pas de réinvestir dans d'autres projets informatiques. En réalité, sa marge de manœuvre dépend de sa capacité à rendre le SI lisible, c'est-à-dire à expliciter et valoriser les services fournis, ou l'impact de ceux demandés. Pour cela, il se trouve confronté à plusieurs défis, dont quatre principaux que nous détaillerons dans ce chapitre.

- Tout d'abord, il doit rendre le SI intelligible : la méconnaissance de ce que fait l'existant et comment il le fait ne permet pas d'optimiser les coûts récurrents. Cette méconnaissance est structurelle car elle est due à un système de construction des SI où la gestion des connaissances et les concepts d'urbanisation (voir la section « Modernisation et urbanisation » du chapitre 9) n'ont pas été suffisamment pris en compte. Le chapitre 6 suivant « Activer les leviers de création de valeur » détaillera davantage ce défi, mais force est de reconnaître que sans visibilité sur son parc applicatif, sur les contrats liés et les coûts dispersés, le DSI peut difficilement actionner les dispositifs de mutualisation, d'externalisation, de *data centers*[1] ou de rationalisation des applicatifs et/ou des contrats fournisseurs.

- Ensuite, il lui faut maîtriser les coûts et le budget : les coûts informatiques sont rarement bien gérés, à la fois pour des raisons historiques et organisationnelles. Le DSI lui-même n'a pas forcément tous les coûts liés aux systèmes d'information sous sa responsabilité directe. Ce qui est plus gênant, c'est qu'il n'en ait pas non plus la visibilité globale, notamment pour les coûts afférant à la maîtrise d'ouvrage ou les coûts cachés de non-productivité des utilisateurs, par exemple. Sans connaissance étayée des coûts des services, il est illusoire pour le DSI de vouloir gérer son budget comme celui d'un

1. Centres d'infogérance où sont hébergés des serveurs et la partie infrastructure à des fins de mutualisation (sauvegarde, ressources...).

compte d'exploitation, ce qui est toutefois nécessaire pour inscrire la direction des systèmes d'information comme une direction métier.

Il s'agit donc de connaître les coûts mais, pour qu'ils aient un sens (sont-ils trop élevés ? faut-il les réduire ou au contraire investir ?) en tant que paramètres de décision du budget de la DSI, connaître le coût d'un service ne suffit pas. Il faut également, dans l'évaluation des services fournis, faire entrer la nature et le niveau de qualité des services ainsi que leur contribution à la valeur de l'entreprise, aussi bien immédiatement que dans le futur.

- Troisièmement, il lui faut optimiser la relation avec les autres directions : l'implication des utilisateurs métier dans la conception, la réalisation, l'évolution et le pilotage des systèmes d'information est un facteur-clé de succès des services fournis et une condition indispensable pour pouvoir réellement les valoriser. Pour autant, cette implication ne se fait pas sans difficulté, faute du dialogue adéquat entre les parties prenantes. Ne pas prendre le temps du dialogue au bon moment sous prétexte de coûts ou de lourdeurs immédiats, ne fait que reporter ces coûts en les multipliant à d'autres moments.

  Certes, l'intervention d'une direction générale (DG) en sponsor des SI, a contrario d'une DG indifférente, facilite le dialogue. Il reste toutefois à formaliser plus clairement les processus et les instances de décision, les rôles et les responsabilités des uns et des autres pour que la relation – bâtie sur la connaissance des engagements de chacun – se fasse sereinement.

- Enfin, il lui faut gérer efficacement les ressources et les moyens : la gestion de projets informatiques n'est pas une science exacte, en partie en raison des trois défis précédents. La méconnaissance de l'existant, le manque de sponsoring de la direction générale, l'insuffisance d'implication des utilisateurs aux moments appropriés (notamment pour définir les objectifs et le périmètre métier) et le non-suivi des coûts globaux, sont autant de facteurs engendrant des dérapages en coûts et délais des projets. Il en résulte également beaucoup d'insatisfaction quant à la couverture fonctionnelle et la qualité des résultats obtenus.

Mieux gérer les projets informatiques est donc un défi d'amélioration en termes de moyens de la direction des SI. Cette dernière a également un potentiel d'amélioration dans la gestion de ses propres processus et ressources, humaines et matérielles. C'est dans cette démarche d'amélioration que les meilleures pratiques, méthodes ou référentiels de la profession peuvent fournir des guides d'optimisation appréciables.

Rendre le SI intelligible

La complexité des systèmes d'information a beaucoup augmenté durant les deux dernières décennies. Les entreprises ont souvent réagi à des pressions de réactivité en répondant à un besoin par un projet de développement qui a ajouté une nouvelle application avec des données répliquées à partir des applications existantes. L'architecture qui en a résulté est accidentelle et le parc applicatif obèse, avec des redondances de données et de fonctions.

La plupart des entreprises n'effectuent pas d'inventaire global de leurs applications, ni de benchmark.

Le manque de visibilité sur leur parc applicatif est une des premières causes de difficultés des DSI. Une étude du BPM Forum (maintenant connu sous le nom de BPI Network) en 2004 mettait en exergue le fait que 25 % seulement des sondés effectuaient une fois l'an un inventaire global de leurs applications. 73 % des entreprises ne disposaient d'aucun moyen de détection des applications obsolètes ou redondantes.

L'observatoire Sapientis confirme ces constats en 2009. Les sondés ont reconnu majoritairement avoir des limitations d'architecture applicative en redondance de fonctions. En 2010, la majorité des sondés ne faisait pas d'inventaire annuel (avec des chiffres toutefois en augmentation et plus satisfaisants que ceux de l'étude du BPM forum) et n'employait pas de méthode systématique pour étudier les capacités de l'existant avant tout projet de refonte.

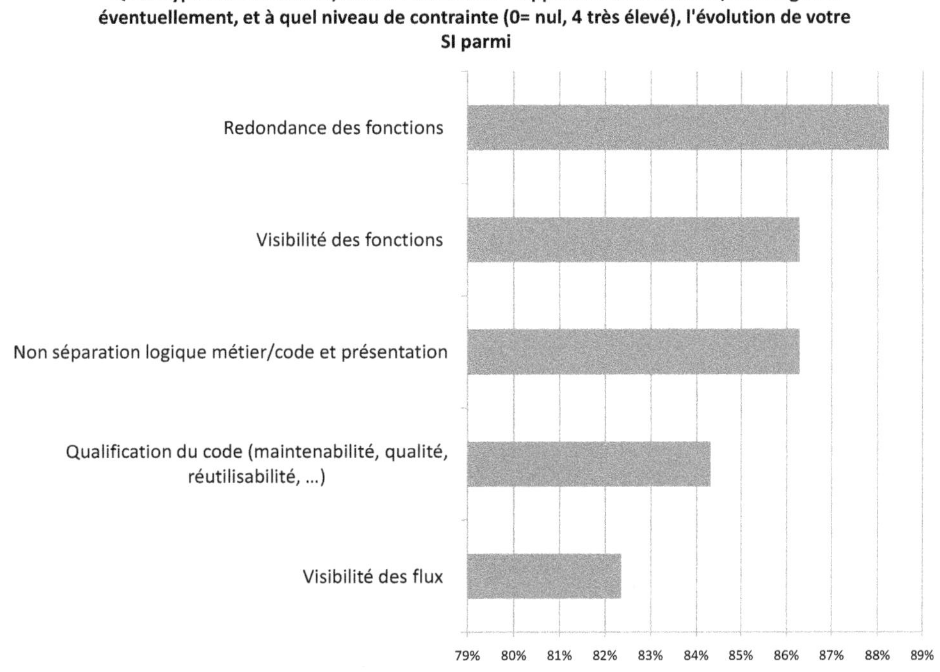

Figure 5-1 : Les limitations d'architecture qui contraignent l'évolution du SI
Source : © Sapientis 2009

La méconnaissance de l'existant s'explique, d'une part, par la difficulté à maintenir une documentation à jour pour des modifications au fil de l'eau des programmes et, d'autre part, par des difficultés à trouver le bon grain de collecte ou

Faites-vous régulièrement l'inventaire de votre patrimoine applicatif et sur quelle périodicité?

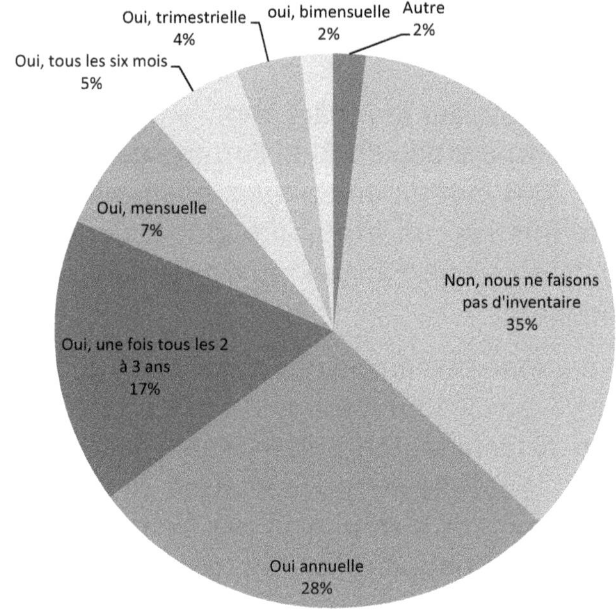

Figure 5-2 : Pratiques d'inventaire du patrimoine applicatif
Source : © Sapientis 2010

Menez-vous une étude systématique des capacités de l'existant avant tout nouveau projet de refonte (réécriture ou mise en place d'un progiciel)?

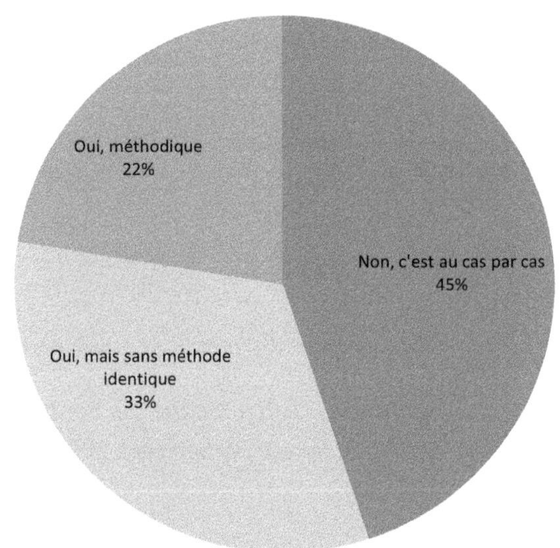

Figure 5-3 : Pratiques d'étude de l'existant avec refonte
Source : © Sapientis 2010

la bonne représentation (au sens d'une modélisation partageable par toutes les parties prenantes) des informations décrivant le système d'information. Les projets de cartographie de l'existant, sans parler des choix de méthodes difficiles à évaluer, pèchent par leur inertie (temps de retard sur les besoins métier) et n'arrivent pas à être en ligne avec l'accélération des rythmes d'évolution qu'impose une économie désormais mondiale.

Les causes peuvent se comprendre à l'aune des logiques d'organisation qui privilégient le court terme (la réactivité à la demande exprimée par le client) au long terme (inscrire la réponse à la demande dans un cycle vertueux de mise à jour des connaissances). Reste les conséquences : dans certains cas, pour retrouver la connaissance du système d'information, pour savoir réellement ce qu'il fait et comment, il faut plonger dans les programmes des applicatifs existants.

Est-ce le côté aride des bases de données ou des algorithmes de programmation (peu lisibles naturellement par un non-technicien), le manque de liens sémantiques, qui fait que l'exploitation de la valeur de la connaissance codée des systèmes d'information de gestion hérités du passé est insuffisante ? Toujours est-il que beaucoup de ce qu'on appelle la logique métier est enfoui dans des codes sources et peu ou pas utilisé.

Parce que l'information ne répond pas à des critères de qualité tels que l'accessibilité (il est souvent difficile de l'identifier et de la localiser dans des millions de lignes de code pour partie obsolète), la fiabilité (le manque de précision sur le contenu, la fréquence de mise à jour, le type de source, etc.), la pertinence (sans qualification, il est difficile pour un utilisateur de l'exploiter), et que, ne connaissant pas le réel intérêt de cette information « presque » perdue, le coût de remise à niveau de la qualité est jugé souvent prohibitif, jusqu'à, bien entendu, être mis en demeure de le faire.

On imagine le coût de maintenance et la perte de connaissance liés aux 11 millions de lignes de code en macro-assembleur de la société américaine Union Pacific, pour que cette dernière se lance dans un programme de migration de 150 à 200 millions de dollars, dont la fin est prévue en 2014.

Le défi à relever, s'il est devenu partiellement technique au sens où il peut être nécessaire de faire appel à des technologies de rétro-ingénierie (voir section « Rénover en profondeur avec la réingénierie logicielle » du chapitre 8) pour aider à reconstituer une cartographie de l'existant, est à l'origine essentiellement organisationnel.

En effet, il n'y a le plus souvent pas de responsabilité (de rôle ou d'entité sponsorisé par la direction) désignée à l'évaluation du portefeuille applicatif, c'est-à-dire :

- à la mesure de la qualité des applications existantes et ce, en termes pragmatiques de valeur métier, de capacité à évoluer et de risques d'obsolescence

- à la prévention des risques d'obsolescence ;

- à la suppression des applications obsolètes ou redondantes ;

- à l'évaluation a posteriori des réutilisations possibles, cette évaluation étant complexifiée par l'adhérence des anciennes applications à des technologies et des plates-formes spécifiques.

Il s'agit donc pour le DSI de reprendre connaissance de l'existant, non seulement en termes d'infrastructures techniques et d'applicatifs, avec un diagnostic de l'état de lieux, mais également en termes de mesures lisibles par toutes les parties prenantes, de l'apport du SI. Pour cela, il ne peut agir seul. Il a besoin de la nécessaire implication des directions métier, ce qui est un autre défi à relever.

Maîtriser ses coûts et son budget

Que représentent les dépenses informatiques ? À quoi correspondent-elles ? Quels sont les postes de coûts et d'investissements à prendre en compte ? Si on peut noter l'initiative de l'IGSI (Institut de la gouvernance des SI fondé en commun avec le Cigref, Club informatique des grandes entreprises françaises, et l'AFAI, Association française de l'audit et du conseil informatiques), pour mettre en place un benchmarking des coûts informatiques, on peut également noter le manque de maturité des entreprises vis-à-vis de la maîtrise des coûts informatiques.

Ainsi, si le ratio budget IT sur chiffre d'affaires de l'entreprise est souvent cité comme mesure de comparaison d'une entreprise à l'autre pour évaluer l'importance de l'informatique pour le métier, force est de constater que cette comparaison est peu fiable, tout simplement parce que les entreprises n'utilisent pas les mêmes méthodes pour mesures leurs coûts. Lorsque, dans son observatoire, le cabinet Sapientis a interrogé les participants à l'enquête sur leur usage de méthode normalisée de mesure des budgets IT, 84 % des répondants ont reconnu utiliser leurs propres méthodes.

Certes, l'IGSI remarque que « malgré toutes les difficultés qu'ont les directeurs des systèmes d'information à justifier des coûts associés à leur activité, nous constatons aujourd'hui une volonté croissante du management à considérer la DSI comme un centre de services partagés, stratégique pour l'entreprise ».

C'est donc un premier pas vers le fait de considérer la direction des SI comme une direction métier, même si elle est encore orientée vers une direction de service support, comme les services généraux ou les services comptables. Or, la gestion des coûts de la direction des SI est plus complexe que pour ces services, d'une part, car tous les coûts liés au fonctionnement d'un service informatique (fonctionnalité rendue par une application ou service de transmission/échange d'information comme la messagerie) n'entrent pas dans le budget sous la responsabilité du DSI et, d'autre part, parce qu'il y a des coûts de fonctionnement incontournables et d'autres d'investissements, des coûts liés au fonctionnement propre de la DSI et des coûts liés à ses services. Il y a également à distinguer les charges informatiques récurrentes (frais de maintenance, par

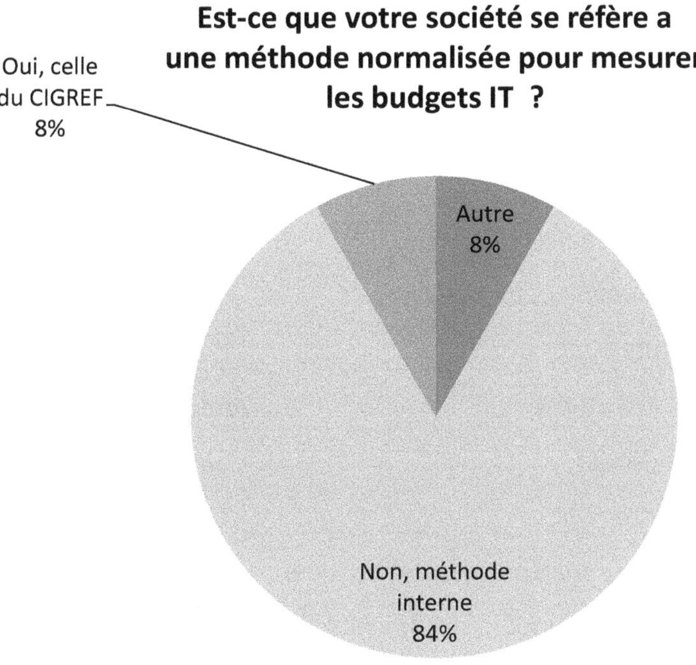

Figure 5-4 : Méthodes de mesure des budgets informatiques
Source : © Sapientis 2010

exemple) et la dotation aux amortissements qui permet d'amortir linéairement les achats de matériels type serveurs sur plusieurs années.

Les coûts cachés de la mise en œuvre et du déploiement ont été mis en relief avec le concept de TCO (*Total Cost of Ownership* ou coût total de possession) de Gartner.

TCO : coût total de possession

Le « TCO » est un terme inventé par Gartner pour intégrer tous les coûts qui entrent dans la constitution d'un bien IT (logiciel, services, etc.) tout au long de son cycle de vie, en prenant non seulement en compte les aspects directs (coûts matériels tels qu'ordinateurs, infrastructures réseaux, etc., ou logiciels tels que le coût des licences), mais également tous les coûts indirects (coûts cachés) tels que la maintenance, l'administration, la formation des utilisateurs et des administrateurs, l'évolution, le support technique et les coûts récurrents (consommables, électricité, loyer, etc.).

Au-delà du terme qui s'est répandu, le TCO est un modèle de justification des investissements et d'optimisation des coûts. Il est supposé fournir le véritable coût lié au soutien d'une ressource informatique tout au long de sa durée de vie utile.

Le tableau 5-1 illustre partiellement sur quelques postes de coûts les éléments globaux à considérer.

Tableau 5-1 : Exemples de postes de coûts

	Postes de coûts	Commentaire
Personnel	Salaire chargé	Pour le personnel, on peut considérer les coûts réels direct (salaire chargé + formation + déplacement + ...) ou un coût standard complet (tarif journalier moyen) fourni par la DRH, incluant les charges patronales et salariales, les congés, formations, réduction de temps de travail, etc.
	Formation	
	Frais de déplacements	
	Environnement de travail	
	Recrutement	
	Outils de travail	
Application	Acquisition	Coût d'acquisition des matériels et logiciels sous forme d'amortissements, de location, de licences, de leasing, de maintenance. Suivant le type de serveur, les unités de mesure du coût ne seront pas les mêmes.
	Sécurité	
	Stockage et archivages des données	
	Formation, support, documentation	
	Maintenance corrective	
	Mise en production	

Il a fallu l'apparition des data centers, centres d'infogérance où étaient hébergés des serveurs et la partie infrastructure à des fins de mutualisation (sauvegarde, ressources…), pour que certaines entreprises réalisent les coûts d'électricité liés au fonctionnement des machines, coûts jusqu'à présent imputés sur le budget des services généraux et non reliés à l'activité des applications en exploitation.

Il faut à présent le questionnement sur les services, le catalogue de services et la refacturation des services aux métiers, pour s'interroger sur la part de financement du budget informatique par les utilisateurs internes. Il faudrait considérer également dans l'équation les coûts propres à la maîtrise d'ouvrage, c'est-à-dire les propriétaires ou donneurs d'ordre des projets, pour calculer réellement le coût total d'un projet informatique.

Pendant longtemps, la charge en jours-homme d'un projet informatique a été calculée en fonction des ressources de concepteurs, développeurs et testeurs impliqués. Reste également à évaluer et mesurer la nécessaire contribution des utilisateurs-clés autour de l'expression des besoins, la conception, la conduite du changement, la validation, le déploiement de l'application. Tout cela n'est pas anodin, loin de là (jusqu'à 50 % des coûts d'un projet) !

Le défi du DSI est par conséquent de mettre en place une démarche de gouvernance pour contrôler les coûts informatiques, qui obtienne l'adhésion des autres parties prenantes. Sans cela, le budget mesuré sera incomplet et non significatif.

Bien sûr, au-delà de la mesure, reste également à rapporter les coûts, ou les investissements, aux enjeux auxquels ils répondent. Dans l'absolu, les coûts ne signifient rien sans échelle de mesure qui permette d'évaluer la nécessité d'engager les dépenses, ou de les réduire.

C'est là que le concept de « tableau de bord prospectif du SI », autrement dit, l'IT *Balanced Scorecard*, prend tous son sens.

Le Balanced Scorecard : un tableau « bien balancé »

À l'origine du concept, un article de 1992 par Robert S. Kaplan et David Norton, publié dans la *Harvard Business Review*, devenu en 1996 le livre *The Balanced Scorecard: Translating Strategy Into Action* (Harvard Business School Press, 1996). L'objectif du *Balanced Scorecard* est de donner un outil de pilotage orienté vers les enjeux, prenant en compte, au-delà des indicateurs financiers traditionnels, l'ensemble des indicateurs opérationnels clés qui conditionnent le succès de l'entreprise à moyen ou long terme. Pour cela, ils ont ajouté à la vue financière, trois vues supplémentaires (les perspectives clients, les processus internes, l'innovation/la formation) pour mettre en perspective les différents objectifs liés à la stratégie de l'entreprise, ainsi que les moyens pour les atteindre.

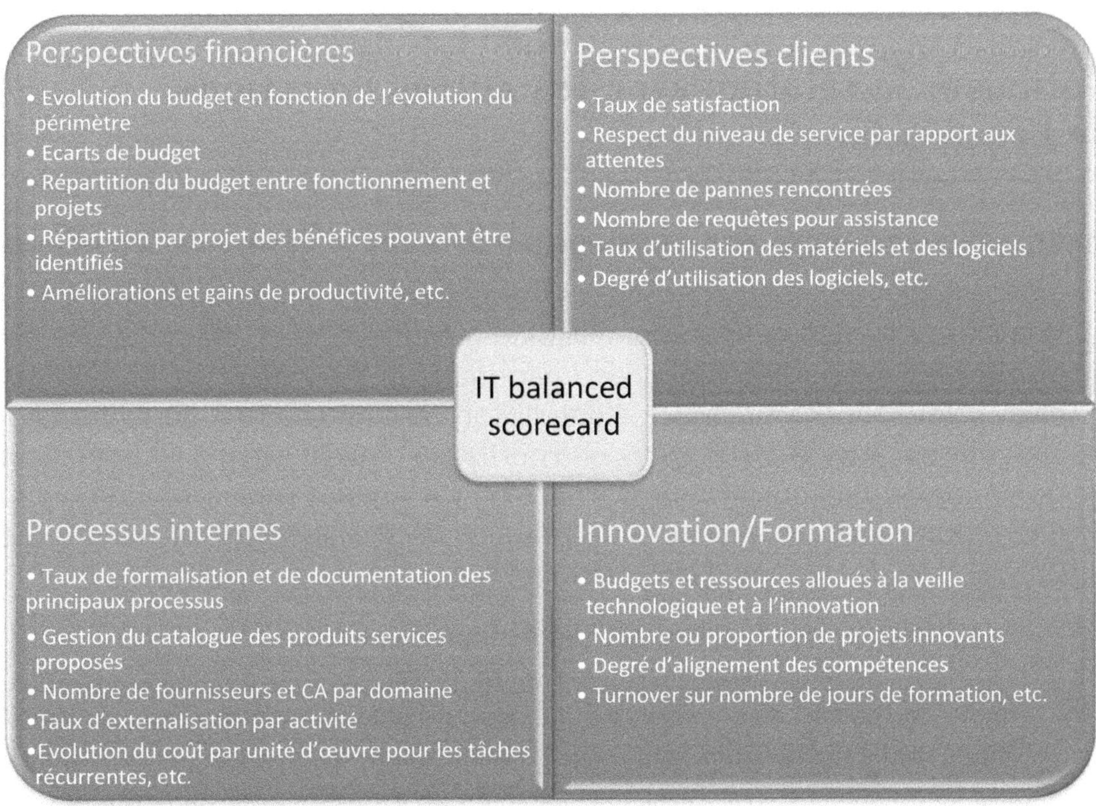

Figure 5-5 : Exemple des vues et indicateurs du balanced scorecard ou tableau prospectif des SI

L'IT Balanced Scorecard traduit une vision équilibrée puisqu'il permet de construire une vision sur plusieurs axes de point de vue : celui des clients internes ou externes de la DSI (la contribution des SI à la productivité des utilisateurs, aux développements des métiers, à la stratégie de l'entreprise en général), celui du directeur financier (les coûts et aussi les perspectives financières de rentabilité), celui des processus internes de la DSI (performance opérationnelle, meilleures pratiques) et celui du futur, dans la gestion des compétences (formation) et la capacité à créer de nouveaux usages contributeurs de valeur (innovation).

Chaque axe doit faire l'objet de la définition d'indicateurs pertinents à consolider. Ainsi, l'axe des perspectives financières nécessite une première réflexion sur les axes d'analyse des coûts. Une approche complète des coûts viserait à examiner, d'une part, les coûts par activité ou par nature de prestations, selon les méthodes ABC/ABM (*Activity Based Costing/Activity Based Management*), c'est-à-dire d'expliquer les coûts non par leur origine (d'où viennent-ils ?) mais par leur destination (que servent-ils à réaliser ? Par exemple, l'exploitation), d'autre part, les coûts par services, ou a minima par domaines applicatifs, et par projets.

L'analyse de ces coûts doit éviter les écueils classiques des coûts cachés – ceux qu'on oublie – à savoir les coûts logistiques liés au projet (salle, équipement, électricité), la valorisation du temps passé par la maîtrise d'ouvrage ou les coûts de gestion du changement, dont la formation.

Optimiser la relation avec les autres directions de l'entreprise

Maîtrise d'œuvre et maîtrise d'ouvrage, un découpage dévoyé de son objectif

La distinction initiale entre « maîtrise d'ouvrage » et « maîtrise d'œuvre » (voir la section « Le défi de la communication » de l'annexe 1), marquait une évolution majeure dans l'évolution de l'informatique en entreprise, en France. En effet, il formalisait le passage d'une vision technologique – où l'informatique était une somme de composants et d'outils qui pouvait servir à l'automatisation de tâches de manipulation de données plutôt simples (une évolution mais pas une rupture avec les anciennes techniques de mécanographie) – à une vision plus globale de système d'information.

> **La mécanographie : l'ancêtre de l'informatique d'entreprise ?**
>
> « Ancienne méthode de dépouillement, de tri ou d'établissement de documents administratifs, comptables ou commerciaux, fondée sur l'utilisation de machines qui traitaient mécaniquement des cartes perforées » (Le Petit Larousse).
>
> « La mécanographie s'est développée de la fin du XIXe siècle jusqu'au milieu des années 1960 sous deux formes très différentes, concurrentes ou complémentaires :
>
> • l'emploi d'ateliers de machines à cartes perforées ;
> • l'emploi d'ateliers de machines comptables.
>
> Ces deux outils de gestion ont été remplacés par l'emploi d'ordinateurs, progressivement à partir de 1962, et complètement au début des années 1970 » (source Wikipedia).

Dans cette vision, ce n'est plus l'automatisation de tâches de calcul qui prévaut, mais bien la logique d'usage globale. Le système d'information est là pour formaliser, fluidifier et fiabiliser l'échange des informations entre acteurs et ressources de l'entreprise pour que cela produise des résultats valorisables.

En d'autres termes, il contient l'information sur les processus de l'entreprise et les informations dont ces processus ont besoin, avec l'objectif de garantir la qualité de l'information et l'efficacité des échanges.

En caricaturant, un système d'information peut commencer avec une feuille de papier pour décrire les processus de l'entreprise et en rester là. Mais il ne sera pas efficace en termes de rapidité de mise à jour et de communication des informations, et inadapté au stockage et à la manipulation de gros volumes de données. Il deviendra efficace quand il apportera clairement un gain en temps, en fiabilité ou en pertinence dans les échanges et les manipulations (traitements) d'information.

C'est là que les technologies de l'information et des communications interviennent et que se fait le distinguo entre une base d'informations numérisées et un système d'information – de la même manière qu'il existe une distinction entre une base de données et un système de gestion des bases de données.

Il est intéressant à ce stade d'introduire la définition de l'origine de la fonction « maîtrise d'ouvrage » extraite du site du Club des maîtres d'ouvrage des systèmes d'information : « Une distinction entre système d'information et système informatique apparaît progressivement au sein des entreprises depuis quelques années : le système d'information comporte les processus de l'entreprise, les informations manipulées par ces processus et les fonctions qui traitent ces informations. Le système informatique comporte les composants techniques (traitements, données, matériels) qui supportent le système d'information en permettant de l'automatiser et le distribuer. Dans ce contexte, la fonction de maîtrise d'ouvrage du système d'information émerge et se structure de façon à assurer progressivement la responsabilité du système d'information, en s'appuyant sur un maître d'œuvre interne ou externe du système informatique. »

Pour décrire les processus et qualifier les informations, nul besoin d'être un spécialiste des infrastructures, des systèmes et des réseaux, un développeur performant, un administrateur de base de données ou tout autre spécialiste de l'informatique. Il faut juste pouvoir modéliser les processus, les fonctions et les données en ne perdant pas de vue le sens de cette modélisation, c'est-à-dire l'objectif de valeur (pour les acteurs) assigné au processus quand il transforme des éléments en entrée pour produire un résultat en sortie.

En effet, le processus est en lui-même une notion de représentation du réel qui ne vaut que s'il est utile à l'objectif poursuivi. Cette représentation doit faire ressortir les points auxquels on s'intéresse et répondre aux questionnements liés, ce qui demande une réflexion qui mélange abstraction et compréhension des enjeux de l'entreprise, de ses métiers et des potentiels d'automatisation.

Si une maîtrise d'ouvrage s'appuie sur un maître d'œuvre pour automatiser et distribuer ce qui peut l'être, elle ne doit pas se contenter d'exprimer une liste de besoins à la Prévert. Elle doit comprendre et faire comprendre le sens de l'information, c'est-à-dire l'objectif poursuivi dans l'échange, le partage, le traitement de l'information et se faire aider pour comprendre comment les technologies peuvent contribuer à l'objectif.

Sans viser à l'idéal et à la complexité du corps humain, la première chose à établir, quand on veut un SI agile, c'est le bon niveau de dialogue entre le « cerveau » (le niveau conceptuel du SI : à quoi ça sert ?) et le « corps » (comment ça marche ?, à savoir le système existant, l'ensemble des systèmes implantés sur l'ensemble des couches réseaux, applicatives, etc.).

Dans cette représentation, qui est le cerveau et qui est le corps ? Le rôle que doivent jouer les métiers dans les systèmes d'information est primordial. Il n'y a pour s'en convaincre qu'à revenir aux causes d'échec des projets de systèmes d'information (voir la section « Anatomie des désastres » du chapitre 5). Pour autant, il ne faut pas faire de raccourci et limiter la maîtrise d'ouvrage au client final – la direction métier utilisatrice du service informatique (applications ou autre) – et la maîtrise d'œuvre à une entité responsable des moyens informatiques, a priori, la direction du SI.

Ce serait, d'une part, dévoyer le découpage initial où la réflexion précède l'action indépendamment de toute logique organisationnelle et, d'autre part, revenir en arrière sur la notion salutaire de système d'information. La direction des systèmes d'information n'est pas assimilable à un constructeur de matériels ou à un éditeur de logiciels (si elle en crée, c'est un moyen, pas une finalité).

La DSI est une direction d'un métier de services. Il s'agit d'aider à concevoir, construire et faire fonctionner opérationnellement des systèmes d'information pour produire un service ayant de la valeur pour l'entreprise, de façon globale, ou à travers le bénéfice retiré par une direction opérationnelle. La DSI peut donc être vue comme une direction métier opérationnelle qui a ses propres processus, méthodes et outils ainsi que des clients – les directions métier (y compris elle-même) et la direction générale. Ce n'est pas neutre.

Cela veut dire aussi que la DSI ne se réduit pas au comment ça marche et que la maîtrise d'ouvrage ne s'arrête pas à l'expression d'un besoin, autrement, il s'agirait juste d'automatiser des processus existants, déjà plus ou moins bien formalisés, en les comprenant plus ou moins bien, et d'arriver à cette expression célèbre : *Garbage In, Garbage Out*.

Les technologies de l'information et des communications ont un potentiel transformationnel ; le système d'information a un rôle de levier d'évolution. Tout projet de système d'information a pour objectif de fournir une prestation de service utile à un bénéficiaire. Si l'utilité du service pour ce dernier est nul (pas de nécessité impérative, pas de gain quantitatif ou qualitatif), le projet n'a pas lieu d'être. Toutefois, il y a plusieurs difficultés quant à l'identification de la valeur d'usage. L'une d'elles, et pas des moindres, réside dans le fait que le gain s'obtient souvent au prix d'un changement dans les modes de fonctionnement et qu'il est difficile d'en mesurer tout l'impact à l'avance.

Or, les solutions et les technologies évoluent plus vite que la maturité organisationnelle des entreprises. Les directions d'entreprise ou les directions métier ne savent pas forcément ce qu'il est réaliste ou non de demander comme services au SI. Elles n'ont pas conscience des limitations éventuelles ou des difficultés d'intégration dues à l'existant, pas plus que des possibilités de transformation de certaines technologies qui devront venir pour en obtenir un bénéfice d'usage et chambouler leurs pratiques de fonctionnement traditionnelles.

Cela conduit à deux extrêmes quand il n'y a pas d'intermédiaire entre un maître d'ouvrage – direction métier néophyte en SI – et le maître d'œuvre, la DSI. D'un côté, la DSI répondra toujours positivement à toutes les demandes, fussent-elles irréfléchies, si elle est en position d'infériorité hiérarchique ; de l'autre, la DSI, en position de force ou de statu quo, répondra négativement à des demandes qui pourraient être satisfaites, tout ou partiellement, par des solutions simples de contournement néanmoins satisfaisantes, mais dont l'expression de besoins mal réalisée laisse envisager des usines à gaz.

Si la DSI dit « oui », elle va se retrouver dans une position très désagréable avec un cahier des charges de réalisation fluctuant au rythme des prises de conscience de la direction métier et avec beaucoup de difficultés de dialogue. Le projet a peu de chances d'aboutir car la direction métier se désolidarisera très vite de la réalisation pour n'exprimer que ses besoins bruts, sans forcément comprendre la nécessité de son implication à diverses étapes du projet. La DSI palliera le manque d'implication avec sa propre perception des enjeux et de la traduction des besoins en matière d'architecture d'information. Si le projet aboutit, le résultat a de grandes chances de ne pas satisfaire le commanditaire qui sera autant insatisfait de sa relation avec la DSI qu'avec un refus initial.

On arrive ainsi à une dichotomie directions métier/direction du SI, en plaquant sur le découpage maîtrise d'ouvrage/maîtrise d'œuvre un découpage organisationnel sans commune mesure avec l'objectif poursuivi.

L'erreur est donc organisationnelle dans la définition des rôles et des responsabilités. Avant de lancer un projet, le commanditaire doit pouvoir convaincre du bénéfice en s'appuyant sur un conseil pertinent en système d'information pour en valider les principes et les conditions de gains, les contraintes éventuelles de l'existant, les possibilités d'évolution, et aider à établir une première échelle de grandeur de l'investissement requis et du planning nécessaire. Si le projet est validé par l'entreprise, le conseiller du commanditaire établira un cahier des charges plus détaillé afin de donner à une maîtrise d'œuvre les éléments qui lui sont nécessaires pour proposer une solution technique réaliste.

Ce conseil peut être ou non issu de la DSI, charge au commanditaire d'en décider, mais il ne doit pas y avoir d'ambiguïté sur les responsabilités. C'est le donneur d'ordre qui doit s'engager pour porter l'investissement. C'est donc lui la maîtrise d'ouvrage stratégique, si on reprend le distinguo du Club des maîtres d'ouvrage, le conseil étant la maîtrise d'ouvrage opérationnelle.

Comment ça marche ? – Les « niveaux » de maîtrises à l'œuvre

• Maîtrise d'ouvrage stratégique (MOAS) :

« Le maître d'ouvrage stratégique (parfois appelé maître d'ouvrage commanditaire, ou simplement maître d'ouvrage) est le responsable opérationnel de l'activité qui s'appuie sur un système d'information. Il s'agit donc d'une (ou d'un ensemble de) personne(s) qui ne sont pas des professionnels du système d'information », selon la définition issue du Club des maîtres d'ouvrage. Selon le service attendu du système d'information, il peut s'agir de la direction de l'entreprise ou d'une direction métier. Dans le second cas, il serait judicieux d'impliquer systématiquement la direction générale (ou en fonction du gain attendu et/ou du niveau d'investissement) pour responsabiliser l'ensemble des acteurs sur la pertinence de la solution pour l'entreprise.

• Maîtrise d'ouvrage opérationnelle

« Le maître d'ouvrage opérationnel (parfois appelé maître d'ouvrage délégué ou simplement maître d'ouvrage) assiste le maître d'ouvrage stratégique dans l'exercice de sa fonction. C'est un professionnel du système d'information », (Club des maîtres d'ouvrage). C'est une fonction de conseil qui doit bien connaître les applications existantes de l'entreprise, les logiques métier, les besoins d'évolution, les référentiels, le cadre architectural et qui doit être une interface légitime et naturelle entre les utilisateurs et les équipes techniques.

• Assistance à maîtrise d'ouvrage

Une maîtrise d'ouvrage peut vouloir être conseillée par des intervenants externes ayant une expertise dans le domaine des systèmes d'information pour la faisabilité du projet, ou être assistée dans la réalisation des tâches dont la responsabilité lui incombe dans le déroulement du projet (conception, tests et recettes...).

• Maîtrise d'œuvre (MOE)

La maîtrise d'œuvre a la responsabilité de proposer une solution technique à la MOA, dans l'enveloppe budgétaire et les délais requis, et d'alerter cette dernière si ces derniers présentent un risque. Elle supervisera le bon déroulement des travaux, le respect des délais et du budget ainsi que la qualité et la pertinence de la solution, en veillant à faire intervenir les compétences requises pour l'exécution. Dans le cas où elle devra faire appel à des fournisseurs externes, elle coordonnera leurs livraisons et s'assurera de leur qualité.

Peu importe l'organisation dont le maître d'ouvrage opérationnel est issu s'il est légitime et crédible pour :

• comprendre les enjeux d'entreprise derrière les besoins métier, les parties prenantes ;

• questionner, clarifier, expliciter les besoins métier ;

• comprendre en quoi les technologies de l'information et des communications peuvent être un levier d'évolution, les opportunités d'innovation éventuelles dans les organisations, les contraintes éventuelles de l'existant, la cohérence de l'ensemble à respecter ;

- analyser et aider à modéliser les processus fonctions et données en jeu, établir ou superviser les spécifications générales ;
- faire l'interface entre toutes les parties prenantes, tout au long du projet, en particulier entre les métiers ayant exprimé des besoins, la DSI et les responsables d'applications patrimoniales éventuellement concernées ;
- organiser et piloter le(s) projet(s) avec la maîtrise d'œuvre afin, entre autres, de pouvoir faire intervenir les bons interlocuteurs ou obtenir leurs réponses face aux questionnements qui surgiront dans le déroulement du projet.

Ce rôle, historiquement reconnu plus ou moins sous le vocable de maîtrise d'ouvrage opérationnelle d'un projet, tend à se professionnaliser sous un autre terme, au fur et à mesure qu'il apparaît qu'il ne s'arrête pas au périmètre d'un projet. En effet, les notions d'urbanisations, la part structurante, voire stratégique, que les systèmes d'information prennent dans les entreprises, amènent à considérer un autre niveau d'interface pour faire dialoguer directions générales, directions métier et direction des systèmes d'information, faire émerger les enjeux et aider à exploiter les opportunités des systèmes d'information pour améliorer la compétitivité de l'entreprise. Il s'agit de la profession de *business analyst* ou analyste d'affaires.

Le chapitre français de l'Association professionnelle internationale de l'analyse globale d'efficience (International Institute of Business Analysis – IIBA) exprime ainsi cette évolution sur son site[2] :

« Les analystes d'affaires longtemps considérés comme des maîtres d'ouvrage, revendiquent une fonction plus stratégique qui consiste à faire le pont entre les deux mondes de l'entreprise, le monde "technique" et le monde "des affaires". Une double culture qui préfigure de la réussite de ce métier et qui demande une véritable faculté d'adaptation, d'écoute et de synthèse. Souvent associé aux métiers de l'informatique, l'analyste d'affaires est présent dans tous les projets de l'entreprise, de la conception d'un produit à la réalisation d'une interface homme-machine. »

Responsabiliser les métiers

La direction des SI, comme tout fournisseur de services, prend des risques à ne pas formaliser clairement sa relation client-fournisseur avec les autres directions de l'entreprise, quitte à établir des contrats de service, en précisant les attendus clients, l'engagement de niveau de services, voire des modes de refacturation en interne.

Sinon, ce n'est pas seulement la DSI, mais toute l'entreprise qui subira les conséquences de la non-formalisation, dont :

- le manque de visibilité des services rendus par la DSI ;
- les niveaux d'engagement de services mal formalisés, d'où réduction de coûts nuisibles à la qualité ;
- l'abandon ou le dérapage de projets coûteux ;

2. http://
parisfr.theiiba.org/

- la gestion du court terme de la demande fonctionnelle, pas d'évolution des systèmes existants jusqu'à ce que l'évolution soit une nécessité coûteuse impliquant des investissements dans l'urgence ;
- le désalignement progressif du système d'information avec les enjeux d'entreprise.

Comment ça marche ? – La contractualisation des services

Si la DSI est perçue comme un fournisseur de services dans bon nombre d'entreprises, la relation « client-prestataire de services » est rarement formalisée dans un contrat.

Pour autant, ce dernier a pour objet de clarifier les conditions opérationnelles de la fourniture de service. Ainsi, pour une application en exploitation, le contrat décrit le niveau de fonctionnement et de support auquel le prestataire fournisseur du service s'engage vis-à-vis de l'utilisateur, lequel reconnaîtra explicitement connaître le cadre d'exploitation de l'application et les limites du service fourni.

Ce contrat a pour mérite de ramener les coûts de l'informatique a un référentiel de mesures qui permette de les qualifier en fonction du niveau de service rendu et non de manière intrinsèque, comme dans un ratio de type coût de l'exploitation rapporté au poste de travail, qui n'a pas de sens. Une application qui doit fonctionner 24 h/24, 7 j/7, n'a pas les mêmes contraintes de disponibilité que les autres, et son coût de développement et de fonctionnement en est tributaire.

Ainsi, les niveaux de services formalisés dans le contrat peuvent prendre en compte les plages horaires du support, les performances attendues, le niveau d'assistance fonctionnelle à l'utilisation, les temps de correction en cas d'anomalies et selon leur nature, le temps de rétablissement du service en cas de panne, les sauvegardes, les fonctionnements en mode dégradé, etc. Tous sont autant de paramètres qui influent sur les coûts.

Le contrat formalise également les indicateurs qui vont permettre de suivre l'engagement de services et les modalités de revues de ces engagements.

Ce sont des pratiques courantes en infogérance qui peuvent être reportées sur l'exploitation et la production interne. Le terme anglo-saxon qui s'est répandu pour désigner ses engagements de niveaux de service est « SLA – Service Level Agreement ».

Si le client n'a pas à s'engager sur le coût des investissements pour un projet, s'il n'est pas tenu de contribuer au coût de fonctionnement des services qu'il utilise, s'il n'a pas à clarifier dans ses demandes d'évolution ou de changement le gain attendu, et justifier de ses enjeux, le champ des demandes peut être infini. La direction du SI ne sera pas en mesure de faire le tri, ne disposant pas des critères qui pourraient le lui permettre, et répondra de manière réactive en fonction des pressions exercées et non des axes de développement stratégiques pour l'entreprise.

Il sera difficile d'utiliser réellement le SI comme levier de création de valeur dans ces conditions.

En effet, les applications développées ne seront pas alignées sur les véritables enjeux consolidés au niveau de l'entreprise, puisque réalisées au coup par coup des pressions souvent accompagnées de délais irréalistes par méconnaissance des contraintes de réalisation.

Quant aux applications patrimoniales existantes, comment évaluer leur valeur et les risques liés à leur obsolescence (donc a fortiori les éventuels efforts à faire pour remédier à ces risques), si on a peu ou prou d'idées de ce qu'il coûterait à l'entreprise « à faire sans » ?

L'observatoire Sapientis, déjà évoqué, le montre ici également, il y a un potentiel d'évolution extrêmement important dans le fonctionnement des organisations sur ce point.

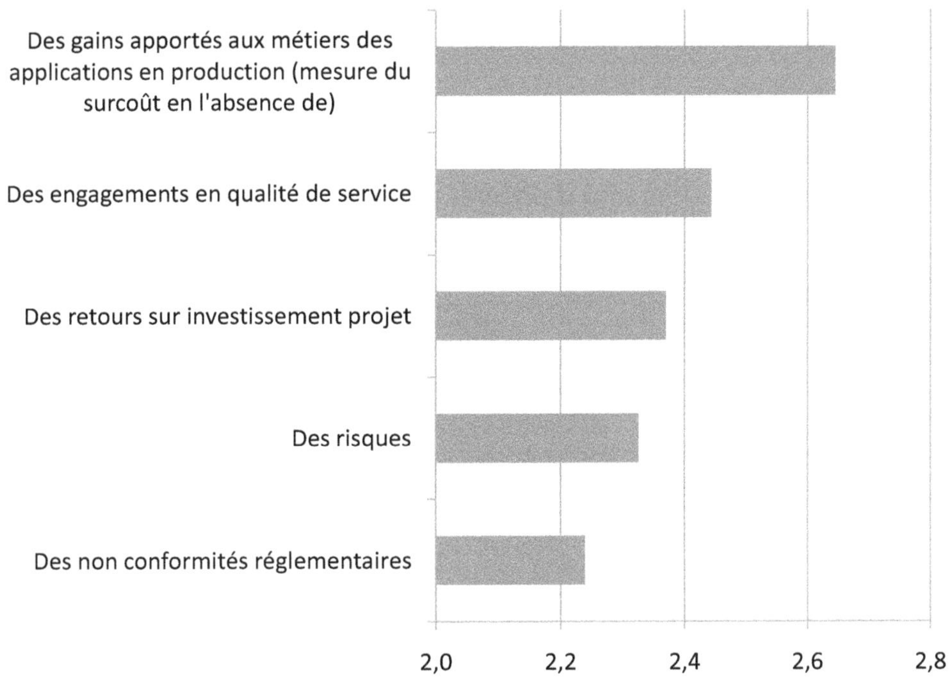

Figure 5-6 : Moyens de pilotage estimés à améliorer
Source : © Sapientis 2010

Sans l'implication des métiers commanditaires dans la définition de ce qui est attendu d'un projet d'investissement, il a une forte probabilité d'être voué à un échec onéreux, nous y reviendrons dans les chapitres suivants. Mais l'implication ne suffit pas, encore faut-il que le commanditaire s'engage à porter tout ou partie de l'investissement du projet, puis le coût de fonctionnement du service, au prorata de son utilisation (s'il est le seul utilisateur, la « facture » globale lui incombe).

À partir de là, il sera plus prudent dans ses demandes et s'interrogera sur les indicateurs de réussite du projet demandé. En effet, aucun client n'est naturellement prêt à payer pour le fonctionnement d'un service dont il n'arrive pas à mesurer les gains à son niveau, sauf à être dans l'obligation légale de le faire. À quoi verra-t-on le changement par rapport à l'existant ? Comment mesurera-t-on le succès du changement ? Comment illustrer concrètement le changement ?

Le rôle de la DSI n'est pas de répondre à ces questionnements, c'est le rôle du commanditaire du projet de se les poser avant le lancement, en prenant bien soin, comme nous l'avons évoqué précédemment, de s'entourer du conseil pertinent pour trouver les réponses et de définir à leur suite les bons indicateurs métier qui pourront être suivis opérationnellement par la suite.

Si les utilisateurs des services rendus par l'informatique ne sont pas responsabilisés en amont de leur développement, il y a fort à parier que la DSI devra les solliciter par la suite pour retrouver la lisibilité du service rendu. Avec probablement des difficultés pour les impliquer, comme le montre la figure 5-7.

Pensez-vous pouvoir Impliquer les utilisateurs pour intégrer des indicateurs métiers afin d'obtenir une meilleure lisibilité des services rendus par le SI?

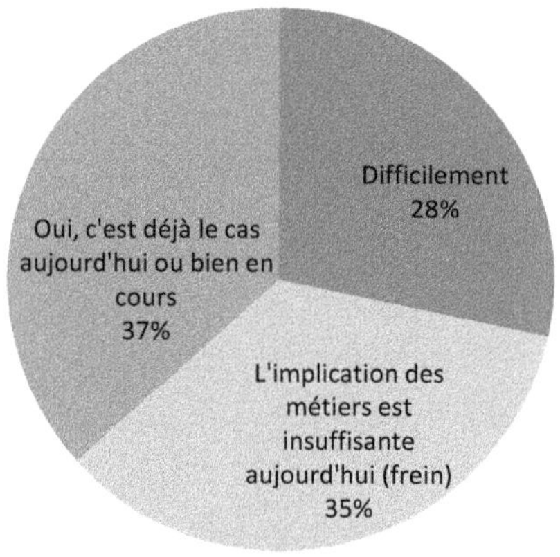

Figure 5-7 : Implication des utilisateurs dans les indicateurs métier
Source : © Sapientis 2010

La refacturation des coûts de fonctionnement par la DSI à ses clients, en fonction de leur utilisation des services – ou tout autre moyen de corréler les coûts à l'usage et aux gains, c'est-à-dire de valoriser les services – aura au moins un effet vertueux. Les utilisateurs seront plus enclins à ne réclamer que le niveau de qualité dont ils ont réellement besoin. Cela limitera drastiquement des fausses contraintes de disponibilité 24 h/24, par exemple, en raison des surcoûts induits. A contrario, cela obligera à définir les niveaux de criticité pour chaque application et le niveau de maintenance préventive.

De plus, mettre cette valorisation sous la responsabilité des métiers induira également un bilan du projet sur la base d'indicateurs réalistes définis en amont. On pourra vérifier les prévisions de rentabilité du projet et progressivement construire un référentiel pour juger de la crédibilité des estimations de gains liées aux demandes, au regard des coûts et résultats réels. Sinon, les estimations resteront déclaratives et sans engagement, laissant les projets risquer les échecs et la DSI en porter le poids.

Le nécessaire marketing du SI

Pour aller plus loin dans la logique de la relation client-fournisseur, il peut être utile de rappeler certaines définitions au sujet des approches que doivent mettre en place tous les fournisseurs de produits/services. Avant de distribuer une offre, c'est-à-dire de proposer des services ou des produits à des consommateurs (clients qui utilisent cette offre), il faut établir une stratégie marketing.

De nombreuses définitions existent sur cette dernière, en voici quelques unes :

- « Cette stratégie vise à mettre l'entreprise concernée en adéquation avec les exigences implicites ou explicites du marché sur lequel elle agit. Les bases de cette stratégie sont de découvrir les besoins des consommateurs potentiels et de définir les produits et services. La politique de communication, la publicité, la promotion et l'organisation de la vente des produits n'est quant à elle que la partie la plus visible du marketing auprès du grand public. » (extrait de la définition donnée à la stratégie marketing dans la page Wikipedia dédiée au marketing).

- « Le marketing est l'effort d'adaptation des organisations à des marchés concurrentiels, pour influencer en leur faveur le comportement de leurs publics, par une offre dont la valeur perçue est durablement supérieure à celle des concurrents. » (Mercator[3], 8e édition, 2006.)

- « On appelle stratégie marketing l'approche que l'entité concernée met en place pour atteindre ses objectifs, à partir de décisions prises sur les cibles, le positionnement, le mix[4] et le niveau d'engagement de dépense. », selon Philip Kotler et Bernard Dubois[5].

De nombreuses écoles de pensée existent pour définir ce qu'est ou ce que n'est pas le marketing stratégique et quelle est, ou non, sa préséance sur une stratégie commerciale. L'évolution des dernières années montre en tout cas que les notions de marketing se sont répandues en dehors des entreprises commerciales pour atteindre les associations et les organisations à but non lucratif, soit pour répondre mieux aux besoins de leurs membres, soit pour mieux faire connaître leurs actions, obtenir des subventions, des partenariats, etc.

Dans le cas des services d'une direction du SI, on retiendra essentiellement que la stratégie marketing est la démarche d'analyse et de réflexion pour réaliser l'adéquation offre-demande qui s'inscrit dans la stratégie globale de l'entreprise.

3. Denis Lindon, Jacques Lendrevie, Julien Lévy, *Mercator Théorie et pratiques du marketing*, Dunod

4. Le *mix marketing* est également connu sous le nom des 4P : produit, prix, place (distribution) et promotion (communication).

5. Philip Kotler, Bernard Dubois, Delphine Manceau, *Marketing Management*, 11e édition, Pearson Education

Certes, une DSI ne cherche pas à vendre un produit réplicable de mauvaise qualité en masse, ni influencer ses clients pour qu'ils achètent plus en leur vendant des solutions miracles. Au-delà de cette idée caricaturale du marketing que peuvent avoir certains ingénieurs, il faut garder en tête qu'une DSI fournit des services en réponse à une demande qui doit s'inscrire dans la stratégie globale de l'entreprise.

Il y a donc nécessité, afin d'obtenir un réel alignement stratégique des systèmes d'information aux affaires, c'est-à-dire l'adéquation du SI aux objectifs stratégiques de l'entreprise, de passer par une approche marketing autour des services du SI. Cette approche comporte deux niveaux :

- Le niveau stratégique, à savoir l'analyse des enjeux de changement ou d'évolution, la définition des services métier prioritaires à développer et pour qui, la définition de services mutualisables à l'échelle de l'entreprise (stratégie d'offres et de développement d'affaires), la validation des budgets d'investissement, la conduite du changement, la décision des alliances stratégiques.

- Le niveau opérationnel, c'est-à-dire la réalisation du service, la décision des alliances opportunistes (liées à un projet/service), le déploiement, l'accompagnement au changement et la communication envers les utilisateurs finals autour des services ainsi que la collecte des besoins d'améliorations auprès de ces derniers.

Cette approche de stratégie marketing nécessaire à la création d'une réponse en adéquation aux besoins, est souvent délaissée au profit d'une lecture de « l'alignement du SI » réductrice et militaire : le SI devrait filer droit avec des processus industrialisés pour lui-même et pour les métiers.

Avant d'envisager une industrialisation quelconque (avec ses limites éventuelles), il faut rechercher l'adéquation de l'offre à la demande et à la stratégie globale. Cela exige réellement un effort d'adaptation. Il ne faut pas refaire avec cette séparation stratégique et opérationnelle, l'erreur précédente faite sur la séparation maîtrise d'ouvrage/maîtrise d'œuvre. La stratégie marketing du SI demande la participation d'un comité de direction incluant le DSI et des profils de type analyste d'affaires pour faire le lien ente les affaires et la technique.

Le rôle de responsable marketing stratégique du SI doit être une responsabilité rattachée à la direction générale.

Par ailleurs, au niveau opérationnel, il est indispensable que la DSI communique sur ses offres et les prestations de services qu'elle peut proposer. Elle doit donner de la visibilité aux utilisateurs sur les services et les produits disponibles ainsi que leur valorisation en fonction d'unité d'œuvre ou de critères non seulement vérifiables et significatifs, mais également exprimé en termes utilisateurs.

Comment ça (ne) marche (pas)? – Les ratios à éviter pour valoriser les services
- Le ratio coût rapporté au poste de travail
- Le coût au MIPS ou CPU – unité de mesure des coûts des serveurs mainframes – est à la fois non significatif et incompréhensible pour l'utilisateur.

- Donner aux utilisateurs des indications sur le coût du service en termes de capacités de stockage, ou en nombre de jours-homme nécessaires à son développement, voire le tarif journalier moyen de la maintenance, sans rapport avec les services fonctionnels rendus.

Pour donner cette visibilité, la direction du SI s'appuiera sur plusieurs outils, décrits ci-dessous.

- Le catalogue de produits et services : simple et exhaustif, il décrit les produits et services que la DSI fournit aux utilisateurs finals. Les applications du poste de travail, le poste de travail en lui-même (équipé et maintenu), l'accès au réseau, les formations, les services d'assistance, de support et de dépannage, les conditions d'intervention, etc., figurent au titre des services.

- Les contrats de services associés pour formaliser les engagements de niveau de service (ce qui n'est pas toujours le cas).

- Une politique de communication appropriée aux changements (cibles, fréquence, moyens). Cette dernière sera déclinée dans le cadre d'une conduite du changement plus globale qui en fixera les enjeux (voir section « La conduite du changement » du chapitre 5).

- Une vitrine soignée de la relation client, c'est-à-dire un point d'accès unique aux services d'assistance et de support pour l'ensemble des moyens informatiques mis à disposition de l'utilisateur final. Cette vitrine ou « service desk » va accompagner l'ensemble des clients internes et externes du SI afin de leur faciliter l'usage des services informatique rendus. Si on fait le parallèle avec les centres d'appels téléphoniques, la réactivité et la crédibilité des réponses de ce service jouera sur la perception de la performance de la DSI, à tous les niveaux (les directions sont également consommatrices des services du SI).

La DSI aura donc tout intérêt à veiller sur les compétences relationnelles des équipes en charge et sur l'efficacité de ses processus de support en termes de résolution d'incident au premier niveau d'appel, ainsi que sur les processus de gestion des incidents, gestion des demandes de changements, etc.

Si on voit aujourd'hui une évolution vers cette approche marketing du SI, elle reste encore cantonnée davantage à une partie opérationnelle que stratégique. C'est pourquoi le catalogue de produits et services n'est pas répandu dans toutes les entreprises, encore moins avec des notions de valorisation tarifée, comme le montre ci-dessous un autre résultat de l'enquête Sapientis.

La première démarche qu'aura donc à effectuer une direction marketing « stratégique » du SI sera de réaliser une analyse SWOT » (*Strengths, Weaknesses, Opportunities and Threats*, soit MOFF en français : Menaces, Opportunités, Forces, Faiblesses) du système d'information, en collaboration avec toutes les parties prenantes. Un exemple de SWOT se trouve à la figure 5-9.

Avez-vous un catalogue de produits et services pour les métiers et si oui sur quelle logique est-il présenté?
Autre 2%
Logique d'information seulement 13%
Niveaux de services 9%
Prix et niveaux de services 21%
Non 55%

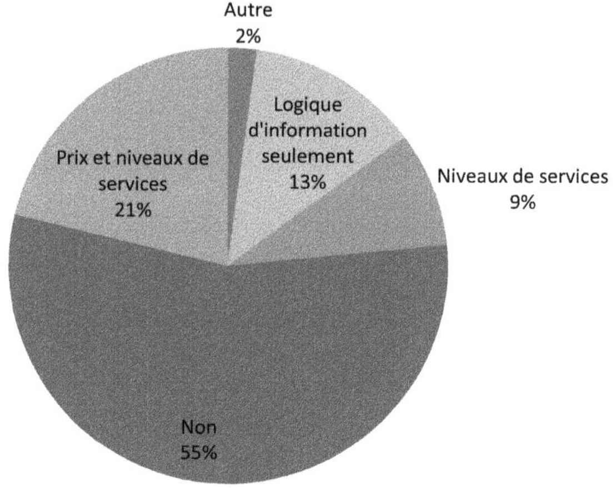

Figure 5-8 : Existence d'un catalogue de produits et services pour les métiers
Source : © Sapientis 2010

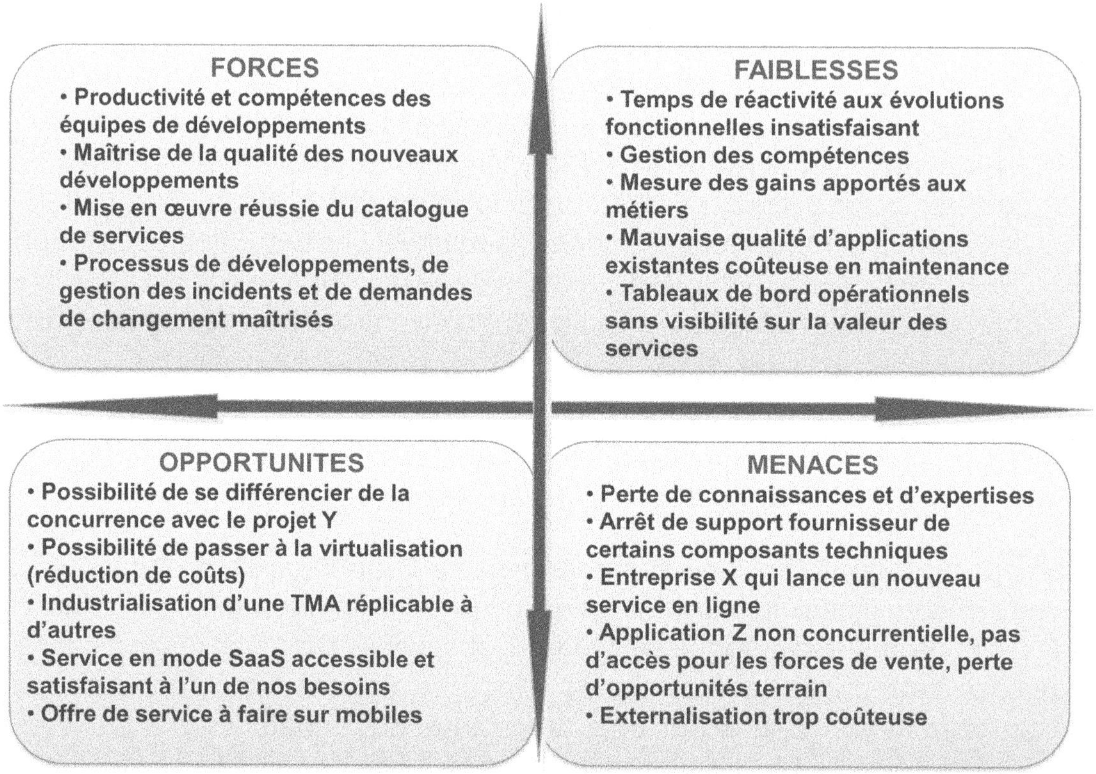

FORCES
• Productivité et compétences des équipes de développements
• Maîtrise de la qualité des nouveaux développements
• Mise en œuvre réussie du catalogue de services
• Processus de développements, de gestion des incidents et de demandes de changement maîtrisés
FAIBLESSES
• Temps de réactivité aux évolutions fonctionnelles insatisfaisant
• Gestion des compétences
• Mesure des gains apportés aux métiers
• Mauvaise qualité d'applications existantes coûteuse en maintenance
• Tableaux de bord opérationnels sans visibilité sur la valeur des services
OPPORTUNITES
• Possibilité de se différencier de la concurrence avec le projet Y
• Possibilité de passer à la virtualisation (réduction de coûts)
• Industrialisation d'une TMA réplicable à d'autres
• Service en mode SaaS accessible et satisfaisant à l'un de nos besoins
• Offre de service à faire sur mobiles
MENACES
• Perte de connaissances et d'expertises
• Arrêt de support fournisseur de certains composants techniques
• Entreprise X qui lance un nouveau service en ligne
• Application Z non concurrentielle, pas d'accès pour les forces de vente, perte d'opportunités terrain
• Externalisation trop coûteuse

Figure 5-9 : Exemple de matrice SWOT d'un SI

L'analyse SWOT va faciliter la détermination et l'instanciation de questions-types :

- Comment exploiter les opportunités et les forces ?
- Comment neutraliser ou éviter les menaces ?
- Comment éviter ou minimiser les faiblesses ?

S'il s'agit d'un outil d'analyse rapide pour avoir un guide d'investigation, il ne se substitue nullement à une analyse de valeur multidimensionnelle du SI que nous décrivons plus loin (voir la section « L'analyse de la valeur » du chapitre 6).

Le SWOT du SI : un nouveau concept marketing ou un outil utile ?

L'analyse SWOT est un outil d'audit marketing de l'entreprise et de son environnement (concurrence). Il aide l'entreprise à se concentrer sur les questions-clés. Une fois ces dernières identifiées, elles sont introduites dans des objectifs marketing. La matrice SWOT est employée en parallèle avec d'autres outils d'audit et d'analyse. Cet outil est très populaire parce qu'il est rapide et facile à utiliser. L'analyse SWOT se fait au moyen d'une grille visuelle à quatre quadrants (voir figure 5-9).

La conduite du changement

Qu'est-ce qu'une démarche de conduite du changement ? Quel est son périmètre, ses méthodes, ses outils ?

À entendre les discours des uns, il s'agirait essentiellement de communication, de formation et d'accompagnement au changement. À entendre les autres, l'accompagnement au changement est justement la partie communication et formation de la conduite du changement. Mais ne sommes-nous pas là en train de parler des moyens au détriment de l'objectif ?

En réalité, l'ambiguïté qui prévaut sur le terme « conduite du changement » naît de la difficulté qui réside toujours dans l'entreprise à bien déterminer les rôles et les responsabilités en matière d'enjeux concernant les systèmes d'information et, surtout, à bien faire dialoguer les acteurs entre eux en évitant de sombrer dans des découpages hiérarchiques ou organisationnels.

La conduite du changement porte sur l'ensemble de la démarche qui va de la perception d'un problème d'organisation ou d'une opportunité d'évolution organisationnelle à la mise en œuvre satisfaisante d'une solution de transformation via la définition d'un cadre d'actions humaines pour l'élaborer, la choisir, la mettre en place.

À cette définition plutôt alambiquée, on peut préférer celle qu'on trouvera sur le blog de Christophe Faurie[6], spécialiste des changements de l'entreprise : la conduite du changement, « c'est identifier la transformation que doit subir l'entreprise et la mener à bien. »

De nombreuses sociétés de services en intégration de systèmes, après avoir longtemps proposé des prestations de conduite du changement dans le cadre de projets liés aux systèmes d'information, les ont rebaptisé « accompagnement au changement », faute de pouvoir agir sur la direction de la conduite. Tout sim-

6. http://christophe-faurie.blogspot.com/

plement parce que leurs méthodes et approches consistaient à définir et décliner un plan de communication ou de formation sur la base, au mieux, d'enjeux partiellement définis, au pire, du calendrier projet et des fonctionnalités prévues.

Si l'entreprise se repose sur cette seule nature d'accompagnement pour réussir sa transformation, elle manque une étape essentielle, celle d'identifier la transformation. Conduire le changement, c'est :

- identifier et formaliser les axes stratégiques de la transformation ;
- analyser les enjeux des parties prenantes, apprécier les dynamiques de changement, les points de résistance, leurs raisons ;
- construire une vision équilibrée et partagée des enjeux avec les acteurs pour identifier la trajectoire de transformation ;
- piloter par les enjeux, à coût/objectif, pour garder le cap et fixer les bonnes priorités, voire s'adapter à bon escient ;
- obtenir l'adhésion en impliquant les utilisateurs au plus tôt dans la définition et la conception de la solution, en communiquant, en formant ;
- faire porter le changement par l'encadrement, mais s'appuyer sur des spécialistes pour le propager indépendamment du lien hiérarchique, afin que ces évolutions prennent en profondeur et dans la durée ;
- procéder par itération et ajuster le plan d'action et la trajectoire au rythme de son évolution.

Tout l'art de la conduite du changement consiste donc à comprendre la politique et les structures d'une organisation et faire émerger un dialogue ouvert entre les parties prenantes sur les objectifs réels de l'entreprise, sans se laisser contraindre par des partis-pris, pour pouvoir établir des recommandations de transformation qui aideront l'organisation à atteindre ces objectifs.

Pour Christophe Faurie, « apprendre à conduire le changement, c'est donc apprendre à maîtriser les mécanismes qui permettent au groupe de se transformer en évitant les limites de l'homme ».[7]

Cela peut entrer dans le cadre des fonctions de liaison revendiquées par les analystes d'affaires. Formation, communication, accompagnement seront les trois leviers pour décliner opérationnellement la vision des enjeux en transformation réelle de l'organisation.

L'autonomisation des métiers

Force est de reconnaître que la vision prospective d'il y a cinquante ans d'un service informatique aussi pratique à l'usage que le branchement de l'électricité est encore illusoire. Certes, l'avancée des modèles comme Google ou Salesforce, avec les plates-formes d'application et la possibilité d'utiliser virtuellement la puissance d'un superordinateur avec des milliers de processeurs et des millions de disques durs, dessinent un monde avec un nombre réduit de super-fournisseurs de puissance serveur.

7. Christophe Faurie, *Conduire le changement - Transformer les organisations sans bouleverser les hommes*, L'Harmatthan, 2008

Ils l'ont dit – "The world needs only five computers"

Le responsable technique de Sun Microsystems, Greg Papadopoulos paraphrasait en 2007 cette phrase attribuée au PDG d'IBM dans les années 1940.

En s'appuyant sur le modèle des eBay, Amazon, Google, Yahoo et autres Salesforce.com, il envisage un mode où la puissance de calcul des ordinateurs se vendra comme de l'électricité avec quelques supers multinationales de l'énergie – il en cite sept, et même un état, la Chine – disposant de centrales géantes. Il faut comprendre par là des réseaux d'ordinateurs fournissant la puissance et la performance d'un ordinateur à grande échelle et, dès lors, toute la gamme envisageable de services associés. Les entreprises ne paieront plus la machinerie et les ressources, elles paieront le résultat, grâce au nouveau modèle du *Software As A Service*.

Reste que les fonctionnalités des applications disponibles en mode service sur le Web sont encore loin de répondre à tous les besoins des utilisateurs en entreprise. Les bonnes vieilles applications patrimoniales qui répondent spécifiquement aux besoins ont encore de beaux jours devant elles. L'ennui, c'est qu'au fil du temps, elles vieillissent, deviennent complexes, et la moindre demande d'évolution prend du temps.

Un temps trop long pour les utilisateurs qui ne comprennent pas la nécessité d'attendre trois mois pour le changement d'une simple règle de gestion métier dans le code, quand la demande de changement tient en quelques lignes (changement d'une échelle de comparaison, d'un plafond d'autorisation, du mode de calcul d'un champ, etc.).

La faute en incombe à des conceptions et des architectures qui nécessitent de passer par le code pour effectuer ces modifications, et donc, par les processus de développements, de tests et de mise en exploitation classique.

La réflexion autour d'une architecture agile qui, grâce à une logique de composant et de paramétrage, autorisera l'utilisateur à saisir lui-même, autant que possible, les changements qu'il souhaite au niveau de la logique métier sans toucher à l'implémentation physique, telle est la clé de la facilité d'usage du service informatique en entreprise.

Cette « autonomisation des métiers » est cette fois un défi de modernisation d'architecture qui entre dans la construction des offres, au titre de marketing produit.

Elle contribuera, comme les autres fonctions de marketing du SI, à rendre l'offre simple et lisible et, dès lors, toutes les directions clients en percevront mieux les bénéfices.

Gérer efficacement les ressources et les moyens

La théorie du chaos

Combien de projets de systèmes d'information échouent avant d'atteindre leurs objectifs ? Selon le Standish group, célèbre pour sa « théorie du chaos » (voir encadré ci-dessous), beaucoup…

Certes, des polémiques s'élèvent parfois sur la véracité de ces statistiques, dont une étude réalisée par les universitaires Sauer, Gemino et Reich[8] qui aboutit à des chiffres inférieurs, le taux de projets en échec étant ramené à un tiers. Une amélioration qui correspondrait à une meilleure analyse des retours d'expérience, voire à des méthodes et des outils plus mûrs pour la gestion des projets informatique. Néanmoins, comme le soulignait en 2007 une enquête de Dynamic Markets[9] pour le compte de Tata Consultancy Services, 43 % des responsables informatique s'attendent à rencontrer des problèmes dans leurs projets.

Un peu d'histoire – La théorie du chaos en informatique

En 1994, le Standish group, un organisme indépendant d'analyse et de recherche de la performance des TIC, publie son premier « rapport du chaos », documentant à travers des enquêtes et des interviews les types d'échec de projets, les facteurs majeurs d'échec et les pistes de réduction de ces derniers. Les premiers chiffres de 1994 sont alarmants : des milliards de dollars sont dépensés pour des projets de développement logiciel jamais achevés. Depuis 15 ans, le Standish group livre annuellement des statistiques abondamment reprises et publiées par tous les spécialistes en performance des systèmes d'information. Si les cinq dernières années illustraient une modification positive de la tendance laissant penser à une maturité plus grande du pilotage de projets, le rapport du chaos 2009 est un net retour en arrière.

Seulement 32 % des projets réussiraient à être achevés en respectant le contrat temps, budget et fonctionnalités. 44 % finissent hors délai et en dépassement de budget et/ou avec moins de fonctionnalités que prévues, et 24 % échouent et sont annulés avant d'être achevés ou livrent un résultat jamais utilisé. Effet de la crise ? L'année 2009 représente le plus gros taux d'échec depuis une décennie.

Les critères d'influence sur le succès d'un projet considéré par le Standish group sont au nombre de dix avec, par ordre d'importance : support de la direction, implication des utilisateurs, chef de projet expérimenté, objectifs métier clairs, périmètre minimisé au possible, infrastructure logicielle standard, exigences fondamentales affirmées, méthodologie formelle, estimations fiables, autres critères (mesuré avec un poids global à l'ensemble : la compétence des ressources, un planning décomposé en étapes avec des jalons intermédiaires et des échéances courtes).

Mais pourquoi les projets échouent-ils ? Est-ce la faute des outils informatiques ? Des compétences? Des équipes ? Des difficultés techniques ? Compte tenu, d'un côté, de la maturité des environnement de développement et dans la majorité des cas, des techniques utilisées, et de l'autre des compétences des développeurs, de plus en plus disponibles sur des technologies largement

8. Chris Sauer (de l'université d'Oxford Egrove, USA), Andrew Gemino et Blaize Homer Reich (tous deux de l'université Simon Fraser à Vancouver, Canada), ont revu à la baisse les chiffres du Standish Group suite à une étude publiée en novembre 2007 dans les communications de l'ACM sous le titre « The impact of size and volatility on IT project performance ». Pour eux, seulement 1/3 des projets sont des échecs. À noter que leur méthodologie diffère entre autres de celle du Standish group de par les personnes interrogées et la classification des projets.

9. "IT Projects: Experience Certainty; August 2007" : http://www.tcs.com/thought_leadership/Documents/independant_markets_research_report.pdf

répandues comme .Net ou Java/J2EE, la cause profonde la plus commune d'échec n'est pas à chercher là.

C'est à la fois plus simple et plus difficile à gérer : les difficultés sont essentiellement d'ordre organisationnel et de pilotage. Faute de procéder méthodiquement, progressivement, avec les bons intervenants ayant les bons rôles au bon moment, les bons questionnements et les indicateurs qui en découlent, les projets sont voués à dériver, et une gestion serrée des coûts et délais n'y changera rien, sauf à diminuer la couverture fonctionnelle et la qualité du résultat livré.

Si les projets qui dépassent leur calendrier ou leur budget ne sont pas rares, les bilans de projets et le partage des retours d'expérience le sont davantage. Pour autant, ils pourraient mettre en lumière un constat général.

Si les outils et les méthodes existent, dans les faits, le facteur humain est prépondérant car un projet de construction de tout ou partie d'un système d'information fait essentiellement appel à une construction intellectuelle, ce qui nécessite beaucoup plus de concertation, de compréhension et de communication qu'un projet de construction de bâtiments, même si le vocabulaire des acteurs emprunte à ce domaine (architecture, maîtrise d'ouvrage, maîtrise d'œuvre, etc.).

> **Ils l'ont dit – Butler group, 2005 – Pourquoi les projets échouent-ils ?**
>
> « Une des raisons majeures est qu'il existe un énorme fossé entre les développeurs qui travaillent sur les projets d'application et les responsables qui en ont fixé les objectifs. »
>
> Lawrence Charles Paulson, professeur à l'université de Cambridge (Computer Laboratory) :
>
> « On peut tester un pont avec des charges extrêmes et s'assurer ainsi qu'il ne s'effondrera pas avec des petites charges. Avec un logiciel, chaque entrée est une situation différente. Nous avons des modèles mathématiques pour les ponts, pas pour les logiciels. »
>
> Frederick P. Brooks, auteur du livre *The Mythical Man Month* :
>
> « Plus vous commencez tôt, plus cela va vous prendre du temps. »
>
> « Rajouter du monde sur un projet en retard, c'est uniquement rajouter du retard. »

Le cycle de vie des applications

En matière d'environnement, de développement, d'ateliers logiciels, de gestion de configuration, de référentiels d'exigences et de tests, de nombreux outils perfectionnés existent pour couvrir le « cycle de vie des application » (ou « ALM» pour Application Lifecycle Management).

> **Définition – ALM : le cycle de vie d'une application**
>
> « Le cycle de vie d'une application est le continuum des activités requises pour supporter une application d'entreprise du projet d'investissement initial jusqu'à son déploiement et l'optimisation des systèmes. »
>
> « L'*Application Lifecycle Management* (ALM) intègre et pilote, tout au long du cycle de vie d'une application, les différentes phases de planification, définition, conception, développement, test et déploiement. »
>
> Source : http://www.eclipse.org/proposals/eclipse-almiff/

Ces outils autorisent la collaboration entre équipes de développement géographiquement dispersées, facilitent la recherche de défauts, les tests, etc. Ainsi n'est-il guère surprenant d'en arriver à un stade où les communautés open source garantissent une qualité du code au moins égale à celle des éditeurs de progiciels.

Il existe également, en plus des outils de développement et de tests, des outils de planification, de gestion de portefeuille projets, etc.

Cela vaut pour le développement initial d'une application, mais force est de reconnaître qu'une fois une application en production, le contexte change et particulièrement quand l'application vieillit.

C'est un constat : la gestion des développements liés aux évolutions des applications patrimoniale est moins outillée dans les approches de type « ALM » aujourd'hui. L'OMG (Object Management Group) pointe avec raison ce manque dans le cycle de vie dans la mesure où, a minima, en moyenne 50 % du temps des équipes informatique est passé sur la maintenance. D'autant que la durée de vie d'une application en production est bien supérieure à la durée du projet qui lui a donné le jour. Si certains de ces projets sont longs, que dire d'applications en exploitation depuis quarante ans ?

On estime que les coûts de la maintenance vont jusqu'à 67 % du coût total d'une application sur sa durée de vie (si on considère tous les postes de coûts, de l'investissement initial en matériel, logiciel, développements, formation, etc.), dont 48 % sont consacrés à réparer les défauts.

Or, ce temps consacré à réparer les défauts pèse lourd, d'autant plus quand ceux-ci auraient pu être évités en amont (on y reviendra dans la section « L'implication des utilisateurs au bon moment ») et quand la validation du problème remonté et l'analyse de la modification à faire pèsent énormément sur le cycle de vie de la maintenance.

En théorie, un projet d'évolution en maintenance a une grande similitude avec un projet de développement, au sens où tous deux partagent un cycle de vie, une pression permanente, des phases d'analyse, de développement et de tests. En pratique, il y a de grandes différences. Pour n'en citer que quelques unes, les jalons sont moins bien formulés, les livrables moins explicites, les dérogations plus nombreuses (*hot fixes*[10]), les objectifs sont moins bien définis et les tests incluent des tests de non-régression, indispensables.

Aussi, les modèles d'estimation de chiffrage traditionnels ne sont pas forcément d'un grand secours en maintenance, comme le montre une approche comparée des deux cycles tels qu'illustrés dans la figure suivante.

Nota bene : les valeurs de pourcentages indiquées sont des moyennes à adapter en fonction du contexte.

Une approche incrémentale d'apprentissage par la pratique des estimations de coûts et de temps, basée sur des données historiques, fonctionne mieux en maintenance que les ratios projets classiques. En effet, il est difficile de dispo-

10. Un *hot fix* est une mise à jour urgente pour corriger rapidement un problème identifié et spécifique d'un logiciel

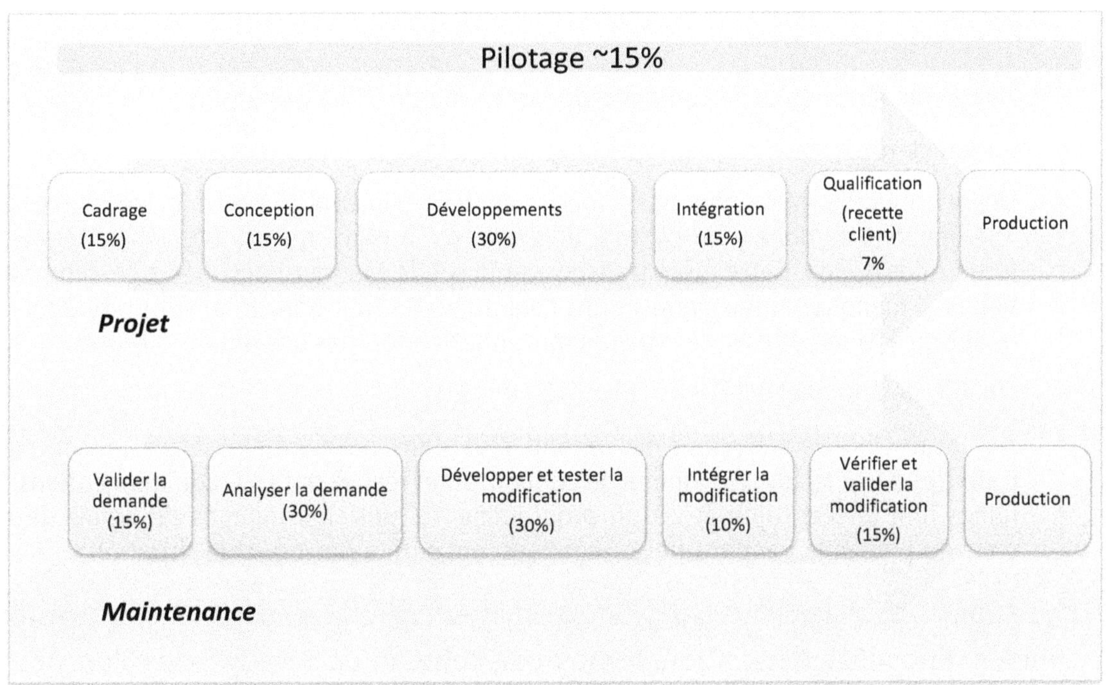

Figure 5-10 : Comparaison des cycles de vie projet et maintenance

ser d'un benchmarking, d'estimations exploitables dans tous les cas de figure, tant l'héritage applicatif change les perspectives.

Il faut en particulier insister sur le fait que, dans une application complexe et vieillissante, la compréhension des problèmes se fait au détriment des validations, ce qui entraîne des risques d'anomalies qui, à leur tour, entraîneront des demandes de modification, et ainsi de suite… On voit le déclenchement du cercle vicieux qui conduit à ne plus maîtriser la maintenance des applications, c'est-à-dire ne plus maîtriser ses biens logiciels.

Il ne s'agit pas seulement de délai de compréhension d'un problème, mais également de rigueur dans le processus des tests et validations. Sans cette rigueur, les modifications les plus simples sont celles qui ont le plus de chances d'introduire des erreurs, selon le tableau ci-dessous :

Tableau 5-2 : Les modifications sources d'erreur[11].

Nombre de lignes modifiées	1	5	10	20
Probabilité d'introduire une erreur	50 %	75 %	50 %	35 %

Souvent, les modifications simples ne sont pas prises au sérieux, les tests ne sont pas systématiques… Selon L. R. Weiner, les trois erreurs les plus coûteuses

11. Voir à ce sujet le livre de Lauren Ruth Weiner, « Digital Woes: Why We Should Not Depend on Software », Addison-Wesley, 1993, où elle évoque les leçons à tirer de quelques fiascos informatiques. Voir également l'article de recherche « Towards Understanding Software Evolution: One-Line Changes » de R. Ranjith Purushothaman (chercheur de Dell) et Dewayne E. Perry (université du Texas), sur la probabilité d'insérer une erreur en modifiant une ligne de code. Les auteurs revoient largement à la baisse le mythique 50%, Ce qui est dû aussi selon eux à l'évolution des techniques d'inspection de code (article téléchargeable à http://www.ece.utexas.edu/~perry/work/papers/DP-03-small.pdf).

de l'histoire de l'informatique sont liées à la modification d'une seule ligne de code…

> **Une seule ligne de code vous manque et tout… ne fonctionne plus**
>
> 22 juillet 1962 :
>
> Un programme qui comportait une omission mineure dans une équation coûta 18,5 millions de dollars au contribuable américain parce qu'on détruisit par erreur une fusée Atlas-Agena. Cette fusée transportait la sonde Mariner I destinée à l'exploration de Vénus. Il manquait une « barre » dans l'équation, un trait horizontal sur un symbole indiquant qu'il fallait utiliser des valeurs moyennes et non pas des données brutes.
>
> Fin juin début juillet 1991 :
>
> Aux États-Unis, le téléphone ne répond plus dans de nombreux états. À l'origine de coupures en série, un programme de commutation réalisé par DSC communications. Trois lignes non testées, ajoutées à un programme de plusieurs millions de lignes de code, testé au préalable pendant treize semaines, ont suffi à provoquer la situation.

À l'origine de ce cercle « vicieux », des lois de l'évolution des logiciels incontournables, énoncées depuis longtemps par Lehman et Belady[12] que l'on pourrait résumer en deux principes majeurs. D'abord, tout programme qui est utilisé sera modifié car il n'y a pas d'application en production qui vive sans demande de changement et/ou de corrections. Ensuite, la complexité d'un logiciel augmente naturellement avec le temps si aucun effort spécifique additionnel n'est effectué pour la contenir ou la réduire.

Que les causes soient connues ne veut pas dire qu'on les traite. Peu d'entreprises, surtout éduquées dans l'esprit de réduire les coûts informatiques, sont prêtes à payer l'effort spécifique additionnel évoqué par les lois de Lehman et Belady pour réduire la complexité. La meilleure démonstration est la difficulté croissante qu'ont bon nombre de DSI à maîtriser les coûts de maintenance. Cela leur coûte cher au-delà de la valeur monétaire, autant pour leur crédibilité que pour leur capacité à investir dans l'innovation, par manque de budget.

La complexité croissante du code entraîne une baisse de productivité des programmeurs et l'incapacité à réagir rapidement aux besoins fonctionnels. Quant à la difficulté à tester la qualité du code, voire l'impasse sur des tests rigoureux, ils entraînent des pertes économiques pour l'entreprise elle-même qui ose passer en production des systèmes insuffisamment testés. En mai 2002, un rapport du NIST (National Institute of Standards and Technology), « Les impacts économiques d'une infrastructure pour les tests logiciels », estimait que le coût de logiciels défectueux en production aux États-Unis s'évaluait en termes de dizaines de milliards de dollars par an.

Il est surprenant, dans ces conditions, de voir se développer des logiques de gestion de portefeuilles projets sans qu'il y ait de corollaire équivalent : la gestion du portefeuille d'applications et la gestion du cycle de vie des évolutions (voir le chapitre 6 « Activer les leviers de création de valeurs »).

---

12. Lois de l'évolution logiciel : M. M. Lehman and L. A. Belady, *Program Evolution: process of Software Change*, London Academic Press (première publication 1984).

Reste que cette logique de gestion de portefeuilles projets est nécessaire, même si elle reste insuffisante sans gestion du portefeuilles d'applications, comme nous l'avons vu ci-dessus, ou sans compréhension et moyens de remédiation contre les risques principaux d'échec du projet, essentiellement dus à des aspects de pilotage humain et organisationnel ainsi que l'expliquent les paragraphes suivants.

Anatomie des désastres

Dans un de ses cours de génie logiciel pour l'université de Cambridge, le professeur Lawrence C. Paulson revenait sur « l'anatomie des désastres », en comparant les causes d'échecs de plusieurs grands projets. En particulier, il citait un projet développé pour le service des ambulances londonien (LAS – London Ambulance Service) et un projet – CONFIRM – destiné à assurer la réservation combinée de vol, hôtel et voiture de location.

Ces deux cas furent des échecs patents et très coûteux, respectivement environ 9 millions de livres (environ 11 millions d'euros) et 160 millions de dollars. Le premier système, qui visait à informatiser le dispatching et le routage des ambulances, a été mis en production avec 81 erreurs connues et abandonné après dix jours d'essai pour revenir au mode manuel.

Le second, qui devait en principe réussir car développé par l'équipe à l'origine de SABRE[13], était arrivé à un tel niveau de désastre, volontairement dissimulé par les responsables, que la moitié de l'équipe cherchait un nouvel emploi au milieu du projet. Un consultant fut embauché pour un audit, mais son rapport ayant déplu à ses supérieurs, il fut purement et simplement enterré. Le projet continua encore un an après cela avant l'abandon. Les analyses effectuées en 1994[14] sur les causes d'échec sont décrites dans le tableau ci-dessous.

L'analyse comparative des deux projets illustre un mode de pilotage hiérarchique à l'extrême, sans remise en cause. En effet, les directions de projets refusent de voir les faits (indicateurs de délais irréalistes, par exemple) et préfèrent dissimuler plutôt que corriger les erreurs. Les délais irréalistes sont connus dès le début du projet, mais acceptés pour signer l'affaire à tout prix.

Le projet LAS montre un défaut de compétence de l'équipe en charge en matière de systèmes critiques. Si le choix des développeurs est critiquable, pour autant, ils auraient pu éviter une erreur de conception grossière grâce au dialogue avec les utilisateurs. Or, ces derniers n'ont même pas été impliqués dans la conception, phase où leur collaboration est indispensable.

Quant au projet CONFIRM, non seulement les liens entre clients et développeurs sont insuffisants, mais il y a eu un manque évident méthodologique. Il n'y a en effet pas de gestion des demandes de changements, ce qui aboutit à un périmètre projet flou et extensible à l'envie.

Ces deux exemples montrent que la gestion de projets seulement menée par des critères de délais et de coûts est vouée à l'échec. Sans pilotage intelligent et

13. SABRE : système de réservation de places d'une compagnie aérienne. Il a été notamment racheté par la SNCF pour réaliser le projet Socrate. Le fait qu'il n'y ait pas eu de réadaptation totale au cahier des charges du transport ferroviaire à fait du projet Socrate un cas d'école d'échec patent et coûteux.

14. Sources : Steve Flowers dans le journal *The Guardian* du 28 avril 1994 et Effy Oz dans l'article « When professional standards are lax: the CONFIRM failure and its lessons » dans les Communications de l'ACM (Association of Computing Machinery), Vol. 37, No. 10, pp.29-43, 10/1994.

commun avec le client final (le propriétaire du besoin), sans sponsoring de la direction générale, en particulier pour négocier des délais réalistes, sans implication des utilisateurs dans les phases cruciales, en particulier de conception et de test, les projets risquent de finir en désastres.

Tableau 5-3 : Comparaison de causes d'échec pour deux projets

	Projet Las	Projet Confirm
Délais	La « maîtrise d'œuvre » a été choisie sur les critères coûts (le moins cher) et délais. L'échéance de réalisation à 6 mois a été jugée par tous irréaliste. Conclusion : pression sur les délais au détriment des tests.	Personnel licencié si refus d'accepter des calendriers irréalistes.
Équipe en charge	Les développeurs étaient inexpérimentés dans les systèmes critiques sur le plan de la sécurité.	
Pilotage	Un mode de pilotage décrit comme macho, déterminé à passer coûte que coûte.	Des responsables dissimulant les problèmes sérieux à leurs supérieurs.
Difficulté technique éventuelle	La conception a ignoré les limitations d'un système de guidage radio dans les zones urbaines.	Incapacité à intégrer deux systèmes.
Liens clients/ développeurs	Conception fondamentalement défectueuse. Or les utilisateurs ont été exclus de la phase de conception	Pas assez de liens entre clients et développeurs.
Gestion des changements		Changements des exigences clients tardivement dans le projet.

Certes, on peut critiquer le choix des deux exemples : projets éventuellement jugés pharaoniques (bien que ce ne soit pas le cas pour le LAS), exemples « datés » (1994) et développements spécifiques, mais il ne s'agit pas que d'une problématique de grands comptes dépassée. Des exemples récents (moins de cinq ans), existent en France. Il s'agit de projets de développements spécifiques qui furent désastreux pour les mêmes raisons, au point d'être abandonnés en cours de route.

Ainsi un des premiers projets européen de refonte d'un processus de prise de commandes en architecture orientée services, réalisé en 2005-2006, a été abandonné avant terme. Ce projet devait déployer sur plusieurs pays un processus commun, qui s'appuyait sur des architectures existantes. Ce n'est pas tant la nouveauté des concepts mis en œuvre qui en a été la cause d'échecs, mais davantage le calendrier extrêmement contraint (un an pour développer un noyau déployable) et les difficultés de convergence des pays ayant chacun un patrimoine applicatif différent, ainsi que des contraintes réglementaires ou des cultures locales distinctes.

A contrario, la SMABTP a choisi de mener son projet SOA de refonte, débuté en 2001, en donnant du « temps au temps » et en étalant sa rénovation progressive sur plusieurs années (de 5 à 10 ans), en se basant sur le concept d'ACMS (Agility chain management System, voir la section « Durabilité et chaîne d'agilité » du chapitre 9). Ce qui fait de cette refonte un modèle à étudier (en environnement franco-français).

Quant aux projets pharaoniques, ils existent encore, on peut prendre pour exemple Chorus et Cassiopée.

Chorus, le projet de gestion de la comptabilité publique qui doit équiper à terme tous les ministères et les établissements publics, selon un article de juillet 2010[15], porte en lui un « concentré des dysfonctionnements des projets informatiques », dont accumulation des retard, dépassement de budget, fonctionnalités qui ne correspondent pas aux besoins, etc.

15. Source : ITR manager, www.itrmanager.com/tribune/107225/chorus-off-line-borderline-guy-hervier.html

Le projet Cassiopée concerne le système d'information pénal des juridictions.

Une note publiée dans le JO Sénat du 04/02/2010 - page 220, attire l'attention de « Mme la ministre d'État, garde des sceaux, ministre de la justice et des libertés, sur les difficultés rencontrées dans le déploiement du système d'information Cassiopée et sur les perturbations qu'il entraîne pour le service public de la justice ».

Cette note pointe sur « d'importantes difficultés d'utilisation, ainsi que des erreurs de conception du système d'information » et met en cause la conception même de Cassiopée « puisque ce système méconnaît des aspects importants de la procédure pénale. ». On peut se demander à la lecture de cette note, comment les utilisateurs ont été impliqués dans la phase de conception et quels ont été les liens entre équipes.

Quant à croire que la mise en œuvre d'un progiciel change la donne précédente, autant se détromper rapidement. Un projet progiciel est avant tout un projet fonctionnel et organisationnel, le coût logiciel ne représente au mieux que 25 à 30 % du projet.

Les progiciels intégrés ont un impact fort sur l'organisation même de l'entreprise. L'arrivée de ces outils oblige les entreprises à décloisonner leurs services et les contraint à redéfinir leurs procédures de gestion non plus par services, mais de manière globale.

D'où l'importance d'une campagne d'information et de formation pour faciliter l'introduction de ce type d'outils car il faut convaincre les divisions opérationnelles de l'utilité d'un progiciel intégré. Les utilisateurs doivent apprendre à communiquer dans un langage commun. La conduite du changement incluant l'arbitrage par les enjeux, la communication et la formation, l'implication des utilisateurs sont des enjeux cruciaux dans la réussite du projet.

Un autre aspect est à prendre en compte : les progiciels ne sont pas la panacée si l'objectif est d'en finir avec une application patrimoniale vieillissante. Opter pour un progiciel en remplacement d'une application spécifique « maison » peut conduire tout aussi sûrement au désastre si la réalité de la couverture « standard » du progiciel, et par là-même des besoins qui ont conduit à l'application initiale, n'a pas été correctement évaluée. Pour s'en convaincre, il suffit de jeter un œil sur les chiffres ci-dessous et les quelques exemples qui suivent.

> **Un projet ERP à plus de 10 millions de dollars ? Vous êtes statistiquement perdants !**
>
> « Si un projet ERP vous coûte plus de 10 millions de dollars, vos chances pour le mener dans les temps et dans le budget sont statistiquement nulles. [...] Vous avez aussi une chance sur deux qu'il soit annulé avant d'être achevé et après avoir dépensé 200 % de votre budget », Jim Johnson, président du Standish Group International.
>
> Selon le Standish Group, 35 % des projets ERP sont abandonnés définitivement avant d'être terminés, tandis que 55% souffrent de dépassement.
>
> Le Gartner n'est pas plus optimiste quand il note que seulement 30% des projets ERP rencontrent le succès et que, statistiquement, seulement 40 % des fonctionnalités sont déployées.

Pour en finir avec la culture de l'échec des projets informatiques, il faut en finir avec la gestion simpliste par coûts et délais. Ces derniers ne signifient rien si les enjeux du projet ainsi que les rôles et responsabilités n'ont pas été clairement définis et partagés entre les différents acteurs contribuant au succès commun de l'entreprise.

> **Un peu d'histoire – Des exemples de projets ERP malheureux publiés**
> - Ford Motor Co. : système d'achat abandonné après un déploiement à 400 millions de dollars (2004) ;
> - Avis Europe : déploiement de l'ERP Peoplesoft abandonné : 45 millions d'euros (2004)
> - Irish Health service : système SAP pour HR, paie et systèmes liés. Budgété 10,7 millions de dollars, prévu sur une durée de trois ans. Résultat : 10 ans et 180 millions de dollars (1995-2005).

L'implication des utilisateurs au bon moment

Trop souvent, la nécessaire contribution de la maîtrise d'ouvrage n'est pas clairement formalisée au démarrage de la réalisation des projets, ou fortement minimisée pour ne pas effrayer les utilisateurs qui ne « doivent pas être trop sollicités », formule régulièrement rencontrée par tout chef de projet. S'il s'agit là d'un calcul pour économiser un temps jugé précieux, il se trompe de cible.

En occultant la part qui revient à la maîtrise d'ouvrage, on sous-estime le budget du projet et on entérine les dérives de planning, les erreurs de conception futures ou, pire encore, les erreurs grossières en production et les surcoûts associés. S'il s'agit de ne pas « heurter » en impliquant les utilisateurs trop tôt dans un projet qui risque de changer leurs habitudes, c'est là encore une erreur flagrante.

Car c'est en les impliquant au plus tôt que les résistances au changement s'amenuiseront, pour peu que les utilisateurs puissent comprendre les bénéfices du projet. S'ils n'en voient aucun à cette phase, on peut légitimement s'interroger sur la viabilité du modèle économique du projet, se demander si les enjeux à son origine ainsi que les gains attendus ont été correctement modélisés et revoir la copie s'il y a lieu.

Il faut donc estimer les charges de la maîtrise d'ouvrage au démarrage du projet au même titre que la maîtrise d'œuvre et, si cette dernière est déléguée à un sous-traitant, ne pas en profiter pour lui déléguer aussi l'estimation des charges de la maîtrise d'ouvrage. Il n'est pas exclu de demander conseil à un spécialiste pour obtenir des échelles de valeurs moyennes, mais seule la connaissance réelle des utilisateurs, l'historique des projets passés et des modes de comportement, permet d'affiner cette évaluation. Pour autant, le prestataire choisi aura tout intérêt à demander un niveau minimum d'engagement de la maîtrise d'ouvrage.

Le tableau suivant illustre une façon de représenter l'engagement des uns et des autres sur la durée des projets (les pourcentages ne sont absolument pas représentatifs de tous les types de projets).

Tableau 5-4 : Exemple de formalisation des niveaux d'engagement et des rôles des contributeurs projets

	Niveau attendu d'engagement			
	Conception	Construction	Intégration et validation	Formation des formateurs, Go live
Rôles de la maîtrise d'ouvrage	**Engagement**			
Comité de pilotage	20 %	20 %	20 %	20 %
Responsable projet	80 %	50 %	50 %	80 %
Propriétaire des processus métier	70 %	50 %	50 %	80 %
Équipe processus	50 %	25 %	50 %	80 %
Équipe responsable des applications existantes	25 %	30 %	10 %	10 %
Rôles de la maîtrise d'œuvre	Engagement			
Chef de projet	←Pendant la durée du projet : planifie, contrôle, évalue→			
Concepteur et développeur	←Pendant la durée du projet : exécute→			
Consultant technique	←Pendant la durée du projet : exécute→			
Consultants produits le cas échéant	**Engagement**			
Consultant produit	100 %	10 %	10 %	

Si l'on modélise grossièrement dans la figure suivante les grandes phases d'un projet logiciel, on s'apercevra que les zones plus claires nécessitent toutes une implication non négligeable de la maîtrise d'ouvrage. En effet, la documentation doit être revue avec les utilisateurs, la préparation de la formation également, les migrations de données (s'il y a lieu) nécessitent un investissement de leur part pour qualifier les sources, les typer « sémantiquement » (la connaissance des acronymes de champ pour désigner un client n'est pas innée).

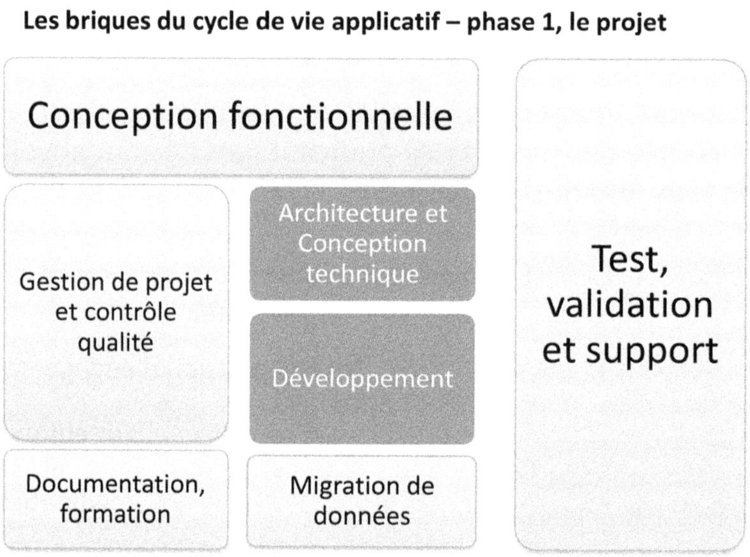

Les briques du cycle de vie applicatif – phase 1, le projet

Conception fonctionnelle

Gestion de projet et contrôle qualité

Architecture et Conception technique

Développement

Test, validation et support

Documentation, formation

Migration de données

Figure 5-11 : La figure ci-dessus montre la sérialisation et la parallélisation possible des phases projets. Le bleu clair montre des zones ou la participation des utilisateurs est requise.

Quant à la gestion de projet, elle doit être conjointe pour arbitrer sur les enjeux métier autant que possible et ne pas laisser la maîtrise d'œuvre arbitrer seule. Car, mise en demeure de le faire, elle ne pourra arbitrer au mieux qu'en termes de coûts et de délais et dans tous les cas, avec un potentiel d'insatisfaction prévisible sur le résultat, voire des retours en arrière coûteux.

Pourtant, on insiste souvent davantage sur deux phases particulières où l'intervention des utilisateurs est critique : la conception, avec la définition des besoins, et la recette, pour la validation. Les deux phases sont liées et pour être assuré que la seconde se passe au mieux, il faut impliquer sérieusement les utilisateurs dès la conception sur la logique de tests et la construction des référentiels associés.

En effet, plus une erreur est découverte tard dans le cycle de vie des applications, plus la réparation est coûteuse. Une erreur de spécification trouvée en maintenance coûte de 60 à 100 fois plus cher que si elle avait été trouvée lors des spécifications. La figure ci-dessous donne une estimation des ordres de grandeur de cette logique de multiplication pour une erreur découverte en phase de spécifications qui coûterait 1 €.

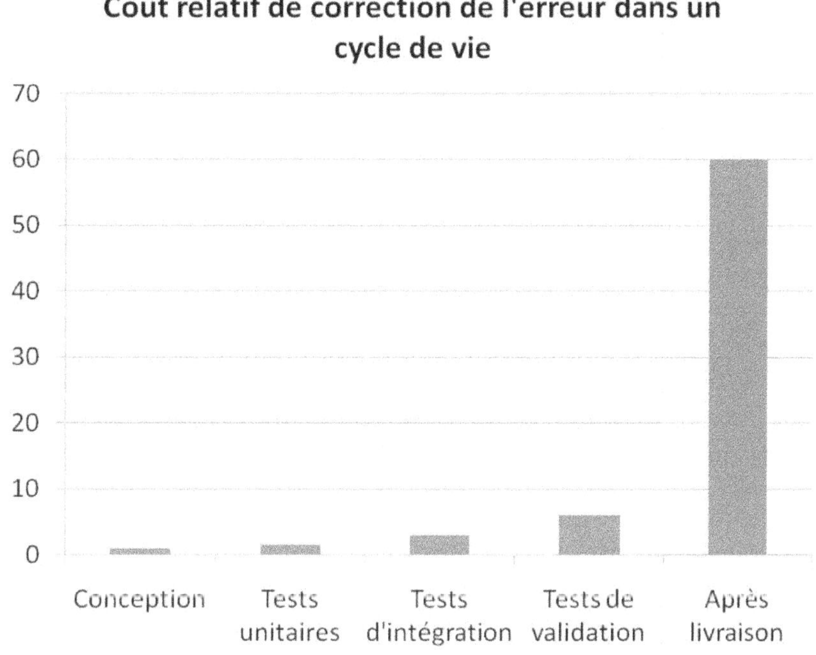

Figure 5-12 : Estimation de la multiplication des coûts des erreurs au fur et à mesure de leur découverte tardive dans le cycle de vie des applications

Impliquer les utilisateurs le plus en amont est une manière de réduire autant que possible le coût des erreurs de spécification. L'important est de pouvoir faire au plus tôt la corrélation entre le code réalisé et les besoins demandés pour détecter les défauts avant les phases de tests officielles (exécution de cas de tests).

Ces dernières, indispensables, ne sont pas et ne doivent pas pour autant être les seuls moyens de vérifier la qualité d'un logiciel, d'abord, parce que tester complètement un logiciel coûte cher, voire est pratiquement irréalisable et ensuite parce qu'il existe une combinatoire élevée de cas de tests et que chaque entrée peut donner un résultat différent en sortie.

On s'en référera plus précisément aux chiffres de Capers Jones, éminent spécialiste de la qualité logicielle et auteur de nombreux livres et études sur le sujet[16] :

- un taux de couverture de code de 50 % ne détecte qu'environ 10 % des défauts ;

- un taux de couverture de code de 100 % ne détecte que 47 % des défauts ;

- un taux de couverture de 100 % MC/DC (tests de décisions-conditions modifiées, tests de conditions de branchement et tests de conditions de branche-

16. Capers Jones, *Programming Productivity*, Mcgraw-Hill, 1986. ISBN 978-0070328112
Capers Jones, *Estimating Software Costs*, 2nd Edition, McGraw-Hill, 2007. ISBN 978-0071483001
Capers Jones, *Software Assessments, Benchmarks and Best Practices*, Addison-Wesley Professional, 2000. ISBN 978-0201485424,

ment combinées) détecte 97 % des défauts. Il est utilisé en avionique critique, pas dans les banques et assurances.

De nombreuses méthodes de validation et de vérification de la qualité existent mais, ainsi que le souligne Caper Jones, « aucune, seule, n'est adéquate ». Il faut donc combiner les différentes méthodes de tests, tout au long du cycle de vie de l'application pour optimiser la prévention des défauts.

Caper Jones nous alerte aussi sur le fait que la qualité ne signifie pas la « conformité aux demandes des utilisateurs », tout simplement parce que ces demandes, si elles ne suivent pas un cycle de gestion des exigences, contiennent plus de 15 % des sources d'erreurs et peuvent grandir excessivement dans la vie d'un projet (2 % de nouvelles demandes par mois).

La gestion des coûts et délais ne suffisant pas, les tests seuls ne suffisant pas, la qualité ne signifiant pas stricto sensu de se conformer aux exigences sans qualification de la demande et vérification du périmètre projet, nous en arrivons à la nécessité de mettre en œuvre un pilotage multidimensionnel des projets.

Ce dernier doit prendre en compte aussi bien les enjeux, la qualité et les risques que la gestion des coûts et des délais.

Un pilotage multidimensionnel

En premier lieu, un projet, quel qu'il soit, ne devrait pas démarrer sans qu'une étude de cas de ses bénéfices ait été menée, sans que les critères qui permettront d'en évaluer le succès définis et les objectifs d'entreprise initiaux atteints.

C'est l'axe de pilotage par les enjeux. Ces derniers serviront toujours à arbitrer en cas de risque de dérive (en délais ou en coût), en ramenant l'évaluation à une logique coût/objectif.

Il existe un autre axe, celui de la qualité, qui vise à déterminer la pertinence des exigences, la bonne traçabilité des spécifications de code au regard de ces exigences (permettant par là de vérifier la documentation), et l'obtention d'une couverture du code maximale par des tests dont les cas doivent eux-mêmes couvrir les exigences (demandes clients). C'est en mettant en place ce triptyque à l'aide de référentiels (exigences, codes et tests) qu'il est possible d'assurer un résultat satisfaisant au mieux les utilisateurs, en minimisant les risques de défauts du produit livré.

L'axe « classique » est celui du suivi d'avancement où on mesure les délais des phases, le respect des jalons de livraisons, les charges en hommes/mois et les coûts globaux.

En ne se concentrant que sur cet axe, il est clair que le projet n'a pas la capacité à réagir aux aléas, ni à prévenir les risques de non-qualité, qui influeront sur la satisfaction des utilisateurs.

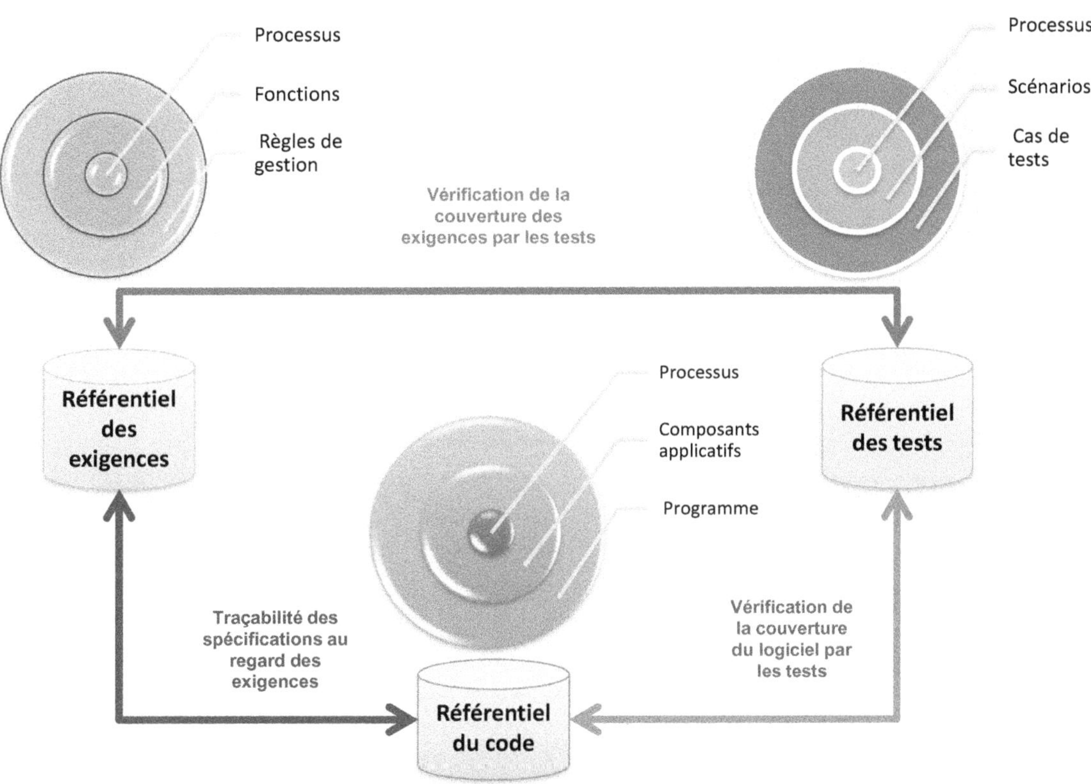

Figure 5-13 : Référentiels en support au pilotage multidimensionnel

Exploiter les bonnes pratiques

En cinquante ans, l'informatique d'entreprise a su se professionnaliser et il existe désormais beaucoup de référentiels sur les processus propres au métier de l'informatique, processus de développement de logiciels, processus de gestion des incidents, processus de demande.

Il est d'ailleurs significatif que ce qui est au final le plus répandu et commence à être partagé par la profession porte davantage sur les pratiques en exploitation et production, et en développement que les pratiques de pilotage au sens large, c'est-à-dire de gestion des budgets et investissements, de gestion du portefeuille des actifs (ici les applications), de gestion de projets, etc.

L'observatoire Sapientis montrait que l'usage d'ITIL dépassait de loin les autres référentiels. A contrario, Val IT, un cadre de référence qui pose la question de la génération de la valeur des projets à composantes SI pour une gouvernance éclairée des investissements, n'est pas entré dans le paysage[17]. Quant aux bonnes pratiques de gestion de projets (PMI), elles émergent à peine.

Les processus les mieux pourvus en matière de référentiels sont ceux de la construction de solutions, mais pas ceux qui contribuent à la proposition de valeur du SI. Ils sont orientés vers la continuité de services et les corrections d'un existant. Ainsi, l'implémentation d'ITIL, qui se prête bien à une approche progres-

17. Plus de détails peuvent être trouvés dans le guide de 2006 : « Enterprise Value : Governance of IT Investments » de l'IT Governance Institute.

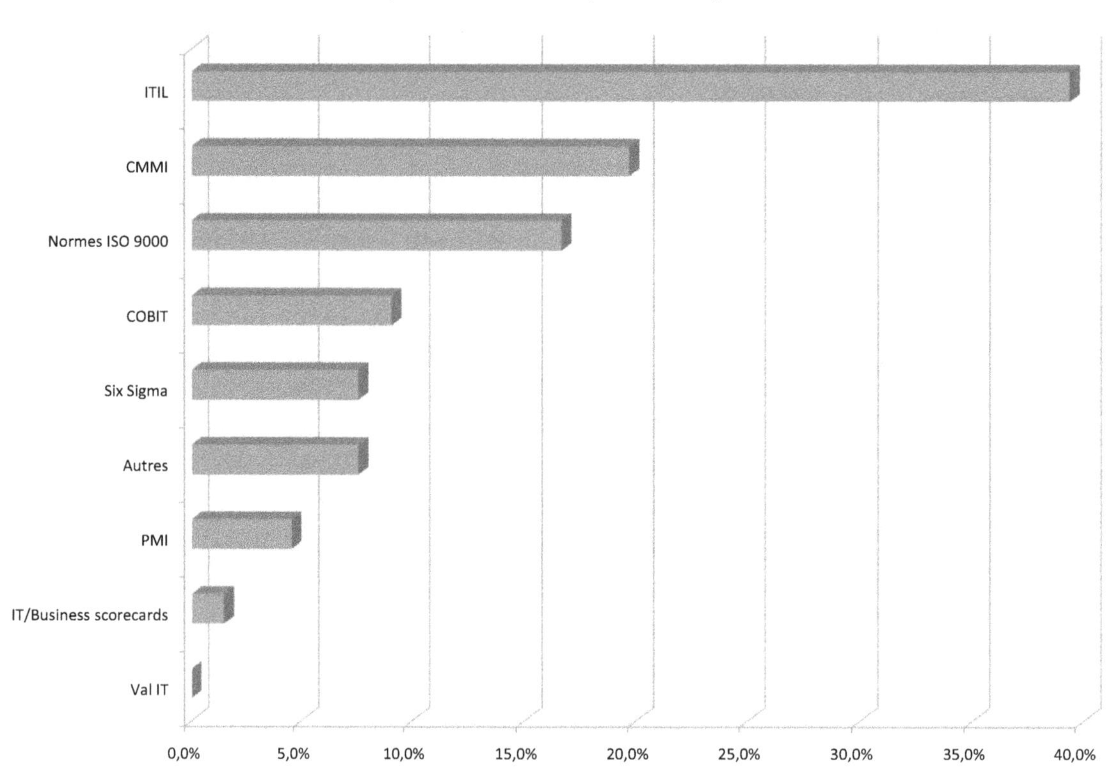

Figure 5-14 : Référentiels les plus utilisés pour les SI
Source : © Sapientis 2010

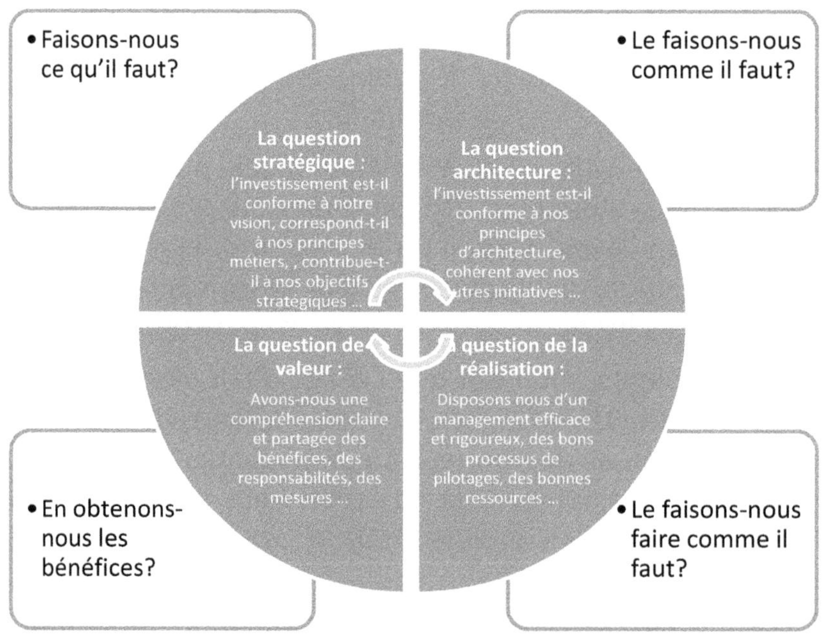

Figure 5-15 : Les questionnements de Val IT, par l'AFAI
Source : © AFAI

sive, commence majoritairement par la gestion des incidents et des demandes de changements.

Une seconde approche est d'emprunter à des approches génériques issues de l'industrie des notions d'amélioration continue de processus en envisageant d'industrialiser ces derniers autant que possible. On le constate sur la figure suivante qui reflète la vision du Gartner sur le choix des modèles qu'a un DSI et le positionnement des uns et des autres.

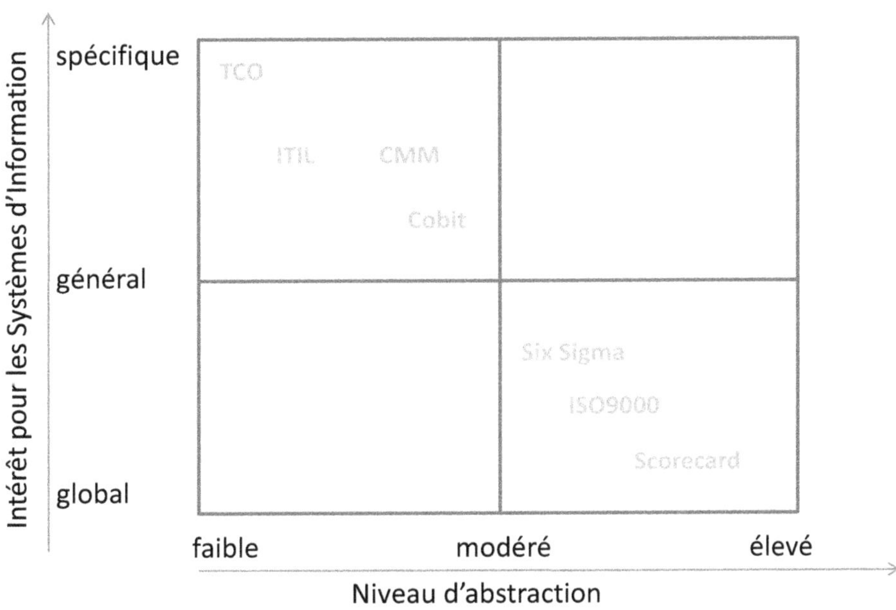

Figure 5-16 : La vision de Gartner sur le positionnement des référentiels
Source : © Gartner research, juin 2008

La méthode Six Sigma, qui figure au rang des méthodes génériques ayant un intérêt global pour l'informatique, a longtemps été un modèle pour l'industrie pour l'optimisation des performances, dans le cadre de production industrielle.

Mais cette industrialisation, souvent envisagée pour améliorer la qualité des services de l'exploitation, n'a guère de sens si, en amont, la réflexion sur les enjeux et la génération de valeur n'a pas eu lieu. Viser le « zéro défaut » est une ambition curieuse quand on ne connaît pas le bénéfice du service ou la valeur d'utilité perçue par le client, qui sont les points essentiels à améliorer, en amont de la production du service.

Ces référentiels ont certes le mérite d'exister et ils apportent clairement chacun une contribution non négligeable à la maturité des entreprises dans la mise en œuvre des processus liés au « métier de la DSI ». Lequel choisir ? En réalité, plusieurs, car ils sont tous plus ou moins complémentaires et donnent des vues différentes qui s'enrichissent entre elles.

Certains de ces référentiels comme CMMI et ses niveaux de certification, sont aussi très normatifs et contraignant dans leur déploiement. C'est pourquoi ITIL, plus simple et opérationnel, est mis plus facilement en place, par briques. CobiT, qui se réclame de la gouvernance, est très orienté contrôle et audit et ne suffit pas à l'alignement stratégique des systèmes d'information. Val IT lui apporte un complément. La question n'est donc pas forcément : lequel choisir ?, mais plutôt : Que faut-il prendre aux uns et aux autres ? Que me manque-t-il ?

Le tableau suivant donne une liste de référentiels de meilleures pratiques existantes avec quelques commentaires sur leur champ d'application et liste les organismes et/ou associations qui en sont à l'origine.

Tableau 5-5 : Liste de référentiels

	Sigle	Définition et commentaire
Association française de l'audit et du conseil informatiques	AFAI	L'AFAI est le chapitre français de l'ISACA (Information System Audit & Control Association), association à l'origine entre autres des référentiels et modèles CobiT, Risk IT, Val IT.
Capability Maturity model integration	CMMI	Conçu dès 1987 à partir des meilleures pratiques du logiciel par le SEI (Software Engineering Institute) et des représentants de l'industrie du logiciel, le CMMI est un modèle/guide de développements des applications informatiques (élargi avec « CMMI for maintenance » aux problématiques d'outsourcing). Il est donc très orienté développement et intégration logiciel à sa conception, tandis que l'approche ITIL est davantage orientée « production ». Le CMMI est un référentiel international qui décrit cinq niveaux de maturité pour lesquels il existe des programmes de certification.
Control OBjectives for Information & related Technology	CobiT	Modèle de gouvernance IT décrivant les processus IT initié par l'ISACA (voir AFAI) et dont l'objectif est de faire le lien entre les exigences métier, les besoins de contrôle et les contraintes techniques éventuelles. C'est un cadre de contrôle qui vise à aider le management à gérer les risques (sécurité, fiabilité, conformité) et les investissements. Il est utilisé notamment dans le contexte d'audits.
Design For Six Sigma	DFSS	DFSS (*Design For Six Sigma*) est la méthode d'analyse des processus qui reprend les quatre dernières étapes de Six Sigma en les adaptant : identifier : définir les exigences des clients et leurs limites ; concevoir : choisir les concepts, analyser les risques ; optimiser : optimiser la conception pour diminuer les variations du process de production ; valider.

Tableau 5-5 : Liste de référentiels

Institut de la gouvernance des systèmes d'information	IGSI	Fondé par l'Afai et le Cigref, l'IGSI a en particulier réalisé un modèle de benchmarking des coûts informatiques (version d'octobre 2006 téléchargeable[1]) dont l'objectif est d'aller vers un standard de pilotage des coûts informatiques.
Information Technology Infrastructure Library	ITIL	Née en Angleterre dans les années 1980, cette démarche se fonde sur une bibliothèque d'ouvrages de meilleures pratiques qui s'appliquent notamment à l'industrialisation de la production des systèmes informatique, particulièrement en termes de performance et de disponibilité, mais également à la gestion des services informatiques.
IT Service Management	ITSM	Référentiel de gestion de services informatiques rendus sur la base d'une infrastructure informatique et de télécommunications, en suivant les recommandations ITIL. L'ITSM est normalisé au niveau international dans la norme ISO/CEI 20000. ITIL permet de supporter d'autres types de standards tels que CobiT (utilisé pour les audit). Un autre modèle populaire est le CMMI pour le développement logiciel.
Project Management Institute	PMI	L'institut a été créé en 1969 par cinq volontaires avec l'objectif de créer un référentiel des connaissances de la profession du management de projet. Il est depuis notamment à l'origine du PMbok et de programmes de certification (voir le chapitre français Paris-île de France : *http://www.pmi-fridf.org/*).
Project Management Body of Knowledge	PMBOK	Guide du PMI définissant les champs de connaissances couvrant les fondamentaux de la gestion de projets (et ce, sur un large périmètre incluant la construction, le logiciel, l'ingénierie et l'industrie, etc.). Du démarrage d'un projet à sa clôture, en passant par la planification, l'exécution et le contrôle des travaux, ce guide accompagne les processus du cycle de vie d'un projet. Il donne la méthodologie à suivre dans l'estimation de la charge de travail, des moyens à mettre en œuvre et des coûts induits. Les aspects liés à la qualité, aux risques ou à la communication interne/externe sont également abordés. Sa quatrième version date de fin 2008. Il sert de base de référence, entre autres, pour établir les contenus de cours sur la gestion de projets et pour l'élaboration d'examens de certification (certification PMP *Project Management Profession*).
Val IT		Le cadre de référence Val IT explique comment une entreprise peut tirer la meilleure valeur possible de ses investissements informatiques.
Six Sigma		C'est une méthodologie de contrôle de la qualité basée sur l'étude d'indicateurs de variation (sigma) créée par Motorola dans les années 1980. Adaptée à la production industrielle, elle vise une qualité proche du zéro défaut en mesurant la dispersion des produits autour d'une moyenne (notion statistique d'écart type).

Tableau 5-5 : Liste de référentiels

Six Sigma (suite)		La méthode Six Sigma peut se définir en cinq phases : • définir : déterminer les exigences du client et les processus adaptés ; • mesurer : supprimer les suppositions des exigences du client par rapport au processus ; • analyser : identifier les écarts entre les performances, classer les problèmes par importance ; • améliorer : mettre en œuvre les moyens nécessaires pour éliminer les problèmes ; • contrôler : vérifier que les actions correctives produisent le résultat espéré sans nouvelle anomalie.

1. http://cigref.typepad.fr/cigref_publications/RapportsContainer/Parus2006/2006_-_Benchmarking_des_couts_informatiques_-_Modele_et_Guide_de_mise_en_oeuvre_IGSI_Pilotage_des_couts.pdf

Gérer les compétences

Les DSI ont rarement en interne toutes les compétences nécessaires pour maîtriser l'ensemble de leurs systèmes, c'est encore un constat que confirme l'observatoire Sapientis.

Avez-vous en interne toutes les compétences pour maîtriser l'ensemble de vos systèmes ?

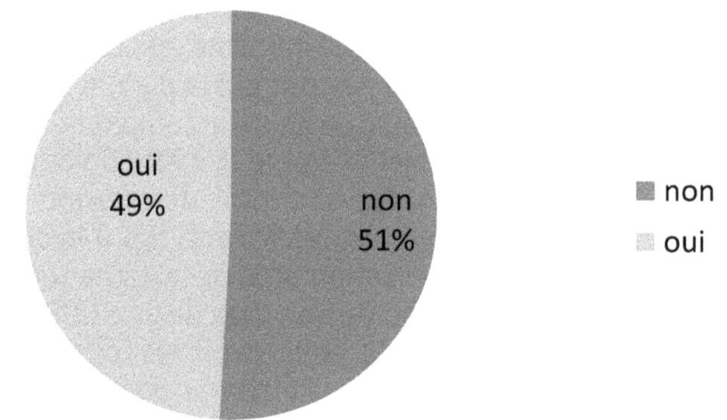

Figure 5-17 : Disponibilité des compétences en interne
Source : © Sapientis 2010

Pour autant, la même enquête fait apparaître peu de stratégies d'externalisation choisies pour des compétences spécifiques et un paradoxe : si la gestion prévisionnelle des ressources n'est pas perçue comme un des premiers enjeux d'évolution endogène des SI, elle est vue parmi les premiers points fortement à améliorer à l'avenir.

Les directions des systèmes d'information, vecteurs profonds de changement dans les organisations, n'estiment pas que la gestion de leur propre personnel soit un enjeu d'évolution, mais le considère comme un enjeu d'amélioration. La nuance est de taille, comme considérer que l'alignement des SI à la stratégie d'entreprise passe d'abord par l'industrialisation des processus. Or, les processus sans les hommes ni les enjeux auxquels ils répondent, ne peuvent pas marcher. Ce sont des moyens, et les moyens ne sont jamais une fin en soi.

La richesse des systèmes d'information, leur potentiel de création de valeur, ne peut être actionnée sans les bonnes ressources humaines, d'autant qu'en réalité, il y a clairement un besoin d'évolution des compétences dans les SI et une gestion prévisionnelle à prévoir, dans un domaine où les technologies évoluent plus vite que les applications et que les organisations. On peut donc énoncer quelques principes d'évolution à prendre en compte pour une gestion harmonieuse des compétences.

Les compétences clés, rares, seront celles de directeurs de projets ayant la capacité à piloter les projets sur les axes multidimensionnels évoqués plus haut, en abandonnant le côté force abrupte du pilotage hiérarchique.

Dans des projets à composantes systèmes d'information, il est essentiel d'être à l'écoute des différents acteurs et de faire le lien entre des compétences très différentes pour faire émerger une intelligence collective. Tout mode classique hiérarchique ou « macho », consistant à faire taire les voix dissonantes et trouver des responsables quand les dérives arrivent, ou dissimuler les erreurs plutôt que trouver les solutions (voir la section « Anatomie des désastres » dans ce chapitre), est à proscrire. Cela suppose une évolution dans le cadre du management dans son ensemble, pour construire des relations fondées sur la confiance et la responsabilisation et non sur le déni et la non-délégation.

Le rôle de profil type analyste d'affaires (*Business Analyst*) pourrait être amené à se développer pour ramener la conduite du changement à son rôle initial, faire émerger la transformation utile, et jouer le rôle de conseil des commanditaires, en l'occurrence la « maîtrise d'ouvrage » évoquée plus haut.

Il faudra clarifier et valoriser les compétences des équipes de maintenance, ou « mainteniciens » comme un métier à part, avec différents rôles attachés et un niveau de qualification adapté, non sur dimensionné.

Les sociétés de services en infogérance ou en tierce maintenance applicative positionnent souvent de jeunes ingénieurs sur ces missions. Dès lors, il y a un turnover[18] fort élevé qui se ressent parfois sur la qualité des prestations et la réactivité du traitement des demandes. L'équation est simple : il faut six mois minimum pour maîtriser la connaissance fonctionnelle d'une application moyenne en production depuis plusieurs années. Pour un turnover fréquent où les nouveaux arrivants partent au bout d'une période de six mois à un an, l'investissement en connaissance est régulièrement à fond perdu. L'erreur est de ne pas adapter la recherche de profil au poste.

18. Turnover : Rotation des employés dans l'entreprise

Un jeune ingénieur débutant n'aura aucun enthousiasme à être placé sur un projet de maintenance, qu'il jugera non valorisant en termes de reconnaissance intellectuelle, car ce projet fera probablement appel à des technologies qui ne sont pas celles qui lui ont été enseignées et on ne lui demandera pas de modéliser/conceptualiser. On peut au contraire le valoriser en l'utilisant pour travailler sur des prototypes et des essais avec les nouvelles technologies dont il est familier pour les faire pénétrer dans l'entreprise, tout en le formant aux méthodes avec un binôme plus expérimenté. En donnant des responsabilités « encadrées » et en valorisant l'apport des nouveaux talents, l'entreprise pourra les attirer et les retenir.

À l'inverse, un maintenicien âgé, dont les compétences sur les anciennes technologies et la connaissance des applications sont réelles et font partie du portefeuille des actifs immatériels, doit être valorisé dans une approche de transmission du savoir. La gestion des connaissances est une clé de la reprise en main des actifs immatériels de l'entreprise, et elle passe nécessairement par la motivation des ressources humaines. Pourquoi ne pas utiliser des mainteniciens plus âgés pour former spécifiquement des jeunes « mainteniciens », et non utiliser des ingénieurs d'études ?

D'autres métiers apparaîtront liés au marketing des DSI. D'une part, pour l'aspect stratégique, où il y aura une véritable logique d'écoute des clients et de développement d'offres de services en adéquation avec la stratégie de l'entreprise, pouvant utiliser l'innovation ou innovant dans les usages. D'autre part, pour la communication, de l'accompagnement au changement au développement de profils professionnalisés pour l'accueil de l'assistance aux services.

Chapitre 6

Activer les leviers de création de valeur

Le prix, c'est ce que l'on paie, la valeur, c'est ce que l'on reçoit.

Warren Buffet

*Monsieur le Chat, demanda Alice.
Pourriez-vous m'indiquer le chemin à prendre ?
Cela dépend en grande partie de l'endroit
où vous voulez aller, dit le Chat.
Cela m'est égal, dit Alice.
Alors, peu importe le chemin que vous prenez dit le Chat.*

Lewis Carroll

Pour passer d'une DSI centre de coûts a minima à une DSI centre de services, voire centre de profits, il faut que le DSI ait déjà relevé les défis précédents et fait évoluer aussi bien ses méthodes, son organisation et ses moyens. Dès lors, il sera en posture de proposer un pilotage par les enjeux et d'activer les leviers de création de valeur du système d'information, avec les outils de pilotage adéquats, de la gestion des portefeuilles applicatifs à la gestion des portefeuilles projets, en passant par la gestion des services.

La valeur passe avant le ROI

La pression forte des marchés et les volontés de réduire les coûts ont conduit beaucoup d'entreprises à vouloir établir des plans de ROI, c'est-à-dire de retour sur investissement, pour les projets du système d'information comme pour les autres, le problème étant, d'une part, qu'elles n'arrivent pas à le faire et, d'autre part, qu'elles occultent pour partie un potentiel d'évolution.

S'il est vrai que les projets liés au système d'information doivent justifier d'un objectif de bénéfice, le retour sur investissement est un calcul purement financier. Au final, on risque dans cette logique de n'avoir pour objectif que de récupérer plus d'argent qu'on en a versé, dans les deux ans. Or, la création de valeur par le SI ne se résume pas à un ROI de projet.

Pour faire un parallèle, il est abusif de déclarer que la création de valeur par une entreprise se traduit par : « faire augmenter le profit des actionnaires ». Il faut d'abord que l'entreprise crée une offre commercialisable qui ait une valeur ajoutée pour des clients afin qu'ils soient prêt à la payer. C'est ce qu'on appelle la Valeur d'utilité perçue par le client (VUPC) qui fait qu'un client accepte d'acheter une offre à un prix donné qu'il estime en deçà du bénéfice personnel induit.

Une proposition de valeur à l'échelle d'une entreprise, c'est d'abord ce qui décrit sa mission spécifique, l'attractivité économique de sa proposition. C'est également la façon dont elle partage avec tous les acteurs de la chaîne la valeur (client, partenaires, fournisseurs) pour que chacun y trouve son compte, et ce qu'elle garde pour elle afin d'avoir des affaires rentables. Qu'il y ait un résultat financier positif pour les actionnaires est la conséquence – et non l'objectif –de la création de valeur.

Un autre élément, et non des moindres : les ressources et les compétences maîtrisées par l'entreprise sont les éléments fondateurs de la valeur créée. Si ces ressources ne sont pas spécifiques, pas rares, parfaitement standard, elles ne sont ni valorisables ni durables. La proposition de valeur ne représenterait dès lors pas un fossé très difficile à franchir pour les concurrents, et n'arriverait pas à séduire très longtemps les clients faute d'être capable de proposer de réelles innovations d'usage.

On peut immédiatement faire le parallèle avec les ressources du SI. Une DSI qui n'utiliserait que des applications standard, qui sous-traiterait la plupart de ses développements à des prestataires en jouant sur le moins-disant financier et non la recherche de compétences spécifiques, risquerait évidemment d'avoir de son SI une proposition de valeur limitée pour ses clients.

Le règne du ROI

Le retour sur investissement (RSI) ou *return on investment (ROI)* est un pourcentage pour indiquer la rentabilité d'un projet. Il est défini pour une période donnée comme la somme des profits actualisés du projet, c'est-à-dire les revenus moins les coûts, divisé par les fonds investis dans le projet.

RSI = (bénéfices annuels – coûts annuels actualisés)/coût du projet × 100

Le taux utilisé pour l'actualisation correspond souvent au taux d'intérêt ou au loyer de l'argent. Au RSI est souvent associée la notion de délai de remboursement ou *payback period* qui exprime le temps nécessaire pour atteindre « le point d'équilibre » où les profits réalisés auront remboursé complètement l'investissement initial.

La vue partagée 360° du SI

Apprivoiser le changement

Selon l'angle de vue, les attentes envers le système d'information et les questions posées ne seront pas de même nature. Par exemple, une direction générale s'interrogera entre autres sur la valeur que peut produire le système d'information (SI) au regard du métier. Une direction informatique s'interrogera sur les gisements de productivité, sur les possibilités de réduire les coûts en interne ou en externe, sur la rationalisation du parc pour supprimer les applications devenues redondantes ou inutiles, mais également sur le niveau de satisfaction des utilisateurs et sa propre performance, eu égard à leurs attentes.

Les directions opérationnelles clientes auront à cœur de défier le SI et les investissements réalisés au regard des besoins des clients et également de la réactivité obtenue face aux nouveaux besoins émergeants dans un environnement compétitif.

À bien y regarder, c'est la capacité d'innovation elle-même qui peut être jugée, car le système d'information peut contribuer au business futur en rendant possible de nouveaux modèles d'interaction avec les clients, fournisseurs ou partenaires de l'entreprise, tels ceux qui ont émergés avec le Web. En parallèle, ces questions doivent être complétées par un axe de maîtrise des risques du système d'information, indispensable à une réelle gouvernance, au sens du vieil adage « mieux vaut prévenir que guérir ».

L'objectif de la gouvernance est de rassembler des vues et des modèles de construction hétérogènes, disputer les questions des uns et des autres, ensemble, pour faire émerger les vrais besoins d'évolution, les vrais axes de transformation.

Car si la gouvernance consiste à améliorer ce qui est, apprendre à faire toujours mieux, savoir piloter les efforts dans la bonne direction, c'est aussi savoir changer. Sans une approche d'ouverture au changement, la gouvernance crée des sociétés figées et, en matière de système d'information, des applications « mammouths » définitivement non agiles, donc inadaptées à un environnement mouvant.

Christophe Faurie propose ainsi une définition du changement « Le changement, c'est faire ce que l'on ne sait pas faire. C'est une évolution que l'entreprise ne sait pas mener à bien sans un travail d'adaptation préliminaire, qu'elle ne sait pas *a priori* par quel bout prendre. »

Où chercher justement ? Par quel bout prendre ce travail d'adaptation ? Avant même de chercher à faire ce qu'on ne sait pas faire, il s'agit de percevoir l'utilité de faire autrement. Cette perception passe par le regard et l'écoute. Il s'agit non de changer de point de vue pour adopter celui d'un autre, mais d'écouter les points de vue des autres, partager ce qu'on entend et avancer dans une construction commune. C'est l'affaire d'une construction humaine, d'une intelligence collective et d'une vision partagée. Il faut écouter pour remettre en cause « les textes fondateurs », au moment que l'on sent opportun. Or, les « sens » d'une entreprise sont aiguisés quant ils ne dépendent pas de visions ou de décisions exclusivement individuelles.

La gouvernance ne consiste pas à asséner des réponses a priori mais à savoir se poser les bonnes questions. Ou, plus élégamment, pour reprendre une citation attribuée à Einstein « il ne faut pas chercher à tout savoir mais savoir où tout chercher ».

L'informatique en entreprise n'est pas une science de l'automatisme uniquement traductible par des algorithmes. Les systèmes d'information comprennent des processus où il y a effectivement automatisation de la collecte, du traitement et du partage de l'information mais aussi beaucoup d'interactions humaines entre différents acteurs et des prises de décisions qui ne peuvent être automatisées.

S'inspirer de la théorie de la simplexité

La formulation uniquement logico-mathématique des problématiques des systèmes d'information serait dès lors vouée à l'échec car elle ne prendrait pas en compte la dimension humaine. La loi de Murphy le rappelle à sa manière, énoncée de la façon suivante : « S'il y a plus d'une façon de faire quelque chose, et que l'une d'elles conduit à un désastre, alors il y aura quelqu'un pour le faire de cette façon ». Le facteur humain est la prise en compte d'une diversité de comportements.

L'humain n'est pas un paramètre d'une équation car son comportement n'est ni tout à fait aléatoire, ni tout à fait prévisible. Il introduit l'incertitude, même s'il recherche la stabilité. En outre, il a besoin de fonder ses décisions sur un nombre limité d'informations et les systèmes d'information lui opposent un vaste espace multidimensionnel d'informations à prendre en compte.

Dès lors, observer et s'inspirer empiriquement des mécanismes qui permettent aux organismes vivants de trouver des solutions à la complexité qui les entoure pour se diriger malgré tout efficacement sur la base de principes simplificateurs, a un sens pour mieux modéliser et comprendre les besoins de représentation ou de simplification des informations (et des systèmes) sous-jacents aux processus de décision. Comme l'écrit Alain Berthoz[1], « il s'agit là d'une capacité de simplification dont l'efficacité réside dans une réelle prise en compte de la complexité. Les méthodes ainsi sélectionnées par l'évolution ouvrent des pistes d'investigation passionnantes pour découvrir de nouveaux modes de résolution des problèmes posés par la complexité. [...] » Il s'agit, entre autres pistes, de comprendre « comment s'inspirer du vivant pour résoudre des problèmes de prise de décision ».

Membre de l'Académie des sciences, l'auteur de *La théorie de la simplexité*, paru aux éditions Odile Jacob, Alain Berthoz est professeur au Collège de France et directeur adjoint du Laboratoire de physiologie de la perception et de l'action (LPPA, CNRS/Collège de France).

Deux principes issus de cette théorie sont à appliquer à la gouvernance du SI :

- les décisions importantes se font sur un petit nombre de paramètres ;
- il faut pouvoir regarder le local et le global et avoir la capacité de passer d'un point de vue à l'autre pour pouvoir se diriger efficacement et éviter les impasses ou points de blocage.

> **Le chiffre 7, un chiffre magique ou une limite humaine ?**
>
> Pourquoi ne pouvons-nous décider que sur un nombre restreint de paramètres ?
>
> On connaît l'importance du chiffre sept dans l'histoire humaine, qu'il s'agisse de détailler les vertus, les péchés, les arts, les merveilles, les catastrophes et plaies diverses... Ce chiffre semble marquer les esprits.
>
> Pourquoi cela ? La raison qu'en donne les psychologues semble fort simple. Ils affirment que l'homme ne peut avoir une perception globale d'un ensemble dès qu'il comporte plus de sept éléments. Nos capacités à établir des bijections spontanées auraient trouvé là leur limite. Dès lors, nous avons besoin de mécanismes, de règles ou d'instruments pour passer de l'infini au fini et réciproquement pour voir, analyser, agir dans le monde qui nous entoure et prendre des décisions.
>
> Par exemple, en mathématiques, la récurrence est un de ces mécanismes qui permet de passer de l'infini au fini.
>
> Henri Poincaré, dans *La science et l'hypothèse*, pour en justifier le raisonnement, écrivit : « Un joueur d'échecs peut combiner quatre coups, cinq coup d'avance, mais si extraordinaire qu'on le suppose, il n'en préparera jamais qu'un nombre fini ; s'il applique ses facultés à l'arithmétique, il ne pourra en apercevoir les vérités générales d'une seule intuition directe ; pour parvenir au plus petit théorème, il ne pourra s'affranchir de l'aide du raisonnement par récurrence parce que c'est un instrument qui permet de passer du fini à l'infini. Cet instrument est toujours utile, puisque, nous faisant franchir d'un bond autant d'étapes que nous le voulons, il nous dispense de vérifications longues, fastidieuses et monotones qui deviendraient rapidement impraticables. »

En réalité, les décisions stratégiques se font sur la base de très peu d'informations, d'autant plus quand elles doivent être rapides. Comme le souligne Alain Berthoz : « En effet, alors que le cerveau peut traiter un très grand nombre d'informations en parallèle – c'est une des propriétés de la vision – les parties frontale et préfrontale du cerveau impliquées dans les mécanismes de décision, d'arbitrage, ne peuvent traiter que très peu d'informations simultanément, en fait souvent une seule ». D'où l'objectif d'un bon processus de décision d'arriver à la simplification nécessaire à la prise de décision.

Le processus de décision : des règles pour passer de la vue locale à la vue globale

Pour Alain Berthoz, « décider implique de choisir les informations du monde pertinentes par rapport aux buts de l'action ». C'est ce qui est sous-jacent au deuxième principe de la simplexité, celui de la spécialisation et de la sélection. En retour, « le prix à payer est que nous nous privons d'un grand nombre d'informations. La sélection réduit le nombre de solutions disponible. Dans un tel contexte, avoir plusieurs évaluations d'une même variable pour pallier le risque d'erreur est du plus grand intérêt ». C'est le principe de la coopération et de la redondance qu'on peut traduire par la capacité à « changer de point de vue ».Compte tenu des capacités humaines, dès que nous voulons extrapoler ou prendre des décisions sur un périmètre complexe au-delà de nos sens, nous devons trouver des règles de passage de ce périmètre au fini, et réciproquement, c'est-à-dire nous affranchir de nos propres limites. Il s'agit de passer d'un point de vue local (autrement dit « egocentré ») à un autre plus global (qui implique un point de vue subjectif de survol, « allocentré ») que nous ne pouvons directement appréhender avec nos sens physiques.

Alain Berthoz illustre cette capacité par l'exemple d'un trajet dans une ville du point de vue du marcheur ou du point de vue global cartographique : « Ces deux points de vue sont complémentaires et composent une forme de simplexité. Par le détour de deux perspectives et la capacité de travailler avec les deux en parallèle ou simultanément, nous pouvons simplifier notre déambulation. [...] Disons ici que c'est la capacité de changer de point de vue qui nous permet de prendre des décisions ».

Pour changer de point de vue et disposer de cette vision globale, nous avons besoin de règles, de référentiels et d'instruments « simplexes » pour projeter quelque chose d'infini en termes d'information en un espace de représentation fini. Pour comprendre l'architecture de l'existant ou la globalité des systèmes d'information, c'est là où se joue la valeur des référentiels et des cartographies (voir la section « Les référentiels » du chapitre 9).

En ce qui concerne l'aspect gouvernance des systèmes d'information, en croisant les vues, on obtient une « vision 3D » (ou 360°) au plus proche de notre façon de nous diriger au réel, pas une vision « plane ». Cette vision s'établit sur différents axes, à savoir un nombre plus important que celui de l'IT Balanced Scorecard, mais pour rester dans la limite humaine d'une perception globale, nous n'en proposerons que six, décrit dans la figure ci-dessous.

Chacun des axes se subdivise lui-même en « sous-axes », soit différents points de vue du sujet. Bien entendu, pour prendre des décisions, il ne s'agit pas de détailler toutes les données de chaque axe et sous-axe. Il faut ramener l'ensemble au plus petit nombre d'informations pertinentes par rapport à l'objet de la décision, ou la question que l'on se pose.

« La simplexité est ce qui donne du sens à la simplification » selon Alain Berthoz; les solutions simplexes sont portées par une intention, un but, une fonction. C'est ce principe qui contient la direction à prendre.

Avant toute chose, il faut partager les points de vue entre acteurs (les parties prenantes de la gouvernance) pour en sortir les questions à se poser. Ce sont ces questions qui permettront de déterminer l'intention et d'orienter les types d'analyses à lancer, les critères de recherche et de classement pour les diagnostics à établir.

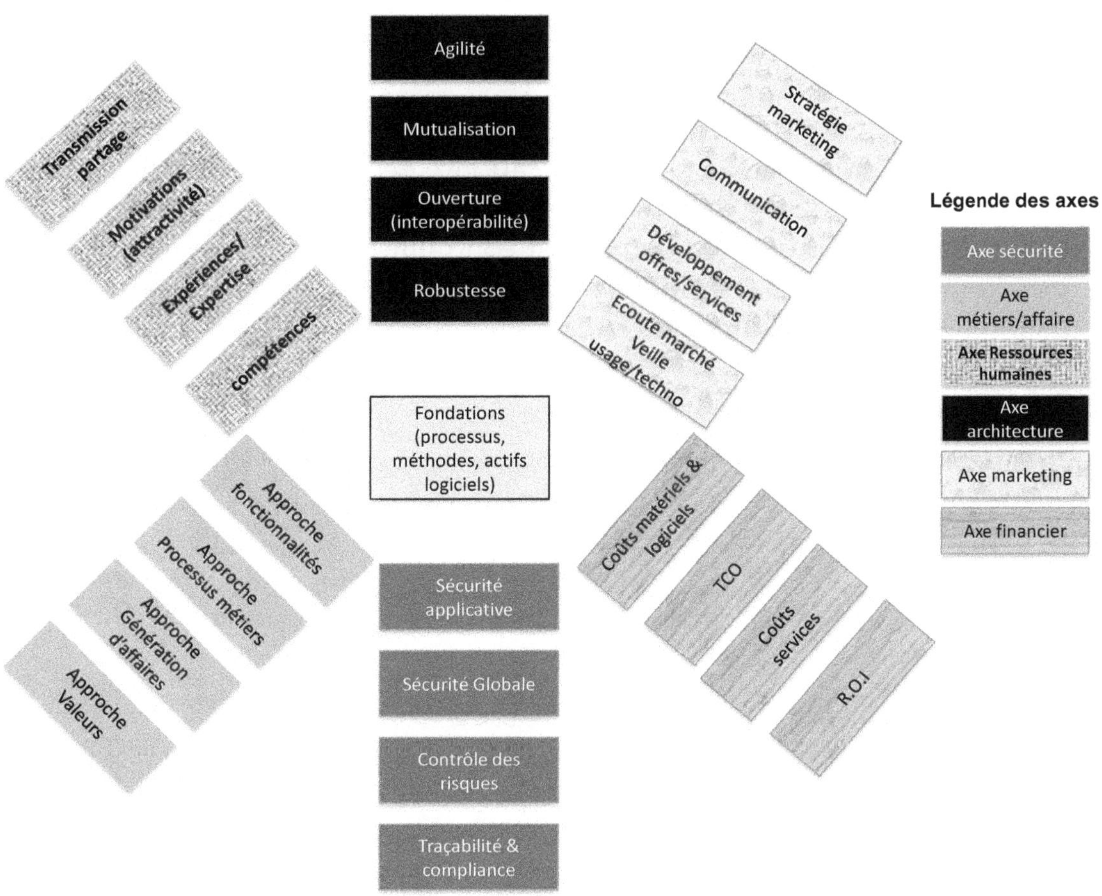

Figure 6-1 : La vue « 360° » du SI

Simplifier la décision à prendre ne consiste pas à simplifier les indicateurs de décisions via des consolidations plus ou moins pertinentes. Il s'agit de rendre le choix plus pertinent avec une méthode de construction des indicateurs qui soit en lien avec l'intention de départ. L'approche pour collecter les bonnes informations et choisir les bons indicateurs par rapport aux questions posées, peut s'inspirer de différents moyens. On peut, par exemple, adapter une approche qui existe déjà dans la qualité logicielle. Il s'agit de l'approche « Goal Question Metrics », où il faut poser d'abord la question en fonction de l'objectif pour savoir les métriques que l'on souhaite utiliser.

On peut l'étendre aux questions de la gouvernance et avec l'approche par axes, affiner la question selon les différents axes choisis. Ainsi, à la question « Mon système d'information est-il agile, peut-il réagir rapidement aux besoins métier ? », il faudra étudier le problème sous différents angles. Sous l'angle des compétences, on s'interrogera sur le fait d'avoir ou non les bonnes compétences, sur la capacité à les attirer, etc. Sous l'angle marketing, on s'interrogera sur le niveau d'écoute de son marché, sur les opportunités technologiques éventuelles non utilisées qui pourraient simplifier l'usage des solutions, autonomiser les métiers, etc. L'angle architecture pourra réagir en s'interrogeant sur la possibilité d'utiliser ces nouvelles solutions, si elles sont interopérables avec l'architecture existante, etc.

Sous l'angle architecture, l'agilité peut recouvrir plusieurs axes d'interrogation, notamment celui de savoir si les applications spécifiques héritées du passé ont, au niveau du code, une architecture qui permette de faire évoluer relativement facilement le code, ou si ce dernier est contraint par une structure lourde, avec des programmes obèses ayant de nombreuses lignes de code et peu de modularisation, etc. (voir la figure 6-2).

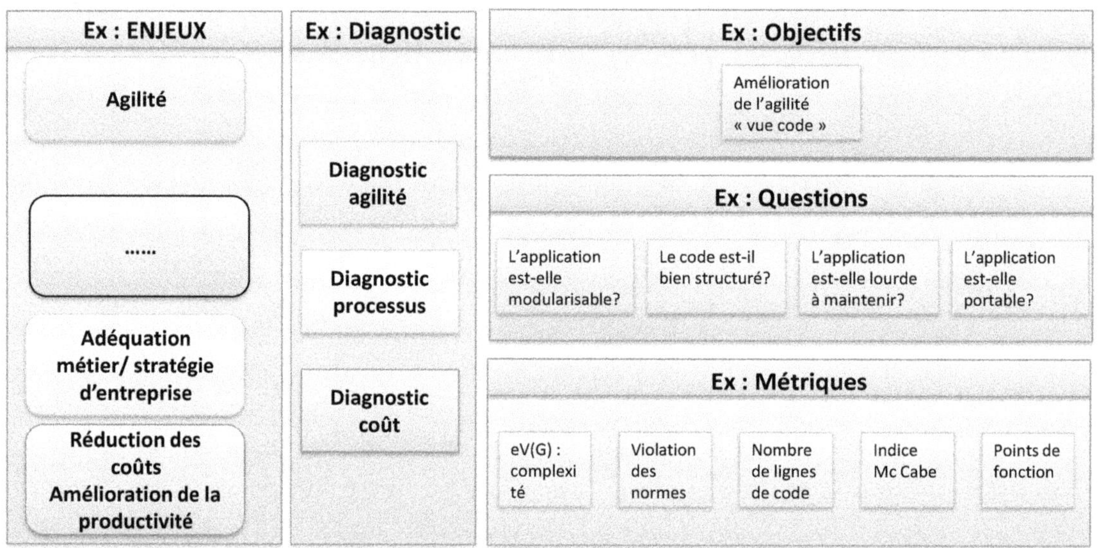

Figure 6-2 : Exemple d'approche « diagnostic et métriques » guidée par les enjeux et les questions

La remontée des métriques permettra de se concentrer sur les quelques axes « de problèmes/contraintes » que fera ressortir le diagnostic et entraînera sans doute d'autres questions d'analyse. Existe-t-il des solutions d'architecture pour modulariser le code ? à quel coût ? en avons-nous les compétences ?

C'est une approche par allers-retours successif entre choix des questions, choix des métriques, choix des axes de diagnostic. Il s'agit de trier par sélection les problèmes et d'arriver par fusion/dichotomie à une proposition de décision simple. C'est la méthode connue sous le nom de « divide and conquer». Nous sommes bien dans une logique de récurrence, pour passer du fini à l'infini en considérant la formulation suivante : « Si vous savez passer de l'étape n à l'étape n + 1 et que vous savez démarrer, vous pouvez traiter toutes les étapes ».

L'approche inspirée de la méthode GQM (*Goal Question Metrics*) est un des moyens de simplification du processus de décision qui vise à garder une vue globale, à 360°, du SI pour « avoir plusieurs évaluations d'une même variable pour pallier le risque d'erreur », si on se réfère à nouveau à la théorie de la sim-plexité d'Alain Berthoz

Il en existe d'autres, notamment en suivant le principe de Pareto (voir encadré « Comment ça marche ? La loi des 80/20 » dans la section suivante) avec une logique d'analyse par la valeur.

L'analyse de la valeur

L'analyse par la valeur est davantage une approche de pensée qu'une méthode car, en réalité, il existe plusieurs méthodes sous ce vocable et différents outils, comme nous allons l'expliquer ci-après.

Le champ de l'analyse de la valeur est vaste, même s'il tire son origine d'une recherche de meilleure définition des besoins, en se concentrant sur la fonction d'un produit (le « à quoi ça sert ? »), avec la logique d'obtenir la meilleure cou-verture des besoins au meilleur coût.

Dès lors, il est assez naturel que l'approche analyse de la valeur se soit d'abord répandue dans le domaine de l'analyse fonctionnelle pour faciliter l'expression de besoins et la réalisation de cahiers des charges fonctionnels.

Toutefois, l'important dans l'analyse de la valeur est la remise en question ini-tiale, le principe de ramener tout choix (décision, fonction, outils, méthodes, priorités, etc.) à l'intention, le but, la fonction, afin de pouvoir trouver les répon-ses en solutions optimales. Ce ne sont pas les moyens utilisés qui doivent con-traindre la réflexion sur la performance et la compétitivité d'une entreprise, d'un produit, d'un processus.

Sinon, si ces derniers ne fonctionnent pas assez bien, ou se basent sur des res-sources rares, on va chercher à régler le problème au niveau des moyens qu'on maîtrise habituellement, alors qu'il faut peut-être tout simplement faire autre-ment. D'où l'importance de structurer méthodiquement l'approche, de conduire le changement.

Une naissance valeureuse

L'analyse de la valeur (AV) est une méthode née aux États-Unis juste à la fin de la Seconde Guerre mondiale grâce aux efforts de Lawrence Delos Miles, ingénieur à la General Electric qui devait résoudre un problème de pénurie de matériaux nobles. Miles découvre alors que ce qui compte dans un produit, c'est la fonction qu'il exerce quelle que soit la solution utilisée pour satisfaire cette fonction.

À partir de ce constat il cherche des solutions créatives qui permettent de réaliser des économies et répondent uniquement au besoin pour lequel le produit existe.

L'AFNOR la définit ainsi : « L'analyse de la valeur est une méthode de compétitivité, orga-nisée et créative, visant à la satisfaction de l'utilisateur, par une démarche spécifique de conception, à la fois fonctionnelle, économique et pluridisciplinaire. La valeur d'un produit est une grandeur qui croît lorsque la satisfaction du besoin augmente et/ou que le coût du produit diminue. La valeur peut donc être considérée comme le rapport entre l'aptitude aux fonctions divisée par le coût des solutions. »

$$VALEUR = \frac{FONCTIONS\ (satisfaction\ d'un\ ensemble\ optimum\ de\ besoins)}{CO\hat{U}TS\ (limitation\ de\ la\ consommation\ de\ ressources)}$$

En France, plusieurs normes sont en vigueur concernant l'analyse de la valeur, on peut citer :

NF X 50-153 : Analyse de la valeur – Recommandations pour sa mise en œuvre – Fascicule de documentation – mai 1985 ;

NF X 50-151 : Analyse de la valeur, Analyse fonctionnelle – Expression fonctionnelle du besoin et cahier des charges fonctionnel – 1991, dernière mise à jour en septembre 2007.

NF EN 1325-1 : Vocabulaire du management de la valeur, de l'analyse de la valeur et de l'analyse fonctionnelle – Partie 1 : analyse de la valeur et analyse fonctionnelle – novembre 1996.

NF X 50-100 : Analyse fonctionnelle – Caractéristiques fondamentales –1996.

NF X 50-152 : Management par la valeur – Caractéristiques fondamentales de l'analyse de la valeur – septembre 2007.

Le principe de l'analyse par la valeur étant posé en ces termes, son champ d'application est assez vaste, non réduit à un produit ou à un projet et couvre, sans être exhaustif :

- La gouvernance de l'entreprise, c'est-à-dire la facilitation de la prise de décisions en se posant toujours la question du bénéfice en termes de valeur (et non uniquement en termes financiers) ramené à l'optimisation des coûts, en particulier pour les décisions financières (budgets de fonctionnement, investissements, économies). On évite ainsi les approches de réduction de coûts qui conduisent à la destruction de valeur. Le budget à base zéro, ou *cost killing*, sont deux outils disponibles pour s'interroger sur la réduction efficace des coûts.

- L'analyse fonctionnelle : champ historique de l'analyse de la valeur, elle décline le concept dans les méthodes d'expression des besoins. Elle permet d'expliciter les besoins tout en cadrant les objectifs et les contraintes C'est un outil méthodologique qui permet d'identifier puis d'exprimer sous forme d'exigences l'ensemble des besoins, attentes et contraintes relatifs à un projet.

- La conception d'un produit : le *Design To Cost* (ou CCO – Conception à coût objectif) consiste à concevoir un produit en remettant en cause dès sa conception les matériaux éventuellement utilisés traditionnellement, pour satisfaire la fonction le plus économiquement possible.

- La conduite du changement : on ne change pas pour changer mais parce que cela devient nécessaire pour préserver la valeur, ou en créer. Il est important, avant de lancer toute transformation, d'en déterminer l'intérêt, de revenir à l'objectif de création de valeur pour l'entreprise, en ne se trompant pas sur ce que « proposition de valeur » veut dire (voir la section « La valeur passe avant le ROI » du chapitre 6).

« Tueurs » de coûts

Des actions ou des décisions «tueuses de coûts» peuvent en fait s'avérer de fausses économies in fine destructrices de valeur. On peut en citer quelques unes :

- bloquer ou reporter les investissements de fond matériel ou logiciels : les systèmes atteindront tôt ou tard un niveau d'obsolescence tel qu'il faudra effectuer les investissements dans l'urgence, avec des coûts très probablement supérieurs à ceux initiaux en préventif ;
- choisir comme prestataire le moins disant financier un ou dimensionner au plus juste les plannings de projets : détérioration de la qualité, surcoûts et dérives des projets ;
- se défausser de son informatique et/ou des ressources rares : plus de proposition de valeur du système d'information ;
- externaliser pour réduire les coûts sans aucune étude préalable de l'état des systèmes (voire remise à niveau) ou des niveaux de services internes : augmentation des coûts, réduction de la qualité ;
- bloquer les budgets d'investissements/d'innovation : plus de proposition de valeur du système d'information.

Il faut donc être méthodique quand on « chasse » les coûts, sauf à vouloir scier la branche sur laquelle on est assis. L'analyse de la valeur est une approche qui prend tout son sens en ce domaine, notamment avec le budget base zéro. Ce dernier n'hésite pas à remettre en cause la légitimité des dépenses en remontant aux racines. Le budget de chaque activité est remis à zéro chaque année et l'intérêt (création de valeur) de toute dépense doit être démontré.

On change pour obtenir un gain, quantitatif en termes financiers, ou qualitatif (avec probablement des retombées financières indirectes) ou parce que cela est indispensable pour préserver les ressources et les compétences maîtrisées par l'entreprise. Ces derniers sont en effet les éléments fondateurs de la valeur créée. On peut également changer en raison de facteurs exogènes liés à l'environnement social et économique et aux contraintes de législation.

Quand il s'agit de la décision de l'entreprise, du groupe humain qui porte le projet de changement, c'est toujours une question de valeur à préserver, à étendre, à créer, un gain étant attendu en ce sens. Il s'agit d'une création de valeur qui porte la « vue à 360° du SI » sur les six axes définis précédemment :

- axe financier : optimiser les ressources de fonctionnement (rationaliser les serveurs, par exemple) pour diminuer des coûts non justifié, augmenter le chiffre d'affaires en distribuant grâce à un SI ouvert, des offres multicanal (mobile, PC...) ;

- axe marketing (DSI): améliorer l'image de marque de la DSI et diminuer les temps d'errance des utilisateurs, améliorer l'offre de services ;

- axe architecture : améliorer l'agilité de l'architecture pour améliorer la réactivité aux demandes d'évolution ;

- axe ressources humaines : améliorer la gestion des connaissances-clés en les formalisant pour les partager/transmettre, attirer les nouveaux talents ;

- axe métier/affaires : améliorer l'image de l'entreprise par des offres nouvelles obtenues grâce au SI (e-business, par exemple) ;

- axe sécurité : améliorer l'accès au SI pour les utilisateurs nomades, tout en préservant la sécurité…

Si l'analyse de la valeur se prête bien à analyser justement, et étayer les raisons de choix de solutions optimales, il faut également choisir au départ les sujets d'attention de cette analyse (quels axes, quels sous-axes privilégier ?). C'est là qu'un instrument comme le principe de Pareto (selon la définition de Juran, voir encadré page suivante) est intéressant à plus d'un titre. Ce principe permet d'arriver par fusion/dichotomie à une proposition de décision simple, qui peut être combinée à l'approche « GQM » telle que décrite précédemment.

La loi des 80/20

La loi de Pareto connue sous le nom de loi des 80/20 est une proportion remarquable mise en évidence de façon empirique par Vilfredo Pareto (1848-1923). Elle s'énonce de la manière suivante : « 80 % des effets sont générés par seulement 20 % des causes », ou inversement (loi des 20/80), « 20 % des causes génèrent 80 % des effets ».

Le principe de Pareto est attribué à Joseph Juran, qualiticien, qui en a donné la définition suivante : « Le principe de Pareto est la méthode générale permettant de trier un quelconque agrégat en deux parties : les problèmes vitaux et les problèmes plus secondaires – dans tous les cas, l'application du principe de Pareto permet d'identifier les propriétés des problèmes stratégiques et de les séparer des autres ». La méthode ABC, qu'on doit au même personnage, est une variante précisée ainsi : « J'ai un peu exagéré en avançant que le principe de Pareto permet seulement de séparer les choses en deux parts. En réalité, il existe 3 parties. La troisième est un "résidu" qui prend place entre les composantes prioritaires et les composantes secondaires. Ce "résidu" peut être dénommé "zone à risques" (*awkward-zone*). Chaque élément de cette zone à risques n'est pas assez important pour justifier un lourd investissement dans l'analyse, mais leur regroupement dépasse les capacités d'analyse » (Juran, 1964).

Le diagramme de Pareto est une sorte de preuve par l'image pour voir plus facilement où concentrer les efforts (exemple ci-dessous tiré de Wikipedia, avec des données hypothétiques sur les causes de retard au travail – la ligne rouge est le cumul des valeurs en pourcentage. Ici les trois premières causes génèrent 80 % des effets).

Quelques exemples de la loi de Pareto :

- management : 80 % des problèmes peuvent se résoudre avec l'analyse stratégique de 20 % des causes ;

- gestion de projet : 80 % d'accomplissement d'une mise au point nécessite 20 % de l'effort ;

- conception : les fonctionnalités les plus utilisées (80 % du temps) méritent le plus d'attention, même si elles sont les plus banales, alors que celles qui sont peu utilisées (20 % du temps) devraient se satisfaire d'un effort moindre ;

- ergonomie : 20 % des possibilités offertes à l'utilisateur sont utilisées 80 % du temps ;

• analyse des coûts : 80 % des coûts sont l'affaire de 20 % des postes.

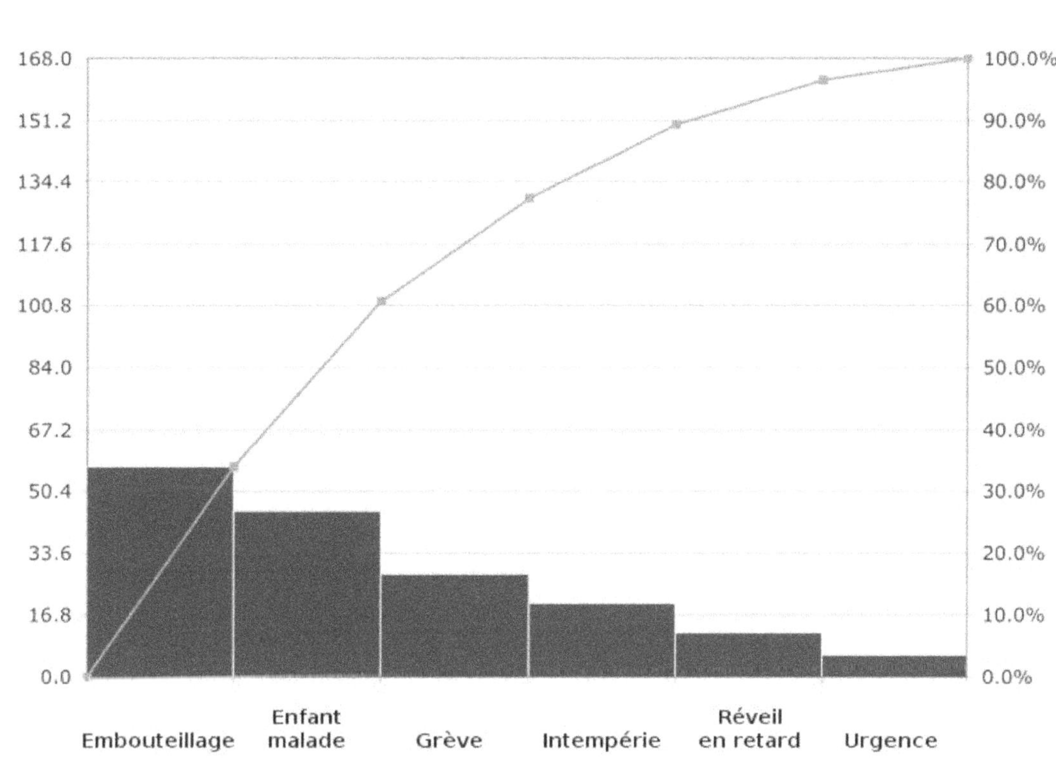

Figure 6-3 : Exemple de diagramme de Pareto (source Wikipedia)

La gestion du portefeuille applicatif

Contrôler ses biens logiciels

Nous avons vu précédemment combien les applications patrimoniales pesaient lourd dans la gestion d'une DSI, et combien au final il y avait peu d'outils pour aider à piloter les applications développées en spécifique en maintenance/production. En fait, le champ des outils et méthodes est relativement insatisfaisant sur deux aspects primordiaux : la gestion du portefeuille applicatif et la gestion du cycle de vie de l'évolution des applications patrimoniales.

La gestion du portefeuille d'applications nécessite a minima une visibilité sur l'état des lieux du parc applicatif, et une réelle stratégie de maintenance incluant la maintenance préventive et la partie de maintenance perfective visant à l'amélioration de l'architecture du système (exigences non fonctionnelles), souvent simplement oubliées ou délaissées faute de temps et de budget.

Les cinq types de maintenances

1. Maintenance corrective

- Identifier et retirer les défauts
- Corriger les anomalies réelles

2. Maintenance préventive

- Identifier et corriger les fautes latentes
- Systèmes avec des préoccupations de sécurité

3. Maintenance perfective

- Améliorer la performance, la maintenabilité, la portabilité
- Ajouter de nouvelles fonctionnalités

4. Maintenance adaptative

- Adaptation à un nouvel environnement (ou une montée de version) (à savoir hardware, operating system, middleware)

5. Maintenance d'urgence

- Maintenance corrective non programmée

Les applications logicielles vieillissent et se complexifient au fil du temps, c'est un fait. Comment définir l'effort préventif et le bon ratio d'investissement pour garder le contrôle de ses actifs logiciels ? Sans effort, la complexité du logiciel va augmenter et les coûts pour le maintenir vont augmenter en proportion tandis que la qualité perçue par les utilisateurs va chuter rapidement. Si, en revanche, un effort préventif est réalisé pour maîtriser la complexité, il est possible de maîtriser la complexité et de limiter la dégradation de la qualité perçue au cours du temps, comme indiqué dans la figure ci-dessous.

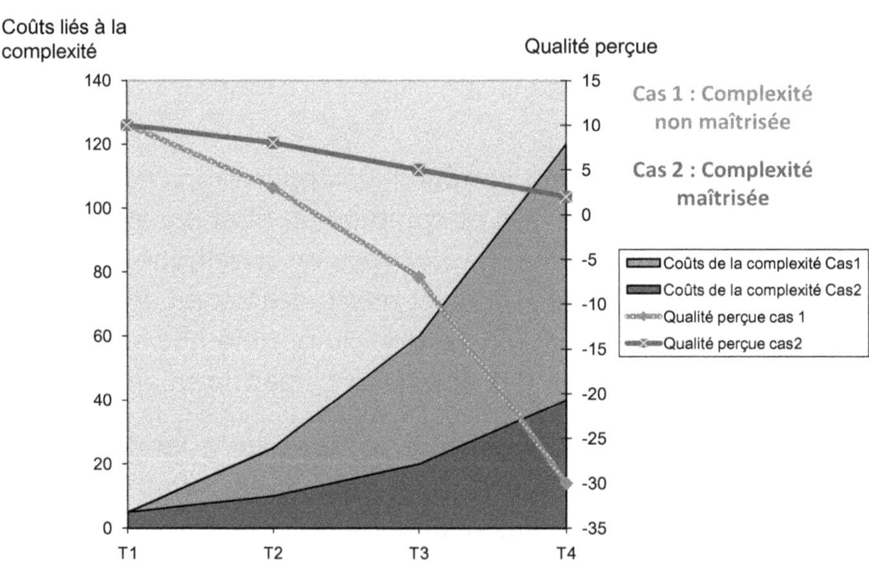

Figure 6-4 : Maîtrise de la complexité et conséquences sur la qualité et les coûts

Il faut une maintenance préventive pour garder le contrôle et éviter non seulement l'augmentation des coûts mais aussi les risques de dégradation de la qualité perçue et les risques financier, juridique, et d'image de mises en production qui sont liés à une dégradation réelle de la qualité du code. Mais il faut également que cette maintenance préventive soit économiquement viable.

En effet, à coûts et délais plafonnés, on ne peut pas, d'une part, avoir une qualification à couverture exhaustive du code pour y rechercher toutes les « fautes latentes » (qui produiront tôt ou tard des anomalies et des demandes de correction en production), et d'autre part, réaliser toutes les opérations d'optimisation de performance, de portabilité ou de maintenabilité qu'on pourrait souhaiter. Il y a, comme le montre la figure suivante, un point d'équilibre à trouver pour que la maintenance préventive soit économiquement viable au regard de l'objectif poursuivi.

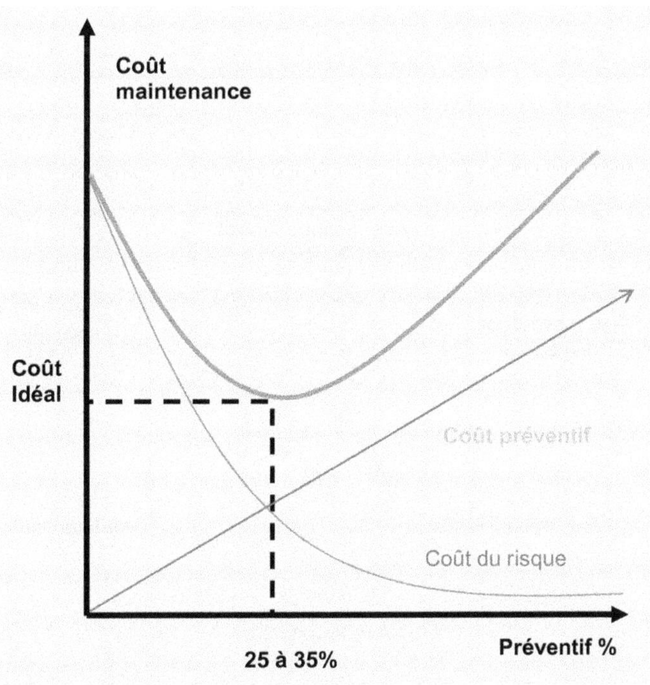

Figure 6-5 : L'équilibre du budget préventif : ne pas dépenser ni trop ni trop peu au regard du risque

Il faut donc établir le budget de maintenance préventive, généralement acceptable, et axer les efforts sur les vérifications indispensables à conduire pour limiter les risques selon une approche des risques et de la valeur des applications.

C'est bien là d'ailleurs que réside une grande part de l'utilité du portefeuille applicatif. Il sert à garder le contrôle de ses actifs logiciels, mais aussi à en surveiller la valeur et à faire croître la valeur globale.

Il s'agit encore une fois de se poser les bonnes questions et d'aborder les réponses à la fois par des angles de vues complémentaires, dans une approche multidimensionnelle (vue à 360° du SI), et par l'analyse de la valeur pour toute solution proposée.

Évaluer la valeur des applications

Ainsi doit-on s'interroger sur une application qui ne donne plus satisfaction en termes de fonctionnalités et dont le coût en maintenance croît : quelle valeur a-t-elle pour l'entreprise ? Est-ce une valeur purement utilitaire ? A-t-elle de l'importance pour les métiers tout en restant relativement standard ? Est-ce que cette application est directement liée au chiffre d'affaires, aux performances, à la productivité, à la capacité d'innovation ? Si elle est utilitaire, peut-on l'obtenir autrement en consommant moins de ressources, de temps et d'effort ? On peut envisager dans certains cas de remplacer cette application par un service en mode SaaS (Software As A service) si l'équation valeur est respectée, le tout étant de pouvoir le déterminer en positionnant l'application sur les axes d'analyse, comme dans l'exemple de la figure ci-dessous.

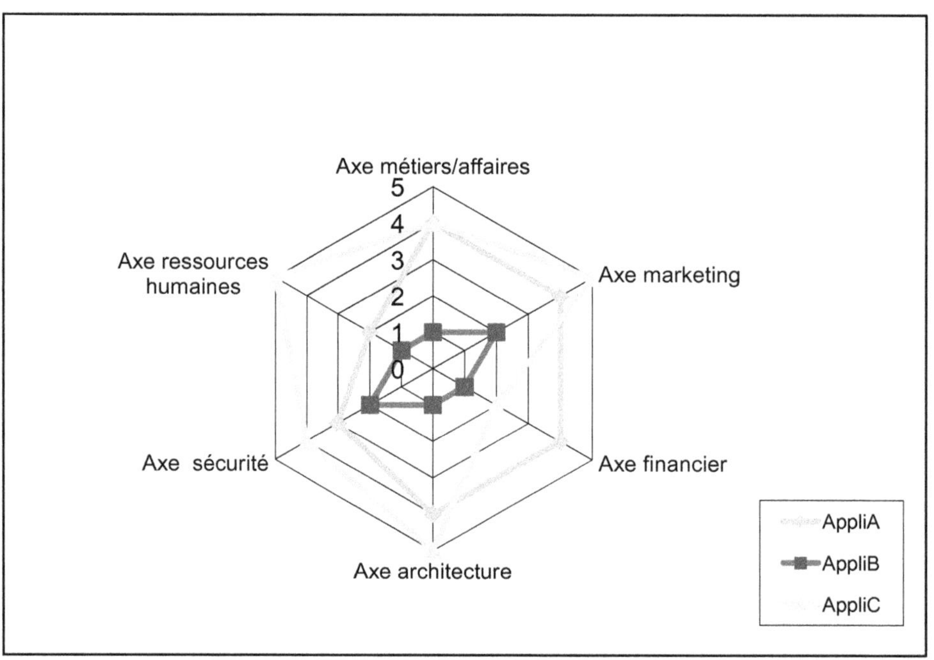

Figure 6-6 : Positionnement de la « valeur » des applications sur les axes d'analyse

Dans l'illustration ci-dessus, on peut s'interroger sur la nécessité de maintenir l'application B en interne. Apparemment, il s'agit d'une application de back office/support, dont l'architecture est insuffisamment robuste et/ou ouverte et évolutive, la sécurité n'est pas satisfaisante et elle consomme trop de ressources humaines pour un service somme toute moyen à un coût excessif. Doit-on l'externaliser en tierce maintenance applicative, c'est-à-dire confier la maintenance à un tiers professionnel ? Cela coûtera sans doute plus cher que l'apport puisqu'il faudra de toute façon une remise à niveau avant l'externalisation. Peut-on la remplacer en mode SaaS ? Si l'offre existe pour une couverture des fonctions optimales, c'est sans doute une des meilleures solutions.

L'application A et l'application C présentent d'autres cas de figure. L'application C est une application dans la droite ligne de la stratégie marketing de la DSI, elle est développée et maintenue par les bonnes ressources et sans doute dispose-t-elle des niveaux de services optimum pour les attentes des utilisateurs. L'investissement est clairement nécessaire mais les coûts semblent un peu trop élevés, qu'en est-il réellement ?

L'application A est sans doute critique pour le métier, voire stratégique, et les coûts sont optimisés pour la satisfaction d'un ensemble optimum de besoins. Cependant, le ratio sur l'axe ressources humaines est insatisfaisant. Y-a-t-il un bon dimensionnement des ressources ? L'application requiert-elle trop de ressources rares ou y-a-t-il un risque de perte de connaissances et d'expertises (départ de personnes expertes pour retraite ou démotivation) ?

Comprendre le cycle de vie des évolutions

Une fois l'analyse du portefeuille applicatif effectuée et les décisions prises (investissement pour un effort de maintenance préventive plus ou moins grand, réarchitecture, remplacement par des services en mode abonnement, redimensionnement des ressources ou redocumentation, etc.), encore faut-il gérer le cycle de vie des évolutions.

Il s'agit ici de mettre en place l'ensemble des processus, outils et méthodes qui permettent de gérer de manière efficace (en termes de « valeur », au sens qualité du résultat produit en réponse à la demande versus coût de l'évolution), l'évolution des applications patrimoniales. C'est un besoin qui va bien au-delà de la gestion des exigences et des demandes de changements et qui doit progressivement conduire à la mise en place des meilleures pratiques, ou à l'évolution des pratiques, dans toutes les étapes du cycle de vie telles que décrites dans la figure ci-dessous, avec des points-clés de décision qui sont à gérer au niveau du portefeuille applicatif, par un comité stratégique.

Pour autant, la gestion du changement est une composante-clé dans ce cycle d'évolution car, nous l'avons vu, des demandes de changement non gérées dans le cycle de vie d'un projet déstabilisent toute la construction et mettent en danger l'atteinte des résultats. Dans le cycle de la maintenance, si elles sont faites hâtivement ou sans tenir compte des impacts sur l'existant, elles conduisent à des défauts de qualité, des risques d'erreur en production et des incohérences globales.

Il faut donc, pour toute demande de changement, avoir un dispositif qui évalue la nature et la complexité de la modification demandée, la criticité fonctionnelle et les risques d'impact (sur les composants du système existants). Ce sont des paramètres indispensables à la décision de réalisation et, le cas échéant, à la planification de la réalisation, afin de dimensionner en conséquence les ressources et les tests nécessaires.

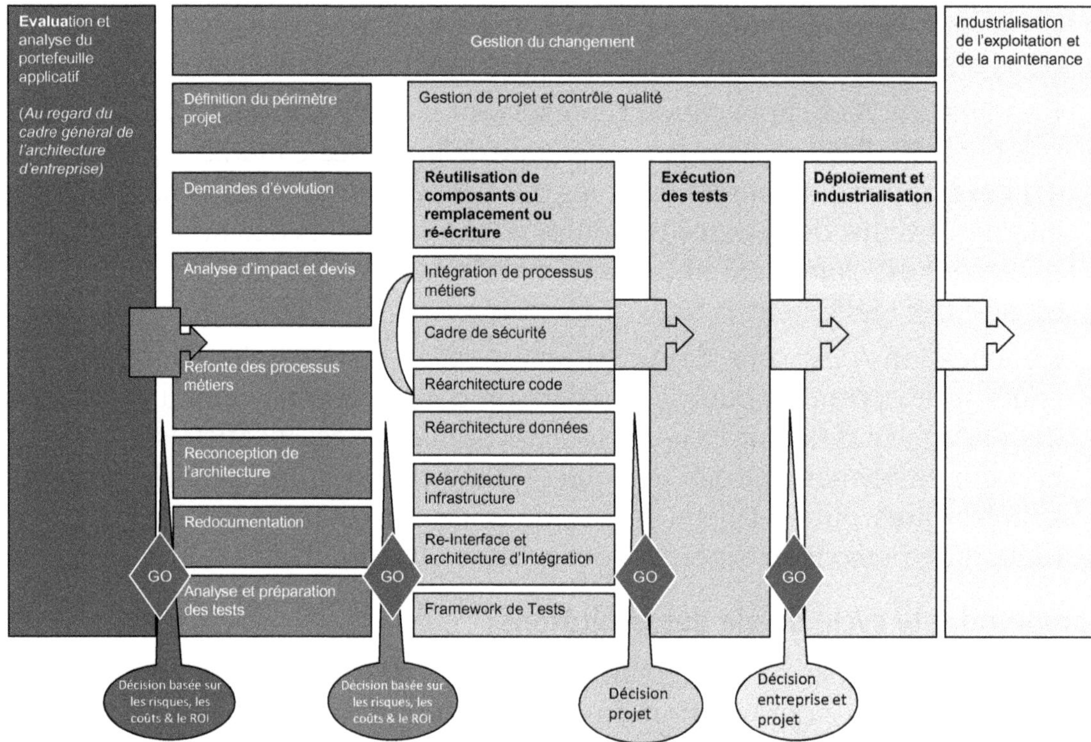

Figure 6-7 : Cycle de vie de l'évolution des applications patrimoniales

Trois aspects majeurs liés à la gestion des changements sont problématiques aujourd'hui, et nécessitent encore des évolutions des méthodes et outils pour optimiser leur traitement. Il s'agit de l'analyse d'impact, l'optimisation des tests et le calcul des unités d'œuvre pour estimer le temps de réalisation et d'intégration d'une modification.

Par manque de documentation, de connaissance des applications et de dispositif d'aide à l'analyse, le temps d'analyse d'impact pour les applications existantes est long et le résultat souvent incomplet. En réaction, particulièrement quand la demande d'évolution est faite sous pression, les tests sont bâclés et ne couvrent pas tous les cas qu'ils devraient. Cela est également le cas dans un projet où plus une modification demandée sera proche de la fin du parcours, plus son impact pourra être significatif, et plus il pèsera sur les délais, coûts et qualité du projet.

À un certain stade, les projets doivent faire passer les demandes de changement vers une version suivante. Si une certaine flexibilité est possible jusqu'au stade des spécifications DSI détaillée, une fois les développements lancés, seules les modifications critiques doivent être prises en compte, et une fois l'application stabilisée, les demandes doivent rentrer dans un cycle d'évolution des versions de l'application.

En maintenance, toute solution qui permet de fournir une aide automatisée à l'analyse des dépendances entre objets et composants de milliers de lignes de code est bien sûr à considérer de près.

Quant aux tests, comme il s'agit en grande partie de tests de non-régression, la mise en place d'un référentiel de cas de tests sur la durée de vie d'une application est une bonne pratique à ne pas négliger.

La problématique des unités d'œuvre est autre, nous y reviendrons au chapitre 9, « Principes d'architecture d'entreprise – le SI durable ».

Approches tactiques pour la modernisation

Les parties 1 et 2 se sont attachées à évoquer les enjeux, risques, défis et contraintes d'évolution du SI, aussi bien à un niveau exogène, c'est-à-dire au niveau de l'entreprise du fait de l'évolution de l'environnement économique et social, qu'au niveau endogène, c'est-à-dire au sein des DSI, dans l'évolution nécessaire des organisations et des pratiques de pilotage. Dans cette partie, nous allons aborder les différentes solutions tactiques de modernisation qui permettent de rénover un patrimoine et de le faire évoluer pour une meilleure proposition de valeur.

Le chapitre 7 remet toutefois en perspective ces solutions, pour rappeler qu'aucune n'a de sens sans une vision globale des objectifs d'évolution.

À chaque solution, un contexte

*L'évolution ne tire pas ses nouveautés du néant.
Elle travaille sur ce qui existe déjà,
soit qu'elle transforme un système ancien
pour lui donner une fonction nouvelle,
soit qu'elle combine plusieurs systèmes
pour en échafauder un autre plus complexe.*

François Jacob, Le jeu des possibles

La gouvernance de l'héritage

Toute tentative de modernisation de SI est inefficace dans la durée sans la mise en place effective d'un modèle de gouvernance de l'informatique.

Il ne faut pas oublier que le système d'information doit permettre à l'organisation d'atteindre ses objectifs. Dès lors, toute démarche qui se fonde sur la réutilisation et l'amélioration des actifs logiciels existants doit être faite dans le but d'atteindre les objectifs corporatifs.

Quelles que soient les solutions de modernisation envisageables, un premier acte est d'établir un diagnostic du patrimoine applicatif approprié aux enjeux, car toute demande d'évolution doit être sous-tendue par un alignement avec la stratégie de l'entreprise. La démarche doit être supportée dans la durée par la mise en œuvre effective d'une gouvernance de l'informatique afin de :

- valoriser le patrimoine applicatif existant et le rendre plus cohérent, plus performant et plus agile ;
- définir les schémas d'évolution du SI et le rendre durablement plus souple ;
- faciliter une rénovation progressive tout en inscrivant les nouveaux développements dans un ensemble cohérent.

Cette inscription d'une démarche dans la durée se justifie d'autant plus que :

- la stratégie pourrait consister d'abord à apporter une réponse tactique à un besoin court terme, avant de mettre en œuvre en parallèle une vision plus long terme, éventuellement rendue possible grâce aux retours sur investissement de la première étape (exemple du service à la clientèle : doit-on soutenir le service à la clientèle dans une vision long terme ou répliquer rapidement à une attaque de la compétition ?) ;

- les systèmes développés aujourd'hui seront l'héritage, les *legacies*, de demain. La modernisation va de pair avec une démarche d'urbanisation ;
- le changement est inévitable. Les systèmes d'information doivent le supporter, voire le précéder, et non pas devenir un frein.

Une stratégie de modernisation doit dès lors pouvoir s'appuyer sur une démarche d'urbanisation et utiliser des modèles de cas d'usage métier par type de solutions de modernisation, comme outils de décision et de pilotage. Elle pourra alors les décliner au regard des enjeux de l'entreprise d'une part, et d'un diagnostic de l'état des systèmes, d'autre part, en considérant les degrés d'obsolescence et d'évolutivité. Le diagnostic doit pouvoir être établi sur la base de remontées de métriques et de critères de décision factuels.

C'est pourquoi les approches que nous développons, même si elles illustrent des orientations différentes, ne sont pas exclusives : au contraire, les considérer séparément conduirait à en limiter, voire annuler les effets. Il faut qu'elles s'inscrivent dans cette gouvernance de l'héritage, sans laquelle la gouvernance informatique se retrouve déséquilibrée.

L'évolution préventive

La modernisation est un facteur d'influence sur le succès des stratégies d'entreprise.

Bon nombre de directions générales ont pris conscience que l'informatique intervenait de manière importante dans le succès de la stratégie de leur entreprise. Mais pour que cette dernière soit créatrice de valeur, il est indispensable de passer outre les coûts négatifs que les applications existantes génèrent.

Coûts induits en matière d'opportunités perdues d'innovation, du fait du budget trop élevé sur la maintenance, coûts induits en matière d'efficacité, les systèmes existants devenus trop complexes n'étant plus capables d'évoluer pro-activement ce qui fait que toute modification d'importance, métier ou technique, est traitée en mode de crise. Les maux sont partagés par les entreprises et la longue liste devient une litanie : manque de documentation, difficultés d'évolutions, difficulté d'intégration, manque d'interopérabilité, coût total de possession, risques d'interruption de services induits par l'obsolescence des plates-formes, etc.

Le schéma directeur du plan de modernisation s'inscrit dans la gouvernance informatique. Or, pour avancer, il faut savoir où l'on veut mener les systèmes existants, et pour cela, il faut un plan et des engagements stratégiques partagés qui alignent le métier et le système d'information.

Certes, cette logique de bon sens relève d'une approche gouvernance mais selon une étude de l'IT Governance Institute (ITGI)[1] « le thème de la "gouvernance informatique" n'est pas encore rentré totalement dans les mœurs des dirigeants. 24 % des entreprises interrogées seulement déclarent que c'est à leur plus haut niveau que le PDG de l'entreprise a en charge cette gouvernance informatique ». Or, sans implication de la direction, il est peu probable de réussir à développer cette nécessaire vision partagée entre métier et technologie.

La modernisation peut avoir à adresser les dimensions complexes de réels défis architecturaux. Elle doit mettre en place des processus nouveaux, ne serait-ce que pour évaluer les architectures existantes, capturer puis réutiliser et migrer les artefacts logiciels existants, ou pour identifier et évaluer les services Web qui peuvent venir en remplacement d'anciennes applications. À ces processus peuvent correspondre des rôles et des responsabilités nouvelles, tels ceux du marketing des services SI qui vont identifier les ressources disponibles et les développements d'offres envisageables pour répondre au mieux aux attentes et besoins des clients de la DSI.

Il s'agit d'identifier la meilleure stratégie pour couvrir à la fois des besoins court terme et des besoins métier long terme, et d'anticiper les actions pour maintenir a minima, voire augmenter, la valeur des biens logiciels de l'entreprise.

Avec une logique d'analyse de la valeur du portefeuille d'applications, la modernisation peut remettre radicalement en cause l'existant. C'est la condition pour obtenir les objectifs de valeur d'une telle entreprise : diminution des coûts d'exploitation et de maintenance, meilleure flexibilité et agilité, réduction du temps de mise sur le marché des nouvelles offres, et enfin possibilité de faire de l'informatique une valeur différenciatrice capable de créer un avantage compétitif.

Sans cette gouvernance appliquée à la modernisation, cette dernière ne restera que le mouton à cinq pattes de l'évolution, développé dans le chapitre suivant : remplacement, réécriture, réarchitecture, rationalisation/industrialisation et… réaction court terme !

1. www.itgi.org

Chapitre 8

Tactiques orientées solutions

Dans la vie, il n'y a pas de solutions.
Il y a des forces en marche, les solutions suivent.

Antoine de Saint-Exupéry

S'il y a beaucoup de choix possibles en matière de rénovation de patrimoines, en réalité, il n'existe qu'une alternative stratégique avant le choix tactique : faire une croix sur l'existant (car celui-ci ne correspond vraiment plus aux besoins ou est beaucoup trop coûteux pour des fonctions standard), ou pas. Cette alternative nécessite au préalable d'avoir connaissance de la valeur de ses applications ou de s'être mis en mesure de l'analyser correctement.

Ensuite, dans le premier cas, il existe plusieurs moyens de procéder, selon l'adhérence au métier de l'entreprise ou non :

- si les fonctions recherchées sont relativement standard et le coût des ressources pour les maintenir/développer trop lourd en interne, il faudra chercher un service équivalent, progiciel à installer ou abonnement à une plate-forme applicative ;

- si l'application peut réellement être un facteur de distinction pour l'entreprise, mais qu'il faut radicalement en changer la conception et l'architecture, on peut songer à réécrire. Cette réécriture équivaut à un remplacement.

- Dans le second cas, celle de la rénovation progressive d'une application ayant de la valeur aux yeux de l'entreprise, il existe plusieurs façons de procéder. Nous traiterons ici des techniques de réingénierie logicielle pour remettre en état un existant spécifique ayant plusieurs défauts de vieillesse.

Quand choisir d'abandonner, de réutiliser ou de rénover l'existant ?

De nombreuses sociétés de services proposent des « solutions » de modernisation. Pour la plupart, ces solutions sont soit des approches projets pour des besoins ponctuels très spécifiques, d'entreprises en difficulté avec une application trop coûteuse en maintenance, difficile à faire évoluer, soit pour faire face à un problème d'obsolescence avéré d'un de leurs composants matériel ou logiciel. C'est souvent dans l'urgence que la recherche de solutions s'effectue dans le second cas et dans le premier, l'approche est essentiellement orientée coûts. Dans les deux cas, il s'agit d'approches tactiques.

Il est plus simple de résumer ces quatre R dans l'alternative « faire une croix sur l'existant » ou utiliser la réingénierie logicielle, c'est-à-dire la mise en place de techniques pour améliorer un développement spécifique, en augmenter la qualité et l'évolutivité.Quand on évoque les stratégies de modernisation possibles, les acteurs dans le domaine citent en général les quatre R, à savoir remplacement, réécriture, réarchitecture, replatforming ou *Application extension*, *Application replacement*, *Application and platform migration*, *Application re-development*.

Les quatre R de la modernisation

- Remplacement : il s'agit d'écarter la voie du développement en spécifique pour prendre une solution standard.

- Réarchitecture : il s'agit de restructurer le code pour qu'il soit plus facile à maintenir, plus lisible, plus évolutif et réponde mieux au cadre architectural de l'entreprise. Si c'est une meilleure productivité en maintenance qui est attendue, elle se mesurera en diminution de charges ou en meilleure réactivité aux demandes de changement. Si c'est une meilleure agilité du système d'information qui est attendue, on devra la mesurer par des indicateurs métier (différence en rapidité de traitement de dossiers pour prendre en compte plus de demandes clients ou rapidité de mise en ligne de nouvelles offres, des prises de commandes plus rapides sur des cycles de ventes plus courts, etc.).

- Replatforming (changement de plates-formes) : il s'agit de migrer d'une solution technique à une autre. En général, il s'agit de remplacer un serveur par un autre, ce qui s'accompagne souvent d'une conversion de base de données et éventuellement de langages. En migrant des mainframes vers le client serveur, on jouera en priorité sur la réduction du TCO (Coût total de possession). Elle se calculera sur l'économie réalisée sur le poste maintenance et exploitation, principalement au niveau du coût annuel des licences logicielles.

- Réécriture : l'application ne satisfaisant plus aux besoins qui restent très spécifiques à l'entreprise, on décide de la réécrire dans un environnement de développements et des concepts architecturaux nouveaux, accordant plus de flexibilité et de pérennité. Il s'agit souvent d'un investissement qui prend le risque de l'innovation.

Faire une croix sur l'existant

Remplacer ou réécrire reviennent au même constat : l'application telle quelle n'est pas la bonne réponse au besoin, elle ne vaut pas les ressources qu'elle consomme. Il faut donc l'abandonner car tôt ou tard, elle coûtera bien plus que sa valeur.

Il se peut même qu'une troisième option requiert l'abandon d'une application existante : la mise en œuvre d'une nouvelle application qui couvre le champ de l'existant.

Derrière ce constat, il est impératif de bien comprendre la couverture fonctionnelle de l'application et d'avoir analysé les processus qu'elle supporte, les données qu'elle manipule. Cette connaissance servira à faire une analyse des écarts entre les besoins et l'existant pour déterminer jusqu'à quel point ce dernier ne correspond plus.

En cas de satisfaction des besoins par l'existant, la redocumentation sera nécessaire pour décider d'une rénovation ou d'un remplacement par un service équivalent, facilement accessible et moins coûteux. Sinon, il faudra réécrire le cas échéant les besoins « modifiés ».

Dans tous les cas, il faudra faire une seconde analyse des écarts entre ces besoins réécrits et les progiciels du marché.

En général, on estime que si les progiciels ne couvrent pas 80 % des besoins principaux, ils vont entraîner trop de développements spécifiques additionnels pour justifier du bénéfice de la standardisation. Encore faut-il bien analyser la règle des 80/20 (voir encadré dans la section « L'analyse de valeur » du chapitre 6). C'est une analyse de la valeur qui sous-tend l'approche.

Il ne faut envisager la réécriture que dans le cas de besoins radicalement modifiés et d'une inadéquation très importante entre les nouveaux besoins et le niveau de satisfaction en réponse apporté par la solution spécifique actuelle ou les progiciels du marché.

Car outre le fait d'ignorer la capitalisation et la valorisation du patrimoine applicatif existant, les risques de réécriture ex nihilo sont importants. En effet, ces derniers sont de facto comparables à des projets de développement classiques, avec les risques de dépassement souvent cités dans des études. Mais il y a plus. Une réécriture complète d'applications complexes et volumineuses s'effectue sur une échelle de temps importante, ce sont souvent des projets pharaoniques avec un délai supérieur à trois ans. À cela, il faut ajouter la gestion de nouvelles compétences, car dans une réécriture complète, l'architecture, les langages, les outils logiciels utilisés ne sont plus les mêmes.

Les exemples ne manquent pas, avec souvent des abandons devant la complexité de la réécriture. Aux débuts des années 2000, par exemple, une banque européenne a abandonné son projet de réécriture au bout de cinq ans après avoir investi 150 millions d'euros. Une institution publique en Scandinavie avait amorcé une réécriture en Java d'une application en Cobol sur vieux systèmes avec une équipe de plus de 150 personnes sur trois ans. Au bout de ce délai, en 2007, seuls 20 % des composants logiciels étaient réécrits, avec de surcroît une mauvaise qualité des livrables.

L'erreur, dans ces exemples, a été de réécrire des applications sans modification réelle de la couverture fonctionnelle, juste pour en disposer sur des infrastructures plus récentes.

Or, dès lors qu'il n'y a pas de changement fonctionnel majeur, on peut estimer un ratio de coût a minima de 2 à 3 entre une migration d'infrastructure et la réécriture.

Avant de faire une croix sur un existant, il faut donc impérativement étudier la couverture des besoins qu'il propose. Une étude documentée de l'existant est donc un préalable indispensable à tout projet de refonte.

Réutiliser des services de surface

Quant on en vient aux stratégies de modernisation d'un existant obèse résidant sur des mainframes, de nombreuses études démontrent que la réécriture des applications est rarement envisageable, et le remplacement par des progiciels pas forcément adapté à des spécifiques vieux de trente ans et plus.

La réutilisation est souvent le choix de la raison, et nombreux sont les acteurs qui viennent sur ce marché proposer des solutions pour intégrer les services métiers dans les mainframes. Toutefois, les variantes sont nombreuses et toutes ne satisfont pas à la même ambition. Autrement dit, du *revamping Web* (séparation des couches de présentation de la logique métier) à l'extraction de règles métier pour en faire des services Web, la philosophie et la complexité ne sont pas les mêmes.

Une demande forte existe dans les banques et les assurances pour se donner la possibilité d'interconnecter les systèmes mainframes et les applications Web. Une solution relativement simple existe qui consiste à encapsuler l'application existante dans un service Web qui pourra communiquer avec les autres au travers d'une architecture orientée services (avec les couches d'intégration nécessaires, notamment l'ESB). Les solutions analysent les messages et la logique de navigation des transactions mainframe, initialement prévues pour des terminaux, et génèrent automatiquement le code nécessaire.

L'application est vue comme une boîte noire et ce qui est exposé en services web[1] reste limité aux entrées/sorties. Si la solution répond aux besoins d'intégrer un mainframe dans une architecture SOA, elle reste superficielle au sens où elle ne répond pas au besoin d'apporter de l'agilité à des systèmes monolithiques. Elle répond en fait à un autre objectif : le besoin de faire coexister des systèmes. Typiquement, une nouvelle application de prise de commande dans cette logique pourra communiquer avec une ancienne solution de gestion de stock sur mainframe. Mais les éventuelles règles métier au sein de la gestion de stock

1. Les services Web s'appuient sur un ensemble de protocoles Internet très répandus (XML, http, SOAP, simple Object protocol), afin de faire communiquer des applications hétérogènes entre elles. Cette communication est basée sur le principe de demandes et réponses, effectuées avec des messages XML.

ne pourront être manipulées pour s'adapter aux nouvelles règles de tarification par offres, il faudra réappliquer une couche logicielle pour cela.

Si, en revanche, un découpage de la logique métier avait lieu au sein de l'application, et non à ses interfaces d'entrées et de sorties, les règles métier pourraient être extraites et utilisées en services Web, éventuellement paramétrées dans un moteur de règles, et s'intégrer dans une architecture SOA tout en laissant le reste inchangé. Le cas échéant, on garderait la puissance du mainframe en gagnant l'agilité escomptée. C'est là que réside le potentiel de ce qu'on nomme la « réingénierie logicielle ».

Rénover en profondeur avec la réingénierie logicielle

Quand l'application patrimoniale est estimée comme un réel bien de l'entreprise, les fonctions jugées satisfaisantes et le développement en spécifique justifié, nous entrons dans le cadre de la rénovation, de la réingénierie logicielle. Sous ce concept se trouvent toutes les méthodes et outils pour partir d'un état d'un code existant, implémenté dans un environnement en production et présentant des défauts variés, à un autre état, jugé plus satisfaisant, éventuellement dans un autre environnement technique.

Le problème logiciel aujourd'hui n'est pas tant le développement que la maîtrise de l'évolution. Les nouveaux développements suivent des processus de plus en plus rigoureux, les environnements de développement actuels sont sophistiqués et intègrent les bonnes pratiques du développement en matière de qualité et de traçabilité. Seulement, ces outils ne sont pas toujours à disposition de technologies anciennes et les méthodes de maintenance sur une quarantaine d'années ont peu de chance d'avoir suivi les mêmes principes de qualité.

Comment remettre à niveau ce qui ne l'est plus et qui ne respecte pas l'un ou l'autre des principes de performance, d'interopérabilité, d'ouverture, de réutilisabilité ou de flexibilité ?

Une application qui a été développée en spécifique a évolué souvent bien au-delà de la conception d'origine suite aux multiples évolutions et maintenances en production tandis que les documentations disponibles ne sont plus à jour et qu'il n'existe pas de lien entre l'implémentation et un modèle de conception qui permette de comprendre globalement les fonctions métier de l'application, encore moins de les modifier aisément.

Le code source existant devient le seul élément rattaché directement au système. Seulement, quand des applications sont depuis très longtemps en production, il semble ardu de reprendre connaissance des milliers de lignes de code manuellement et inenvisageable sans risques d'erreur.

C'est là où des outils de rétroconception et de réingénierie fournissent des aides à la compréhension et la redocumentation d'une application.

2. Elliot J. Chikofsky est un expert (reconnu internationalement) des technologies de réingénierie logicielle. Il enseigne dans différentes universités américaines et exerce en tant que consultant. Chikofsky est membre du comité de direction du conseil technique de l'IEEE sur l'ingénierie logicielle (IEEE Technical Council on Software Engineering (TCSE)). Il préside le REF (Reengineering Forum industry association) et a également à son actif de nombreuses publications et l'organisation de conférences internationales. Pour en savoir plus : http://pathbridge.net/chikofsky/

Nous utiliserons dans ce chapitre la terminologie de Chikofsky[2], pour définir les tâches de rétroconception et de réingénierie d'un logiciel.

Ainsi, la tâche de rétroconception (ou *reverse engineering*) consiste à « analyser un système afin d'identifier ses composantes et ses relations dans l'objectif de créer des représentations avec des formalismes variés ou à des niveaux d'abstraction différents ». La réingénierie est, selon Chikofsky, une tâche « d'examen et d'altération d'un système afin de le reconstituer sous une nouvelle forme suivie de l'implantation de cette nouvelle forme »

Comment débuter ?

Si le langage naturel est créatif, suggestif, associé au cognitif, le langage informatique se conforme impérativement à des règles syntaxiques. Telle est sa logique. Quant à la sémantique, qui désigne en linguistique le sens d'un texte pour le distinguer de sa forme, en informatique, elle est d'abord formelle. Elle désigne l'interprétation d'un langage sous forme de règles et de structure mathématique (typage des données). On ne programmera pas un ordinateur de façon à le doter de la compréhension du « sens » du langage, sans lui fournir une représentation de domaines de connaissances, significative et extensible.

Quelle que soit l'opération de modernisation que l'on souhaite effectuer sur un code existant, il existe une première étape incontournable pour prendre connaissance du code et le stocker dans une forme exploitable pour l'analyse et la transformation automatique : le *parsing* de code.

En ingénierie logicielle, le parsing est défini comme le processus d'analyse du code source d'un programme de façon à déterminer sa structure grammaticale. Un *parser* est dès lors un outil logiciel dont l'objectif consiste à traduire dans une forme intermédiaire un langage de programmation, à l'aide d'une description de la grammaire du langage. Inventés à l'origine à l'usage des compilateurs et des interpréteurs des langages de programmation, le champ d'application des parsers s'est vite étendu aux outils de modernisation de code, dont ils sont une brique essentielle.

Si tous les parsers partagent le même principe d'analyse, il n'en reste pas moins des différences non négligeables entre eux. En effet, pour traiter des volumes imposants (MLOC - *Million Lines of Code*) et des systèmes complexes, un parser « industriel » est indispensable. car il permettra de restituer au bon niveau de granularité et de complétude les informations collectées et de les stocker dans une base de données (à l'inverse des compilateurs qui ne restituent qu'un fichier).

Un parser industriel vise par définition des opérations industrielles de réingénierie. Pour être apte à les satisfaire, il doit fournir une représentation abstraite du code qui respecte des principes d'acuité, de stockage de larges volumes dans une base de connaissance interrogeable, de complétude et de granularité des composants collectés, afin d'autoriser, d'une part, la recherche précise de patrons (« pattern ») et l'identification d'objets, et d'autre part, la transformation du code.

Mais cela n'est pas suffisant, encore faut-il qu'il soit extensible, c'est-à-dire qu'il ait la capacité de traiter les dialectes de langages inhérents à la grande variété d'environnements existants. Ainsi l'accent en modernisation doit-il être mis sur les outils à échelle industrielle. Ils se définissent à la fois par un référentiel de gros volumes de code doté d'un système de gestion, afin de pouvoir interroger l'existant avec un langage de règles d'analyse et de transformation, mais également par leur capacité à développer rapidement de nouveaux analyseurs de langages.

> **Parser contre parser**
>
> « La connaissance par avance de la grammaire d'un langage est une condition non satisfaite en réingénierie. », extrait de l'article de M. Van den Brand, A. Sellink, C. Verhoef, *Current Parsing Techniques in Software Renovation Considered Harmful icpc*, pp.108, 6th International Workshop on Program Comprehension, 1998.
>
> Il existe des milliers de langages, si on prend en compte en plus de la variété des langages, les extensions, les dialectes, les versions, etc. Par exemple, il n'y a aucune application de Cobol en production qui utilise purement des programmes Cobol de norme ANSI. Comprendre une application en production Cobol sous MVS exige de comprendre le Cobol (sous ses nombreuses formes incluant OS/VS Cobol, VS Cobol II, MVS Cobol, etc.) mais aussi le JCL, le CICS, l'embedded SQL, l'IDMS, et les références aux programmes dans d'autres langues telles que l'assembleur, le PL/I, le RPG. C'est là où des technologies de génération de parser telles que Yacc ou Bison, atteignent leurs limites, car elles partent d'une description de la grammaire du langage, considérée connue et délimitée, et non soumise à de continuels changements.
>
> Afin de s'adapter aux exigences spécifiques des applications en production, la modernisation requiert des outils de parsing incluant des « générateurs de parser » qui puissent étendre continuellement, par apprentissage, la connaissance des grammaires.

Le domaine de la réingénierie logiciel est extrêmement porteur pour optimiser les projets de modernisation d'une application patrimoniale issue d'un développement spécifique, grâce à des possibilités d'automatisation de transformation vers une cible, à partir de l'analyse de l'implémentation de la source existante.

En particulier, les techniques de réingénierie logicielle permettent :

- la migration d'un système d'information vers un nouvel environnement technologique :
  - migration de plate-forme,
  - migration de bases de données,
  - migration de langages ;
- la réarchitecture d'un code existant pour une meilleure maintenabilité et évolutivité, donc l'amélioration de son « degré d'utilisabilité » et de son « degré d'évolution » ;
- la redocumentation et le contrôle qualité à partir de mesures factuelles issues de l'implémentation grâce à des outils de compréhension du code

(inventaire, mesure des métriques qualités, navigateurs de code, références croisées et relations entre composants, etc.) et le contrôle qualité des codes sources pour réduire les risques d'erreurs en amont du passage en exploitation ;

- la rétromodélisation des applications existantes pour créer, par exemple, des modèles de conception UML, qui pourront ensuite servir de cadre à une génération de code vers la cible retenue.

La réingénierie logicielle autorise l'automatisation d'une bonne partie des opérations évoquées ci-dessus. En particulier, les migrations peuvent atteindre un taux élevé d'automatisation quand la source et la cible retenues partagent le même paradigme architectural (conversion d'un langage procédural à un autre, par exemple).

Dès lors que la cible est à un niveau d'abstraction plus élevé que la source, ou que la transformation implique une connaissance métier pour valider, par exemple, le périmètre d'une règle de gestion ou l'association d'une donnée métier à une variable, l'automatisation s'avère plus complexe et a ses limites. C'est notamment le cas des changements de paradigme, type Procédural vers objet, par exemple Cobol vers Java, NSDK vers J2EE (*Java2 Enterprise Edition…*).

Le champ de la réingénierie logicielle

La figure 8-1 illustre le principe de la réingénierie logicielle et ses champs d'applications.

La rétrodocumentation

La réingénierie permet en particulier de reprendre connaissance du patrimoine, par l'analyse du code et des dépendances entre programmes. Le tableau 8-1 illustre une classification des techniques d'analyse pour reprendre connaissance des applicatifs à travers leurs codes, et l'utilité de ces techniques.

La conversion de langage

Pour des raisons pratiques d'efficacité et de coût, l'évolution des applications ne suit pas celle des langages. Si un nouvel environnement de programmation devient la norme de l'entreprise, la plupart des anciennes applications restent maintenues dans le langage de développement initial. Leur durée de vie se compte en décennies, voire en fraction de siècles. Il n'est pas nécessaire d'abandonner un langage, tant qu'il ne devient pas… une langue morte, autrement dit, s'il ne fait plus l'objet de supports, de formations, et si les compétences pour le programmer disparaissent. Un langage devient donc obsolète quand il n'existe pratiquement plus d'outils de développement supportés par les fournisseurs ou de compétences sur le marché.

Auquel cas, il faut faire appel à des experts pour le traduire dans un langage plus répandu et ce, de façon plus ou moins automatisée, selon la source, la cible et la facilité le cas échéant à reconstituer le « signifiant conceptuel », classes, sché-

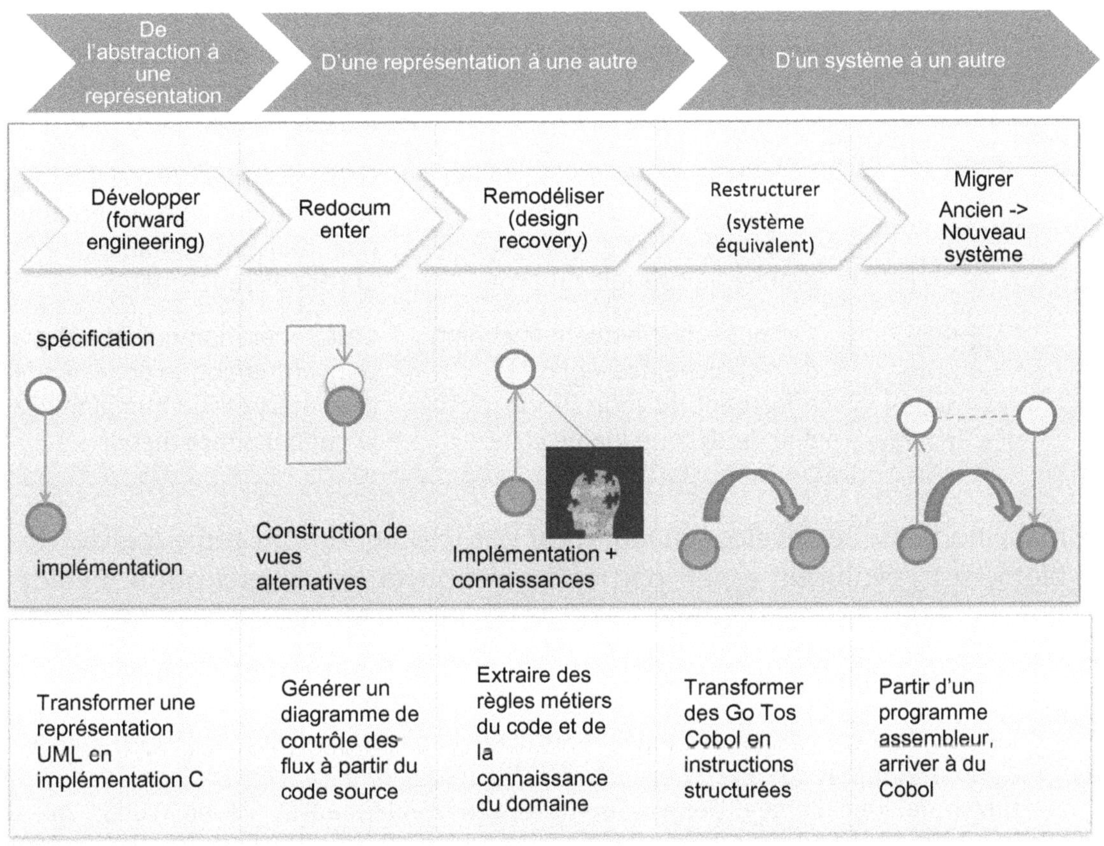

Figure 8-1 : Le champ d'application de la réingénierie logicielle

Tableau 8-1 : Classification des techniques de rétrodocumentation

	Description	Commentaire
Analyse de code, qualimétrie	Outils d'analyse statique des codes sources, mise en évidence des défauts. Orientés métrologie.	Opération qui peut être automatisée. Une attention particulière doit être mise sur les indicateurs qualités à choisir. À quelles questions doivent-ils répondre, par rapport à quel objectif ?
Analyse de code, cartographie	Notion de « portail » qualité, graphes de dépendances, et intégration avec des données « externes » au code.	Attention à la capacité à analyser sur plusieurs programmes, et avec des capacités d'analyse de langages variés.
Analyse de redondance	Recherche de similarité de code à deux niveaux : – syntaxique : à travers une représentation abstraite du code ; – fonctionnel : à travers des graphes de contrôles et de données.	Pour bien analyser l'aspect fonctionnel, l'intervention humaine reste nécessaire.

Tableau 8-1 : Classification des techniques de rétrodocumentation

Analyse d'impact	Recherche des dépendances entre objets.	Établir un dictionnaire de données est une étable préalable indispensable.
Rétrodocumentation des règles metiers	Recherche de règles de gestion dans le code à travers de l'analyse de données métier et l'usage de graphe de contrôle du code.	Cette opération ne peut être que semi-automatique et nécessite une intervention humaine liée à la connaissance métier.
Approche unitaire (extraction ciblée de règles)	Ces outils restreignent le champ de recherche des règles et effectuent du code slicing, c'est-à-dire du découpage de code.	Cette opération ne peut être que semi-automatique et nécessite une intervention humaine liée à la connaissance métier.

mas, modèles. Le développement n'est pas le point dur du génie logiciel, le problème est l'évolution et, en particulier, retrouver le « sens » qui a présidé aux implémentations pour obtenir la flexibilité métier souhaitée.

Le modèle du fer à cheval

Ce modèle a été nommé ainsi par le Software Engineering Institute (1999) dans la note *Options Analysis for Reengineering (OAR): Issues and conceptual approach*, fruit du travail de John Bergey, Dennis Smith, Nelson Weiderman et Steven Woods, qui décrit comment concilier réingénierie logicielle et évolution d'architecture.

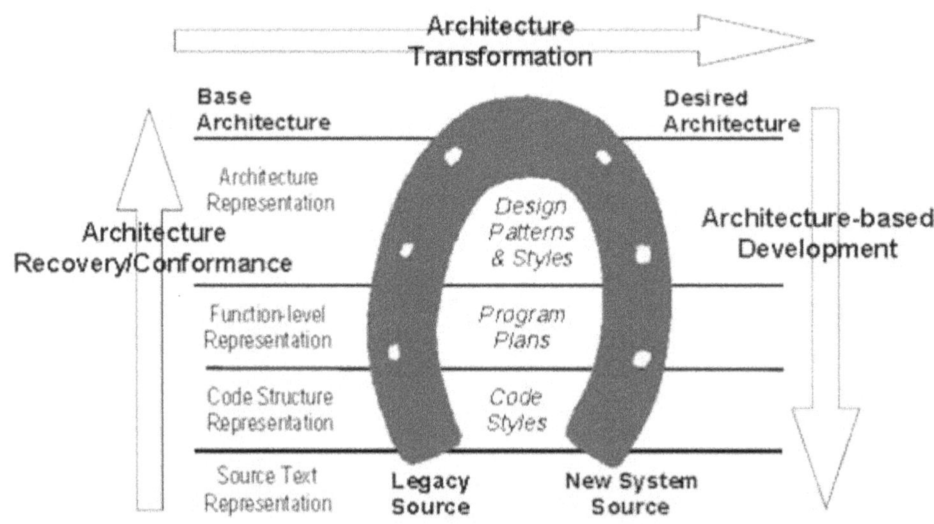

Figure 8-2 : Modèle du fer à cheval pour l'intégration de la réingénierie et l'architecture logicielle (source SEI)

La démarche consiste à abstraire la problématique en remontant au niveau des modèles et à redescendre vers la cible en effectuant éventuellement des interactions complémentaires. Ce type de démarche fait appel à des techniques de rétroconception de découpage de code (slicing) et de métamodélisation.

> Il faut toujours avoir en tête le modèle du fer à cheval pour juger les solutions proposées pour la modernisation, notamment dans le domaine des conversions de langage, car les outils de transformation restent souvent à des niveaux plans intermédiaires qui peuvent être interprétés automatiquement et ne permettent pas de migrer une logique de conception (niveau supérieur de la figure 8-2) Le résultat, quand les deux langages ne partagent pas le même paradigme (exemple langage procédural vers langage objet), peut être surprenant. Ainsi, si l'automatisation de la conversion de langage est nécessaire, elle a ses limites : le « Jabol », par exemple, hybride résultat d'une conversion de source à source entre le Cobol et le Java.

Moderniser une application patrimoniale peut passer par la conversion de son code source à partir du langage initial, jugé obsolète, vers un langage de programmation plus moderne. Cette opération, à l'échelle de millions de lignes de code, n'est réaliste qu'à condition de disposer d'un traducteur automatique, compte tenu des risques élevés d'insertion d'erreurs que provoquerait une traduction manuelle.

L'automatisation n'est pas pour autant efficace dans tous les cas de figure. En effet, des taux élevés de conversion automatique peuvent être atteints entre deux langages partageant le même paradigme, la même syntaxe ou du moins des syntaxes compatibles. Si les différences syntaxiques entre la source et la cible relèvent d'un changement de paradigme, comme pour le Cobol et le Java, il est illusoire de vouloir faire l'économie d'une phase de reconceptualisation intermédiaire. Cette dernière sert à identifier les objets à partir du code procédural existant, ou les fonctionnalités orientées objet, telles que les relations de sous-classe et le polymorphisme[3].

En effet, en procédant à une traduction automatique de source à source, on risquerait d'obtenir un langage hybride – sorte de « Jabol » dans le cas de la traduction Cobol vers Java. Si la tentation existe de procéder à cette transformation dans l'optique de disposer d'outils de développements plus modernes, ou d'augmenter les profils pour maintenir le code cible, cette solution ne satisfait en réalité pas les exigences de la modernisation.

L'objectif d'une traduction est d'améliorer la qualité du code traduit et d'augmenter sa capacité à être traduit. Dans le cas du « Jabol », le résultat – paradigme procédural appliqué avec un langage orienté objet – ne sera compréhensible que par des programmeurs Cobol disposant d'un vernis Java. En outre, les avantages de l'orienté objet seront de facto écartés (principes des sous-classes, modularité, réutilisabilité…). Quant à la lisibilité et à la maintenabilité du code cible, elles sont loin d'être prouvées.

Pour passer d'un paradigme à un autre, il faut une couche d'abstraction dans le processus de transformation, et des règles extensibles de reconnaissance et de transformation de code.

Les systèmes d'information ont aujourd'hui à faire face à l'hétérogénéité des langages et ils auront également à y faire face demain. Il n'y a pas plus de garantie quant à la durée de vie d'un langage choisi à un moment donné, que de

3. Notions liées à la généricité, l'héritage et la spécialisation que permettent l'approche orientée objet. Le polymorphisme est une forme de surcharge. La même méthode peut effectuer des traitements différents selon la classe qui l'implémente. Les objets de différentes classes reçoivent le même message mais y réagissent différemment. Ce type de notions n'existant pas dans les langages antérieurs à cette approche, il n'y a pas de traduction entièrement automatique possible.

limite déterministe quant à la durée de vie d'un langage éprouvé. Le Cobol est censé être mort depuis vingt ans, il se porte encore bien.

Dès lors, un pré-requis des solutions de conversion de code est l'adaptabilité à de nouveaux langages, et la capacité à gérer des différences de niveaux entre la source et la cible. Ce type de solution doit fournir une représentation abstraite du code, phase d'abstraction intermédiaire dans le processus de traduction avant la ré-implémentation en code cible, ainsi que des méthodes configurables et des règles interactives pour la définition et la reconnaissance de « pattern », comme les objets, les classes, etc.

La réarchitecture de code

Il y a de nombreux intérêts à réarchitecturer un code existant, du simple fait de rendre la maintenance plus simple en diminuant la complexité des programmes et en améliorant la qualité du code, jusqu'à l'objectif d'extraire des services métier à réintégrer dans une architecture SOA, en passant par la modularisation qui sert autant à pouvoir réutiliser des fonctions que paralléliser le travail des équipes.

Selon les objectifs poursuivis, les opérations sont plus ou moins complexes et nécessitent plus ou moins d'interactions avec des compétences humaines et métier.

Le *refactoring* (réarchitecture de code) vise à améliorer la structure du code pour le rendre plus maintenable et réutilisable sans pour autant modifier son comportement. Il s'agit de transformations iso-fonctionnelles. On distinguera ici dans les pistes d'amélioration trois niveaux de refactoring, du plus automatisable, qui vise à améliorer la qualité du code maintenu, au plus complexe, qui vise à améliorer la réutilisabilité.

La restructuration syntaxique

Il s'agit d'une restructuration « simple » du code, pour le nettoyer des syntaxes incorrectes ou qui nuisent à la lisibilité et améliorer sensiblement sa qualité. Par exemple, on remplacera des clauses conditionnelles négatives (if not (A > B and (C < D or not (E > F))) qui peuvent nuire à la lisibilité, par des conditions simplifiées (if (A <= B and (C>= D or E > F))).

On peut ainsi restructurer un code automatiquement, par exemple en simplifiant les conditions pour le rendre plus lisible, ou en renommant les variables pour corriger les syntaxes non autorisées qui peuvent être sources potentielles d'erreur. On peut également simplifier la complexité, notamment en réduisant les boucles de contrôles qui augmentent statistiquement les risques d'erreurs.

De même peut-on automatiser relativement aisément la suppression des « codes morts » : certains codes sont dits morts physiquement car il s'agit de codes qui ne s'exécuteront jamais, d'autres sont dits morts logiquement, car ils font appel à une condition de logique métier qui ne s'avèrera jamais vraie (ancien numéro de police d'assurance qui n'est plus utilisé). Ces codes augmentent la volumétrie et la complexité des applications alors qu'ils sont inutiles.

S'il est simple d'identifier les codes morts physiquement automatiquement, les codes morts dits logiquement impliquent de pouvoir identifier les données de références et d'avoir un premier dictionnaire de données. Il faut ensuite passer par des techniques de découpage pour proposer à validation d'un utilisateur une portion de code vraisemblablement morte « logiquement ».

On quitte alors progressivement le champ du syntaxique et du purement automatique.

Pour quantifier les bénéfices de la restructuration syntaxique, on peut mesurer :

- la volumétrie du code avant/après la transformation ;
- les métriques qualité avant/après la transformation (robustesse, maintenabilité, fiabilité, conformité à des standards, documentation ou critères spécifiques tels que pourcentage de codes morts « physiques » ou codes similaires) ;
- le pourcentage d'erreurs/d'anomalies dans les mises en production avant/après la transformation.

Le support d'un outil pour automatiser ce type de refactoring « syntaxique » est extrêmement appréciable, voire indispensable, car vérifier les pré-conditions pour un type de refactoring précis requiert souvent une analyse de programme non triviale, et la transformation doit pouvoir s'appliquer à l'ensemble du patrimoine, sans même évoquer les risques d'introduction d'anomalies d'une intervention manuelle.

La restructuration syntaxique est hautement automatisable et bénéfique pour augmenter la maintenabilité du code car elle peut en réduire la volumétrie, la complexité (par simplification d'un code complexe en code simple) et elle traite toutes les syntaxes qui sont identifiées comme sources d'erreurs potentielles. Elle augmente donc la qualité du code résultant de la transformation.

Plus largement, on peut automatiser, via des outils d'analyse et de transformation de code, toute transformation de masse sur un code où les règles d'analyse et de transformation se modélisent de manière univoque, c'est-à-dire où les pré-conditions à remplir sont suffisantes pour identifier sûrement les segments de code cible de transformation et les post-conditions clairement établies.

Le champ de la restructuration inclut donc des changements dits « de masse » (type extension de champs pour l'an 2000, internationalisation…). Il s'agit de propager automatiquement dans tout le code du système (inter et intra-programmes), grâce à des graphes de flux de contrôles ou de données, une modification réplicable sur des bouts de codes ou des variables répondant à des conditions particulières bien bornées (extension d'un champ de date, par exemple).

Cette propagation automatique d'une modification cadrée minimise les risques d'erreurs des modifications manuelles, en plus de réduire le temps nécessaire à la transformation (inenvisageable en manuel sur des millions de lignes de code).

La restructuration pour factoriser des codes similaires

Elle est utile notamment pour factoriser les codes dupliqués ou similaires. Les codes similaires[4] sont une des plaies des applications en maintenance car ils sont le résultat d'un effet de type copier-coller où, pour des raisons de rapidité, les mainteniciens reproduisent quasiment à l'identique un bout de code existant pour corriger un bogue ou introduire une évolution.

Au lieu de produire un code réutilisable à travers la factorisation d'une fonction, la copie de code produit plus de risques d'erreurs et d'incohérences (une personne qui corrige le code à un endroit ne pensera pas forcément à répliquer la modification dans toutes les copies). Les estimations classiques vont de 8 % à 10 % de codes similaires dans un code normalement industrialisé, mais suivant la longévité de l'application, le pourcentage peut augmenter sensiblement.

Le principe pour factoriser les codes similaires est d'utiliser un outil d'analyse statique de code en support de diagnostic de détection de clones, puis de remplacer les codes similaires par un appel à une fonction réutilisable.

Pour élargir l'efficacité de la détection, on préférera opérer au niveau de la représentation logique. Quand un code est parsé et restitué sous forme d'arbre abstrait syntaxique, on peut calculer des *tuples*[5] de métriques pour chaque sous-arborescence (c'est-à-dire les fonctions) et procéder à une comparaison des arbres/tuples ainsi obtenus pour identifier les similarités.

Cette approche, si elle peut être en grande partie automatisable dans la méthode de détection et, une fois les codes isolés, dans la factorisation, nécessite toutefois une vérification humaine et donc des étapes d'interactivité.

Les opérations de refactoring doivent pouvoir s'inscrire dans des cycles de tests de non-régression pour la fluidité du processus.

La modularisation

Quand les sociétés ou organismes utilisent d'énormes programmes qui sont monolithiques, ils subissent les conséquences de la complexité et notamment la lourdeur de la maintenance. En effet, on ne peut pas paralléliser les équipes et les évolutions sont difficiles. Car un simple changement peut nécessiter d'être répliqué dans de multiples parties du code faute d'une modularisation des fonctions.

Des modules solidaires mais solitaires

Un module peut être défini comme un groupe de fonctions ayant une cohésion forte et un couplage faible.

Couplage faible :

- pas de liens entre les données internes et des données manipulées par d'autres programmes ;

4. Par définition, les codes similaires sont des segments de code que l'on retrouve à plusieurs endroits d'un système ou dans des fichiers différents, ou encore dans le même fichier mais dans des fonctions différentes, voire dans la même fonction

5. En mathématiques, un tuple est une séquence de valeurs (aussi connue en tant que liste ordonnée) appelées composants du tuple. Un tuple est un n-uplet (paire, triplet, quadruplet, etc.). En programmation, un tuple est une donnée objet contenant d'autres objets en éléments, éventuellement de types différents. En SQL, un tuple est une ligne de table (ex : nom, prénom, âge, etc.).

- le module dit posséder ses propres zones de travail jamais utilisées par d'autres modules.

Liaisons externes (interface) :

- les données d'entrée/sortie sont des paramètres à passer au module ;
- on définira de manière précise la structure des données d'entrée à passer au module, de même que la structure des données fournies en sortie.

Cohésion :

- la fonction doit être clairement identifiée et cohérente.

La modularité des programmes est une orientation poussée depuis plus de vingt ans, surtout avec l'orientation objet.

La fonction d'un module est l'ensemble des transformations appliquées par le module sur les données d'entrées pour produire les données de sorties, à chaque appel du module.

Pourquoi modulariser ? Il s'agit tout à la fois de faciliter la maintenance, d'optimiser l'architecture et de mettre en place les meilleures pratiques de mutualisation et de réutilisation.

La meilleure façon de résoudre un problème complexe est de le décomposer. Les programmes modulaires sont plus faciles à comprendre, documenter et maintenir. Ils fournissent des éléments interchangeables, réutilisables et combinables entre eux.

L'objectif est de réduire la complexité en restructurant le système en un assemblage de sous-systèmes plus simples qui peuvent être maintenus séparément. Le principe est de découper les programmes en modules, ou groupes de fonctions liées, découpage fondé sur l'observation qu'un module peut être défini comme un groupe de fonctions ayant une forte cohésion et un couplage faible. La modularité a pour bénéfices de faciliter la compréhension, la maintenance et la réutilisabilité, en particulier en autorisant la parallélisation des développements et des tests. Elle a également pour conséquence une meilleure portabilité.

La maintenance sera facilitée car une modification sur un module sera automatiquement répercutée dans tous les programmes qui l'appellent. Les modules permettent la création d'une bibliothèque de composants réutilisables.

L'application du principe de modularité du code, au niveau du développement, est l'étape-clé pour le rendre réutilisable. Le module étant un sous-programme, son autonomie est assurée par la force des choses (règles du langage de programmation).

Tableau 8-2 : Les techniques de modularisation

	Objectif	Méthode	Défis
Modularisation technique et structurelle	Identifier des blocs ayant un potentiel de modularisation pour découper le code structurellement. On piste des modules de contrôles et on peut aussi pister une syntaxe significative d'un type de traitement éventuellement réplicable et modularisable d'un point de vue technique (par exemple, Perform en Cobol).	Identification des blocs syntaxiques : – approche des appels et dépendances entre programmes et structure ; – approche par syntaxe significative.	La représentation abstraite du code. Les limites de la recherche de syntaxe particulière sans données sémantiques.
Modularisation fonctionnelle	Identifier des blocs ayant un potentiel de réutilisabilité. Soit pour construire ensuite des des bibliothèques de « fonctions » partageables pour tous les programmes, ou dans une recherche de factorisation des codes similaires. Modules de traitement similaires : les journaux de logs, les traces, la synchronisation. Modules de contrôle et de mise en forme de dates, contrôle de montants, etc.	Point d'entrée : donnée calculée et dépendances. Pattern mapping : identification de patrons d'algorithmes.	La recherche (syntaxe particulière, données particulières, patron...). Le mapping avec un patron de traitement. Le découpage (semi-automatique, nécessitera dans tous les cas une intervention humaine).

Tableau 8-2 : Les techniques de modularisation (suite)

	Objectif	Méthode	Défis
Modularisation « sémantique » orientée données	Extraire des fonctions ayant un sens métier (calculer le taux d'endettement maximum, le montant de retraite moyen par mois, par exemple). En particulier adapté pour l'extraction de règles de gestion métier. Exposer des services métier. Très souvent, des modules de traitement sont similaires d'un programme à l'autre, notamment les modules d'accès aux fichiers ou bases de données, soit directement en l'état, soit après des modifications minimes du code source.	Données/variables liées aux graphes de contrôle. Pattern mapping : identification de « services » type. Concept : technique utilisée pour détecter les propriétés communes dans un grand ensemble de données.	La recherche (syntaxe particulière, données particulières, patron...). L'identification de concept. Le mapping avec un patron de services. L'intervention humaine pour la connaissance métier (considérer un ratio de 1 à 7 entre le coût de l'outil et le coût des efforts humains de reconnaissance nécessaires).

Les spécifications externes (données d'entrée/sortie) et internes (règles de traitement) étant clairement définies, on pourra donner la programmation du module à toute personne compétente, même si elle ne connaît pas le reste du programme.

Les modules permettent la séparation des différentes composantes de l'application (par exemple, séparation données/traitements/affichage) afin de rendre leur développement indépendant les uns des autres.

En outre, via la modularisation, on peut envisager d'extraire les règles de gestion écrites en dur dans le code pour les rendre paramétrables dans un moteur de règles, à des fins de flexibilité métier.

Selon l'objectif des bénéfices recherchés par la modularisation d'un existant, le champ des techniques utilisées sera différent. L'approche la plus étendue étant une recherche de modularisation applicative au niveau d'un système d'information, pour passer d'un patrimoine applicatif développés « en silos applicatifs », à une architecture d'assemblage de composants.

Si la modularisation vise une application seule, elle peut être ou technique – et dans ce cas on cherche à partager des traitements – ou fonctionnelle, et on cherche alors à mutualiser des fonctions. On passe au niveau « sémantique » (niveau conceptuel/abstraction) quand on cherche à extraire la logique métier (services métier ou règles de gestion) pour aller au-delà de l'application et pouvoir viser l'assemblage de composants métier.

Le tableau 8-2 illustre les différents niveaux de recherche de modularisation, les techniques possibles et les limites.

La migration de plates-formes

Appelée également *replatforming*, la migration d'applications vers une nouvelle plate-forme est en général envisagée pour deux raisons principales :

- une obsolescence avérée de la plate-forme : arrêt du support et/ou de la commercialisation ;
- des coûts excessifs : plates-formes propriétaires, verrouillage fournisseur, coût du modèle économique récurrent des mainframes au regard du coût des licences perpétuelles Unix, par exemple, ou de Linux, encore plus avantageux (pas de coût d'acquisition).

D'autres aspects d'interopérabilité peuvent jouer, mais ils sont rarement les leviers qui activent la décision de migration. À ce niveau, elle est essentiellement technologique, l'objectif étant de migrer vers un système à « iso fonctionnalités ». On ne touchera pas à la couverture fonctionnelle de l'application et on devra veiller à ce que le comportement applicatif soit identique, dans l'environnement cible, à ce qu'il était dans l'environnement source. Ce type de migration doit être transparent pour l'utilisateur.

La migration a donc pour objectifs majeurs d'adresser des facteurs de risques importants ou de réduire des coûts qui le sont tout autant. Les objectifs secondaires qui peuvent jouer sont la volonté d'urbaniser et de passer dans des environnements ouverts et/ou des architectures distribuées, ou celle de réduire les dépendances envers des plates-formes propriétaires avec des composants plus « portables » et réutilisables.

La migration va s'effectuer en séparant présentation, données et traitements, tout en préservant l'iso-fonctionnalité et la performance. Cette solution présente l'avantage de soulager rapidement le risque opérationnel (c'est-à-dire fin de vie d'une plate-forme), le cas échéant, du fait d'un niveau d'automatisation élevé grâce à des outils éprouvés et des processus de migration connus. La réduction des coûts et la possibilité d'accéder à des services interactifs, dans le cas du passage du mainframe à des environnements ouverts, sont également des bénéfices possibles (reste à faire le calcul du TCO).

Face aux bénéfices, la solution ne résout pas les inconvénients d'une architecture applicative monolithique et de codes de mauvaise qualité (excepté une restructuration syntaxique minimum).

Cette migration doit s'effectuer avec les principes suivants :

- prouver l'iso-fonctionnalité ;
- garder les performances à la cible ;
- ne pas introduire de rupture technologique pour les équipes en place ;
- éviter d'introduire des anomalies en automatisant autant que possible le processus.

Quelle solution privilégier ?

L'analyse de la valeur, la clé du choix

Encore une fois, il n'y a pas de solution miracle qui s'applique à tous les cas de figures, pas plus que d'approche absolue qui les résoudrait tous. Reste à privilégier une méthode d'approche pour rénover progressivement, et selon les enjeux, à savoir en fonction de l'analyse de valeur du patrimoine applicatif.

Afin de moderniser le patrimoine pour l'exploiter au mieux et choisir une (ou plusieurs) solution(s), il faut d'abord analyser sa complétude et sa qualité, avant de pouvoir déterminer quelle application mérite d'être remplacée, réutilisée « en surface » ou rénovée en profondeur. Il s'agit d'effectuer cette analyse sur plusieurs axes ainsi qu'évoqués précédemment (la dimension risque étant incluse dans l'axe sécurité). La décision se fera sur la valeur, c'est-à-dire le meilleur ratio entre la satisfaction optimale des besoins et le coût en consommation de ressources.

Il ne s'agit pas seulement d'obtenir un équilibre entre les coûts et les risques, il s'agit de ne pas oublier à quoi servent les systèmes d'information. Les coûts ne veulent rien dire dans l'absolu. Ils peuvent être faibles et pour autant devoir être revus. Rien ne sert, encore une fois, de maintenir une application en interne si elle n'apporte pas de valeur. A contrario, ne pas investir dans une application, même sans extension fonctionnelle, peut dégrader sa valeur.

Une fois la décision prise de rénover tout ou partie d'un patrimoine écrit en spécifique, il est très possible, voire recommandé, d'utiliser plusieurs techniques pour préparer l'évolution.

Comme le montre la figure suivante, la redocumentation du patrimoine applicatif est une étape qui précède toutes les pistes de solutions envisageables.

Même si on ne souhaite pas rénover en profondeur une application, si on souhaite l'externaliser, il est indispensable de remettre au prestataire qui en aura la charge une application dans un état compréhensible, sous peine de perdre les bénéfices escomptés d'une éventuelle industrialisation, ou les réductions de coûts envisagées.

Quant au passage vers un progiciel ou vers un service sous abonnement qui assure des fonctions métier, il nécessite toujours un préalable, l'analyse des écarts pour établir si le niveau de « couverture » du progiciel ou du service est satisfaisant.

Repartir de zéro pour redéfinir les besoins est un principe louable si on souhaite effectuer une analyse de la valeur rigoureuse de chaque fonction pour ne focaliser que sur les fonctionnalités les plus utilisées. Selon la loi de Pareto, les fonctionnalités les plus utilisées (80 % du temps) méritent le plus d'attention, même si elles sont les plus banales, alors que celles qui sont peu utilisées (20 % du temps) devraient se satisfaire d'un effort moindre (voir encadré dans la section « L'analyse de valeur » du chapitre 6).

Reste que cette logique doit être couplée avec l'analyse des fonctions existantes pour accélérer cette phase de cadrage. Sinon, la phase durera plus longtemps que souhaité, ou on prendra le risque d'oublier des fonctions utiles, insérées au fil du temps dans le logiciel spécifique, suite à des demandes des utilisateurs.

Une aide à la redocumentation des applications, sous la forme pour partie d'outils de réingénierie, est donc fortement souhaitable. Le niveau de redocumentation souhaité est ensuite à envisager selon le niveau de réutilisation escompté.

Redocumenter des règles métier est en particulier intéressant pour la réécriture, en simplifiant la mise en œuvre de moteurs de règles, par exemple. On peut aller plus loin en voulant minimiser les risques d'une réécriture complète via une logique de réutilisation progressive de modules de l'ancienne application, qui seront découpés et revus sous forme de services en insérant l'approche de réingénierie dans une approche d'architecture globale.

La figure 8-3 montre comment la réingénierie logicielle peut s'insérer dans une approche globale d'évolution.

Ensuite, pour chaque besoin, on peut trouver plusieurs types de solutions en réponse et il faudra à nouveau le support de l'analyse de la valeur pour faire le choix efficient qui peut conduire à l'usage d'une combinaison de solutions.

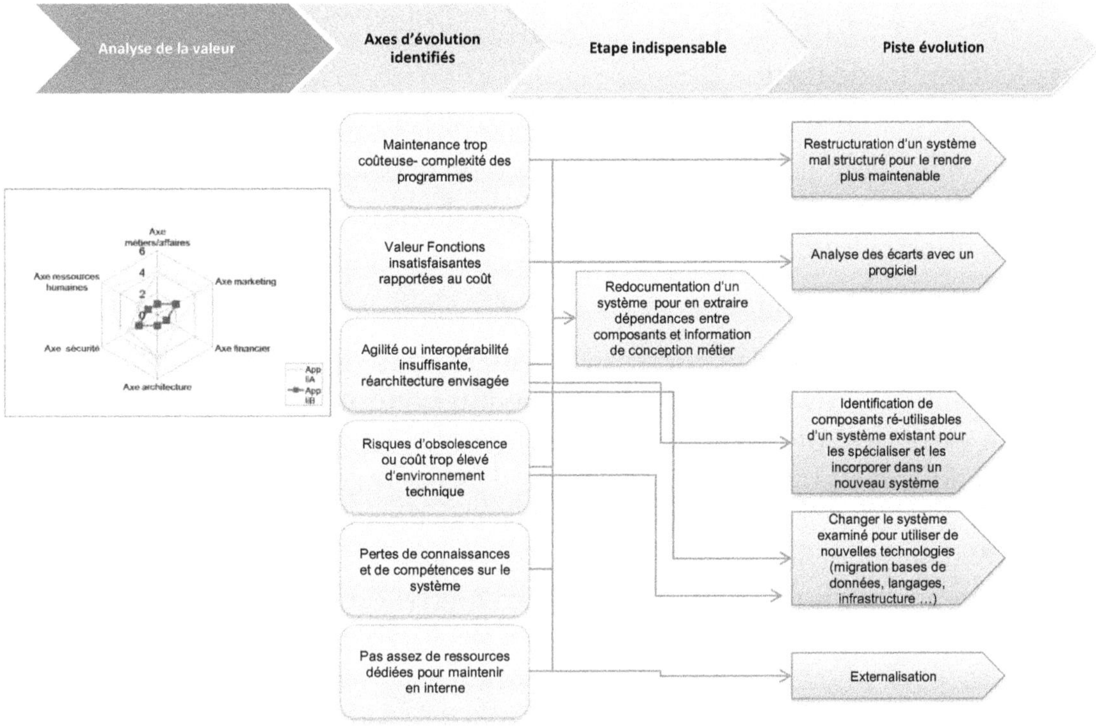

Figure 8-3 : La réingénierie en support des besoins d'évolution

Aujourd'hui, une application critique pour le métier, avec un réel impact sur l'efficacité opérationnelle, peut souffrir du coût de plates-formes propriétaires et des limitations d'interopérabilité qu'elles imposent. Une migration d'infrastructures visera à diminuer le coût total de possession, dès lors qu'elle peut conduire à des économies significatives. Pourquoi ne pas y ajouter, au bon moment, des opérations de restructuration de code pour plus de facilité de maintenance ?

Analyser le patrimoine : les référentiels à mettre en place

Dans tous les cas, tout projet d'évolution doit débuter par une analyse du patrimoine, consolidée autant que possible par des outils d'analyse automatique et des bases de connaissance.

Chaque projet doit être, dans une logique de « cycle de vie de l'évolution du patrimoine », une occasion de mettre en place ou de venir enrichir des référentiels de contrôle sur la durée, en particulier :

• Référentiel de l'implémentation

Les outils de cartographie, de qualité et de lotissement mis en place pendant le projet, pourront continuer à être utilisés et pourront s'intégrer à un portail ou une interface d'accès unique qui donnera la visibilité sur l'ensemble des cartographies techniques disponibles pour l'analyse de la qualité. Ces outils, pour être totalement exploitables, doivent combiner à l'analyse un métalangage de descriptions, des règles de transformation et une grammaire extensible.

- Référentiel de tests

  Un référentiel à enrichir progressivement des cas de tests et des captures de référence (lors de la mise en œuvre de tests de non-régression). Cela permet d'industrialiser la totalité du processus de non-régression (debug inclus) en cas de transformations.

- Référentiel de connaissance

  Il s'agit de retrouver progressivement le sens des applications, c'est-à-dire l'objectif de valeur auquel elles doivent répondre, les « objets sémantiques » qui sont les processus qu'elles viennent supporter, les données métier qu'elles manipulent et les fonctions d'usage qu'elles proposent. Les ontologies sont à envisager comme moyens. Ces ensembles structurés qui modélisent les concepts d'un domaine, leurs attributs et les relations utilisées, peuvent s'appliquer à la connaissance métier de l'entreprise par la définition des données métier de référence (le référentiel), puis des liens entre ces données, et des liens entre processus métier, etc.

> **Ontologies : de la théorie philosophique à la pratique informatique**
>
> Définition didactique : en philosophie, partie de la métaphysique qui s'applique à l'être en tant qu'être, indépendamment de ses déterminations particulières (Le Petit Robert).
>
> Définition pratique appliquée à l'ingénierie des connaissances : une ontologie est une spécification rendant compte (on espère de façon générique) d'une conceptualisation (Gruber,1990).
>
> Selon Borst[6] « une ontologie est définie comme étant une spécification explicite et formelle d'une conceptualisation partagée ».
>
> L'explication de cette définition est donnée par Studer[7] :
>
> - explicite : tous les concepts, les relations, les propriétés, les contraintes, les fonctions et les axiomes sont définis explicitement ;
> - formelle : l'ontologie peut être traduite dans un langage interprétable par la machine ;
> - conceptualisation : un modèle abstrait qui correspond à l'identification des concepts appropriés à un phénomène dans le monde ;
> - partagée : toutes les connaissances détenues dans l'ontologie sont partagées par un groupe ou une communauté.

Les phases de la rénovation progressive

Nous allons tenter de définir ici les conditions pour une approche progressive de la rénovation d'applications patrimoniales, à la fois d'un point de vue transformation pour plus de réactivité métier et d'un point de vue contrôle de l'évolution logicielle. Il ne s'agit pas d'être exhaustif sur un sujet complexe, mais de fournir des indications sur les points-clés de l'approche.

6. Borst W., 1997, *Construction of Engineering Ontologies for Knowledge Sharing and Reuse: Ph.D. Dissertation*, University of Twente.

7. Rudi Studer est un expert allemand des sciences de l'informatique et professeur à l'université de Karlsruhe. Il est à la tête du groupe de recherche sur le knowledge management de l'institut AIFB. Pour en savoir plus : http://semanticweb.org/wiki/Rudi_Studer

Les principes généraux des objectifs présidant à la rénovation d'un système d'information pour plus de flexibilité, portent sur :

- la définition et la mise en place de « référentiels sémantiques ». Ces référentiels modéliseront des informations qui ont un sens pour le métier de l'entreprise et autoriseront un niveau plus souple de manipulation de ces informations, non contraint par l'implémentation ;

- la modularisation des monolithes applicatifs.

Ces principes portent également, pour que ce découpage puisse répondre au mieux à une approche guidée par les processus métier, sur :

- la définition des zones d'échanges aux partenaires ;

- la définition des multiples canaux d'accès.

Nous décrirons six phases principales, qui ne sont pas obligatoirement séquentielles et peuvent être optionnelles – à l'exception du diagnostic et du contrôle de l'évolution – pour répondre à ces objectifs. Elles sont explicitées dans le tableau ci-dessous. Nous nous attacherons dans les paragraphes suivants à en détailler les enjeux et points-clés.

Tableau 8-3 : Les phases d'une rénovation progressive

	Objectif
Diagnostic	Obtenir une meilleure visibilité de l'état d'un patrimoine pour prendre les décisions appropriées concernant sa rénovation. Établir un diagnostic de l'état de l'application grâce à un inventaire des composants de l'implémentation, et des mesures sur la base des enjeux (ouverture, flexibilité, optimisation des coûts,...).
Redocumentation	L'objectif est de pouvoir comprendre ce qui est implémenté.
Simplification/ rationalisation	La simplification et la rationalisation ont pour objectif de faciliter la maintenabilité et la réutilisabilité en éliminant en particulier les redondances et les imbrications, pour supprimer autant que possible les adhérences entre blocs fonctionnels. Cette phase comporte un axe données et un axe modularisation.
Transformation d'infrastructure	Minimiser les risques d'obsolescences ou réduire les dépendances envers des produits (plates-formes, langages, bases de données) propriétaires ou diminuer un coût total de possession.
Introduction du paramétrage	L'objectif est d'autoriser les utilisateurs à réaliser des modifications « à la volée », sans pour autant passer par des cycles de redéveloppement et de tests.
Contrôle de l'évolution	Mise sous contrôle de la qualité de l'évolution, suivi et traçabilité des évolutions sur un existant, gestion du cycle de vie de l''évolution.

Diagnostic

Le diagnostic nécessite de déterminer les objectifs d'évolution en fonction des enjeux d'amélioration pour ensuite pouvoir décliner les métriques appropriées (approche GQM – Goal, Question, Metrics).

Le diagnostic doit s'appuyer sur des critères de mesures factuels (métriques normées) obtenus par une analyse de l'implémentation. Le support d'un outil d'analyse automatique est recommandé compte tenu des volumes manipulés et des risques d'une intervention manuelle. Cet outil doit être paramétrable dans la définition des règles d'inspection.

Redocumentation

Il faut être capable d'avoir une représentation abstraite du code, à stocker dans une base de connaissances, capable de collecter et de traiter un volume important de millions de lignes de codes, et de fournir une représentation abstraite suffisamment fine pour l'acuité des recherches d'information sur l'existant et la capacité à transformer.

La redocumentation peut s'effectuer à plusieurs niveaux, suivant qu'elle restitue uniquement des informations sur l'implémentation (documentation des composants, documentation des relations entre composants et des graphes de dépendances) ou qu'elle rajoute des informations de connaissance sémantiques (documentation des données métier, documentation des règles de gestion), voire qu'elle remonte à la modélisation des besoins métier.

La granularité fine permet de modéliser toutes les informations syntaxiques et sémantiques du programme (constante, instruction…).

Afin d'envisager la restructuration des sources du patrimoine applicatif, la capacité de transformer doit être inhérente à cette représentation (arbre syntaxique, modèle d'abstraction, production d'une grammaire syntaxique propre au langage – les règles de transformation dépendent du langage).

En particulier, on s'attachera à recréer autant que possible une abstraction du code pour remonter au niveau de modèles, avant de pouvoir opérer des transformations sélectives (en fonction des objectifs/enjeux et risques).

Si on cherche à extraire la logique métier (services métier ou règles de gestion) pour aller au-delà de l'application et pouvoir viser l'assemblage de composants, il faudra d'abord définir les données de références nécessaires aux échanges globaux et locaux. Le « dictionnaire de données » est un composant indispensable de la redocumentation dans cette orientation afin de :

- savoir où sont manipulées les données métier ;
- implémenter des conventions de nommages ;
- effectuer si nécessaire un typage de données (quelles sont les données de mon système qui représentent une valeur monétaire, une date, ou un numéro de compte ?) ;

- effectuer l'association sémantique des données métier avec les données physiques pour pouvoir ensuite propager cette association à tous les objets à travers le graphe de flux de données (d'où la nécessité de la complétude des graphes de dépendances) ;
- pouvoir identifier et redocumenter les parties de code implémentant des règles de gestion à partir de la connaissance des données métier manipulées.

Simplification/rationalisation

La simplification et la rationalisation ont pour objectif de faciliter la maintenance et la réutilisabilité, en éliminant en particulier les redondances et les imbrications, pour supprimer autant que possible les adhérences entre blocs fonctionnels.

Cette phase comporte deux axes :

- un axe données : les référentiels des données doivent être structurés et leurs accès isolés et standardisés ;
- un axe modularisation : il s'agit de décomposer le SI en fonctions, de limiter les imbrications entre elles, de les rendre les plus modulaires possibles. L'étape suivante serait de normaliser l'appel de ces fonctions et de les référencer en une bibliothèque.

La modularisation ne peut être entièrement automatique, c'est une approche semi-automatique. Il faut en particulier s'attacher à :

- identifier les candidats à la modularisation en fonction des enjeux. Choisir les méthodologies de recherche de code en fonction des enjeux. Obtenir une représentation abstraite du code pertinente pour automatiser la recherche ;
- nettoyer syntaxiquement avant de modulariser en approche globale ;
- définir le processus de décision et les critères d'arbitrage pour attester de la validité d'un fragment de code/composant proposé à la modularisation :
  - critère d'arbitrage fonctionnel sur la granularité de la décomposition,
  - critère d'arbitrage performance du système ;
- clarifier les critères techniques d'extraction de composants.

Transformations d'infrastructures

En matière de transformations d'infrastructures, il faut regarder avec intérêt les possibilités d'automatisation dès lors qu'on a affaire à des programmes volumineux. Il faut ainsi vérifier le niveau d'automatisation possible, passer par des processus de transformation industriels, avec une flexibilité quant à l'approche du tout automatique versus une approche de réécriture sélective.

En particulier, une migration de langage procédural vers un langage objet nécessite des interactions complémentaires à ce qui peut être automatisable.

Introduction du paramétrage

L'objectif est de pouvoir masquer les détails techniques d'implémentation et de remonter vers un niveau d'abstraction qui autorise certaines modifications à être faites à la volée par les utilisateurs, sans pour autant passer par des cycles de redéveloppement et de tests qui impliquent les équipes techniques et des délais plus longs.

En particulier, les systèmes existants ont souvent des règles de gestion codées en dur. La rénovation consistera donc à identifier les parties de code implémentant ces règles de gestion pour les extraire et alimenter un moteur de règles, afin qu'elles soient accessibles et modifiables par les utilisateurs et non les développeurs.

Le paramétrage des règles de gestion via un moteur de règles obéit à la fois à un besoin de flexibilité métier et un besoin d'architecture, d'une part, en autonomisant les métiers via la mise à disposition d'outils de modélisation et de développement de règles métier pour plus de flexibilité, d'autre part, d'un point de vue plus technique, en évacuant les règles métier de la grammaire BPEL (*Business Process Execution Language*) afin de favoriser maintenance et réutilisabilité des paquets de règles.

Contrôle de l'évolution

Toute évolution/intervention sur un code existant peut potentiellement dégrader un système et le rendre moins réutilisable – faute de documentation ou de suivi de principes d'architecture –, ou moins maintenable, s'il y a dégradation de la qualité du codage ou introduction d'erreurs. La maintenance d'un code existant doit donc être mise sous contrôle de la qualité de l'évolution, particulièrement dans le cadre de l'externalisation de la maintenance où la nécessité de réduire les dépendances ou le verrouillage avec un prestataire est flagrante.

Le contrôle est à la fois « statique », au sens analyse des sources du code pour déterminer l'évolution des critères qualité (maintenabilité, portabilité…) et « dynamique », au sens de l'exécution du code pour en déterminer entièrement le comportement.

Il faudra également veiller à la qualité de la documentation (documentation mise à jour régulièrement, modèle UML, etc.), voire à la mise à jour d'un « référentiel de connaissance » si cette bonne pratique a été mise en œuvre.

Le contrôle de l'évolution ne s'arrête pas à une analyse de la qualité des évolutions sur du code spécifique. Il s'étend également à la mise en cohérence des différentes interventions et des opérations avec un cadre d'architecture d'entreprise global, dans une approche d'urbanisation (voir la section « Modernisation et urbanisation : les deux faces de Janus » du chapitre 9).

Si la tentation d'oublier le passé est facile, il est impossible d'éviter le futur, ce dernier étant inéluctablement transformé par l'héritage du passé. Dans le cas des systèmes d'information, les architectures émergentes doivent franchir l'écueil d'un existant complexe et hétérogène, avec lequel elles doivent composer. En créant un pont entre les anciens paradigmes d'architecture et les nouveaux, les techniques de « modernisation » aideront à franchir cet écueil.

Les meilleures pratiques de l'évolution

En cinquante ans d'informatique et de mise en place de système d'information, la profession toute entière a eu le temps d'apprendre du retour d'expériences des erreurs passées. Cela n'évite pas d'en répéter certaines, car l'évolution humaine est bien plus lente que celle apparente des technologies, ce qui nous amène parfois à oublier des principes simples en nous laissant griser par la nouveauté. Reste qu'une « *science a l'âge de ses instruments de mesure* », selon Pasteur, et que ceux des systèmes d'information se construisent peu à peu, comme le montrent les chapitres suivants, dans des logiques d'architecture qui privilégient les notions d'adaptabilité et de recyclage et des processus de développement de plus en plus maîtrisés.

Sans oublier, bien sûr, qu'une des meilleures pratiques des systèmes d'information, c'est ne jamais cesser de proposer des innovations d'usage ou d'organisation, grâce à l'exploitation des nouvelles technologies, tout en préservant l'héritage du futur.

Chapitre 9

Principes d'architecture d'entreprise – le SI durable

Nous n'héritons pas de la Terre de nos ancêtres, nous l'empruntons à nos enfants.

Proverbe amérindien

Ce proverbe pourrait devenir l'adage des générations futures, forcées d'hériter de nos expériences passées, c'est-à-dire de nos erreurs. Sans vision globale des composants du système d'information, sans recherche de cohérence entre eux, les constructions de ces dernières années, au fil de l'eau, ont été erratiques et souvent la cause de bon nombre de redondances, de manque de performances et de manque de qualité.

Pour contrer cette architecture instable, cette construction sans cohésion, les approches d'architecture d'entreprise proposent des méthodes et des cadres de cohérence, notamment pour arriver à un système d'information capable de survivre au futur. Ce chapitre va expliquer les concepts d'architecture autour des systèmes d'information conçus pour durer, grâce à leur capacité d'adaptation et à l'approche des cartographies. Ces dernières sont liées à la définition de référentiels de l'architecture et sont indispensables pour débuter toute logique de reconstruction d'une architecture d'ensemble cohérente ou d'urbanisation du SI.

Le concept de SI durable

Gouverner l'héritage du passé pour contribuer au futur

On le sait, l'activité humaine augmente la concentration de gaz à effet de serre (GES) dans l'atmosphère. Nous ne maîtrisons plus à l'échelle du globe les conséquences bien physiques de notre consommation effrénée d'énergie. Tout se passe comme si, pour citer Robert Socolow, professeur d'ingénierie à Princeton, « nous avions lancé une expérience non contrôlée à l'échelle du globe ».

Le monde virtuel des technologies de l'information n'est pas mieux maîtrisé car, au fond, il n'est pas réellement virtuel. Il s'ancre dans la réalité par des machines, des fichiers, des centres de données, des listings de code, de la fibre optique, etc.

Une partie de l'iceberg « réalité du monde des TIC » s'est montrée au grand public à travers une prise de conscience autour du concept d'environnement durable et la consommation d'électricité des ordinateurs, devenus si répandus, a fait frémir.

En réalité, la partie immergée de l'iceberg reste à maîtriser, elle aussi.

La motivation des DSI et des responsables d'infogérance tourne aujourd'hui, en matière d'énergie, autour de deux problèmes cruciaux :

- le coût d'électricité sur les data centers (centre de traitement des données) : il s'agit d'un gros poste de dépense puisqu'il contribue à plus de 50 % du coût total. Il dépasse les matériels informatiques et autres, sachant que ce sont les matériels non réellement informatiques qui font la moitié de la consommation énergétique ;
- la disponibilité de l'électricité : dans certains data centers, il n'y a plus assez d'électricité disponible. Les locaux sont à moitié vides grâce à la miniaturisation des équipements, mais la surface restante ne peut être utilisée faute de disposer de courant pour l'alimenter.

De ce fait, il y eu beaucoup d'annonces sur de nouveaux ordinateurs plus verts et les bienfaits des méthodes de rationalisation et de virtualisation. Sur ce dernier point, beaucoup de DSI ont entrepris ainsi des actions visibles, légitimées par des réductions de coûts.

Réduire toutefois les réponses à la durabilité à cette approche, c'est ne voir qu'un aspect du problème, lequel n'est pas davantage traité en globalité. Car si on remplace d'anciens ordinateurs par des ordinateurs plus verts, comment recycle-t-on les anciens, comment traite-t-on des déchets ?

Si la nouvelle génération de centre de traitements de donnés, même « dans les nuages » (voir encadré ci-dessous sur le cloud computing), très standardisée (serveurs fabriqués en série, implémentation physique identique, etc.), réduit l'empreinte énergétique, elle ne répond pas forcément à la gestion d'applications spécifiques critiques dues à l'héritage informatique.

Le cloud computing ou l'informatique dans les nuages

Le principe du *cloud computing* fait référence à l'utilisation de la mémoire et des capacités de calcul des ordinateurs et des serveurs répartis dans le monde entier et liés par Internet (c'est l'ancien principe de *grid computing*, ou grille informatique). Un « nuage » est composé d'un certain nombre de serveurs distants interconnectés au moyen d'une excellente bande passante indispensable à la fluidité du système.

On peut « déporter » tout ou partie d'une infrastructure informatique dans un « nuage » géré par un prestataire de services qui fournit les fonctionnalités liées au stockage (sauvegarde y compris) traitement et transport de données.

Reste ensuite le problème des données. Leur volume ne cesse d'augmenter selon un rythme encore appelé à croître avec l'expansion des moyens informatiques, les capacités des microprocesseurs (voir encadré ci-dessous) et la diminution des coûts de stockage. IDC estimait cette croissance à 30 % par an en 2008. La prolifération de données est semblable à une logique de consommation effrénée : tant que la ressource existe, n'est pas rare et chère, le volume de données croît.

> **La loi de Moore demeure-t-elle vraie ?**
>
> Loi ainsi nommée du nom de Gordon Moore, un des trois fondateurs d'Intel, qui, suite au constat que la complexité des semi-conducteurs proposés en entrée de gamme doublait tous les dix-huit mois à coût constant depuis 1959, avait fait l'extrapolation empirique dans *Electronics Magazine* que cette croissance exponentielle se poursuivrait.
>
> En 1975, Moore réévalua sa prédiction en posant que le nombre de transistors des microprocesseurs (et non plus de simples circuits intégrés moins complexes car formés de composants indépendants) sur une puce de silicium double tous les deux ans. Sans parler des contraintes physiques que la « loi » de Moore peut rencontrer, en 2015, les processeurs devraient donc contenir plus de 15 milliards de transistors !
>
> En 1960, Sony met sur le marché le tout premier téléviseur à transistor, le TV8-301, intégrant 23 transistors en silicium et en germanium. Ce dernier est suivi par l'Intel 404, intégrant plus de 2 000 transistors, pour nous mener à la dernière née des puces à quatre cœurs d'Intel, sortie le 12 novembre 2007, la Core 2 Extreme, gravée en 42 nanomètres avec 820 millions de transistors répartis sur les quatre cœurs. Un nombre de transistors à comparer avec celui de l'Itanium 2 – 1,7 milliards – destiné aux serveurs haut de gamme. Sur près de quarante ans, la loi de Moore, une loi du changement, semble être restée relativement stable.

Ainsi, même si de nouvelles technologies, de nouvelles fonctionnalités, des architectures optimisées apparaissent, de nouvelles données suivront. L'inflation des données entraînera une demande de plus d'espace de stockage, de plus de matériels pour aboutir à plus de consommation d'énergie et les centres de traitement des données devront à nouveau optimiser leur infrastructure.

Une question manque à l'équation : est-ce que toutes ces données sont utiles ? Certainement pas. D'un côté, il y a des e-mails, des fichiers et vidéos personnels des employés qui peuvent se retrouver sur des réseaux Microsoft Windows. Le journal informatique Computerworld estime déjà que 70 % des capacités de stockage de ce type de réseau est dépensé inutilement. De l'autre, il y a des redondances de données complètement inutiles entre applications, faute de référentiel standardisé.

Pour finir, il y a aussi les impératifs réglementaires de traçabilité et de contrôle qui conduisent à un paradoxe : parce qu'on ne sait plus tracer et classifier avec pertinence ce qui a réellement de l'importance, on sauvegarde trop, plutôt que pas assez. Il devient donc impératif de casser le cercle vicieux. Selon Frederic Laura[1], qui s'exprimait à ce sujet à une conférence au G9+[2] : « il devient impératif de canaliser les anciens et nouveaux flux de données dans les SI en mettant en place une véritable gouvernance des données (*Data Governance*). »

1. Consultant « green storage » auteur d'une thèse en 2009 : « Green Storage : enjeux et facteurs-clés de succès. Optimisation et rationalisation de l'infrastructure de stockage pour un développement plus durable » (lien direct de téléchargement : http://www.cri.ensmp.fr/classement/doc/these_FRL_04.pdf).

2. C'est fin 1995 que s'est créé le Groupe des 9+ (ou G9+) afin de rassembler les clubs, commissions et groupes « informatique, télécoms, multimédia » constitués par les anciens élèves de neuf grandes écoles françaises. Transformé en association déclarée en 2007 avec la dénomination Institut G9+, il réunit aujourd'hui une vingtaine d'écoles

Optimisation de l'infrastructure : pour rendre le réel des TIC... plus virtuel

Les deux principes majeurs de l'optimisation d'infrastructures (matériels serveur, stockage, sauvegarde, poste de travail, etc.) étaient, avant l'arrivée de la virtualisation : consolider et optimiser. Consolider en mutualisant les ressources, en réduisant les espaces inutiles et les systèmes trop consommateurs, en ramenant des applications dispersées sur de trop nombreux serveurs physiques, sur des serveurs avec des partitions logiques (mais encore le même OS). Optimiser en utilisant des systèmes RAID, la déduplication et la compression, etc.

L'arrivée de la virtualisation ouvre encore plus de perspectives à l'optimisation.

Un logiciel de virtualisation permet de partitionner un serveur physique en plusieurs « machines virtuelles ». Chacune d'elles exécute son propre système d'exploitation serveur et peut fonctionner de manière transparente en réseau avec les serveurs existants. Chaque serveur physique peut, en théorie, être divisé en plusieurs dizaines, voire centaines de serveurs virtuels. Les avantages sont les suivants : en créant des *pools* de ressources, la virtualisation en améliore de manière significative l'utilisation et libère les organisations de l'héritage du modèle « une application, un serveur ». La virtualisation permet d'associer à une activité normale les ressources appropriées et de pouvoir absorber les pics d'activités en ajoutant dynamiquement de nouvelles ressources si nécessaire. En outre, grâce à la virtualisation, on peut réduire le nombre de matériel d'un centre de traitement de données et en diminuer ainsi les coûts d'infrastructure.

Au-delà des données, il y a tous les programmes qui les manipulent et toutes les couches intermédiaires conçues pour faire communiquer le tout.

En 2000, Somerville[3] estimait à 250 milliards les lignes de code en maintenance dans le monde, tandis que selon Mueller et al[4]. (1994), le volume de code en maintenance était censé doubler tous les sept ans.

De la même manière, il faut un cycle de cinq à dix ans pour voir l'émergence de nouvelles technologies alors qu'en moyenne, la durée d'utilisation d'un ERP est proche de sept ans (IDC), mais les applications critiques d'entreprise, développées en spécifique, vivent plus de vingt cinq ans.

Les entreprises qui développent toujours de nouvelles applications, sans consulter l'existant et sans s'intéresser aux programmes qui n'ont plus d'utilité, vont être confrontées par négligence à une complexité croissante, et à des logiciels obsolètes ou redondants, freinant la capacité de leurs systèmes d'information à réagir aux nouveaux alignements stratégiques.

Ces systèmes sont comparables à une ville qui, en se développant de manière anarchique, augmente les risques d'incendie non maitrisé sur les bâtiments anciens, et diminue sa capacité à conduire des travaux d'avenir pour la croissance économique. D'où le concept d'urbanisation pour instaurer un cadre de cohérence à l'évolution des systèmes d'information. Par analogie avec l'architecture d'une ville, ce concept va de pair et englobe celui de modernisation.

Pour éviter mille milliards de lignes de code ou de données immaitrisables dans un futur proche, il faut reprendre le contrôle des biens logiciels parce qu'il est prévisible de perdre le contrôle d'un système sur lequel on n'a pas de réelle visibilité (à savoir, que l'on puisse à tout moment mesurer la valeur de ce qu'il

3. Ian Sommerville, Software engineering, 6th edition, Addison Wesley Longman, 2000 (livre actuellement en 9e édition). Universitaire, auteur et consultant, Ian Somerville a effectué de nombreuses publications dans le champ de l'ingénierie logicielle. Pour en savoir plus : http://www.software-engin.com/

4. Hausi A. Muller, Department of Computer Science, université de Victoria, Canada. Lire « Reverse Engineering : a roadmap » : http://www.cs.ucl.ac.uk/staff/A.Finkelstein/fose/finalmuller.pdf

apporte et qu'on sache avec acuité comment et avec quoi il l'apporte, sous peine de ne pas pouvoir réellement piloter).

Définition

Comment changer rapidement quand on ne sait pas mesurer rapidement l'impact et le coût de n'importe quel changement métier sur le SI ? Ou quand on ne dispose pas des moyens de tester efficacement au préalable ces changements ? Quand on ne sait pas *concevoir* proprement le changement pour qu'il puisse se faire *à la demande* du métier, sans repasser par des cycles de développement et de mise en production complets ? Quand on ne sait pas ce qui a de la valeur, qu'elle soit de productivité ou métier, dans les processus, les données, les applicatifs ou les pratiques ? Quand la fenêtre de dialogue entre métiers et informatique est unidirectionnelle ou avec des retours avants/arrières, toujours en mode unitaire projet, plutôt qu'en mode collaboratif instantané avec une vision globale et transverse du SI ?

La gouvernance ou comment instaurer un gouvernement « éclairé »

Selon *Le Petit Larousse*, la gouvernance est d'abord l'action de gouverner, une manière de gérer, d'administrer, pour exercer le pouvoir exécutif.

Le terme s'est popularisé avec les différents scandales financiers aux États-Unis (Enron, Worldcom, Tyco...) qui ont conduit à des lois de contrôle, en particulier aux États-Unis, où la loi fédérale de 2002 sur la réforme de la comptabilité des sociétés cotées et la protection des investisseurs a imposé de nouvelles règles sur la comptabilité et la transparence financières. Le texte est couramment appelé « loi Sarbanes-Oxley », abrégée en SOX du nom de ses promoteurs, les sénateurs Paul Sarbanes et Mike Oxley.

La demande, au-delà du seul contrôle financier, est d'instaurer une gouvernance d'entreprise qui puisse rendre compte aux différentes parties prenantes (actionnaires, certes, mais aussi employés, clients, fournisseurs, partenaires et pouvoirs législatifs) que l'entreprise est bien gérée et administrée, d'une part, dans le respect des lois sociales et économiques et, d'autre part, dans la construction de sa « proposition de valeur » et la gestion de ses biens.

Une proposition de valeur bien construite suppose un partage de la valeur créée avec les différents contributeurs, tout en préservant la rentabilité économique de l'entreprise.

La gouvernance du système d'information est un principe dérivé qui porte sur la façon de gérer et d'administrer le système d'information de l'entreprise pour qu'il puisse contribuer à la création de valeur. La préservation et le développement des « biens immatériels », ainsi que la traçabilité et le contrôle des données financières, entrent dans ce cadre.

La question de la « gouvernance du SI » n'est pas seulement stricto sensu d'instaurer un mode de gouvernement du SI et de s'assurer que le système d'information en action soit bien piloté. Il s'agit plutôt de s'interroger sur la façon de reprendre le contrôle. Une gouvernance qui ne regarderait que vers l'avant sera amenée à trébucher faute d'avoir veillé aux fondations de son pouvoir.

Il s'agit de reprendre le contrôle sur les informations, sur l'architecture (l'infrastructure économique du SI), sur la façon dont on peut rassembler les individus dans une communauté d'intérêts adhérant à une vision stratégique. La gouvernance, c'est la capacité à donner de la connaissance et de la souplesse à une organisation pour qu'elle sache s'adapter aux évolutions sans renier le passé, davantage que la volonté de conduire à force abrupte vers le futur.

C'est pourquoi la gouvernance est complexe et multidimensionnelle, car elle concerne autant les informations, les technologies que les hommes et qu'elle ne se décline pas seulement au présent : la prise en compte du passé et l'ouverture vers le futur lui sont essentiels.

Les espèces évoluent avec leurs communautés écologiques. C'est une réalité du monde qui nous entoure et en l'oubliant, nous avons mis en péril beaucoup de choses. L'enjeu de l'évolution des SI est similairement d'être capable de comprendre, réutiliser, adapter l'existant, le patrimoine applicatif. Pour cela, il faut apprendre à concevoir autrement, en introduisant la notion de recyclable dans la conception, pour les générations futures, tout en rénovant progressivement ce qui existe afin de pouvoir l'utiliser dans les nouveaux schémas.

Mais si la gouvernance doit prendre en compte de multiples dimensions, elle a toutefois une priorité quel que soit l'angle de son regard : se concentrer sur la valeur.

Modernisation et urbanisation : les deux faces de Janus

Le concept européen d'urbanisation est frère de celui de modernisation. Le changement en informatique est inéluctable. Pour éviter un développement anarchique de son système d'information qui conduira invariablement à une complexité non maitrisée, il faut envisager les nouvelles applications et technologies à l'aune de l'analyse et la réutilisation de l'existant.

L'urbanisation : de la ville au système d'information

« Urbaniser, c'est organiser la transformation progressive et continue du système d'information visant à le simplifier, à optimiser sa valeur ajoutée et à le rendre plus réactif et flexible vis-à-vis des évolutions stratégiques de l'entreprise, tout en s'appuyant sur les opportunités technologiques du marché », Club Urba-EA[5].

L'urbanisation représente l'action d'urbaniser, c'est-à-dire d'organiser le développement des villes. En système d'information, le principe est le même. Il s'agit de substituer aux constructions « big bang » une démarche qui vise à faire évoluer le SI de façon continue, cohérente avec la stratégie de l'entreprise et qui ne fasse pas table rase du passé.

Ce concept est apparu la première fois lors d'un exposé en 1989 du colloque de Cerisy intitulé « Les nouveaux rapports entre l'informatique et l'entreprise », par Elisabeth Heurgon (responsable à l'époque des systèmes d'information de la RATP). Les concepts de l'urbanisation de l'habitat humain (organisation des villes, du territoire) ont été ensuite réutilisés en informatique (notamment par Jacques Sassoon dans les années 1990 dans le secteur bancaire) pour formaliser ou modéliser l'agencement du système d'information de l'entreprise.

Les concepts d'urbanisation reposent « sur une organisation du système d'information suffisamment modulaire pour pouvoir rénover une fonction (par exemple, la gestion des stocks) sans paralyser l'ensemble de l'entreprise, tout en définissant les principes et les protocoles permanents qui assureront la cohérence et le fonctionnement de l'ensemble sur le long terme » (Christophe Longépé, *Le projet d'urbanisation du SI*, Dunod, 4e édition, 2009 [2001]).

En parallèle du concept est né le rôle d'architecte urbaniste, ou urbaniste du SI. Il vient s'inscrire comme architecte à mi-chemin entre les métiers et le SI. C'est aussi à lui d'établir les règles d'urbanisme et d'accorder les « permis » de construire et le cadre archi-

5. Le Club URBA-EA, Urbanisme des SI - Enterprise Architecture, association inter-entreprises régie par la Loi du 1er juillet 1901, a pour vocation de favoriser ces partages d'expériences, ces échanges entre praticiens de l'Urbanisme des SI et de l'Architecture d'Entreprise ainsi que de promouvoir la reconnaissance et l'organisation de ces fonctions. Pour en savoir plus : http://www.urba-ea.org/

tectural des nouvelles constructions afin qu'elles s'insèrent dans le SI global en respectant le « patrimoine » et l'environnement.

Le concept repose sur le constat qu'il est illusoire de vouloir reconstruire entièrement un système d'information en faisant table rase de l'existant, mais qu'au contraire les réorganisations et modernisations sont permanentes, un peu comme dans une ville.

Le défi des nouveaux modèles reste de ne pas oublier l'existant des SI sous peine de créer des strates de complexité. Il n'est guère réaliste, pour des raisons de coûts, de délais et d'adéquation fonctionnelle, d'entreprendre une réécriture complète des applications métier pour profiter des nouveaux paradigmes d'architecture, ou de substituer à un système d'information spécifique, mémoire de l'entreprise, un progiciel indifférencié.

L'enjeu est de faire évoluer cet héritage complexe en minimisant les risques d'échecs et les coûts. Insérer une nouvelle technologie par goût de l'innovation ou pour la promesse de « ce qu'on pourrait faire avec » ne suffit plus à convaincre. Il faut l'insérer là où elle sera nécessaire et en mesurer la valeur réelle. Cela veut dire qu'il faut analyser la différence entre l'architecture existante, les fonctions opérationnelles et les nouveaux besoins, ce qu'on peut réutiliser et comment évoluer progressivement vers un cadre architectural suffisamment souple pour amortir et intégrer les bénéfices des nouvelles technologies et répondre rapidement aux nouveaux besoins métier.

La nécessité de décomplexifier et modulariser le SI est très vite apparue. Comme pour les fonctions, pourquoi ne pas décomposer un assemblage complexe – le système d'information – en le considérant comme un assemblage de sous-systèmes plus simples ?

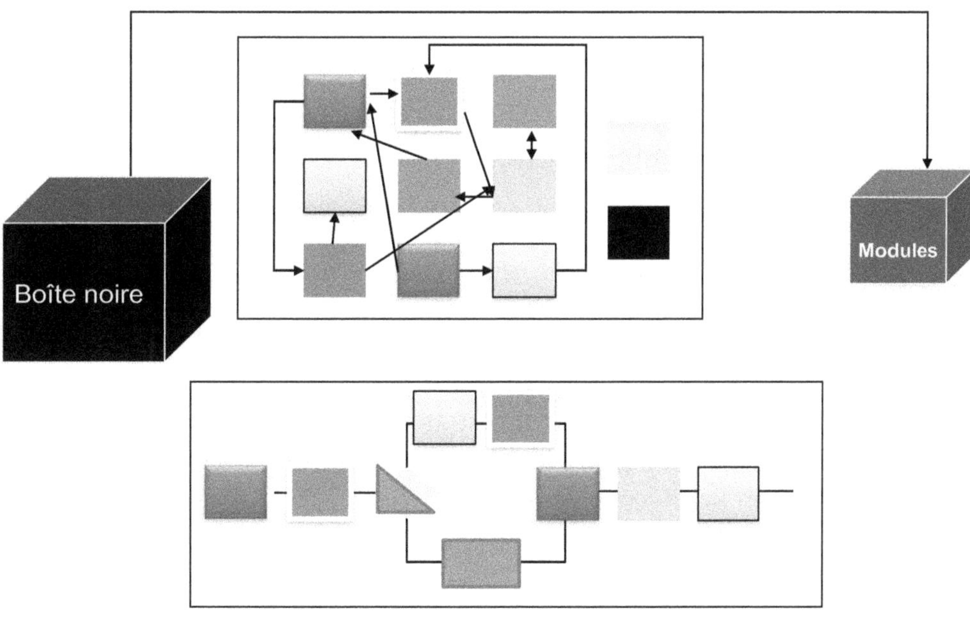

Figure 9-1 : Principe de la modularisation

Comme l'indique la figure ci-dessus, l'urbanisation du SI consiste à simplifier la boîte noire du SI en la décomposant en sous-modules fonctionnels, puis à simplifier et mutualiser dès que possible et rationaliser les échanges entre blocs. Par analogie avec l'urbanisation d'une ville, il s'agit d'identifier, voire créer, des quartiers relativement indépendants et les relier entre eux par des voies de communication.

On va donc découper le SI en modules fonctionnels autonomes (suivant la logique de cohésion forte et de couplage faible) de taille de plus en plus petite :

- les zones ;

- les quartiers (et les îlots si nécessaire) ;

- les blocs (blocs fonctionnels).

Entre chaque module (zone, quartier, îlot, bloc), on concevra des zones d'échange d'informations afin de découpler les différents modules pour qu'ils puissent évoluer séparément tout en conservant leur capacité à interagir avec le reste du système.

Ces zones d'échanges sont soutenues par les concepts et technologies d'intégration, d'abord EAI (Enterprise Application Integration) et à présent ESB (Enterprise Service Bus).

L'urbanisation s'appuie sur des pré-requis comme une redéfinition des axes stratégiques et une connaissance précise des processus métier et du patrimoine afin que les nouvelles applications s'insèrent dans le cadre de cohérence et s'intègrent à l'existant.

Cette démarche d'urbanisation passe par la définition des axes stratégiques de l'entreprise puis par une cartographie de l'existant afin de pouvoir analyser le SI et proposer des recommandations, par la définition d'une architecture cible et par son plan d'évolution.

La cartographie implique un diagnostic de l'état du SI avec une représentation commune à une maille qui permette :

- d'identifier les incohérences de construction : redondances, obsolescences ;

- d'identifier les processus et les règles métier mis en œuvre ;

- d'identifier le lien entre l'outil informatique et le système d'information.

L'objectif de l'urbanisation étant déterminé – c'est-à-dire passer d'un système d'information complexe à une structure modulaire, appréhendable et évolutive, alignée avec les objectifs de l'entreprise – le principe connu (réduire la complexité d'un tout en le décomposant en parties) et l'acte fondateur posé, à savoir « établir une cartographie », reste la réalité : un labyrinthe avec non pas un, mais plusieurs, fils d'Ariane.

Établir des cartographies utiles, partageables et exploitées est loin d'être une sinécure, comme on le verra par la suite (voir la section « Les cartographies » du chapitre 9).

Durabilité et chaîne d'agilité

On ne peut couvrir les principes de SI durable sans évoquer également les architectures orientées services (SOA) et combien leur principe est lié à ces notions d'évolutivité, de recyclage, de réutilisation.

En introduction du livre *Le système d'information durable : la refonte progressive du* SI *avec* SOA (Lavoisier, 2008), les auteurs, Pierre Bonnet, Jean-Michel Detavernier et Dominique Vauquier, écrivent : « L'ambition de construire aujourd'hui nos systèmes d'information de telle sorte qu'ils ne limitent pas les capacités d'action pour les générations futures est une ligne de conduite retenue par l'architecture orientée services. [...] C'est dans ce contexte que l'entreprise se dote d'une architecture informatique durable qui saura absorber les évolutions, c'est-à-dire capable de se recycler plus facilement face aux changements métier et technique. Il n'est pas intéressant de reconstruire un système si celui-ci est incapable de s'adapter aux nouveaux besoins qui se présentent. Nous devons penser différemment l'informatique dans le but de la rendre recyclable au fur et à mesure des évolutions. »

Ainsi exprimée, l'ambition du système d'information durable avec la SOA n'est pas tant penser différemment qu'arriver à l'aboutissement tangible de courants de pensée tels que l'urbanisation et la modularisation fonctionnelle, d'une part, et à l'élévation des niveaux d'abstraction, des modèles des systèmes au-dessus des plates-formes de déploiement et... à la logique d'assemblage par composants de l'orienté objet, d'autre part.

En annexe on trouvera des références à Corba et l'OMA (le modèle SOA de l'orienté objet), au modèle MDA (*Model Driven Architecture* les méta-métamodèles de l'informatique) et également à l'évolution des architectures d'intégration pour arriver à l'ESB (*Enterprise Service Bus*). Tous ces composants sont les ferments en gestation de l'architecture SOA. Les catalyseurs qui ont permis la maturation en un concept global sont autant la logique d'ouverture induite par le déploiement des systèmes sur le Web et la nécessité d'exposer rapidement des fonctions d'usage, que l'évolution des concepts de réutilisabilité avec la notion de service.

Un service répond à un besoin et ne traite qu'une seule préoccupation. C'est aussi un composant autonome qui ne dépend d'aucun contexte ou service externe. Surtout, on peut créer des services indépendamment de la plate-forme d'implémentation, sans besoin d'être forcément en orienté objet.

À votre « service », mais lequel ?

Le service est l'unité atomique d'une architecture SOA. Une application est un ensemble de services qui dialoguent entre eux par des messages.

Le service peut être codé dans n'importe quel langage et s'exécuter sur n'importe quelle plate-forme (matérielle et logicielle).

Un service est une entité de traitement qui respecte les caractéristiques suivantes :

- large granularité (*coarse-grained*) : les opérations proposées par un service encapsulent plusieurs fonctions et opèrent sur un périmètre de données large, au contraire de la notion de composant technique ;

- l'interface : un service peut implémenter plusieurs interfaces et plusieurs services peuvent implémenter une interface commune ;
- la localisation : avant d'appeler (*bind, invoke*) un service, il faudra le trouver (*find*) ;
- l'instance unique : à la différence des composants qui sont instanciés à la demande et peuvent avoir plusieurs instances en même temps, un service est unique. Il correspond au *Design Pattern Singleton*
- le couplage faible (*loosely-coupled*) : les services sont connectés aux clients et autres services via des standards. Ces standards assurent le découplage, c'est-à-dire la réduction des dépendances. Ces standards sont des documents XML comme dans les Web services ;

Toute la difficulté de la conception en SOA est d'identifier la bonne « granularité du service », c'est-à-dire la maille métier où le traitement a un sens en termes d'usage et où il peut être facilement réutilisé et/ou adapté dans d'autres circonstances, pour d'autres besoins et processus métier. Les services doivent impérativement dépasser les silos applicatifs traditionnels pour être utiles. Ils ne peuvent donc pas être conçus dans une approche d'analyse fonctionnelle classique et surtout pas par des informaticiens qui en verraient d'abord l'aspect ingénierie logicielle. Reste donc à définir la bonne méthode d'approche.

Une proposition intéressante, qui établit la continuité avec les méthodes d'urbanisation et les approches orientées objets est la méthode Praxeme (voir la section « Les référentiels d'architecture d'entreprise »). C'est le nom d'une initiative ouverte, regroupant plusieurs sociétés (en association loi 1901) en vue d'élaborer une méthode publique.

Cette méthodologie d'entreprise couvre tous les aspects de l'entreprise, de la stratégie au déploiement. On y trouve notamment des procédés pour l'architecture logique et la conception des services SOA, pour la conception des organisations et des processus, pour la modélisation sémantique (référentiel métier), etc.

Il apparaît que la maille service est la maille idéale pour faire fonctionner les systèmes ensemble, couplée avec trois logiques :

- une logique d'industrialisation des canaux de communication : l'infrastructure d'intégration devient un ESB, un bus d'intégration à l'échelle de l'entreprise et non limité à un silo applicatif ;
- une logique de gouvernance des données ;
- une logique de paramétrage pour rendre le SI plus souple et autonomiser les métiers.

Si les techniques d'encapsulation[6] des applications existantes en mode services ont prouvé aujourd'hui leur faisabilité et leur efficacité, il reste encore à aller au-delà pour que la notion de services ne soit pas juste une réfection temporaire d'une façade, en laissant les fondations s'affaisser. Cela n'est pas qu'affaire de technologie, il s'agit également d'une rénovation en profondeur de nos façons d'agir, à savoir ne pas seulement penser l'informatique différemment mais revoir nos organisations en ce sens.

Le SOA n'est pas un outil d'assemblage de composants arrivés à maturité mais un paradigme transformationnel.

L'article « SOA is dead ; long live services » de Anne Thomas Manes[7] du Burton Group, ne dit pas autre chose : s'il y a eu des échecs spectaculaires, et aujourd'hui une désillusion à la hauteur de ce que le concept SOA avait pu sus-

---

6. Il s'agit de mettre l'ensemble d'une application dans un seul service, en utilisant les transactions existantes (par exemple une transaction CICS présente les caractéristiques pour être encapsulée sous forme de service). Cette solution technique est toutefois limitée car elle ne prend pas en compte les concepts de découpage en services réutilisables des architectures SOA. Tout au plus résout-elle la communication des « legacy » en environnement distribué avec les applications client/serveur et Web, pour pouvoir s'insérer dans un processus global, en communiquant avec un ESB (Enterprise Service Bus).

7. Anne Thomas Manes est le vice-président et le directeur des recherches des stratégies sur les plateformes applicatives au Burton Group (cabinet d'analystes et de conseil). Elle a pour champ d'études les architectures SOA, les services web, XML, la gouvernance, Java, les serveurs d'applications, les super plateformes et la sécurité applicative. Avant de rejoindre le Burton group, Anne Thomas Manes a été responsable technique de Systinet (un éditeur de solution de gouvernance SOA racheté par HP) et directeur de l'innovation marché pour la partie logicielle de Sun Microsystem. Son post en 2009 « SOA is dead, long live services » (http://apsblog.burtongroup.com/2009/01/soa-is-dead-long-live-services.html) sur son blog a généré beaucoup de débats.

citer comme enthousiasme, c'est que la mise en œuvre d'un paradigme transformationnel requiert une transformation complète de notre façon de concevoir et d'opérer les SI. Ce n'est pas juste affaire, ainsi qu'elle le souligne, « de déployer une nouvelle technologie et de créer des interfaces de service par-dessus des applications existantes ».

Figure 9-2 : La chaîne d'agilité de la communauté « sustainable IT »
Source : © Sustainable IT community[8]

8. www.sustainableitarchitecture.com

Dans cette optique de transformation, Praxeme et une communauté sœur, « sustainable IT », poussent également à l'utilisation d'une « chaîne d'agilité » – ou ACMS (*Agility Chain management System*) – fondée sur l'usage de concepts et d'outils tels que les MDM (*Master Data Management*) pour la gestion des données transverses à l'entreprise (les données maître), les BRMS (*Business Rules Management System*) pour la gestion des règles métier, et les BPM (*Business Process Management*) pour la gestion des processus métier et pour orchestrer le tout.

Les dispositifs des deux premières briques facilitent le partage sémantique et l'ensemble autorise des processus paramétrés (MDM et BRMS) et allégés (BPM).

L'implémentation de cette chaîne repose sur un cycle de développement itératif et commence par le MDM pour arriver séquentiellement au BPM.

C'est une approche qui a le mérite de s'adresser au besoin de paramétrage du SI et de respecter l'alignement en conduisant aussi l'approche avec les processus.

Les cartographies

Les systèmes d'information des entreprises sont des territoires qu'il faut pouvoir cartographier pour voyager sans risque sur les terres connues, et explorer le potentiel de développement de nouvelles routes d'échanges d'information (extra-entreprise). Autrefois, les lignes maritimes servaient aux échanges de biens matériels et ceux qui possédaient les « bonnes » cartes pour naviguer disposaient d'un temps d'avance pour la conquête de terres ou de commerces. De même, pour les systèmes d'information, il faut s'interroger sur les cartes de représentation de ce monde virtuel : comment les construire (quelles représentations, quels repères, quels moyens de collecte) ? Comment les exploiter (quelles routes prendre, quels obstacles éviter, quels mouvements prévoir, de quelles connaissances se prévaloir) ? Comment les comprendre et les étendre en explorant d'autres « dimensions ».

Les premiers cartographes utilisaient des systèmes de projection, des référentiels et des repères, et établissaient des cartes du « monde connu » en fonction des descriptions obtenues. Comme pour le monde réel, les cartes de notre monde « immatériel » se bâtissent sur les mêmes tâtonnements, les mêmes règles, certaines bien visibles, d'autres plus subtiles.

« Ce n'est pas le géographe qui va faire le compte des villes, des fleuves, des montagnes, des mers et des océans. Le géographe est trop important pour flâner. Il ne quitte pas son bureau. Mais il reçoit les explorateurs. Il les interroge, et il prend note de leurs souvenirs ». Cette citation du *Petit Prince* de Saint-Exupéry nous rappelle également comment s'établissent aujourd'hui bon nombre de cartographies, du moins fonctionnelles, des systèmes d'information : par la collecte d'informations à travers des interviews.

Le cartographe a besoin « d'explorateurs », ici, de ressources pour rechercher les informations sur les systèmes. Sans cela, il ne peut compiler la somme des connaissances de son temps et mettre à jour de nouvelles cartes. Ce que le cartographe apportera en plus, c'est la manière d'établir une « projection » du monde et la méthode pour établir les repères de la carte.

Référentiel de lecture ou référentiel spatio-temporel

Si la carte peut matérialiser le voyage, la « trace » et l'itinéraire, eux ne le peuvent sans repère et sans référentiel. Le mouvement se décrit et se partage en fonction d'un référentiel spatial et temporel. Ce qui nous amène à nous pencher sur deux définitions de référentiel dont la différence est lourde de conséquences pour les systèmes d'information : le référentiel de lecture et le référentiel d'espace/temps.

Le référentiel de lecture de cartes consiste à partager des définitions sur les données de la carte (informations et objets que l'on veut y faire apparaître en fonction de l'objectif de la carte). Afin de faciliter la lecture des cartes et de traiter certaines informations, plusieurs référentiels administratifs ou techniques sont utilisés dans nos cartes du monde. Ces référentiels agissent ici plutôt comme mode opératoire, ce sont des systèmes de lecture, de partage de sens et sont plus ou moins assimilables à des catalogues ou à des systèmes de classification d'objets, a priori invariants. Les géographies des systèmes d'information ont de leur côté des difficultés autres :

- dans l'appréciation de ce qui est réellement invariant pour établir une cartographie souvent partagée entre l'utile à court terme et l'indispensable à long terme ;
- dans l'usage du temps comme repère pour pouvoir parler de mouvement et d'évolution ;

- et dans le temps donné à l'établissement des cartes, tant pour la compréhension du périmètre, des objectifs, des repères (axes de représentation dans l'espace et axe temporel), le choix ou l'établissement d'un modèle de projection, que pour la collecte.

L'utile et l'indispensable

L'approche de la cartographie pour une logique d'urbanisation du SI est une approche à long terme où il faut pouvoir dégager la notion d'invariant métier, les objets métier et leur sens.

L'idéal est de pouvoir disposer d'un métamodèle avec des couches d'abstractions qui permettent l'indépendance vis-à-vis des plates-formes physiques et des modèles de réconciliation/dérivation (on se référera au MDA, (*Model Driven Architecture*), avec le PIM (*Platform Independant Model*) et PDM (*Platform Dependant Model*)[9]. Peu à peu, cette logique nous guide vers une approche plus durable des systèmes d'information.

Encore faut-il restructurer l'existant en ce sens, et pour le restructurer, comprendre sa géographie et ses informations. Où donc commencer dans l'établissement de la cartographie ? Faut-il envisager le modèle idéal cible (et s'engager dans une « quête du Graal ») ou commencer par répertorier les traces déjà existantes, les itinéraires tracés, quitte à ne garder de la route existante que le réellement signifiant (qui a un sens sur la durée, du moins) ? Il y a un juste milieu entre vouloir tout cartographier en profondeur et se fixer d'abord des objectifs de dialogue utile sur le plus grand périmètre possible pour avancer concrètement. Le risque sinon est de se perdre dans la cartographie du détail au détriment de l'usage.

Selon les services que doit rendre la cartographie, on la voudra plus ou moins étendue et l'on se concentrera sur les informations indispensables à faire apparaître, dans un premier temps, pour prendre des décisions. Les cartes devront s'étoffer de l'expérience pratique du parcours, comme autrefois les cartographes mettaient à jour leurs cartes avec le retour des explorateurs.

Il y a deux temps pour établir la carte avec ce qui est indispensable pour qu'elle soit utile dans l'objectif qu'on lui fixe. Celui de la réflexion pour une carte générale (indépendamment de tout voyage ou projet), qui devra s'astreindre à ne pas être trop détaillée, et celui du parcours à étoffer projet par projet avec ce qui s'avère réellement utile, en plus de l'indispensable.

Le temps comme repère

Si nous voulons utiliser la cartographie du SI pour aller au-delà d'un état des lieux statiques, pour savoir vers où progresser, pour déterminer vers où nous dirige un mouvement, on doit impérativement définir un système de référence.

L'événement pourra sembler différent selon l'emplacement où se trouve l'observateur, et selon les repères qu'il a. Pour décrire le même événement de la même

9. Le principe de base du MDA est l'élaboration de différents modèles, en partant d'un modèle métier indépendant de l'informatisation (*Computation Independent Model*, CIM), la transformation de celui-ci en modèle indépendant de la plate-forme (*Platform Independent Model*, PIM) et enfin la transformation de ce dernier en modèle spécifique à la plate-forme cible (*Platform Specific Model*, PSM) pour l'implémentation concrète du système. Les techniques employées sont donc principalement des techniques de modélisation et des techniques de transformation de modèles.

manière, les observateurs devront se mettre d'accord sur le repère à partir duquel ils étudient le mouvement.

Nous sommes donc ici dans l'approche physique et non plus catalogue du référentiel, où l'« on appelle système de référence, ou référentiel, un système de coordonnées muni d'une horloge »[10] . Des notions telles que le cycle de vie de l'information et le cycle de vie des objets prennent alors leur importance. La définition d'indicateurs d'évolutivité est importante pour positionner tout ou partie du SI sur une carte de référence avec des coordonnés spatiales (des axes orientés d'analyse) et temporelles.

Le temps de cartographier

Le problème est de passer d'un repère d'espace, avec un ensemble important d'axes orientés, a un repère plan. Les axes sont multiples dans un SI, qu'il s'agisse d'analyser les données, les applications, les flux, les processus, les tâches, les fonctions ou les compétences et l'alignement avec une stratégie d'affaires.

Comment choisir les axes d'analyse à bon escient ? Faut-il tout d'abord se poser la question de l'axiologie : à quelles fins ? Selon quelles valeurs/modèles ? Puis questionner l'opérationnalité : quels objectifs ? Une certification, une optimisation précise ? Une mesure de performance, de maturité ? Encore faut-il le faire par rapport à un modèle de valeurs spécifiques aux natures de besoins (optimisation, conception, production, alignement stratégique). Quels référentiels dès lors utiliser ? Ce temps de définition du périmètre est indispensable pour optimiser le temps et l'efficacité d'une démarche de cartographie. Connaître ainsi la cartographie des référentiels est un préalable à la cartographie du SI.

Le problème est qu'on ne parle pas ici d'un référentiel mais de plusieurs, dont quelques-uns sont évoqués ci-dessous. Certains sont des référentiels de lecture, d'autres plus ou moins spatio-temporels dans la mesure où ils permettent de positionner le SI sur un modèle de maturité et d'observer l'évolution sur des axes définis.

Les premiers référentiels évoqués dans les systèmes d'information ont été les référentiels de données, envisagés dans un premier temps au niveau applicatif, pour désigner un ensemble rationalisé des données dont se sert une application. L'objectif est double : d'une part, il vise le meilleur partage des informations de référence (en termes de qualité et de maîtrise des échanges de référence) et, d'autre part, il s'inscrit dans une optique de meilleure réactivité du SI face aux évolutions. En l'occurrence, l'évolution du référentiel de donnés applicatif est le MDM (Master Data Management) qui réconcilie une approche globale des données de référence au niveau du SI.

Ces référentiels permettent une cartographie des applications avec le flux d'information entre applications. Reste à faire le lien entre les applications et les infrastructures techniques et les informations relatives à la sécurité des applications, c'est-à-dire éventuellement les référentiels de règles y afférant.

10. J. Hladik, M. Chrysos, Introduction à la mécanique quantique, Dunod

À un autre niveau, les référentiels de processus métier sont au-delà de l'approche applicative car ils ne doivent pas être soumis aux contraintes d'implémentation ou d'automatisation mais bien apporter une modélisation partageable entre acteurs, avec des définitions sémantiques des objets métier – autre référentiel de lecture à construire –, un découpage en tâches et sous-tâches pour arriver à une granularité qui peut être observée/analysée (de façon à décomposer la complexité et pouvoir réutiliser des services). À la clé : partage d'information, vision réellement attachée à la valeur pour les métiers plutôt qu'aux contraintes techniques, réutilisation, etc.

Quant aux référentiels de compétences, ils servent à tenir compte de l'axe ressources humaines, ils facilitent la gestion prévisionnelle des compétences et la capitalisation sur les retours d'expériences projet, déterminant les comportements attendus en fonction des activités et les pré-requis d'expériences ou de connaissances. Là encore, la granularité du découpage en sous-tâches et tâches sera clé dans l'efficacité du référentiel (objectif de formation attaché à une micro-activité, par exemple).

Les référentiels portant sur la qualité ou les processus SI (tels Cobit, ITIL, CMMI), sont quant à eux des référentiels de meilleures pratiques qui permettent de positionner son SI sur une cartographie cible. Reste là encore que chaque référentiel est plus ou moins bien adapté à un domaine et à des objectifs (ITIL : exploitation, CMMI : développement avec une version maintenance, Cobit : contrôle et pour partie gouvernance) et que leur usage doit passer par une nécessaire réflexion sur l'axiologie de la cartographie et les objectifs court terme/long terme.

On peut également parler de référentiel risques (y compris risques vis-à-vis de l'évolutivité), pour que les entreprises puissent être en mesure d'y positionner leurs enjeux, d'évaluer leur exposition selon différents scenarii et de prendre ou de faire prendre des mesures visant à réduire la vulnérabilité des enjeux où cela est possible.

Choisir d'abord les axes d'analyse (a priori ceux définis pour la gouvernance), cartographier les référentiels existants (internes et externes) et en réutiliser ce qui est pertinent, commencer avec l'indispensable sur une trajectoire utile à court terme (projet locomotive, par exemple), voilà comment le cartographe peut débuter. Il lui reste toujours le problème de la collecte, et son besoin d'explorateurs.

La carte n'est pas le territoire

Si la collecte par témoignages a évolué aussi dans les systèmes d'information de par l'existence de mesures automatiques (essentiellement remontées de sources techniques), il n'en reste pas moins que de nombreuses données sont encore remontées par l'analyse humaine. On ne peut faire abstraction des questions suivantes : Qui collecte les informations ? Qui construit les cartes et pour quelle utilité ? Qui valide et publie les cartes ? Nous avons fait la distinction entre le cartographe et l'explorateur, reste également à évoquer le commanditaire et se rappeler la citation de Philippe Rekacewicz, responsable de l'équipe de cartographes de l'atlas du *Monde diplomatique* : « La carte géographique n'est pas le territoire. Elle en est tout au plus une représentation ou une "perception". La carte n'offre aux yeux du public que ce que le cartographe (ou ses commanditaires) veut montrer. Elle ne donne qu'une image tronquée, incomplète, partiale, voire trafiquée de la réalité ».

De par le choix d'un système de projection du SI sur des axes d'analyse, nous avons de toute façon une déformation de la réalité et nous devons nous satisfaire de représentations tronquées, à moins de poursuivre un idéal de détails préjudiciable à l'usage réel de la carte. Mais il serait naïf de croire que la cartographie des SI ne soit pas également sujette à des enjeux géopolitiques. Quid de ce qui est entre deux eaux, deux domaines, deux responsabilités dans les cartographies applicatives ? On se dispute aussi sur les territoires limitrophes pour repousser des responsabilités du champ des mesures de performance, si elles n'ont pas été prises en compte dans le choix des indicateurs qui permettront les mesures, ou étendre son pouvoir de décision.

Dès lors, il faut une logique transverse, une légitimité du cartographe qui lui permette d'acter aux frontières sans avoir à chercher un consensus qui n'est pas forcément à l'avantage commun de l'entreprise mais qui s'inscrit plutôt dans la logique d'atteinte d'objectifs individuels insuffisamment mis en cohérence. Ensuite, le choix des axes d'analyses, le choix du niveau de représentation, relève d'une stratégie d'entreprise, une volonté de direction, et c'est la valeur escomptée de l'exploration qui décidera des explorateurs.

Les référentiels

Ainsi qu'évoqué précédemment, les référentiels sont de multiples natures.

La cartographie des référentiels sur la « vue 360° » du SI

Un référentiel, par définition, est un ensemble d'éléments formant un système de référence. Ils sont des guides qui font autorité dans une profession et que l'on consulte pour trouver une information dans un domaine particulier. Ils peuvent aussi être plus directifs et fournir avec précision un ensemble d'exigences à satisfaire pour l'obtention d'une certification reconnue.

La pratique et l'expérience ont conduit les professionnels des logiciels et des systèmes d'information à constituer un certain nombre de référentiels, modèles types ou cadre générique de meilleures pratiques. La figure ci-dessous illustre sur la « vue 360° du SI », les différents types de référentiels, et nous allons revenir sur quelques-uns des modèles et cadres de références.

Certains sont des référentiels de lecture, d'autres plus ou moins spatio-temporels dans la mesure où ils permettent de positionner le SI sur un modèle de maturité et d'observer l'évolution sur des axes définis.

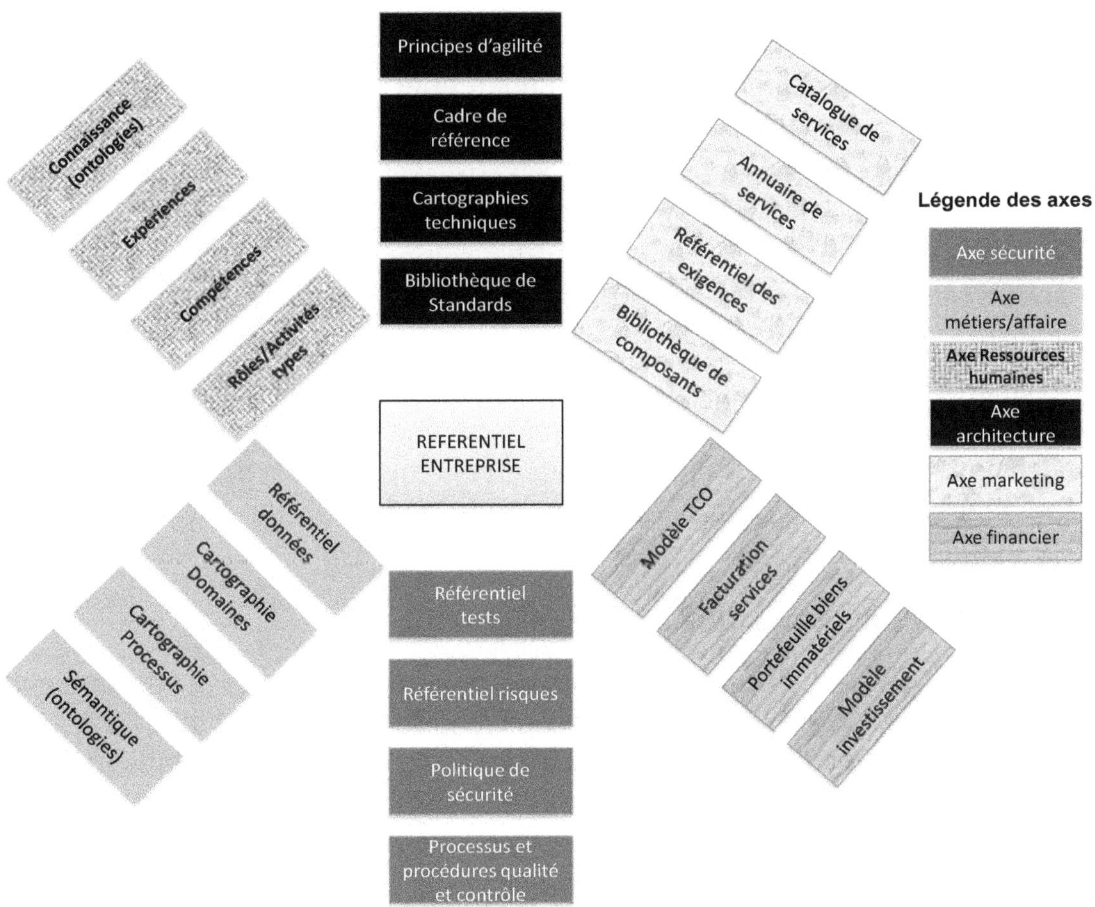

Figure 9-3 : Les différents types de référentiels sur la « vue 360° » du SI

Par extension, nous avons mis dans « sécurité » tout ce qui concerne le contrôle qualité et la vérification de la conformité à des exigences.

Une des premières briques de la qualité et du contrôle est le référentiel de test. Il contient les jeux de données et les cas de tests spécifiques aux services fournis par le SI et facilite les opérations sur des applications en production en autorisant l'automatisation des tests de non-régression. Il est important de réaliser ces référentiels au plus tôt dans le cycle de vie d'une application, en principe dès la modélisation, afin de limiter les erreurs qui peuvent être générées au moment des spécifications.

Les référentiels, ITIL, CMMI (*Capability Maturity Model for Integration*), Cobit sont des référentiels de type guide, portant sur les processus internes de la DSI, afin que les développements, l'exploitation, les pratiques de contrôle conduisent à produire des systèmes de meilleure qualité, conformes aux exigences, pour des coûts et des délais moindres. Ils sont donc considérés sur l'axe sécurité, dans la classification « processus et procédure qualité et contrôle ».

CMMI, aussi bien qu'ITIL, proposent des certifications à plusieurs niveaux selon le degré de maturité que l'organisation a dans la mise en œuvre des recommandations et le respect des prescriptions.

CMMI peut être considéré comme un référentiel spatio-temporel car il distingue plusieurs niveaux de maturité de l'entreprise (1 à 5).

De plus, le SEI (Software Engineering Institute) à l'origine de CMMI a étendu le modèle original, axé sur les développements logiciels en spécifique, sur des modèles de maturité pour la gestion des compétences (CMM *for people*), ou des modèles de contrôle des sous-traitants pour la maintenance (CMM for maintenance).

Le modèle MDM (Master Data Management) est une réponse à la gestion du dictionnaire de données de référence qui offre une première brique de la compréhension sémantique des métiers. Pour être complet, nous devrions lui adjoindre un référentiel des règles de gestion, pour faciliter la flexibilité des systèmes développés.

Les référentiels d'architecture d'entreprise

Côté architecture, il existe plusieurs cadres de références d'entreprise (EAF, *Enterprise Application Framework*) qui proposent des méthodes globales pour aborder la conception et la réalisation d'un système d'information dans une logique architecture d'entreprise, en recensant les informations à collecter et la manière dont elles interfèrent entre elles et sont manipulées.

Ainsi, le framework de Zachman, représenté par la figure suivante, est un cadre très général, pratiquement exhaustif, qui croise deux dimensions : celles du questionnement sur ce qu'on veut réaliser (quoi, comment, où, qui, quand et pourquoi) et celle des groupes de parties prenantes (visionnaire, propriétaire, concepteur, réalisateur, sous-traitant et exécutant). Si la vue est holistique (elle ramène des vues individuelles et complémentaires à l'ensemble dans lequel elles s'inscrivent), elle est malheureusement peu exploitable avec les 36 modèles générés.

Zachman est un guide de référence fort utile mais peu exploité en pratique en entreprise, du fait de sa complexité et des limites humaines d'appréhension. Nous rappelons ici en effet la difficulté d'avoir une perception globale d'un ensemble dès qu'il comporte plus de sept éléments.

Autre cadre d'architecture très connu, le Togaf, d'abord conçu par le DoD (Department Of Defense) aux États-Unis, puis repris et développé par l'Open Group (voir l'historique de l'association dans la section « Unix : une rupture significative » de l'annexe 2). À l'inverse du cadre de Zachman, le Togaf (The

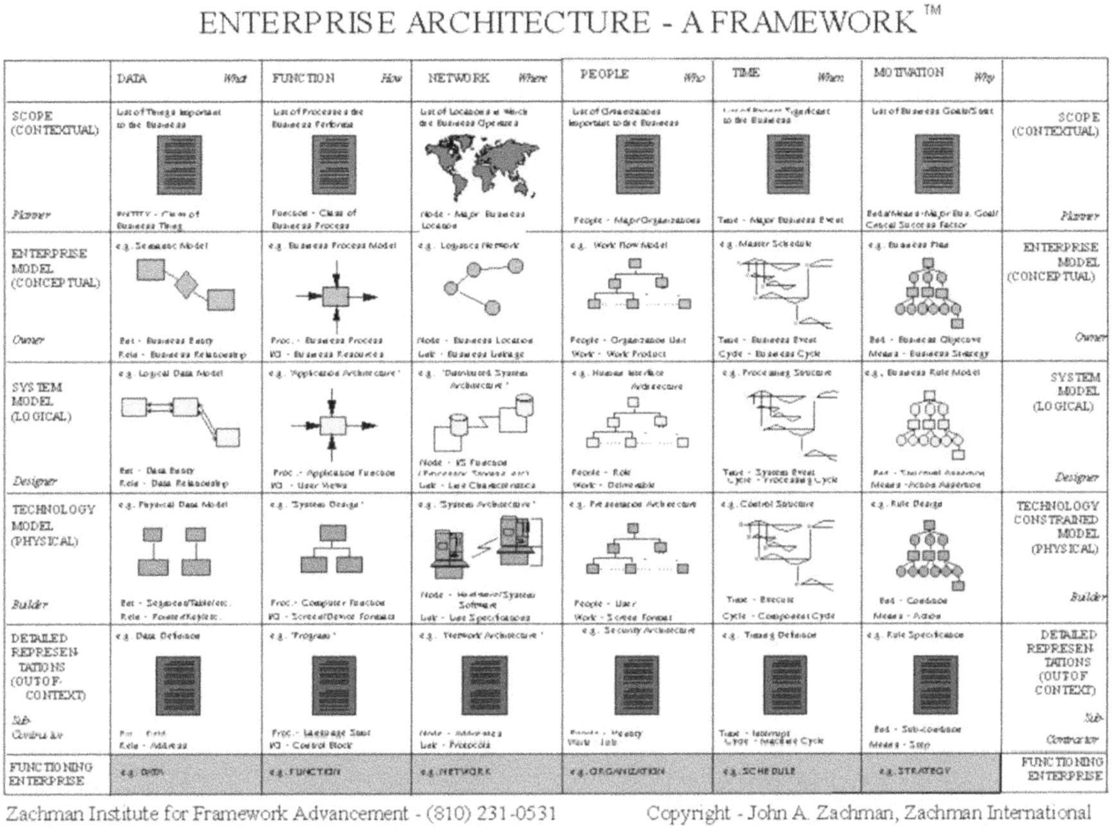

ENTERPRISE ARCHITECTURE - A FRAMEWORK™

Zachman Institute for Framework Advancement - (810) 231-0531   Copyright - John A. Zachman, Zachman International

Figure 9-4 : Le framework de Zachman
Source : © John A. Zachman

Open Group Architecture Framework) est davantage porté par les entreprises. Il identifie quatre plans de description de l'entreprise :

- l'architecture métier (description de l'organisation et des activités, par les fonctions et les processus) ;

- l'architecture des données (modèle logique des données) ;

- l'architecture applicative ;

- l'architecture technologique (choix techniques et infrastructures).

La méthode Praxeme (initiative pour une méthode publique) a été élaborée en France dans le cadre du chantier Praxime pour devenir ensuite une méthode publique poussée par une organisation loi 1901. Ses principaux contributeurs sont les sociétés SACEM et SMABTP.

Praxeme se fonde sur une topologie du système d'entreprise, un schéma qui identifie et articule huit aspects, qui sont les angles de vue du système pour pouvoir le représenter de la manière la plus efficace possible.

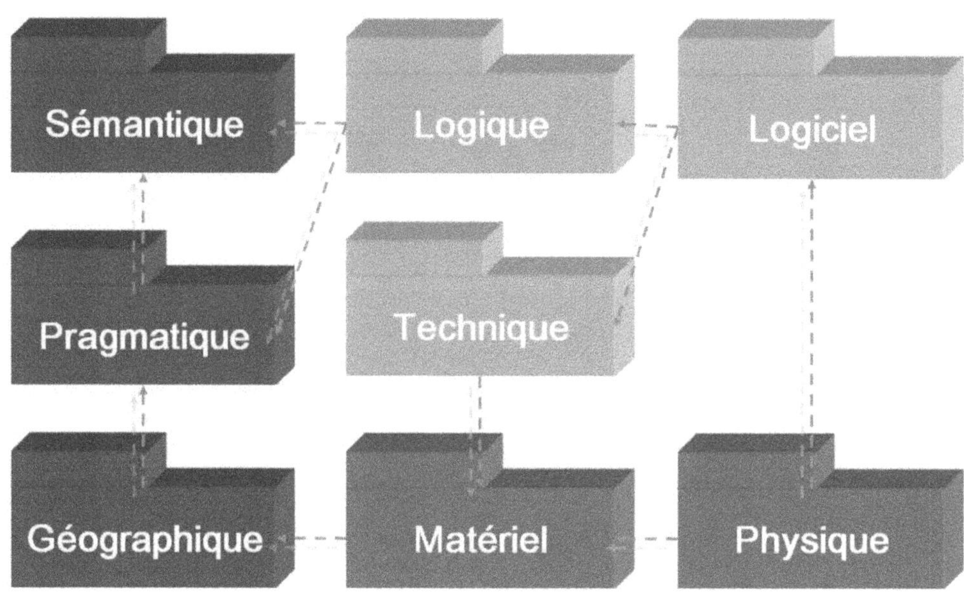

Figure 9-5 : Topologie du système d'entreprise selon Praxeme
Source : © Praxeme

Du bon usage des référentiels

En plus des référentiels déjà cités, on ajoutera sur les axes métier et marketing SI, le BABOK (*Business Analyst Body Of Knowledge*) qui est le guide international conçu par l'IIBA (International Institute Business Analyst) pour recueillir les meilleures pratiques des analystes d'affaires, notamment dans la gestion des exigences (traçabilité des besoins, des demandes des utilisateurs, exigences fonctionnelles ou non fonctionnelles).

Sur l'axe sécurité et contrôle qualité, il faut également citer le PMBOK du PMI (Project Management Institute) pour la gestion de projets.

De nombreux guides existent sur l'ensemble des axes de la « vue 360° du SI ». Ils sont plus ou moins complets, plus ou moins précis sur la façon de décliner les modèles, mais ils sont pour la plupart très utiles pour se référer aux meilleures pratiques. L'objectif pour une entreprise n'est pas de poursuivre une certification à l'un ou l'autre de ces modèles pour garantir la maîtrise de son SI. Il faut d'abord qu'elle maîtrise sa compréhension de l'utilité des différents référentiels par rapport à sa propre situation, ce qu'elle peut en choisir pour combler ce qui lui manque ou améliorer ce qu'elle a déjà, ou encore ce qu'elle doit créer qu'elle ne trouvera pas forcément dans les modèles existants mais qui s'avère indispensable pour une vue complète du système d'information, en tant que recueil des questions et des vues en réponse.

Ce ne sont pas les référentiels ni les outils qui font la gouvernance, même s'ils sont nécessaires pour partager de l'information et des savoir-faire. De ce fait, la modernisation d'un système d'information passe par la nécessaire réflexion sur les outils utilisés : comment ils le sont, et pourquoi ils devraient continuer, ou non, à l'être. L'art de la méthode, en somme, est aussi important que celui de la technique, et tous deux nécessitent un savoir-faire qui doit s'apprendre par la pratique et du… bon sens.

Le bon sens, selon Descartes, est une chose reçue en partage par tous les hommes : « La puissance de bien juger et distinguer le vrai d'avec le faux, qui est proprement ce qu'on nomme le bon sens ou la raison, est naturellement égale en tous les hommes; et ainsi que la diversité de nos opinions ne vient pas de ce que les uns sont plus raisonnables que les autres, mais seulement de ce que nous conduisons nos pensées par diverses voies, et ne considérons pas les mêmes choses. Car ce n'est pas assez d'avoir l'esprit bon, mais le principal est de l'appliquer bien. »

Le bon sens ne suffit donc pas, car si tous ont reçu la capacité à bien juger, reste à l'exercer en cherchant une vérité qui n'est pas acquise, en utilisant cette capacité de distinguer ses erreurs (le vrai du faux) dans la faculté de concevoir, la mémoire, l'imagination, la volonté de créer. Ainsi est-il a priori possible de bien gouverner sur la base de décisions raisonnables qui se bâtiront sur notre connaissance des faits. D'où l'intérêt d'avoir des référentiels de bases de capitalisation, des outils pour nous donner une meilleure connaissance des faits.

Toutefois, il ne faut pas oublier deux fondamentaux. Les référentiels sont rarement complets et dessinent au mieux une carte à une échelle figée (un angle de vue), du système d'information. La connaissance des faits est le plus souvent partielle et il faut accepter une part d'incertitude nécessaire, dans les choix, compte tenu de ce que nous pouvons savoir, car poursuivre une cartographie complète et détaillée du système d'information, qui reflèterait toutes les diverses voies de la pensée, est irréaliste. Ensuite, la réalité de la vie est le mouvement : le changement est la seule constante. Une gouvernance en accord avec la réalité exige dès lors une grande adaptabilité dont l'ensemble des référentiels existants dits de gouvernance ne se font pas forcément le reflet.

Chapitre 10

La prétention à l'industrialisation

Il faut être ambitieux, mais il ne faut pas se tromper d'ambition.

Jacques de Bourbon Busset

Pourquoi l'informatique rêve-t-elle d'industrialisation ? Sans doute pour effacer définitivement le fameux paradoxe de Solow évoqué au chapitre 2 et montrer l'exemplarité de la performance des processus internes des services informatiques. Eux qui doivent justement optimiser – par l'automatisation des échanges et la numérisation de l'information – les processus de l'entreprise.

Il est légitime de perfectionner les processus de conceptions, de développements et de maintenance d'applications, en particulier pour lier la conception à l'implémentation, automatiser les tâches répétitives, envisager de meilleures façon de gérer des traitements de masses ou de répliquer ce qui peut l'être. La cible est louable : il s'agit de réduire les coûts et les délais des projets tout en optimisant la qualité des résultats produits. Toutefois, il faut garder à l'esprit que la création de valeur ne passe pas par le « tout standard » ou « tout industriel ».

Avant de répliquer des processus existants à l'aide des TIC pour qu'ils soient plus performants et les améliorer continuellement, la valeur des systèmes d'information est également de remettre en cause les façons de faire. Il ne faut pas hésiter à faire autrement si nécessaire, quand la valeur est au rendez-vous.

De même, il ne faut pas s'attendre à pouvoir appliquer des moules à des situations complexes sans avoir à ajuster et instancier des principes, créés pour être le plus générique possible, à des environnements existants qui, eux, sont uniques.

Enfin, il ne faut pas se tromper de cible et oublier les préalables à l'industrialisation : avoir des méthodes, des outils, des instruments de mesure et de pilotage et un environnement de production relativement standardisé. Demander à l'externalisation les bénéfices de l'industrialisation immédiatement, en confiant à un prestataire une application spécifique artisanale, est une incompréhension de fond de tous ces principes.

Le triptyque coût/délai/qualité et ses limites

L'informatique n'est pas encore une discipline industrielle à en croire le manque de prédictibilité de projets, mais elle tend de plus en plus à emprunter ses derniers concepts aux modèles de l'industrie : usines « logicielles », industrialisation[1], centre de services, Lean Six Sigma , etc.

L'industrialisation d'un produit ou d'un processus, c'est utiliser des techniques de production qui permettent de pouvoir répliquer en grande quantité la fabrication de produits à partir de matière première, ou de faire en sorte qu'un processus soit reproductible à grande échelle. L'objectif recherché est de maîtriser la qualité du produit fini et de pouvoir fabriquer plus de produits à des coûts et des délais moindre.

C'est dans la définition même de l'industrialisation qu'on peut en trouver les avantages et les limites pour les systèmes d'information. En particulier, on ne fabrique pas forcément des produits à grande échelle dans ce domaine et la chaîne de production joue plus sur une chaîne de valeur à faire collaborer ensemble des expériences et des expertises différentes. La matière première, ici, est l'humain.

Sans pour autant comparer l'informatique à une chaîne de production, il est possible d'automatiser certaines tâches répétitives et contraignantes du développement, par exemple des activités de test et de compilation, et dès lors, de laisser les développeurs et les concepteurs se concentrer sur la valeur ajoutée et l'innovation des solutions.

En matière de maintenance, on peut minimiser les coûts et les délais tout en augmentant la qualité à travers une automatisation sélective des opérations et des modèles de sous-traitance « sous contrôle » de tout ou partie du processus, tout en garantissant que le résultat sera mieux structuré, plus aisé à maintenir et à faire évoluer, avec des coûts d'exploitation moindres qu'au départ. Ce sont là les bénéfices de l'industrialisation du processus.

Il est également possible de trouver l'adéquation coût/délai/qualité en utilisant les meilleures pratiques issues des leçons de la maturité informatique.

L'approche MDA (*Model Driven Architecture*) soutenue par l'OMG prévoit plusieurs modèles, du métier indépendant de la plate-forme physique à celui lié à la plate-forme physique et des logiques de génération qui permettent de garder le lien avec le besoin métier. Ainsi les logiciels développés le sont-ils dans une logique de chaîne de production entre la conception et la construction.

De façon plus globale, la vision architecture d'entreprise a pour ambition de mieux formaliser autant le système d'information en tant que brique métier de

1. On trouvera dans *Le Petit Larousse* la définition suivante : « L'industrialisation, c'est l'action d'industrialiser, le fait de s'industrialiser ». « Industrialiser, c'est donner un caractère industriel à une activité, caractère qui se traduit par la mécanisation et la production en masse ».

l'entreprise, que l'entreprise et ses autres processus métier à travers les cartographies et représentations/modèles fournis par le système d'information. Les référentiels tels qu'ITIL, CMMI et Cobit sont d'ailleurs des cadres de cohérence pour identifier les meilleures pratiques en matière de processus propres au métier DSI. Le métier s'industrialise ainsi dans ses méthodes de conception, construction et pilotage.

Reste qu'il ne faut pas confondre meilleures pratiques avec production de masse, et assimiler un cadre de cohérence à un moule unique. Les systèmes d'information sont des productions intellectuelles avec des ressources physiques particulières, chaque produit étant unique, de par son adhérence avec un existant et des enjeux d'entreprise qu'il sert. Il faut savoir adapter les modèles génériques aux cas individuels.

Tant qu'il s'agit d'industrialiser un processus de maintenance parce que l'on juge que la conception de l'application existante est rôdée – ce qui veut dire peu de changements dans les besoins, sinon des corrections mineures, et du support d'infrastructure et utilisateur – tout va relativement bien. Industrialiser le développement logiciel d'une application via des briques réutilisables de services a ses limites dans la réplicabilité de modèles, quand cette nouvelle application doit apporter une valeur perçue unique, différenciatrice tant dans sa conception (nouvelles méthodes et/ou nouvelles technologies) que dans son usage.

Cela relève de l'innovation industrielle et nécessite des maquettes et des prototypes avant d'être certain de la faisabilité technique et de la recevabilité marchés ou utilisateurs d'un concept. Des tests doivent être exécutés au plus tôt pour limiter les risques et augmenter la qualité. Les systèmes d'information « cœur de métier » ne sont pas dans une logique de production de masse.

C'est là où l'industrialisation atteint ses limites et où l'analyse de la valeur doit s'inscrire en rupture avec des méthodes d'amélioration continue, pour ne pas hésiter à rompre avec un existant qui ne répond plus à l'équation valeur car il n'évolue plus qu'en fonction du triptyque coût/délai/qualité.

Les modèles de l'industrie qui font rêver l'informatique

L'amélioration continue

De la roue de Deming[2], utilisée dans les manuels qualité de toutes les sociétés de services dans les années 1990, au Six Sigma et sa roue DMAIC, à l'approche lean, puis Lean Six Sigma, le souhait reste toujours le même : rendre prédictible l'informatique, contrôler des chaînes de production de services calibrés, améliorer les processus de fabrication jusqu'au zéro défaut .

Le principe amorcé par la méthode PDCA de Deming (*Plan Do Check Act*) illustre sous la forme d'une roue un cycle d'amélioration continue en quatre étapes :

2. La roue de Deming est une illustration de la méthode de gestion de la qualité dite PDCA (*Plan-Do-Check-Act*). Elle est un moyen mnémotechnique permettant de repérer avec simplicité les étapes à suivre pour améliorer la qualité dans une organisation. Son nom vient du statisticien William Edwards Deming. (Wikipédia)

1. planifier les actions ;
2. exécuter le plan ;
3. vérifier que les résultats sont bien conformes aux attentes ;
4. agir pour améliorer le dispositif en suivant à nouveau la même boucle.

Ce principe a été repris et amendé dans de nombreuses autres méthodes et référentiels récents : ITIL et la gestion des services ou Togaf, par exemple.

Les méthodes qualité d'amélioration continue des processus sont non exclusives entre elles et plutôt complémentaires. On retrouve des points communs entre l'approche PDCA et le DMAIC (*Define Measure Analyze, Improve, Control*) ou le DFSS (*Design For Six Sigma*) de Six Sigma ou encore les 5S du lean management.

L'invention continue de la roue d'amélioration

Six Sigma est une méthodologie de contrôle de la qualité basée sur l'étude d'indicateurs de variation (sigma) créée par Motorola dans les années 1980. Adaptée à la production industrielle, elle vise une qualité proche du zéro défaut en mesurant la dispersion des produits autour d'une moyenne (notion statistique d'écart type).

Le Six Sigma peut se définir en cinq phases (méthode DMAIC) :

- définir : déterminer les exigences du client et les processus adaptés ;
- mesurer : supprimer les suppositions des exigences du client par rapport au processus ;
- analyser : identifier les écarts entre les performances. Classer les problèmes par importance ;
- améliorer : mettre en œuvre les moyens nécessaires pour éliminer les problèmes ;
- contrôler : vérifier que les actions correctives produisent le résultat espéré sans nouvelle anomalie.

DFSS (*Design For Six Sigma*) est la méthode d'analyse des processus qui reprend les quatre dernières étapes de Six Sigma en les adaptant :

- identifier : définir les exigences des clients et leurs limites ;
- concevoir : choisir les concepts, analyser les risques ;
- optimiser : optimiser la conception pour diminuer les variations du process de production ;
- valider.

Le Lean management est une technique de gestion essentiellement concentrée vers la réduction des pertes générés à l'intérieur d'une organisation pour une production et un rendement plus justes (inspirée de Toyota dans les années 1970).

Les objectifs sont :

- réduire la durée des cycles de production ;
- diminuer les stocks ;
- augmenter la productivité ;
- optimiser la qualité.

Parmi les outils du lean figurent :

- les 5S, (Seiri : débarrasser, Seiton : ranger, Seiso : nettoyer, Seiketsu : standardiser, Shitsuke : progresser) ;
- le Kaizen : principe d'amélioration continue ;
- le Kanban : principe de flux tendu ou de flux tiré.

Ces méthodes, apparues dans les années 1970, continuent à faire des émules et on en trouve des traces jusqu'aux méthodes agiles (voir la section « Agilité et logiciel » de l'annexe 2). Ainsi, Jeff Sutherland, le père de Scrum[3], reconnaissait l'influence du lean management dans la première version de sa méthode.

Si elles sont utiles pour approcher un processus existant et l'optimiser, elles ne s'inscrivent pas « en rupture ». Il faut voir ces méthodes comme des moyens d'optimiser des processus réplicables ou pour calibrer ce qui tourne déjà, et non comme des moyens d'innovation d'usage ou de création de valeur.

La roue de Deming et le sens du mouvement

La roue de Deming, l'approche Lean ou Six Sigma s'appliquent dans un univers assez cloisonné : celui de la production et de l'amélioration continue de problèmes plutôt mécaniques ou de procédures plutôt déjà définies. Ces approches ne s'inscrivent pas réellement en rupture. Il s'agit d'améliorer ce qui existe. On ne se pose pas la question de savoir si le projet mené, le produit fabriqué, le processus utilisé, va dans la bonne direction. On applique une méthode et des directives pour produire plus vite et mieux, sans déchets. Reste que si la question de départ sur la valeur d'usage de ce qu'on fait n'est pas posée, il est clair qu'on peut améliorer « à vide » des façons de faire inadaptées.

Un système d'information est un ensemble d'informations, de ressources et de moyens pour les manipuler, échanger, stocker, exploiter, dont l'objectif n'est rien d'autre qu'améliorer un système réel, en support à des processus existants ou pour automatiser ce qui peut l'être, ou l'améliorer grâce à des technologies de communication d'information.

Surtout, c'est un système dont la valeur repose sur la capacité des ressources humaines à en tirer parti, que ce soit dans l'usage ou dans la possibilité de l'adapter à des besoins, et le faire évoluer pour apporter une plus-value dans l'échange ou l'exploitation de connaissances. L'humain est au cœur du système, d'une manière ou d'une autre.

De nombreux projets applicatifs ont échoué parce qu'ils avaient sous-estimé la nécessaire part de formation aux usages. Désormais, l'accompagnement au changement est une condition sine qua non à laquelle on songe au plus tôt. Cela n'est pas antinomique avec la roue de Deming, on reste ici dans le domaine du planifiable.

Que dire alors de l'adaptation ? L'être humain a prouvé sa capacité d'adaptation au fil des millénaires grâce aux méthodes sélectionnées par l'évolution. Ces dernières sont davantage empiriques que planifiées.

La roue de Deming part d'un problème identifié – répétitif ou réplicable – qu'il est possible d'analyser sur un grand volume de données. Elle n'est pas adaptée pour l'imprévu ou des situations qui évoluent rapidement et pour lesquelles les solutions planifiées laissent trop peu de marge de manœuvre pour adopter rapidement une alternative radicalement différente. Elle correspond bien à la cons-

3. Scrum est l'une des méthodes agiles les plus utilisées. Elle est évoquée à la section « Agilité et logiciel » de l'annexe 2.

truction des pyramides, mais correspond-t-elle aux changements que nécessitent les aléas d'un monde beaucoup plus ouvert et est-elle adaptée à la créativité ?

La roue de Deming est dans une logique de répétition, pas de remise en cause. Elle peut améliorer une situation donnée, elle peut apporter des solutions, mais elle n'apporte pas de fluidité dans l'approche créative des problèmes. Elle peut même noyer dans les procédures les méthodes empiriques ou intuitives de résolution.

La méthode PDCA de quatre étapes est séquentielle, lente, et ne favorise pas forcément un échange rapide entre plusieurs points de vue différents. La liberté des commentaires est dans l'étape de vérification (*check*) mais faut-il vérifier ou, comme Deming lui-même le pressentait, étudier les résultats ? Vérifier signifie que l'on essaie de corriger par rapport à une idée préconçue avec le risque d'analyser les résultats via un filtre subjectif. Étudier ouvre plus de latitude, sans pour autant résoudre l'aspect très encadré du moment où on accepte les retours et les commentaires.

Telles sont les premières questions de sens. Cela ne veut pas dire que l'approche PDCA est mauvaise. Là n'est pas le propos. Il s'agit de questionner l'approche par rapport à l'usage et ne pas en faire un cheval de bataille pour toutes les situations, pas plus qu'une roue de secours. Encore une fois, une seule roue ne suffit pas pour avancer. L'intuition ne suffit pas non plus pour résoudre tous les problèmes et, entre l'intuition d'une chose et sa preuve qui en permet l'exploitation, le temps peut s'écouler très lentement.

Nous arrivons au deuxième questionnement concernant la roue de Deming, celui portant sur la connaissance. L'expression « On ne peut améliorer ce qu'on ne peut mesurer » est souvent associée au PDCA ou au DMAIC. Certes, il faut avant toute chose faire l'état des lieux, mesurer ce qui pose problème pour identifier les axes d'amélioration. Il faut donc prendre connaissance du système qui pose problème ou qui est à améliorer. Mais n'y-a-t-il pas, dans l'approche, un risque de paradoxe ? Si nos connaissances sont restreintes à nos propres méthodes, à nos propres habitudes, quelle est la probabilité de ne pas répliquer une erreur de conception à l'origine du système, due à un point de vue trop restrictif ? Dans ce cas, on améliorera une erreur, mais on ne changera rien à son origine. Par exemple, réduire le coût de pièces inutiles est une erreur, ce qui donne à plaisanter en détournant l'expression PDCA en *Please Don't Change Anything*. La logique a une deuxième faille : elle focalise sur les dysfonctionnements. Elle ne cherche pas les succès, ne valorise pas les cas où des solutions naturelles sont apparues et n'étudie pas ces cas et leur potentiel de changements.

L'humain, moteur de l'évolution

Pour raisonner efficacement, il faut pouvoir sortir d'un cadre prédéfini qui aurait tendance à nous apporter de la surinformation ou des paramètres restrictifs. Il faut être capable de disposer d'une base de connaissances élargie et agile, et d'échanger rapidement des informations entre différents acteurs qui représentent différents points de vue. Ainsi, la rapidité de la résolution de problèmes dans nos cerveaux résulte de la catalyse d'un échange massif d'informations entre tous les acteurs, de même que pour notre système biologique (pour lequel les acteurs sont les agents anti-infectieux). Par analogie, pour analyser rapidement une situation complexe, rien ne vaut un échange entre individus ayant des expertises complémentaires et des points de vue différents.

Appliquée aux systèmes d'information, l'idée serait non seulement d'améliorer les échanges entre les parties prenantes qui doivent concevoir ou améliorer un système, mais aussi d'ouvrir ces échanges au monde extérieur via un réseau entre pairs qui échangeraient rapidement sur les meilleures pratiques et les cas de résolution connus. Bien sûr, les échanges avec l'extérieur peuvent avoir leurs limites, mais une civilisation qui ne les pratique pas n'évolue pas, ni dans son langage, ni dans sa culture. On peut considérer les systèmes d'information comme une sorte de « corpus » qui modélise et formalise la culture d'une entreprise, ses métier, ses ressources. Pour que l'entreprise entre dans la logique d'une histoire en mouvement, elle doit faire du système d'information un véhicule de l'évolution.

L'échange entre les acteurs humains du système d'information est le moteur principal de l'évolution. La roue de Deming n'est pas forcément une roue motrice, elle est un support pour des problèmes ponctuels canalisés. Pour continuer sur une ligne droite, il faut lui adjoindre un système de direction et d'autres roues pour faire un véhicule qui tienne la route. À la roue de Deming orientée amélioration continue, on peut adjoindre les méthodes Lean et Six Sigma. Mais pour remettre en cause le corpus du système d'information, pour le faire évoluer dans le sens où il créera de la valeur, il ne faut pas hésiter à commenter ce corpus. C'est possible avec des méthodes comme le BBZ (*Budget Base Zero* – le budget de chaque activité est remis à zéro chaque année et l'intérêt, au sens création de valeur, de toute dépense doit être démontré), le *Design To Cost* (conception à coût objectif) ou tout simplement l'analyse de la valeur.

L'important est dans la remise en cause de ce qui fait sens pour pouvoir s'adapter à un univers mouvant, à une route de l'évolution qui n'est pas, et ne sera jamais, ni plate ni rectiligne.

Industrialisation des logiciels

Le principe d'usine logicielle

Pour industrialiser les développements, il faut poursuivre les objectifs de :

- maîtrise de la complexité ;
- fiabilité ;
- réutilisabilité ;

- confort de développement ;
- maintenabilité.

L'approche industrielle a commencé avec la volonté d'automatiser le lien entre la conception et les développements, tout d'abord avec les ateliers de génie logiciel, ensuite avec les environnements de développement intégré (IDE) dont l'objectif est de fournir un ensemble d'outils clé en mains pour faciliter la vie du développeur. Aujourd'hui, même l'open source bénéficie d'IDE robustes, lesquels couvrent tout le cycle de vie, des applications du développement au déploiement.

De l'atelier logiciel à l'usine

Cette première étape mène à la notion d'atelier, avec des modèles, des outils spécialisés, mais pas encore, si on veut faire le parallèle avec l'industrie, à une vraie automatisation de la production et une réutilisation de conception et de composants pour créer toujours plus vite de nouvelles lignes de produits. C'est là l'ambition de la *software factory* (ou fabrique de logiciels), l'usine de l'informatique du XXIe siècle. Son objectif est de simplifier et d'accélérer la fabrication de systèmes logiciels de qualité, avec des *patterns* (modèles de conception) spécifiques à certains environnements. Une fabrique de logiciels combinera les ateliers de modélisation et de génération de code avec des processus, des outils, des plans pour fournir aux développeurs un environnement parfaitement adapté à leurs besoins singuliers, en réutilisant les concepts et composants déjà existants.

Après l'investissement initial nécessaire, le résultat vise à des projets plus prédictibles, de meilleure qualité et qui devraient conduire à une maintenance du résultat plus aisée, du fait de l'exploitation de pièces communes. Il reste toujours à aller au-delà des pièces standard pour créer des produits logiciels différentiateurs.

> ### Ils l'ont dit – Le logiciel, c'est l'usine !
>
> « Une usine logicielle est une ligne de produit logiciel qui configure outils extensibles, processus et contenu en utilisant un modèle d'usine logicielle basé sur un schéma afin d'automatiser le développement et la maintenance de chaque instanciation d'un archétype produit en adaptant, assemblant et paramétrant un cadre de composants de référence », Jack Greenfield[4], architecte pour les environnements et outils de développement d'entreprise chez Microsoft
>
> Autrement dit, une bibliothèque de fonctions se base sur un langage de programmation pour créer une application. Un framework est un ensemble de bibliothèques de fonctions utilisable pour créer une application. Une usine logicielle permet de rassembler des modules et fonctionnalités pour créer une application.

L'industrialisation de la maintenance

L'infogérance et l'externalisation ont longtemps fait rêver les entreprises pour l'illusion de pouvoir en obtenir des réductions de coûts drastiques, sans effort.

4. http://blogs.msdn.com/b/jackgr/

La déception était prévisible. Ce n'est pas en réduisant les coûts de la main d'œuvre que l'on réduit les coûts du système d'information ou les coûts de maintenance d'une application, bien au contraire.

On peut éventuellement choisir un prestataire, par exemple en tierce maintenance applicative, en se disant qu'il saura peut-être mieux faire ce que l'entreprise tente de réaliser en interne, grâce à sa connaissance de l'état de l'art des pratiques, ses outils, ses méthodes, ses collaborateurs expérimentés, et la possibilité d'en mutualiser les bénéfices à grande échelle. Mais si ce qui lui est livré est très spécifique, dans un très mauvais état, que la visibilité des processus, fonctions et données de l'application est quasiment nulle, et qu'il n'existe aucun référentiel à jour, il n'y aura pas de miracle. Ce ne sont pas les processus standard de la maintenance qui amélioreront ce qui a été livré, parce qu'ils supposent des pré-requis qui n'ont pas été respectés.

Si l'état est mauvais au départ ou si l'application livrée est monolithique et, de fait, difficile à faire évoluer, le prestataire aura peut-être intérêt à rester dans le cadre correctif ou à faire de très petites évolutions, n'étant pas en mesure d'effectuer des analyses d'impact approfondies.

Si le contrat avec le prestataire ne fait apparaître que des coûts et des délais de correction aux anomalies, il est prévisible qu'au bout du compte, la qualité de l'application se dégradera rapidement et que l'évolutivité pourra tout autant être remise en question.

En 2008, dans une enquête effectuée auprès des directions informatique, il ressortait pour Gartner que les contrats entre fournisseur et client étaient en majorité renégociés une fois passé les douze premiers mois, avec le manque de flexibilité comme problème le plus important (50 % des réponses). Gianluca Tramacere, analyste sourcing chez Gartner, commente : « la majorité des entreprises ont établi des relations d'externalisation sur le long terme, fondées sur des impératifs immédiats de réduction des coûts. Ces accords en général manquaient de la flexibilité requise pour s'adapter à la nature dynamique des environnements métier et nous avons prévenu les entreprises que cette inflexibilité conduirait à terme à coûter davantage à l'entreprise. »

Si la maintenance se prête à la mise en place de processus répétitifs, avant de vouloir obtenir le bénéfice de ces derniers, il faut une phase d'industrialisation. Il ne faut pas se leurrer, cette phase nécessite des efforts de mise en œuvre et donc des coûts associés. La figure ci-dessous illustre cette démarche.

Il y a des prérequis à toute maintenance industrialisée, le premier étant de s'interroger sur la valeur de l'application car mieux vaut passer par un abonnement à des services logiciels que continuer à maintenir en interne ou externaliser une application standard.

Cela étant posé et la spécificité de l'application pour le métier ne faisant aucun doute, il faut inventorier les composants applicatifs, évaluer la qualité de l'application, la redocumenter pour fournir une application lisible, c'est-à-dire dont on

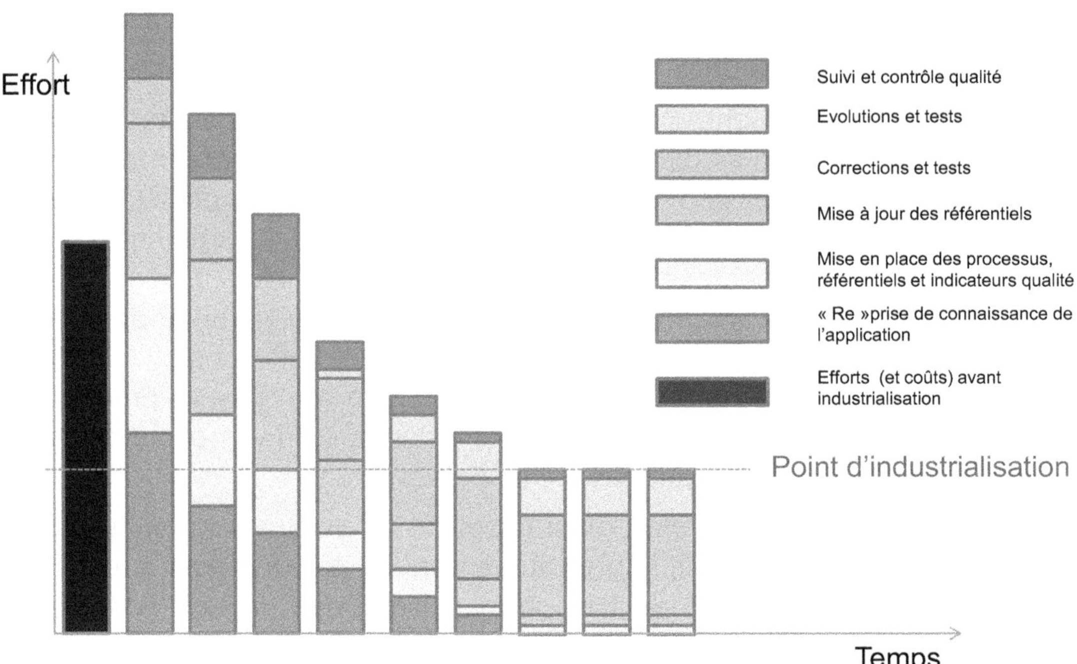

Figure 10-1 : L'industrialisation progressive de la maintenance

comprend le fonctionnement et le mode de fonctionnement. On profitera de cette phase de prise de connaissance de l'application pour mettre en place les outils, méthodes et référentiels de la maintenance, qui sont indispensables à toute démarche industrialisée. Un soin tout particulier doit être apporté aux référentiels de gestion des exigences, de test et de traçabilité du code, c'est-à-dire la gestion de configuration.

Ensuite seulement peut-on établir des indicateurs de contrôle pour suivre la qualité des livraisons et l'intégration des changements, et ainsi obtenir de l'industrialisation une réduction des coûts et une meilleure qualité. Il faut également intégrer dans la stratégie de maintenance, le niveau d'effort préventif, ainsi qu'évoqué précédemment, pour ne pas dégrader la qualité.

Dans tous les cas, que la maintenance soit externalisée dans des centres de services ou confiée à une équipe interne, il faut établir un contrat de services avec des SLA (Service Level Agreement) pour bien définir les niveaux de services attendus et y incorporer les indicateurs de qualité et d'évolutivité obtenus en fin de phase d'industrialisation. Ceci afin de pouvoir suivre le processus qui va de l'émission d'une demande de changement au passage en exploitation sans erreur dans la livraison d'une correction ou d'une évolution.

Il faudra également évoquer, dans le cadre du contrat, la part des activités et du budget qui sera dévolue à la maintenance préventive, notamment pour provisionner les activités de rénovation de l'application qui la rende plus facile à modifier pour s'adapter à l'évolution naturelle des besoins métier.

Les centres de services et la mutualisation

La notion de centre de services partagés (CSP) est apparue pour définir une fonction informatique industrialisée, avec la mutualisation de compétences, de ressources et de services.

Le Cigref définit un centre de services partagés informatiques comme une entité interne autonome chargée de fournir des services informatiques nécessaires à plusieurs sociétés ou divisions au sein d'un groupe. Ces services à valeur ajoutée sont réalisés de bout en bout, industrialisés et mesurables.

Le Cigref distingue trois sortes de CSP :

- les CSP informatiques (par exemple : infrastructures, applicatifs, messagerie, projets, Plan de reprise d'activité – PRA) ;
- les CSP applicatifs (par exemple : un centre de compétences ERP) ;
- les CSP métier (par exemple : un CSP compta, RH, achat, juridique).

Une entreprise peut donc avoir un ou plusieurs CSP, par branche ou par zone géographique.

L'objectif est clairement l'industrialisation, par le biais d'économies d'échelles sur les achats de prestation, la mutualisation des moyens, et un centre dédié en termes de méthodes, outils et compétences.

Reste que ce centre, opéré ou non en interne de l'entreprise, ne peut fonctionner sans clarification des niveaux de services attendus, de contractualisation de ces derniers dans des SLA, et sans logique de facturation à ses clients sur la base d'unités d'œuvre compréhensibles par ces derniers.

Les unités d'œuvre

Les unités d'œuvre sont d'abord un moyen de pouvoir estimer sur des mesures fiables et partageables ce que va coûter, en efforts et en temps, la mise en œuvre d'une demande, qu'il s'agisse d'une demande de mise en œuvre d'un nouveau service informatique, de corrections/réparations d'un service ou d'un matériel existant, ou encore d'une extension d'un service.

Quand on fait réparer sa voiture, on souhaite avoir un devis au plus près de ce que va coûter la réparation, avec des unités d'œuvre compréhensibles comme le coût des pièces et la durée de réparation avec la charge en heure ou jour/homme de la main d'œuvre qu'elle implique et le coût associé au type de main d'œuvre (qualifiée ou non).

Pour la refacturation des services en interne, il est important d'avoir des unités d'œuvre qui aient un sens pour les métiers, afin de comprendre ce que coûte une amélioration d'un processus. C'est l'objectif d'amélioration qu'il faut facturer (temps de traitement diminué d'une facture, volume de factures sans erreur augmenté, baisse des coûts des litiges, coût de transaction réduit, accélération d'un processus de prise de commande, etc.), et non le temps passé multiplié par un taux journalier moyen. Sans cela, le client interne n'aura pas de visibilité de la valeur du service, il n'en verra que les coûts.

Pour estimer la charge en développement, il est nécessaire d'avoir des méthodes d'estimation, des abaques pour planifier la durée du projet et définir les charges en jours-homme par type de ressources ou compétences nécessaires.

Dans une relation avec un prestataire extérieur qui assure une maintenance, le principe est de pouvoir partager ces abaques pour estimer la charge de la réponse à tout type de demande, en particulier celles liées à l'évolution d'un existant, qui implique la mise en œuvre d'un contrat de longue durée.

De ce fait, les méthodes d'estimation font partie des bonnes pratiques de l'AQL (Assurance qualité logiciel) et définir des unités d'œuvre standard pour la maintenance et la recette applicative externalisées (TMA et TRA), devient un passage obligé.

Pour autant, ce qui semble une évidence n'est pas si simple à mettre en œuvre puisque de nombreux programmes de mesure sont abandonnés en moins de dix-huit mois. Si les estimations pour les développements deviennent fiables, il n'y a pas d'études systématiques sur le sujet qui permettrait de définir un modèle de productivité unique pour la maintenance. Y-a-t-il d'ailleurs un modèle unique ? Pas forcément, il suffit d'en voir pour preuve les différentes méthodes (Cocomo – *Cost COnstructive MOdel*, Cosmic – *COmmon Software Measurement International Consortium*, Points de Fonction) utilisées à des titres divers pour mesurer la charge de la réponse à une exigence ainsi que de ses éventuelles évolutions. Toutefois, ces méthodes ont mûri et certaines apparaissent relativement bien rôdées pour des types d'applications particuliers, telle la méthode des points de fonction (IFPUG version 4) pour les applications de gestion.

Un peu d'histoire – « Une science a l'âge de ses instruments de mesure », Pasteur

La problématique de mesure et d'estimation des coûts logiciels a un historique. Barry Boehm a présenté dans les années 1980, un premier modèle appelé COst COnstructive Model (Cocomo), qui se fondait essentiellement sur le nombre de lignes de codes sources pour évaluer la charge de développement. Outre une efficacité toute relative au langage (tout les langages ne sont pas égaux devant la représentation algorithmique), en ce qui concerne la maintenance qui relève de la rétro-ingénierie (on travaille sur des codes existants), ce n'est pas une mesure fiable, un algorithme pouvant avoir une dizaine d'instanciations différentes très dépendantes du programmeur et non de la fonction implémentée.

Le Cocomo initial était issu d'un panel de projets analysés par Boehm. Pour un projet proche de l'échantillon de départ, la méthode pouvait fournir des résultats assez réalistes. Mais pour les autres... les divergences ont rapidement sauté aux yeux. Ainsi d'autres versions plus évoluées de Cocomo mais encore dépendantes du comptage de lignes de code mal adapté aux applications orientées données.

À la même période, Allan Albrecht d'IBM, proposait une autre approche, lors d'une conférence en 1979 : un comptage indépendant des technologies utilisées – la méthode des points de fonction – fondée sur la prise en compte des besoins exprimés par le client. Son avantage était la possibilité d'évaluer la charge dès les spécifications fonctionnelles. Sa mise en application a démontré son efficacité dans le cadre de l'informatique de gestion ou pour les logiciels à forte composante d'interfaces graphiques. En revanche, la méthode a ses limites lorsqu'il s'agit de mesurer des applications en temps réel ou embarqués qui ne manipulent qu'un faible volume de données, et elle ne prend pas en compte les charges liées à des algorithmes complexes ou le pilotage d'éléments matériels.

L'organisation IFPUG (regroupement d'utilisateurs de la méthode des points de fonction) a travaillé depuis sur les limites de la proposition initiale d'Albrecht pour l'amender avec des critères plus objectifs et la prise en compte de facteurs d'influence technique. La méthode Cosmic (*COmmon Software Measurement International Consortium*) s'est attachée quant à elle, avec une approche par processus et par couches, à fournir une meilleure assimilation de la structure des logiciels en temps réel.

L'ensemble de ces travaux est reconnu et défini dans la norme ISO 14143 (technologies de l'information – Mesurage du logiciel – Mesurage de la taille fonctionnelle) qui caractérise ce qu'est la mesure de la taille fonctionnelle utilisée par les modèles des points de fonction IFPUG et Cosmic.

Cartographier convenablement et lotir fonctionnellement une application existante est un préalable à une bonne mesure. Les points de fonction bruts (PFB) sont estimés sur l'évaluation des traitements (manipulation de données, calculs et recherches, par exemple) et la détermination du poids des groupes de données suivant des grilles de complexité (voir la norme ISO 14143). Ces PFB sont ensuite nuancés par un certain nombre de coefficients d'ajustement, relatifs à des caractéristiques du système (telles que communication de données, complexité des traitements, portabilité de l'application, réutilisation…) pour obtenir des PFA (Points de fonctions ajustés), puis des formules de conversions (dépendant du langage, du type d'applications) sont utilisées pour la traduction des PF en charge de travail, voire en coût pour obtenir les unités d'œuvre.La condition sine qua non pour débuter est d'avoir défini un périmètre applicatif de mesure significatif, pour ne pas mesurer une fonction dans l'absolu. Si cela se conçoit aisément dans une phase de développement, c'est paradoxalement plus difficile dans une maintenance où la tentation est grande de mesurer en fonction de de groupes de programmes.

Les points de fonction bruts, peuvent être remontés automatiquement des codes existants pour des applications de gestion, en recherchant les instructions codées relatives aux types de traitements décrits par la norme, ainsi qu'en analysant les données et groupes de données. La problématique va être dans le passage de l'estimation de l'effort au calcul de l'unité d'œuvre pour évaluer une demande de changement. Pour cette dernière, une analyse de l'impact en termes de traitements et de données va être effectuée, de laquelle on pourra déduire les points de fonction bruts.

Si l'estimation de l'effort est juste, l'estimation de la charge risque d'être plus relative car sujette à une multiplication par une valeur subjective. Pour une maintenance, en plus de coefficients « classiques », les paramètres d'ajustement à prendre en compte sont liés au niveau de connaissance de l'applicatif de l'équipe en charge, à la portabilité, à la documentation existante, à la capacité d'analyser avec acuité le code – et, dès lors, la capacité à mesurer de façon fiable traitements et poids de données –, à la capacité à identifier rapidement les cas de tests à rejouer pour la non-régression, etc.

C'est pourquoi, si les points de fonction sont une piste intéressante pour estimer des charges, encore faut-il être conscient des limites et procéder par étapes. C'est sur la durée que le référentiel « points de fonction » prendra tout son sens en comparant progressivement les résultats obtenus et en industrialisant la méthode. Toutefois, ces unités d'œuvre seront pratiques au sein d'un grand groupe qui pourra les imposer à un sous-traitant, mais la possibilité de faire réellement des benchmarks sur ces mesures est vraiment à interroger en maintenance, compte tenu des paramètres d'ajustement évoqués qui sont très spécifiques à un environnement d'entreprise.

Dans tous les cas, une société a tout intérêt à tracer toutes les unités d'œuvre employées en son sein et construire progressivement son référentiel d'abaques sur les meilleures pratiques remontées, ce qui impose également de faire des bilans de projet étayés sur les coûts et les charges et de justifier les écarts par rapport aux estimations initiales.

La standardisation

Les avantages des standards

On peut difficilement mettre en doute l'utilité des standards de formats pour l'interopérabilité entre systèmes. Ce qui est valable pour les systèmes d'information intra-entreprise l'est encore plus pour les flux interentreprises et, au niveau global, pour le commerce électronique. Il faut trouver des formats partageables, sortir des systèmes propriétaires, on en convient. Bien sûr, quand le format de données devient plus sectoriel, sort du cadre de l'interopérabilité technique, s'entache d'information métier, donc typées sémantiquement, les choses deviennent plus difficiles, il suffit de regarder l'histoire des normes d'échanges de données de l'EDI (Odette, Galia…) et les nombreuses versions sectorielles du standard UN/EDIFACT.

Mais il est clair que normaliser les échanges de données informatisées, partager un ensemble de règles communes, facilite et fiabilise des échanges étendus pour l'administration, le commerce et le transport. On ne peut que saluer les efforts qui ont été mis en œuvre dans ces domaines par les organismes de normalisation d'hier, poursuivis dans d'autres domaines par les organismes d'aujourd'hui, tel l'OMG qui œuvre continuellement pour plus de réutilisabilité, d'ouverture et d'interopérabilité des systèmes.

Standardiser des processus métier nécessite de prendre en compte la localisation.

Au-delà des standards d'échanges, on peut aussi avancer que la standardisation au sein d'une entreprise de certains processus métier assez normés (tels ceux liés à la comptabilité générale), le fait d'uniformiser et consolider des processus et données techniques, permettent des économies d'échelle, la mutualisation des pratiques, la fiabilisation des informations.

C'est le principe même des progiciels. Si toutefois les processus ne sont pas réellement standard – à savoir ouverts à l'ensemble de la communauté informatique, sans restriction d'accès et normalisés par un organisme indépendant – car cela reste des processus propriétaires avec les droits de propriétés inhérents, ils sont une façon d'uniformiser et d'industrialiser des pratiques. Mais il reste des limites prévisibles à l'uniformisation. Pour preuve, il y a une dizaine d'années de cela, les éditeurs de logiciels ont découvert le principe de la localisation, connu depuis longtemps par les grands du marketing à la Procter & Gamble, qui a conduit au retrait local de produits innovants lancés au niveau mondial, que ce soit des couches-culottes ou des concepts dont la commercialisation a été des échecs faute d'avoir pris en compte les différences socioculturelles locales.

La localisation consiste à adapter le produit à commercialiser aux conditions locales du marché. « Vérité en deçà des Pyrénées, mensonge au-delà » disait Descartes. Il ne s'agit pas seulement de donner son point de vue selon le versant de la montagne qu'on occupe, il s'agit, de façon très pragmatique dans le domaine informatique des échanges d'information, de respecter les obligations légales locales. Nous parlerons ici, pour illustration, du plan comptable à la française qui a conduit certains éditeurs, tel PeopleSoft[5], a beaucoup investir dans la localisation de leur produit sous peine de ne pouvoir le déployer.

Un plan comptable à la française, aussi spécifique qu'il puisse paraître à des yeux anglo-saxons, reste pour autant du domaine normé. On sait ce qu'il y a dedans, on peut faire ce qu'il faut pour structurer la collecte et la consolidation d'informations de façon à ce qu'elles correspondent aux exigences de traçabilité. On peut donc continuer à avancer dans la standardisation sous réserve de prendre en compte les contraintes de chaque environnement (local et/ou métier). On peut avancer, au delà de la standardisation technique qui assure la compatibilité et l'interopérabilité des équipements, dans la standardisation des échanges de données (donc la structure et la syntaxe des formats) pour faciliter la compréhension et l'exploitation des données par les systèmes d'information et fiabiliser la communication et le partage d'information. On peut avancer également dans la standardisation des processus pour généraliser les meilleures pratiques et diminuer les coûts de mauvaises saisies ou d'étapes automatisables, voire réduire les coûts de développement et de maintenance.

Standardisation : le trop est l'ennemi du bien

Tant que les choses sont normées naturellement ou, du moins, qu'elles ont une nature qui conduit rationnellement au processus de normalisation, la standardisation est une bonne chose, elle apporte une valeur au sens de la réutilisabilité, de la fiabilité et de la réplicabilité à grande échelle. Mais quand la valeur des choses dépend justement de leur différence, de leur atypie, les processus de standardisation peuvent conduire à des aberrations.

Dans les processus achats, par exemple, la base du *e-procurement* (approvisionnement électronique) est de standardiser un catalogue de fournitures et de ratio-

5. PeopleSoft est un éditeur de progiciels de gestion intégrés et de gestion de la relation client destinés aux entreprises, qui a été racheté par Oracle.

naliser en l'automatisant et en l'intégrant avec le *back-office* (comptabilité générale et financière), le processus des demandes d'achats. Cela réduit les temps de recherche de produit/fourniture, supprime les erreurs de saisie, limite les litiges, et supprime les comportements de type Maverick buying[6]. A priori, la liste n'est que positive. Jusqu'à un certain point seulement, car le succès de la standardisation des processus achats de petites fournitures conduit à vouloir l'étendre au MRO (commande de matériel de maintenance et de réparation), puis aux achats de production au sens large, ensuite, pourquoi pas, aux achats hors production, jusqu'à l'étendre aux sous-traitants de prestations intellectuelle.

Si l'on peut normaliser une méthode de recherche de sous-traitants, passer des contrats cadre qui garantissent un certain niveau de services et de prix, voire uniformisent des politiques groupe pour limiter les risques juridiques, peut-on vraiment standardiser la matière grise comme la matière technique ? Qu'en est-il de l'évaluation des sous-traitants et de la catégorisation des prestations intellectuelles ? Jusqu'où le taylorisme des cols blancs et l'industrialisation des services sont-ils une bonne chose ?

C'est là que la standardisation atteint ses limites. D'une part, on ne peut pas traiter la matière grise de la même façon que la grande distribution traite l'achat de produits laitiers ou de boîtes de conserve, sauf à conduire à une politique du moins disant qui diminue automatiquement la valeur pouvant résulter de la prestation. D'autre part, dans toute approche d'évaluation, de benchmarking, la base reste de comparer ce qui est comparable. Certains contrats cadre de prestations partent sur un délai moyen de réponse à toute demande de proposition, quotation et engagement y compris, quelle que soit la nature de la demande en entrée.

Ce qui conduit à traiter de la même manière des interventions de quelques jours ou des projets de plusieurs mois, et à gripper le système de réponse, sans même parler de l'approche, toute expertise confondue. Mieux vaut classifier un tant soit peu le type des demandes, la nature des expertises requises, le niveau de difficulté (lié éventuellement à la connaissance des systèmes existants), pour laisser le temps minimum nécessaire à une analyse correcte de la demande afin que l'évaluation du temps et des moyens requis pour réaliser l'intervention soit la plus pertinente possible, et non pas axée sur le coût minimum.

Il peut être utile de s'aider, pour la classification, de benchmark permettant de mesurer des fourchettes de niveau de difficulté en comparaison avec des projets similaires ayant déjà eu lieu, dans des sociétés diverses. On peut approfondir avec une approche de quantification volontariste, type unité d'œuvre, à condition toutefois que sa définition ne soit pas discutable et puisse être communément admise par le plus grand nombre, quel que soit le besoin, le métier, les technologies et les contraintes de l'existant.

Ce qui nous amène à penser, compte tenu de l'hétérogénéité des approches et des existants, que l'approche qualitative de comparaison par similarité peut

---

6. Maverick buying : comportements d'achats anarchiques effectués en dehors d'un contrat cadre et au coup par coup avec des fournisseurs différents.

s'avérer parfois plus efficace. Dans tous les cas, il faut établir une capitalisation sur la durée qui mixe les deux approches, quantitative et qualitative.

Ensuite, des approches stéréotypées du benchmarking peuvent conduire à des comparaisons de solutions erronées. Des critères trop formatés d'appréciation conduiront, par exemple, à évaluer chaque ligne d'une matrice de choix indépendamment les unes des autres, pour arriver à une note globale éventuellement pondérée par la priorité attribuée à chaque critère.

Mais la pondération des critères entre eux ne sera pas regardée. Par exemple, deux solutions sont jugées sur la capacité de l'éditeur à apporter du support, et sont évaluées sur ce point en fonction du dimensionnement et de la localisation des équipes de support. L'une des solutions nécessitant peu ou prou de support au regard de l'autre, cette comparaison des équipes de support n'a pas de sens indépendamment de la facilité d'utilisation ou de déploiement et de la robustesse du produit.

Cet exemple est peut-être caricatural, mais on peut rappeler que l'engouement initial pour l'open source était majoritairement sous-tendu, pour beaucoup d'entreprises, par les baisses de coûts drastiques des licences, sans que celles-ci pensent un instant à considérer les coûts d'administration, de support et de formation des équipes. La considération du fameux TCO (Total Cost of Ownership) du Gartner est venue après coup.

Ainsi pour tout benchmark faut-il garder à l'esprit une approche globale, qui privilégie une vision sur l'ensemble des axes du système d'information (métiers/services, économique (valeur/coût/risque), organisation et ressources humaines, infrastructures, architecture données et informations, processus de développement, maintenance et exploitation) tout en ne mesurant pas ces axes indépendamment les uns des autres mais bien dans leurs interactions.

Dans le cas d'un déploiement mondial de processus standardisés, la question est toujours de vérifier, entre deux approches de solution, laquelle convient le mieux. Il s'agit de choisir entre prendre un progiciel unique et le déployer de façon indifférenciée au niveau mondial pour ensuite le localiser, ou choisir des systèmes locaux ouverts et interopérables, adaptés aux législations locales, parfois déjà dans la place, permettant une réconciliation au niveau global en communiquant avec un système transverse par-dessus. Le choix entre les deux approches n'est pas standard car il dépend vraiment de l'héritage organisationnel et informatique des sociétés.

Dans un environnement de monopole, on peut imposer un standard de facto. Dans un environnement concurrentiel, on doit se différencier. C'est là où une diversité politique est essentielle et où il peut être intéressant de chercher des fournisseurs hors normes pour ne pas reproduire ce que la plupart savent faire le mieux, c'est-à-dire ce que tout le monde fait. Une entreprise n'aime pas qu'on bouscule ses idées reçues ; c'est un tissu humain, et les hommes n'aiment pas le changement. Mais le changement n'est pas un choix, c'est une nécessité d'évolution.

Autant il est primordial de pouvoir standardiser des formats de composants, d'échange et de données pour favoriser l'interopérabilité – enjeu non discutable – autant on peut s'interroger sur la limite à ne pas franchir dans la standardisation des tâches et des services à fort quotient intellectuel. Vouloir standardiser à tout prix ce qui ressort de processus humain d'échanges et de réflexions, d'expertises et d'expériences, et ce, pour limiter les risques, ou pour une approche plus noble – trouver où se crée la valeur afin de la répliquer – conduit à une uniformisation des pratiques qui peut, à grande échelle, être à l'inverse préjudiciable à la création de valeur et à la différenciation.

L'informatique en flux tendu

Le pilotage de la chaîne logistique

Le flux tendu ou juste à temps (JAT ou en anglais JIT – *Just In Time*) est un classique de la chaîne logistique qui consiste à minimiser les stocks et les en-cours de fabrication. Initié au japon dès les années 1960, il rassemble un ensemble de techniques, de l'amont à l'aval de la production, qui visent à améliorer la productivité globale de l'entreprise et réduire les coûts induits par les stocks.

Au fil du temps, les techniques de pilotage de la chaîne logistique se sont améliorées, bénéficiant des dernières avancées technologiques en matière d'information et de communication. Aujourd'hui, on parle davantage de *demand driven supply chain*, au sens où le pilotage est tiré par la demande du consommateur final et non plus par l'offre ou la disponibilité des produits. Des avancées technologiques telles que le RFID (*Radio Frequency Identification*)[7] (notamment pour la traçabilité), l'ouverture et l'interopérabilité des systèmes d'information entre acteurs (grâce à Internet), et l'usage de solutions de type *business intelligence*, ont conduit à des pistes tangibles d'amélioration et d'optimisation dans ce sens en permettant rapidement d'évaluer les tendances et être proactifs.

Évidemment, on en voit toute l'implication à une époque de crise économique qui conduit à réduire la production dans de nombreuses industries souffrant d'une baisse de la demande, mais également à ajuster l'offre à de nouveaux types de demandes et/ou comportements d'achat dans la grande distribution.

Ce flux tendu, pratiqué de manière industrielle, est aujourd'hui relativement bien maîtrisé par les industries ayant à gérer des stocks et/ou des matières premières, sur l'ensemble des étapes de la chaîne, de la conception/fabrication au transport, distribution, commerce et après-vente. Mais qu'en est-il des économies plus immatérielles ? En d'autres termes, cette logique de flux tendu est-elle uniquement applicable à des problématiques de gestion de stocks et au

7. Technologie utilisée pour stocker et récupérer des données à distance sur un objet (localisation, caractéristiques, etc.) en utilisant des balises métalliques, les « Tag RFID ». Ces balises ou étiquettes radiofréquence, peuvent être collées ou incorporées dans des produits. Elles émettent des ondes radio, lues par un lecteur qui capte et transmet l'information. La RFID a de nombreuses applications notamment dans l'optimisation de la chaîne logistique, ou le suivi des bagages, grâce à la traçabilité que cette technologie peut procurer. Elle permet également d'identifier des personnes en étant intégrée dans les passeports, carte de transport, carte de paiement, etc.

secteur de l'industrie ? Ou peut-on l'attendre des « chaînes de production » de système d'information ?

Le parallèle avec la production de SI

On parle désormais d'économie et d'actifs immatériels de l'entreprise. Il est évident que les technologies de l'information et de la communication – et de façon plus globale, les systèmes d'information – jouent un rôle prépondérant dans cette nouvelle donne économique, et ce, à deux titres principaux. D'une part, en tant que constituants du capital immatériel et, d'autre part, en tant que réels outils de production. En effet, une base de données client est un actif immatériel (plus précisément une immobilisation incorporelle selon les termes admis). La mise en ligne d'une offre de services à la personne, à travers un portail d'abonnement ou une offre de services d'information dédiée à un secteur (par exemple pharmacie, santé), nécessite de passer par un processus de production informatique qui transforme une (ou des) matière(s) première(s) pour aboutir à la livraison de produits finis.

Les matières premières sont, d'une part, des ressources immatérielles telles que la connaissance, l'information (méta-données, référentiels, etc.), le savoir-faire (ressources humaines et méthodes) et, d'autre part, des ressources physiques (plates-formes serveurs, réseaux, etc.). La chaîne de transformation consiste à passer de la conception du système, qui va utiliser ce type de matière première d'information, à la livraison de l'application en production.

Force est de reconnaître qu'entre la cible et la réalité, il y a un fossé : le monde industriel. La mise en place du juste-à-temps et des différentes techniques qui s'y appliquent a pris plusieurs dizaines d'années aux industries. En réalité, les étapes ne sont pas si industrielles que cela dans la conception et la mise en production d'applications informatiques et il reste beaucoup à faire pour aboutir à des processus de production dits « industriels ».Dès lors, si on se penche sur une autre définition du juste à temps[8], celle du zéro délai ou des cinq zéros (zéro panne, zéro délai, zéro papier, zéro stock et zéro défaut), on peut envisager d'appliquer la théorie du flux tendu à la conception de systèmes d'information, mis à part la problématique de stock (encore qu'il y a tout de même le parc informatique à gérer). Les zéro panne, zéro défaut portent sur la garantie de continuité de services et la qualité de service (Qualité of services ou QoS). Le zéro papier, a priori, se comprend de lui-même, même s'il y aurait beaucoup à en dire en termes de gestion de documents, de numérisation et d'archivage. Le zéro délai, c'est ce qui est attendu aujourd'hui des systèmes d'information : la rapidité d'évolution pour aligner le SI aux besoins marché ou, du moins, la réduction au minimum du temps de passage entre l'expression du besoin et la livraison du service informatique, pour sortir les bons produits à temps.

À l'inverse, le niveau d'attente est nivelé sur celui des productions industrielles, d'où un niveau certain de stress induit. Ainsi, si on regarde plus précisément le secteur des télécommunications, a fortiori tributaire des systèmes d'information

8. Le juste à temps est une méthode d'organisation et de gestion de la production, propre au secteur de l'industrie, qui consiste à minimiser les stocks et les en-cours de fabrication. La méthode est issue du toyotisme et consiste à réduire au minimum le temps de passage des composants et des produits à travers les différentes étapes de leur élaboration, de la matière première à la livraison des produits finis.

et de la maîtrise des nouvelles technologies, l'offre de services, en particulier pour les mobiles, est bien tirée par la demande, et le DSI « n'a pas le choix des dates auxquelles sortent les nouvelles offres », comme le soulignait Jean-Luc Lucas, directeur des plates-formes de service chez France Telecom, le 19 novembre 2008, à une table ronde de DSI organisée par Compuware France. Dans ces conditions, l'anticipation est nécessaire, l'évolution à chaud aussi.

D'où une mise sous tension du système d'information qui doit s'aligner sur un résultat industriel tout en ne disposant pas encore de processus totalement industriels. Devenir plus industriel, avoir des processus industriels : que recouvre ce souhait si largement partagé, si ce n'est l'enfance de l'art de l'industrie ? Certes, on parle aujourd'hui de lignes de produits logiciels, conçues dans des usines logicielles (*software factory*) capable d'assembler des briques grâce à une base de modèles qui permet de standardiser et d'automatiser la conception, l'intégration, la validation et la maintenance des logiciels.

Mais les gains espérés d'une telle évolution, productivité, innovation, compétitivité, ne s'obtiendront qu'en allant au-delà d'une logique centrée sur la construction d'une usine et ses chaînes de montage. Pour que le comparatif ait du sens, il faut aussi réexploiter les techniques d'optimisation de la chaîne de production, et appliquer la logique de flux tendu à l'évolution des services fournis par les systèmes d'information, ce qui suppose, a minima :

- avoir des méthodes d'analyse de la valeur applicables à tout nouveau projet ou développement de service. Il s'agit de répondre à une question a priori simple. Est-ce que le produit (au sens résultat) de ce projet, le service que remplira le logiciel développé, répond parfaitement aux besoins qui en ont déterminé l'existence et ce, au coût le plus faible ? Il faut dès lors en comparer la valeur métier, au sens par exemple de nouvelles parts de marché, de la satisfaction client, de la qualité d'un produit ou d'un service, avec le coût total de fabrication (coût du projet y compris matériels et logiciels et coûts annexes telle la formation) ;

- considérer les coûts informatiques comme de réels coûts de production et non des coûts administratifs ou de support ;

- avoir, pour optimiser la chaîne de production, des méthodes et des modèles (par exemple les principes d'usine logicielle, d'application tirée par les modèles (MDA), etc.) qui facilitent la réplicabilité des processus et libèrent des contraintes de localisation ;

- aller au-delà de la fabrication d'une usine. En exploitant pleinement le potentiel de l'ère numérique pour quitter les préceptes de la révolution industrielle et trouver d'autres modes de collaboration et de travail.

Il reste ici un champ d'exploration où l'innovation n'est pas seulement de réexploiter les techniques de l'industrie, mais bien de trouver, avec les nouvelles technologies, une possibilité d'aller au-delà de l'information brute, de la donnée, et de modéliser facilement « le sens » de ce qu'on veut concevoir, afin de réduire davantage encore le délai entre le besoin exprimé et sa concrétisation, en supprimant les interprétations intermédiaires. Dans ce cas, la logique du flux tendu appliquée à l'informatique prendrait tout son sens. Mais cela reste encore très futuriste.

Chapitre 11

Pour évoluer : innovation et intelligence organisationnelle

La nécessité est la mère de l'invention.

Platon

Celui qui n'appliquera pas de nouveaux remèdes
doit s'attendre à de nouveaux maux ;
car le temps est le plus grand des innovateurs.

Francis Bacon

L'innovation fait partie des meilleures pratiques de l'évolution des systèmes d'information – car sans elle, pas d'évolution – qu'il s'agisse, d'un côté, d'innover dans les usages en adoptant de nouvelles technologies que personne n'ose encore adopter et acquérir ainsi une longueur d'avance sur ses concurrents ou, de l'autre, d'innover dans les services du système d'information en proposant des échanges d'information et/ou des modèles de transactions économiques qui n'existent chez aucune autre entreprise. Si l'innovation était strictement régulée par des lois et des processus que tous peuvent apprendre et répliquer, ce ne serait plus l'innovation, car celle-ci est faite d'invention, d'intuition et de prise de risques.

Reste néanmoins certains principes, certains retours d'expériences des systèmes d'information que ce chapitre va s'attacher à décrire. De même qu'il abordera également l'évolution des compétences et des organisations, car c'est dans ces domaines que l'innovation en système d'information amène souvent ses plus grands fruits et où l'évolution des TIC a entraîné des changements profonds qui sont loin d'être terminés.

L'innovation

Peut-on mettre l'innovation dans les meilleures pratiques de l'évolution ? Les meilleures pratiques sont une somme de connaissances utiles et de méthodes efficaces qui ont été accumulées avec les retours d'expérience. L'innovation, elle, est une création en action, la capacité d'inventer et de créer quelque chose de nouveau. Il s'agit d'introduire une rupture dans un domaine particulier, faire quelque chose qu'on ne savait pas faire avant, ou faire autrement. Pourquoi les retours d'expérience pourraient donc être utiles ?

Il y a bien des meilleures pratiques en innovation, non pas tant au niveau de la création et de l'émergence des idées que dans le processus qui mène de l'idée une fois créée à sa mise en œuvre et à son adoption. Dans cette optique, les retours d'expériences sont plus qu'utiles pour comprendre non forcément ce qui marchera, mais pour éviter les pièges des occasions d'innovations manquées, ou des innovations restées « orphelines d'usage », car jamais adoptées.

Différenciation ou nécessité : quand innover ?

C'est la rencontre entre le concept ou l'invention et la facilité d'usage qui génère l'adoption.

Dans les systèmes d'information, l'innovation consiste à introduire des moyens technologiques, ou des pratiques d'utilisation de l'information, pour transformer l'offre de services ou devenir plus performants et donc, plus compétitifs.

L'innovation dans ce domaine permet de trouver un moyen de différenciation dans la proposition de valeur de l'entreprise, que les concurrents ne savent pas faire ou ne peuvent pas faire.

Il y a deux moyens pour cela : adopter rapidement de nouveaux concepts ou outils pour avoir une longueur d'avance dans la façon de transformer les usages, ou créer réellement un service nouveau à l'aide des technologies de l'information et des communications.

Dans le premier cas, il faut être visionnaire ; dans le second, il faut être créatif. Être visionnaire présente des avantages et des inconvénients, selon la longueur d'avance que l'on a vis-à-vis du marché et de la maturité des technologies utilisées. Si la longueur d'avance est trop courte, la différence concurrentielle s'estompera très vite. Si elle est très importante, il y a les risques de manque de maturité et de « non-adoption » à gérer.

Il existe un délai certain entre l'arrivée d'un nouveau concept en informatique et son adoption massive. Quand faut-il alors adopter ? Pas trop tôt, pour ne pas payer les pots cassés, pas trop tard, pour ne pas être qu'un suiveur qui va payer pour une condition nécessaire mais pas... suffisante. En effet, le service ou la fonction fournis par l'informatique n'établissent pas de réelle différenciation métier dès lors qu'ils sont largement adoptés et standardisés dans les modes de fonctionnement de la plupart des entreprises. Si vous choisissez un produit que tout le monde a, qu'avez-vous de plus ? Toutefois, il y a un certain seuil où il devient indispensable de mettre en place certaines fonctions de support informatique standard car ne pas les avoir vous fait perdre des contrats, des employés, ou la satisfaction du client.

À l'inverse, vous ne vous distinguerez pas à les mettre en place… sauf si vous les utilisez judicieusement afin de proposer vraiment un nouveau service et si vous êtes le premier à le faire. C'est là, entre autres, que l'on distingue cette frontière ténue entre innovateurs et premiers suiveurs.

Ainsi les grandes entreprises ne se posent-elles quasiment plus la question de savoir s'il faut mettre en place des progiciels de comptabilité/finance ou de RH. Le centre de gravité de la question se déplace plutôt sur lequel choisir, comment éventuellement passer à une version supérieure de l'existant, ou externaliser ce dernier (parfois jusqu'au niveau des processus comme avec le *Business Process Outsourcing*) et/ou faut-il le remplacer par une offre SaaS éventuellement plus économique ?

Ce qui est plus exemplaire, c'est de voir apparaître à grande échelle la mise en pratique de solutions technologiques aujourd'hui éprouvées, mais jusqu'alors reléguées à des expériences individuelles, et qui sont parfois trompeusement qualifiées d'innovation.

Quand le concept rencontre largement le marché, il n'y a plus innovation, mais nécessité.

C'est le cas pour la dématérialisation, déjà proposée il y a une dizaine d'années à travers des offres de gestion de documents combinant reconnaissance de caractères[1], workflow, signature électronique et archivage légal.

Elle a vu depuis, non seulement ses offres acquérir la maturité technologique nécessaire, mais également son champ d'application se démultiplier, notamment dans le secteur public, en dématérialisant le dialogue avec l'usager.

Pour les administrations, la liberté d'accès et l'égalité de traitement face à l'information et le service égal pour tout public entraînent des contraintes techniques et d'évolution. D'une part, il faut migrer un existant avec une masse critique, d'autre part, quelle que soit la nature du service (information, démarche administrative, traitement des réclamations, téléprocédures, etc.), la qualité du résultat – que le support soit papier ou numérique – doit être la même pour tous les administrés en termes de délais et de pertinence de réponses. Mais le mouvement est bien là quand la plupart des usagers peuvent aujourd'hui utiliser les téléprocédures pour déclarer leurs revenus, réaliser des démarches spécifiques ou s'informer via des portails dédiés.

On peut proposer des services différenciés avec des technologies relativement standard. Bien sûr, l'impact sur l'organisation n'est pas négligeable et il faut savoir négocier le changement. Si concrètement, dématérialiser, c'est substituer un flux électronique à un flux physique (en un sens plus restreint, dissocier l'information de son support traditionnel, le papier), les processus métier qui

1. RAD (Reconnaissance automatique de documents), LAD (Lecture automatique de documents) et LAF (Lecture automatique de formulaires).

sont sous-tendus par des processus de traitement de l'information peuvent être, à certaines étapes, contraints par le type de support (documents, formulaires, courriers, pièces justificatives, etc.) et le véhicule (courrier physique, par exemple) du flux associé. En dématérialisant, non seulement on accélère le traitement en mettant l'information plus vite à disposition des systèmes métier, mais on permet également un meilleur suivi de l'avancement des dossiers, en pouvant faire abstraction de tâches répétitives de classement ou de circulation manuelles, sans valeur ajoutée.

Reste que ce passage pour partie au numérique, s'il est bien négocié, allège considérablement le coût global d'un processus. Par exemple, il permet la réduction du coût et de la charge de contact avec les administrations pour les entreprises, la réduction du coût dû à des erreurs de saisie pour les dossiers d'assurances, de réclamations, etc., tout en permettant plus de réactivité en supprimant les allers-retours par les contrôles et le suivi adéquat. De surcroît, il autorise plus de présence, au sens disponibilité du service. Par exemple, la banque multicanal permet de fidéliser des populations n'ayant pas la possibilité de se déplacer aux horaires d'ouvertures des agences. La qualité du service en est amélioré à partir du moment où des informations de première importance sont également transmises via SMS, tel qu'un découvert bancaire, par exemple.

Ainsi la dématérialisation, qui ne consiste pas à proprement parler en une application spécifique cœur de métier, était typiquement un moyen de se différencier par le service. Aujourd'hui, c'est tout simplement une nécessité de service. On ne peut plus ne pas l'avoir.

Domestiquer la « courbe des tendances »

Faut-il être le premier à mettre en place de nouveaux concepts informatique ?

Pour le tertiaire et le secteur du high tech et de l'électronique, quand les produits et les actifs deviennent de plus en plus immatériels, les opportunités de créer rapidement et à moindre coût des services différentiateurs avec de nouveaux modèles technologiques, économiques ou organisationnels, sont élevées. Le système d'information, avec la tertiarisation de l'économie, est plus que jamais un outil de production dans cette nouvelle donne économique.

Mais il y a aussi des risques et beaucoup d'ambiguïté à vouloir rester le premier à introduire une rupture technologique. C'est autant valable pour les entreprises utilisatrices, qui mettent en place de nouvelles technologies, que pour les éditeurs/constructeurs qui les conçoivent ou les développent. Pour mémoire, IBM, pourtant à l'origine du concept, s'est vu doublé par Oracle, plus rapide à commercialiser un système de gestion de base de données relationnelle.

Par ailleurs, les vrais paradigmes de rupture, comme Unix ou l'open source, sont sur des cycles d'adoption longs et, comme tout vrai paradigme, apportent des bouleversements autres que technologiques car ils ont des impacts organisationnels et… métier. Pourtant, les entreprises qui ont su bénéficier au plus tôt des avancées de l'interopérabilité ou des avantages de l'open source ont pu marquer des points pendant un moment.

En informatique, savoir innover à bon escient, c'est savoir domestiquer les montagnes russes du *hype cycle*, c'est-à-dire la courbe des tendances du Gartner. Cette courbe montre que le lancement de nouvelles technologies suscite beaucoup d'attentes, jusqu'à atteindre un « pic » d'inflation qui risque fort d'être suivi par une déception proportionnelle, voire un rejet, si les premières expériences ne répondent pas aux résultats escomptés. Ainsi une technologie peut rester quelques temps oubliée, écartée par les entreprises qui la jugent soit peu mature, soit pas à la hauteur de ses promesses initiales. La durée de cet oubli correspond au « creux de la désillusion » selon le Gartner. Ensuite, dans les cycles d'adoption, cette technologie peut rencontrer à nouveau un regain d'intérêt, car utilisée avec succès dans plusieurs entreprises, auquel cas elle se répandra progressivement jusqu'à atteindre le « plateau de productivité » qui précède une adoption généralisée.

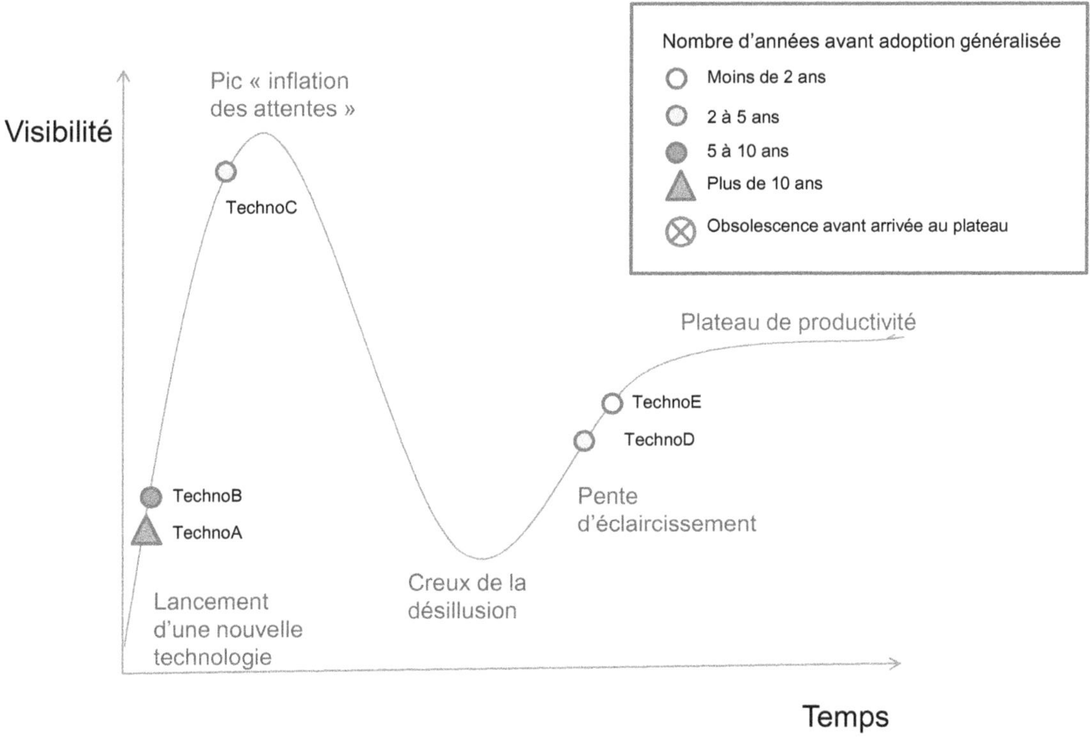

Figure 11-1 : Hype cycle ou la courbe d'adoption des technologies émergentes selon le Gartner

Comme le montre les symboles sur la figure, une technologie qui a été lancée récemment (techno C qui gravit le pic des attentes), peut se retrouver rapidement à deux ou cinq ans d'une adoption généralisée, alors qu'une technologie lancée antérieurement (ici techno D) aura dû attendre d'être passée par un

« creux de la désillusion » avant d'être elle-même aussi proche de l'adoption. Le RFID, par exemple, est une technologie peu récente, pour autant son adoption a dû attendre une baisse des coûts des étiquettes et dans l'intervalle, beaucoup d'entreprises se sont détournées de son usage. Il peut également arriver qu'une technologie n'atteigne jamais le plateau de productivité, frappée d'obsolescence avant terme, en étant concurrencée par une nouvelle technologie plus simple ou plus économique.

Pour se différencier par l'usage des technologies, mieux vaut arriver au plateau de productivité avant les autres, et mieux vaut pour cela partir le premier, avec les précautions requises. Partir au bon moment et sur le bon chemin (certains n'atteignent jamais ledit plateau de productivité), voilà l'épineux problème de l'innovation.

Le paradoxe d'Achille et la tortue

Dans le paradoxe d'Achille et de la tortue, émis par le philosophe grec Zénon d'Elée, le héros dispute une course à pied avec le reptile et lui concède « élégamment » une avance de cent mètres. Tout l'enjeu du raisonnement du philosophe est de démontrer qu'Achille n'a jamais pu et ne pourra jamais rattraper la tortue. Achille ne le pourra pas, puisqu'il doit toujours parvenir d'abord au point que la tortue vient de quitter et que celle-ci aura pris un peu d'avance. Achille doit donc passer par une infinité de points que la tortue a déjà franchis. Même si la distance entre eux se réduit de façon infinitésimale, il reste toujours une distance à franchir qui s'additionne aux précédentes, pour que la somme de secondes qui s'écoulent avant qu'Achille ne rattrape la tortue comporte une infinité de termes. Il lui faudrait dont une durée infinie pour rattraper la tortue. Bien sûr, la démonstration mathématique des séries convergentes a résolu le paradoxe, pour la course à pied, tout du moins.

Pour l'innovation, l'avance prise au départ dans les technologies est de même essentielle, mais encore faut-il la garder.

Une autre fable rappelle qu'à trop sommeiller, on se laisse distancer. En d'autres termes, une entreprise qui reste sur ses acquis de leader et ne veut pas prendre le risque d'innover, prend tout de même un autre risque : celui de se laisser distancer pas ses challengers. C'est là où il est intéressant de se situer dans le modèle du cycle de vie de l'adoption des technologies de Everett Rogers. Faut-il être parmi les innovateurs ? Les premiers à adopter ? En tous cas, il n'est pas conseillé d'être les derniers.

Innover, d'accord, mais comment ? La question est pertinente, surtout en informatique où il y a tant de concepts différents, de nouvelles technologies, de nouvelles solutions, de référentiels, tant de pistes et de présumés miroirs aux alouettes, et que le DSI, transformé en entrepreneur s'il touche à l'innovation et veut en faire une source de valeur pour l'entreprise, s'interroge sur la direction à prendre et a du mal à calculer ses risques. Certes, s'il y avait des recettes miracles pour innover, il n'y aurait par nature plus d'innovation. Mais l'on devine

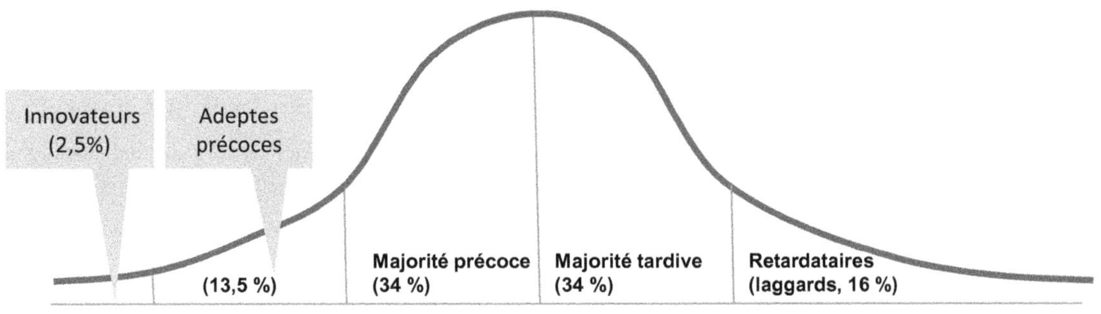

Figure 11-2 : Cycle de diffusion de l'innovation

bien certains principes, certains effets pervers à vouloir à tout prix diminuer les risques inhérents à l'innovation en l'encadrant par des processus.

« C'est avec la logique que nous prouvons et avec l'intuition que nous trouvons »

L'innovation est d'abord, avant toute chose, affaire d'intuition, pour déterminer le bon paradigme de l'évolution. Ensuite seulement, il faut prouver de façon logique son apport et comment la mettre en œuvre. Y-a-t-il dès lors des conditions particulières pour que cette intuition vienne ? L'innovation demande-t-elle des talents spéciaux ? Est-ce qu'innover est un métier ou une capacité ? L'innovation mérite-t-elle des processus ? À force de vouloir contraindre la logique d'innovation à rentrer dans des étapes structurées, on peut la perdre, car l'enjeu n'est pas de savoir a posteriori ce qu'il fallait penser a priori. Décrire à un moment, via les processus, les réalités que nous trouvons sous nos sens et nos vies ne suffit pas. « Qui dit ce qui est ne peut induire de là ce qui devait être », notait Henri Poincaré, mathématicien et philosophe, lequel a introduit la différence entre un axiome[2] et une définition.

Partons de l'axiome suivant, que nous ne contestons pas : « Il y a un potentiel d'innovation dans chaque employé d'entreprise ». Sous ce concept, nous trouverons la fameuse boîte à idées de Renault, implémentée depuis presque une quinzaine d'années, ou le programme d'innovation participative, lancé par Accor en 2001. Derrière ces initiatives, il faut certes des processus pour canaliser les idées, les récompenser – c'est un principe du *Knowledge Management* en entreprise : récompenser la contribution par une valeur monétaire ou une forme de reconnaissance professionnelle – mais la question essentielle à se poser, sans chercher nullement à amoindrir l'apport des contributions, est la suivante : combien d'idées sont des raisonnements a posteriori, c'est-à-dire des idées d'amélioration et d'optimisation des processus existants, et combien sont réellement « transformationnelles » ? Une boîte à idées n'est pas de nature à faire prendre des risques ou proposer une vision différente, elle peut induire comment faire mieux, mais peu proposer comment faire autrement.

2. L'axiome est une hypothèse, non démontrable, posée au préalable, admise comme étant vraie, le plus souvent issue d'une intuition que nous avons a priori. La définition vient a posteriori, en cela qu'on doit la démontrer comme non contradictoire avec les axiomes.

La reconnaissance et la liberté des réseaux du Web :
un ferment de l'innovation ?

Ce potentiel d'innovation individuel s'exprimera sans doute mieux dans un environnement ouvert où le risque de porter ombrage à l'organisation de l'entreprise sera amoindri, voire inexistant, et où la forme de reconnaissance sera relayée et démultipliée par l'audience. Ainsi, typiquement, les réseaux sociaux sont un terreau d'innovation potentiel : reconnaissance par les pairs, culture d'échanges, pas d'organisation hiérarchique, foisonnement d'idées… C'est peut-être là où le bât blesse.

Comme le souligne Poincaré, « l'esprit n'use de sa faculté créatrice que quand l'expérience lui en impose la nécessité ». Cela peut induire, d'une part, que la recherche et l'innovation ne font pas forcément bon ménage et, d'autre part, qu'un environnement foisonnant d'idées, mais non contraint à la nécessité d'innover, n'aura pas forcément l'intuition nécessaire pour avancer. A contrario, l'écosystème de l'open source a trouvé un modus vivendi où l'expérience elle-même lui impose la nécessité d'avancer, ensemble, et avec une logique de projets introduisant la rigueur là où elle est nécessaire.

Pour innover, il faudrait donc concilier un environnement non contraint par des processus stricts ou une organisation hiérarchique, mais par la nécessité d'avancer, à un espace ouvert d'échange d'idées, et mélanger des personnalités intuitives pour définir les axiomes, avec des approches plus rigoureuses pour prouver logiquement que le chemin est bon.

La recherche de l'innovation est une recherche de sens (de valeur pour l'entreprise) dans le choix de chemins possibles. La capacité à innover pourrait être un mélange entre l'ouverture aux champs des possibles et la capacité à choisir rapidement un possible parmi d'autres. Pour innover, il faudrait donc pouvoir disposer d'une vision large d'un terrain et avoir la capacité à s'engager rapidement sur l'un ou l'autre des chemins, en dehors d'une logique organisationnelle imposée a posteriori.

Poser la bonne question, partir du bon axiome intuitif de ce qui, en informatique, permettra la création de valeur pour l'entreprise, c'est cela qui ouvrira le champ des possibles et donnera l'avance nécessaire à la tortue, *challenger* d'Achille. Plus que jamais, en période de crise, celui qui aura su partir à temps, et s'engager dans une réelle transformation, sera assuré de garder son avance face à ceux qui restent sur leurs acquis.

Cela nous amène à un autre paradoxe. À l'heure où de nombreuses voix se rejoignent pour dire (ou prédire ?) que l'innovation sera un outil de sortie de crise, quel est le budget réel accordé à l'innovation ? En informatique, si différents spécialistes s'accordaient à avancer que moins de 5 % du budget IT était dévolu à l'innovation avant la crise, tout porte à croire, à une époque au mieux de budget constant ou « iso-budget », que le pourcentage est encore moindre aujourd'hui. Est-ce suffisant ? Ou ne serait-il pas temps que la réduction de coûts soit entreprise non pour dégager plus de bénéfices immédiats, au risque de bloquer le futur, mais, en restant à budget constant, soit dédiée à augmenter l'investissement en innovation ? Il y a fort à parier malheureusement – l'innovation, ne tombant pas sous le coup de processus bien structurés et d'indicateurs totalement quantifiables a priori – que l'on choisisse de faire une croix sur ce qu'on ne sait pas maîtriser par peur du risque, au risque de ne plus maitriser la « sortie de crise » a posteriori.

L'évolution des compétences et des organisations

L'environnement des systèmes d'information est par nature changeant. Des entreprises apparaissent et disparaissent, des regroupements se font entre constructeurs, éditeurs et utilisateurs, tandis que pléthore de nouveaux fournisseurs proposent des technologies certes attractives, mais dont le couplage avec les applications existantes n'est pas toujours limpide. La complexité des fusions et acquisitions, des consolidations de sociétés, mettent également en lumière la nécessaire restructuration des systèmes d'information pour plus de qualité, de cohérence, de capacité de collaboration (interne entre métiers et externes vis-à-vis des partenaires et clients), condition de l'adaptation au changement.

Mais, d'un point de vue humain, comment s'adapter, comment évaluer l'expertise nécessaire à le faire, en particulier pour appréhender les nouvelles technologies, comment mesurer les retours d'expérience, capitaliser dessus et exploiter ce qu'on a appris ? Enfin, comment faire évoluer les compétences afin de pouvoir contrôler que les informations que nous collectons, stockons, manipulons et utilisons à grande échelle, grâce aux technologies sont, d'une part, pertinentes, fiables et sécurisées et, d'autre part, utiles – les unes pour supporter au quotidien le fonctionnement de l'entreprise, les autres pour élaborer et mettre en œuvre de façon cohérente la stratégie et les tactiques nécessaires à l'atteinte de ses objectifs ?

Dans un monde de changement, doit-on privilégier la capacité à faire évoluer rapidement les expertises technologiques ? Doit-on veiller – dans un monde hétérogène où se juxtaposent des strates technologiques – à ne pas perdre les compétences acquises et privilégier l'expérience ? Ces questions proposent déjà une réponse : il ne faut pas opposer expérience à expertise, l'une et l'autre se complétant. Mais la réponse ne s'arrête pas là : expériences et expertises ne suffisent pas à supporter complètement l'évolution, il faut également créer le lien entre des savoir-faire et savoir-être différents.

« Expérience est le nom que chacun donne à ses erreurs », écrivait Oscar Wilde. Connaissant l'ironie de l'auteur, il est clair que l'expérience des uns ne vaut pas celle des autres. Au-delà de l'ironie, une erreur est souvent source d'expérience quand nous apprenons à en retirer de la sagesse et à avoir le recul nécessaire pour ne pas la reproduire. Ainsi évoque-t-on souvent, en programmation, des

« erreurs de débutants », signifiant ainsi qu'après quelques années, éviter ce type d'erreur devient un automatisme.

Le lien entre savoir-être et savoir-faire

Si on prend un développeur débutant ayant été formé sur des technologies récentes (deux ou trois ans d'âge), il a certainement plus de capacités à développer rapidement sur ce nouvel environnement qu'un programmeur ayant dix ans d'expérience et devant se former à ces technologies. On peut même dire que le débutant a paradoxalement plus d'expertise sur les technologies en question que le programmeur confirmé. Toutefois, il est probable qu'ils mettront l'un et l'autre le même temps à développer une application; car le développeur débutant fera des erreurs qui nécessiteront des retours en arrière, tandis que la personne expérimentée rattrapera son retard d'apprentissage par la méthode.

D'où l'intérêt d'utiliser le principe de programmation en binôme[3] en l'optimisant via le couplage expertise et expérience, pour transférer des compétences complémentaires. Doubler les équipes n'augmente pas la durée de développement mais réduit les coûts liés aux erreurs de non-qualité du logiciel. De même, les revues de code (*pair review*), sont une approche encore complémentaire, au sens où, intervenant plus tard dans la chaîne de développement, elles permettent d'utiliser expérience et expertise pour réduire au maximum les erreurs avant la mise en production, et un partage d'expérience à une autre échelle.

Au-delà de la programmation logicielle, l'expérience est une valeur sûre dans toutes les approches de gestion des projets, car si des méthodes, des référentiels et des outils issus de nombreuses capitalisations existent pour structurer l'approche, reste que leur mise en œuvre requiert le bon sens de déterminer, en fonction de chaque entreprise, ce qui peut être adapté rapidement et qui amènera à court terme un retour d'investissement mesurable et ce qui ne fera qu'alourdir des processus pour peu de plus-value.

De même faut-il avoir l'intelligence des situations (qui s'acquiert par la pratique) pour exploiter efficacement les indicateurs de gestion de projets afin d'y déceler les signes avant-coureurs de dérive ou de non-qualité, et mener ainsi une politique de gestion des risques adaptée, mais également pour dialoguer avec différentes instances de décision et pour gérer en cohésion une équipe soudée vers les mêmes objectifs. Ce dernier point est un critère-clé de réussite parfois plus efficace qu'un tableau de bord n'intégrant plus la dimension humaine des projets.

Une expérience assez large des concepts et usages des systèmes d'information est un atout dans l'approche de conception des nouveaux systèmes, où la compréhension des enjeux métier facilite le choix de progiciels verticaux ou la modélisation des objets et des processus métier réellement significatifs, et ce, dans une architecture d'entreprise. Mais nul besoin pour cela d'avoir une réelle expertise métier, l'essentiel étant de savoir collecter les informations, en déterminer la pertinence et les types de liens, puis d'avoir la capacité à modéliser cette connaissance acquise dans un schéma visuel compréhensible par d'autres, et exploitables dans un processus de développement éventuellement outillé, ou un processus de choix de solution par analyse des écarts (*gap analysis*).

L'intelligence de l'interaction

À l'expérience de la méthode doit s'associer une utilisation de capacités assez spécifiques. Elle nécessiterait d'utiliser au moins, parmi les formes d'intelligences qu'Howard Gardner[4], théoricien des formes multiples d'intelligence, a classifié au nombre de sept, les trois suivantes :

- l'intelligence interpersonnelle, pour interagir de façon adaptée avec les tenants du savoir métier et avec les développeurs ;
- l'intelligence spatiale, pour avoir une représentation spatiale de « l'architecture d'entreprise » et comprendre comment y progresser ;
- l'intelligence logico-mathématique, c'est-à-dire une intelligence plutôt orientée vers l'analyse et les raisonnements logique, la catégorisation et la classification.

Cette dernière est d'ailleurs un exemple intéressant d'évolution des expertises, car elle fait apparaître une évolution des schémas de pensée. En effet, l'évolution des langages informatiques, les successions de paradigmes, suivent une logique relativement similaire à l'évolution des langages des civilisations, au sens où dans ces derniers, des mots, des règles syntaxiques ou lexicales, sont apparus pour répondre à l'évolution des besoins quotidiens, d'abord axés sur la survie (chasse, pêche, climat), ensuite tournés vers les échanges, le commerce facilitant l'enrichissement du langage.

Ainsi, la fonction crée le besoin d'usage du mot, puis le mot lui-même qui, à son tour, conduit à d'autres niveaux d'échanges. De ce fait, l'évolution des langages procéduraux vers des langages de plus haut niveau d'abstraction, avec une logique objet puis pattern, s'est accompagnée d'une évolution des schémas de programmation et des compétences.

Il y a une dizaine d'années, on s'effrayait du taux d'échec à former d'anciens programmeurs Cobol au C. Aujourd'hui, compte tenu du fait que les mainframes sont loin de l'agonie qu'on leur prédisait, on forme à l'inverse de jeunes programmeurs au Cobol, et il existe également du Cobol-Objet, bien moins répandu. De plus, les barrières d'apprentissage pour passer d'un monde à l'autre se sont estompées.

La différence vient probablement du fait que les premiers « Cobolistes » n'étaient pas tous informaticiens mais certains formés sur le tas à l'usage du Cobol. Les générations suivantes ont été formées aux approches algorithmiques. Elles utilisent donc plus des capacités proches de ce qu'Howard Gardner nomme « intelligence logico-mathématique ».

Un exemple de cette évolution pourrait être le « problème d'Einstein » et des cinq voisins. Einstein le présentait à son époque comme accessible seulement à

4. Howard Earl Gardner est le père de la théorie des intelligences multiples qu'il expose en 1983 dans *Frames of Mind : the Theory of Multiple Intelligence*. Il suggère qu'il existe des formes différentes d'intelligence, indépendantes les unes des autres, dans la mesure où, lorsque certaines sont détruites, les autres ne sont pas affectées. Il en dénombre sept :
• l'intelligence logico-mathématique,
• l'intelligence spatiale,
• l'intelligence interpersonnelle,
• l'intelligence kinesthésique,
• l'intelligence linguistique,
• l'intelligence intrapersonnelle et
• l'intelligence musicale.
Gardner utilise le terme intelligence pour frapper l'imagination, pour autant il estime que c'est un terme complexe et ne le définit pas au sens large. Des sept formes d'intelligences décrites dans ses premiers travaux, il est passé à huit, avec l'intelligence naturaliste. Depuis quelques années, Gardner et son équipe étudie la possibilité d'une autre intelligence : l'intelligence existentielle.

2 % de la population. Aujourd'hui, ce problème est posé à des élèves de collège ou de lycée, en tant qu'exercice logique relativement simple. Cela s'explique par une évolution de l'enseignement, plus orienté vers le raisonnement logique. De même, l'évolution des technologies conduit à une évolution de l'éducation et également des schémas de réflexion.

Jamais autant qu'aujourd'hui la phrase d'Einstein « il ne faut pas chercher à tout savoir, mais savoir où tout chercher », n'a pris autant de relief avec la masse de connaissances numériques disponibles sur Internet. Naviguer sur Internet ne suppose pas forcément expérience ou expertise mais capacité à dépasser des systèmes de classification et de catégorisation logique pour établir des liens ouverts, voire intuitifs et trouver, par des voies multiples, la solution à un problème. Par exemple, il peut s'agir de rechercher une brique logicielle open source pour une fonction relativement classique, plutôt que de la développer.

Évaluer l'opportunité et la réelle valeur ajoutée de cette brique nécessitera alors de l'expertise, et l'intégrer à tout un « cadre de référence » pour le développement requiert l'expérience des méthodes et des organisations. Il est intéressant de voir que cette approche réutilisabilité et recherche de l'information sur Internet est une évolution dans l'approche des problèmes liés à l'implémentation des systèmes d'information, que ce soit dans la recherche de solutions ou de meilleures pratiques. Le nivellement de l'accès à l'information ne doit pas conduire à une sous-estimation du potentiel de cette information, mais bien à une nécessaire réflexion sur les formes d'usage qui peuvent en être fait et comment les relier entre eux.

Si l'expertise au sens connaissance se nivelle par le partage ou par la mise à disposition de larges bases de connaissances, ce qui prime n'est plus l'expertise technique mais la capacité à faire le lien entre cette connaissance et un besoin déterminé, sans forcément passer par une analyse de causalité trop stricte, donc une intelligence logico-mathématique.

Depuis longtemps, les approches en gestion des compétences distinguent différents types de savoirs : savoirs formalisés (connaissances et procédures) et savoirs agissants (savoir-faire, expérience). Ainsi, elles distinguent ce qui pourrait être expertise d'un domaine de connaissance (le savoir), ce qui est savoir-faire acquis par la pratique; et une notion, pas toujours bien définie, de capacités relationnelles (le « savoir être »).

Mais leur défaut principal est souvent de s'appuyer sur un système de classification hiérarchique, une arborescence assez stricte, pour recenser différentes expertises technologiques ou métiers, ou des niveaux d'expériences, avec des passerelles et des logiques d'évolution par filières et très compartimentées.

C'est mésestimer la dimension collaborative, l'intelligence interpersonnelle, qui permet d'optimiser l'usage de compétences complémentaires et de faire évoluer les individus dans un réseau social : l'entreprise. Ainsi qu'évoqué précédemment, les binômes de programmation, en alliant nouvelle expertise et expérience, font avancer plus vite pour un résultat de meilleure qualité. Ce n'est pas forcément l'expertise qu'il faut développer mais la capacité à travailler avec d'autres expertises, et à transférer sa connaissance à d'autres contextes. De plus, au-delà de l'expérience et de l'expertise, il faut comprendre quelles formes de capacités, ou formes d'intelligences sont requises dans des situations données, qui peuvent varier du tout au tout pour une même tâche selon le contexte en entrée.

Contrairement à Howard Gardner qui pense les formes d'intelligence comme exclusives (un individu aura une forme d'intelligence plus développée que les autres), le monde des systèmes d'information, son évolution même, nous force à les voire multiples et complémentaires, et également à réaliser l'impact des technologies sur nos formes de raisonnement ou d'approche qui évoluent au fil du temps.

C'est pourquoi, pour une réelle approche d'évolution des compétences qui supporterait l'évolution des technologies et des systèmes, il faut raisonner non par compétences individuelles, mais par interrelations entre individus. C'est pourquoi il faut privilégier les binômes permettant de coupler une expertise nouvelle à une expérience éprouvée et réaliser un transfert bidirectionnel. Savoir relier les compétences a priori distinctes entre individus permet d'en retirer les complémentarités en termes d'approche et de garder l'intelligence des situations. Cela permet de maintenir les expertises nécessaires au fonctionnement des anciens systèmes (exemple des mainframes), tout en intégrant les experts de ces derniers dans des groupes de réflexions mixant également des expertises sur les nouvelles technologies et des compétences diverses.

Ces réseaux de réflexion et d'expertises, fondés sur l'échange, le partage et la transmission de savoirs entre tous ses membres, doivent se concevoir en intra-entreprise, mais aussi en interentreprise, tant il est vrai que les facteurs d'évolution peuvent être endogènes – pouvant résulter d'une décision de l'entreprise qui décide de maîtriser son évolution – ou exogènes et se développer sous l'influence des meilleures pratiques constatées chez d'autres entreprises.

Des binômes agiles pour l'évolution

On pourra rétorquer que la mise en place de binômes, la réflexion sur l'interrelation des compétences, les groupes de réflexions intermétiers, ou enfin les réseaux d'expertises mettant en commun des générations de développeurs ou d'architectes formés à des paradigmes différents, représentent un coût d'investissement que les entreprises ne sont pas prêtes à fournir, car non lié à un projet déterminé. À une époque de réduction de coûts, la gestion des connaissances au sens large ne fait pas recette. À cela, on peut rétorquer, d'une part, que les technologies de partage d'information et de collaboration peu coûteuses abondent grâce aux solutions open source et d'autre part, pour faire un client d'œil à Einstein, qu'en matière de coût, tout est relatif… à ce que l'initiative rapporte.

La réalité, c'est que bon nombre de systèmes existants ont des fonctions redondantes dans plusieurs systèmes, si ce n'est des processus redondants, une visibilité insuffisante sur les flux de données, peu de traçabilité des processus, et des données dont la qualité et la cohérence sont à revoir, sans parler des structures. Ils n'ont pas été « nettoyés » – non pas par ignorance de la situation, mais parce que cela représentait un investissement a priori purement technique pour des applications existantes, le plus souvent visées par des réductions de coûts. À court terme, le retour sur investissement était difficile à mesurer.Car le premier champ d'application de ces réseaux de réflexion et d'expertise pourrait être l'évolution pratique des systèmes existants. En effet, pendant qu'Internet modifie radicalement le paysage de l'usage des technologies, les entreprises doivent faire face plus que jamais à la gestion de leur héritage informatique. La gouvernance est à ce prix.

Aujourd'hui, on mesure davantage le prix de ce non-investissement au cours des dix à vingt dernières années, à l'aune des difficultés d'intégration, de convergence et d'évolution. Nous ne devons pas négliger cette expérience, et agir tant qu'il est temps. Rendre progressivement agile l'existant, bien plus que l'adapter au jour le jour aux nouvelles technologies, pourrait être un nouveau concept issu des erreurs du passé. Ce serait une première piste de réflexion pour une évolution des compétences axée sur l'interrelation et la collaboration entre les experts des systèmes existants et les « tenants » des nouvelles technologies ou architectes des approches durables.

Alors, avant que l'écart entre le passé dont nous héritons et le futur que nous devons anticiper ne soit trop douloureux et les deux extrêmes irréconciliables, il est temps pour les entreprises de prendre conscience, au-delà de la vitesse incroyable de l'évolution des technologies, de la nécessité d'être agile[5] aussi bien dans leurs choix et nouveaux projets, que dans la façon dont elles feront évoluer leur héritage et… leurs formes d'intelligences.

Par ailleurs, elles ne devront pas oublier ce principe de gouvernance, issu de la *République de Platon* où Socrate montre qu'un chef – un gouvernement – ne commande pas ce qui est en son propre intérêt mais toujours ce qui est dans l'intérêt de celui qu'il commande.

5. Dans l'approche agile, à en croire le « manifeste agile » (www.agilemanifesto.org), les personnes et interactions priment sur les processus.

Conclusion

Un principe de gouvernance de l'évolution pourrait être de considérer le système d'information comme un organisme vivant.

En effet, tout SI a des invariants au sens d'un « cadre architectural », on retrouvera les mêmes principes généraux d'architecture qui font qu'il y a forcément des plates-formes matérielles, des serveurs, des réseaux, des interfaces, des données de référence, des environnements de développement qui suivent certains paradigmes, des domaines d'applications qui s'inscrivent dans des cartographies fonctionnelles métier, et des méthodes ou des processus relativement standardisés, le cas échéant.

On peut donc toujours lier un système d'information implémenté à l'instanciation de concepts connus. Mais l'instanciation ne s'arrête pas aux seuls processus matériels et à la connaissance physique de l'univers matériel dans lequel le système d'information s'inscrit. La réalité est devenue beaucoup plus complexe au fur et à mesure que l'information immatérielle ainsi que les outils qui la gèrent se sont démultipliés. Le système d'information est vivant parce qu'il est « mouvement ». Il évolue en fonction des besoins des entreprises, mais également en fonction des compétences des personnes qui le manipulent et qui le considèrent différemment.

Définir le SI en tant qu'« organisme vivant » signifie aussi, en principe, qu'il est un ensemble constitué par des éléments ou des organes remplissant des fonctions différentes et coordonnées. Ce qui conduit à le regarder comme un tout en matière de bonne gouvernance, en portant attention aux parties qui forment ce tout et non pas en le morcelant dans des parties distinctes qui ne permettent pas d'avoir la coordination d'ensemble nécessaire à poursuivre une stratégie et des objectifs spécifiques et adaptables aux besoins.

Cela étant dit, considérer les systèmes d'information comme des organismes vivants comporte d'autres implications majeures pour la gouvernance.

La gouvernance, c'est prévenir la sclérose du SI et permettre la reproduction pour durer.

Sans vouloir redessiner une définition du vivant qui est un exercice périlleux dans lequel de nombreuses questions biologiques, éthiques et philosophiques se posent et qui font que, stricto sensu, la comparaison a des limites, deux concepts sont intéressants à développer dans le cadre de la notion de systèmes d'information vivants. Le concept d'évolution – qui va de la naissance à la mort en passant par le développement – et le processus actif d'auto-entretien, qui recouvre la fonction de lutte contre les maladies et les accidents, et la reproduction.

Le système d'information vivant change en permanence et développe, comme tout organisme, des pathologies qui ont des symptômes auxquels on peut appliquer un diagnostic et, éventuellement, des posologies. S'il ne peut pas être protégé contre tout accident, on peut du moins en réduire les risques (tels que les risques d'obsolescence avérée, les risques d'incohérence ou de non-sécurité des données…).

Le changement implique aussi, pour tout organisme vivant, une dégradation progressive. De ce fait, il est logique d'envisager la mort de tout ou partie de certains systèmes d'information, cette dernière arrivant quand l'organisme, sclérosé, ne peut plus évoluer et se réparer. La contrepartie est de repousser cette mort le plus longtemps possible avec la prévention médicale nécessaire pour se régénérer, durer et engendrer de nouveaux systèmes d'information pour perpétuer une fonction semblable avec de nouvelles forces.

Quant au processus de reproduction, il consisterait, pour un système d'information, à partir de gènes invariants (des données d'entreprise, des règles métier, des meilleures pratiques, des traitements réutilisables, par exemple), à créer un individu de la même famille, mais avec un nouveau corps, plus jeune, plus robuste, plus capable de s'adapter et d'évoluer rapidement, en évitant la sclérose le plus longtemps possible.

Créer un nouveau corps signifie changer radicalement les outils, le back office, le front office et éventuellement les terminaux nomades. Typiquement, « webifier » des écrans 3270 en leur donnant une ergonomie Web est juste un lifting sur un vieux système. À l'inverse, changer radicalement l'architecture des interfaces pour utiliser toutes les opportunités du Web 2.0 est un changement de génération de corps avec des nouvelles capacités, des nouveaux types d'interaction possibles avec le client, qui offrent de nouvelles perspectives de ventes ou de services d'information grâce à une interface riche à plusieurs onglets et à agrégation de contenus.

Un système d'information qui permet d'alerter via SMS, avant un découvert prévisible, est d'une autre génération qu'un système qui ne permet de réaliser ce découvert que dans un bulletin papier mensuel, avec les agios qui l'accompagnent. Un système d'information utilisant un ordonnanceur, de la géolocalisation et toutes les nouvelles solutions technologiques liées à la mobilité, permettra une gestion fine des forces d'intervention sur le terrain, et l'optimisation des interventions afin d'arriver en urgence au bon moment dans des situations critiques, ou fournir un service d'intervention réactif, à l'heure près, pour la plus grande satisfaction des clients, tout en réduisant les coûts logistique, d'opérations, de pilotage et de maintenance. La technologie NFC utilisée pour rendre des téléphones plus intelligents, plus interactifs, peut autoriser l'achat d'un produit vendu en distributeur en approchant le téléphone portable de la vitre, ou gérer efficacement la vente et le contrôle de billets de spectacles.

Créer un nouvel individu pour un système d'information ne signifie pas seulement changer le corps grâce à de nouvelles solutions technologiques. Il faut également avoir un nouvel esprit, c'est-à-dire faire évoluer l'organisation et les pratiques en parallèle du corps.

Pour gérer le SI comme un organisme vivant, il faut reconnaître les invariants du savoir-faire et accepter le mouvement qui est la condition de la vie.

En d'autres termes, il ne faut pas hésiter à faire les sauts générationnels qu'impliquent des ruptures technologiques pour avoir un SI durable. Il faut se méfier, selon Bergson, « des habitudes qu'on érige en lois, répugner au changement, c'est laisser distraire ses yeux du mouvement qui est la condition de la vie ».

La sclérose des systèmes d'information, leur manque de flexibilité actuel, n'est pas seulement dû aux limitations des outils hérités du passé, mais aussi à l'incapacité à remette en cause et à se dégager d'un choix précédent pour en faire un nouveau. En ne considérant pas les systèmes d'information comme vivants et soumis à des changements permanents (et des maladies), c'est une sorte d'inaptitude à enrichir un point de vue sur le réel que l'on a créée. À l'inverse, ne pas considérer les invariants des systèmes d'information, c'est, d'une part, ne pas être capable de reconnaître et prévenir les symptômes de maladie quant ils se présentent et, d'autre part, ne pas être capable de transmettre le savoir-faire acquis pour évoluer sur la durée.

Nous avons besoin des outils informatiques, des meilleures pratiques, des automates, pour nous aider à évoluer, mais sans le mouvement de la main qui contrôle l'outil, sans la capacité « non programmée » à changer sa direction et son usage, l'automate est sans intelligence et ne fait qu'imiter mécaniquement le mouvement de la vie.

Une bonne gouvernance du système d'information, au-delà des méthodes et des types d'outils préconisés des meilleures pratiques de l'évolution, est aussi bien de prendre en compte le savoir-faire héritée propre à un domaine de connaissance que de s'ouvrir au mouvement, ne pas hésiter à l'anticiper, pour savoir s'adapter intelligemment au changement. L'un ne se conçoit pas sans l'autre.

ANNEXES

Un héritage hétérogène

Cette annexe a pour objet de dresser le paysage des systèmes d'information actuels, en expliquant les fondations qui y ont présidé ainsi que les grandes étapes historiques des changements de paradigmes et leurs conséquences. L'évolution des systèmes centralisés, propriétaires, vers les environnements distribués y est ainsi traitée. Nous traiterons également d'Internet et des métamorphoses du Web, devenu un catalyseur du changement pour les systèmes d'information.

Car ce sont les évolutions du Web qui ont, d'une part, permis d'accélérer l'interopérabilité et la logique de services d'usage pour l'informatique, et d'autre part, accentuées le schisme entre l'évolution des technologies et la maturité des organisations.

Les fondations

Pour prévoir l'avenir, il faut connaître le passé,
car les événements de ce monde ont en tout temps
des liens aux temps qui les ont précédés.
Créés par les hommes animés des mêmes passions,
ces événements doivent nécessairement avoir les mêmes résultats.

Nicolas Machiavel

L'évolution des langages : du binaire au concept

Il est un peu arbitraire de déclarer que l'informatique a cinquante ans. On pourrait tout aussi bien dire qu'elle remonte au XVIIe siècle, à Blaise Pascal et à l'invention de la Pascaline, première machine à calculer, auquel cas nous pourrions parler de siècles. Nous pourrions aussi prendre 1946, année durant laquelle Turing présente son projet de construction d'un calculateur électronique, comme l'acte de naissance de l'ordinateur.

Qu'en est-il alors des débuts de l'informatique en entreprise : commencent-ils à la naissance du terme, en France, au début des années 1960 avec la contraction d'« information » et « automatique » ? aux calculateurs et simulateurs des projets Manhattan et Enigma ? au concept de la machine de Turing ? à l'architecture du calculateur universel de Van Neumann ?

En réalité, il n'y a guère plus de cinquante ans. Il faudra attendre 1956, avec Grace Murray Hopper, pour assister à la naissance du premier langage compréhensible hors du cercle scientifique. Ce langage, spécialisé pour la gestion et le domaine bancaire, destiné à un usage métier, fut nommé le « Cobol » (Common Business Oriented Language).

Un tel langage était la clé de voûte qui manquait pour que la programmation des ordinateurs devienne accessible à un plus grand nombre, conduisant progressivement à un usage de plus en plus répandu des technologies de l'information et des communications en entreprise. L'histoire des systèmes d'information commençait.

> **Un peu d'histoire – « Père et mère » fondateurs de l'informatique**
>
> À l'origine de l'informatique moderne, un homme et une femme ont particulièrement marqué les esprits et le cours de l'histoire. Tous deux mathématiciens, ils eurent pourtant des destins et des reconnaissances différentes. Pour démentir la règle, la femme fut couverte d'honneurs, à l'inverse de l'homme. Il s'agit de l'américaine Grace Murray Hopper et du britannique Alan M. Turing.
>
> Grace Murray Hopper, morte en 1992 à l'âge de 86 ans, était encore consultante chez Digital IBM à 80 ans et a obtenu plusieurs prix prestigieux. En 1969, elle fut la première femme nommée « homme de l'année » en Computer Science et en 1971, Sperry créa un prix annuel portant son nom pour honorer de jeunes scientifiques. En 1973, elle fut la première personne aux États-Unis et la première femme au monde à être « Distinguished Fellow » de la British Computer Society.
>
> Cette pionnière eut la vision d'une informatique à la portée de tous, du moins une programmation élargie hors du cercle des mathématiciens et des experts en super calculateur. Elle participa activement à concrétiser cette vision avec les premiers compilateurs et le premier langage commun de gestion, le Cobol. Elle s'était aussi engagée dans la marine à l'entrée en guerre des États-Unis et, pour l'anecdote, était contre-amiral dans la réserve en 1986.
>
> Alan M. Turing fut également un mathématicien de génie, engagé, lui aussi, pendant la Seconde Guerre mondiale. C'est grâce à une machine algorithmique de sa conception que le code secret Enigma, qui protégeait les transmissions des sous-marins du Reich, fut déchiffré. Selon Gordon Brown (*The Daily Telegraph*, Londres, 10 septembre 2009) : « Il n'est pas exagéré de dire que sans sa contribution hors du commun, l'histoire de la Seconde Guerre mondiale aurait pu être très différente. »
>
> Cette déclaration intervient toutefois à titre d'excuses posthumes d'un pays qui a condamné Turing, ainsi que 100 000 autres Britanniques, à la castration chimique pour raison d'homosexualité, pratique en vigueur jusqu'à ce que le vote du Sexual Offences Act, en 1967, ne considère plus l'homosexualité masculine comme un délit. Entre-temps, Turing, interdit quasiment de tout projet scientifique suite à sa condamnation en 1952 pour « indécence caractérisée », se suicida en croquant une pomme empoisonnée au cyanure, en 1954.
>
> Une pomme à demi croquée étant l'image d'une célèbre marque, certains y ont vu un hommage à titre posthume. Que cette référence soit vraie ou fausse, l'informatique doit beaucoup à Alan Turing et aurait pu lui devoir davantage ; on ne peut que regretter qu'il n'ait pas eu une carrière aussi longue que Grace Murray Hopper, pour qu'il en soit ainsi.

Après le Cobol, bien des générations de langages se sont succédées, variantes et versions venant compliquer la donne de la filiation. L'évolution nous conduit progressivement, en partant des langages rudimentaires dit de « bas niveau », c'est-à-dire proche de la machine, à des « meta-langages » (langages de description d'autres langages), en passant par des langages évolués. L'objectif est toujours le même : parler avec la machine. Cette dernière ne comprenant que le binaire, ça ne rend pas le dialogue passionnant si on en reste à ce « bas niveau ».

L'évolution a consisté à élaborer des langages de haut niveau (évolués, donc), lesquels autorisaient le programmeur à manipuler de plus en plus d'instructions et de concepts structurellement compréhensibles par un humain, pour les traduire ensuite en langage compréhensible par la machine. D'abord, « une » machine, puis progressivement « les » machines, dès lors que des plates-formes virtuelles permettaient de faire abstraction des adhérences avec le système d'exploitation.

Le traducteur qui permet de parler à la machine est un programme capable de traduire un jeu de symboles en un autre jeu, par application de règles de syntaxe et de sémantique. Suivant la nature du langage de programmation employé, ce programme s'appelle un compilateur ou un interpréteur (voir définition ci-dessous). Plus le langage est évolué, plus il présente un niveau d'abstraction par rapport à la machine.

Parlez-vous le compilé ou l'interprété ?

• Langages compilés

Les langages compilés sont des langages où toutes les instructions sont traduites en code objet avant d'être exécutées. Cette conversion s'effectue au moyen d'un compilateur.

• Langages interprétés

Les langages interprétés sont des langages décodés et exécutés instruction par instruction à l'aide d'un programme appelé interpréteur (par exemple le BASIC, bien que la plupart des versions actuelles en permettent ou en imposent la compilation).

La cohabitation entre langages : une nécessité et des contraintes

Le mythe le plus pertinent pour l'informatique serait la tour de Babel : il n'y a pas de langage unique pour les « contrôler tous ». Ainsi comptait-on déjà 700 langages en 1969 à la NASA pour la mission Apollo, 2 000 langages en l'an 2000, plus de 2 500 aujourd'hui, sans prendre en compte variantes et versions, car alors les chiffres peuvent devenir faramineux ![1]

En réalité, cette diversité s'explique non seulement par les évolutions techniques mais également par des objectifs différents, car tous les langages ne se valent pas au regard de l'application recherchée. Il existe des langages dédiés pour concevoir du matériel, des langages orientés système, des langages à balises pour gérer l'hétérogénéité, des langages plutôt utilisés en mathématiques appliquées, en simulation et gros calculs, etc. En particulier, il existe des langages adaptés aux systèmes embarqués (pour les transports, l'astronautique, l'armée, les télécommunications…) dont les multiples contraintes (d'environnement, de ressources, de performances) nécessitent des technologies spécifiques, tant en terme logiciel que matériel.

1. Pour avoir un aperçu de l'étendue des langages, quelques listes de référence sont disponibles sur le Web, dont celle de Bill Kinnersley, (http://people.ku.edu/~nkinners/LangList/Extras/langlist.htm) ou celle d'Eric Lévénez (www.levenez.com/lang/).

2. http://hopl.murdoch.
edu.au/taxonomy.html

Une intéressante taxonomie sur les langages a été établie par l'université de Murdoch en Australie[2]. Dès lors, et en toute logique, de nombreux langages cohabitent en entreprise. Selon une étude de T. Welsh Cutter, de 2004, 59 % des services informatiques utilisent plus de deux langages, 15 % en utilisent plus de quatre. On retrouve cette diversité dans la constitution de logiciels open source.

Cela dit, bon nombre de langages ont disparu au fil des ans et peu de langages sont réellement industriellement utilisés.

Par ailleurs, outre la multiplication des langages, dès 1974, le développement d'applications prend une autre tournure avec l'apparition de progiciels, c'est-à-dire d'applications qui peuvent être vendues sur catalogues par des sociétés éditrices de solutions logicielles. À la différence des développements dits « spécifiques », dont l'objectif est de réaliser des applications spéciales destinées aux besoins d'une entreprise et adaptées à son environnement, les progiciels répondent à l'enjeu d'intéresser le plus de clients possibles. Ils fournissent en conséquence des fonctions standard d'un domaine, génériques à toutes les entreprises (par exemple : paie, comptabilité, facturation, prise de commande) ou verticales, c'est-à-dire visant un secteur de marché précis, par exemple, dans l'industrie, la planification des ressources de production.

Comment choisir entre un progiciel et un développement spécifique ?

Cela ne va pas toujours sans heurt dans la mise en œuvre, puisque l'impact organisationnel du choix d'un progiciel n'est pas négligeable. Quoi qu'il en soit, si ces derniers sont peu utilisés dans les années 1970, ils ont pris peu à peu de l'ampleur et constituent aujourd'hui la moitié du parc applicatif des entreprises, voire davantage.

Avantages et contreparties

On choisit en rayon une application qui dispose déjà en standard de la plupart des fonctions désirées par les utilisateurs auxquels elle est destinée. Il s'agit d'acheter, auprès d'un éditeur, le produit logiciel qui couvre le mieux des fonctions indifférenciées, lesquelles seraient une perte de temps à développer en interne puisque, identiques pour toutes les entreprises, elles n'apportent pas d'avantage concurrentiel. Les Anglo-Saxons désignent ces applications par le terme « COTS » (*Commercial On the Shelf*).

Derrière le choix d'un progiciel se cache une promesse : maîtriser davantage les services rendus par l'application (en termes de fonctions), la fiabilité des données, les coûts et les délais de mise en œuvre et le résultat final.

Autre intérêt, l'entreprise utilisatrice bénéficie en principe constamment des évolutions technologiques et fonctionnelles que l'éditeur introduit dans le progiciel au fil des nouvelles versions (à condition toutefois que le passage d'une version à une autre soit simple, ce qui n'est pas toujours le cas).

En contrepartie de ces avantages, les entreprises doivent ajuster leurs organisations et leurs procédures de travail, revoir le contenu de certains de leurs métiers et développer de nouvelles compétences.

Ainsi cohabitent dans les entreprises des progiciels (applications standard) avec des applications spécifiques de gestion, des applications temps réel/embarqué, des applications scientifiques… et tous les langages employés dans les développements Web. Le fait qu'un langage soit récent ou non n'est pas une garantie sur son déploiement ou son utilisation, c'est sa pertinence par rapport à l'objectif recherché qui remporte l'adhésion. Certes, le fait qu'il soit largement répandu et populaire facilite sa mise en œuvre en entreprise, tant pour la capacité à trouver des compétences qu'outils de développements et des logiciels tierce partie.

La société Tiobe, spécialisée dans l'analyse de la qualité des codes sources, maintient un index mensuellement[3] qui donne une indication de la popularité des langages de programmation. Les indicateurs sont basés sur le nombre d'ingénieurs expérimentés dans le monde, les formations et les éditeurs tierce partie. Les moteurs de recherche Google, msn, Yahoo ainsi que Wikipedia et YouTube sont utilisés pour calculer les indicateurs. La figure ci-dessous donne le classement du mois d'août 2010.

3. www.tiobe.com/
index.php/content/
paperinfo/tpci/
index.html

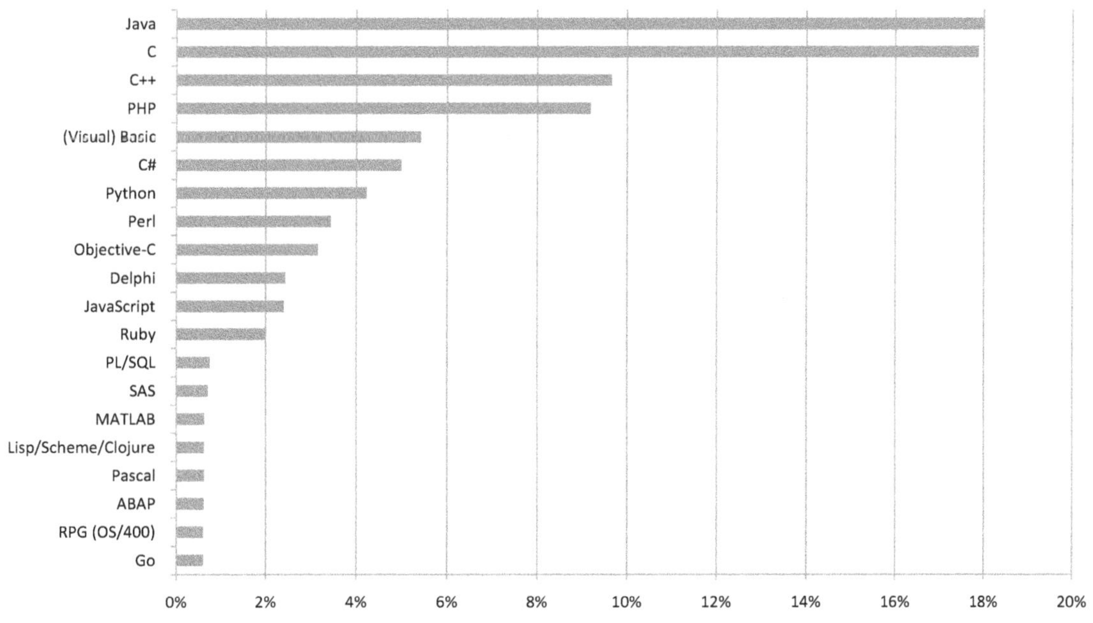

Figure A1-1

Au niveau français, un sondage organisé par la communauté du portail Developpez.com[4] confirme les langages en tête (à l'exception de PHP, mais ce dernier est un langage de script, pas de programmation), avec quelques variantes, comme le montre la figure ci-dessous.

4. www.developpez.com

Les choses se compliquent quand la cohabitation des langages en entreprise n'est plus due à une nécessité d'utiliser le langage adéquat ou le bon progiciel, mais quand elle vient de couches hétérogènes de qualité inégale héritées de rapprochement organisationnels, ou de développements antérieurs (qu'il s'agisse d'applications qui datent de 1969, en Fortran ou Cobol, encore utilisées

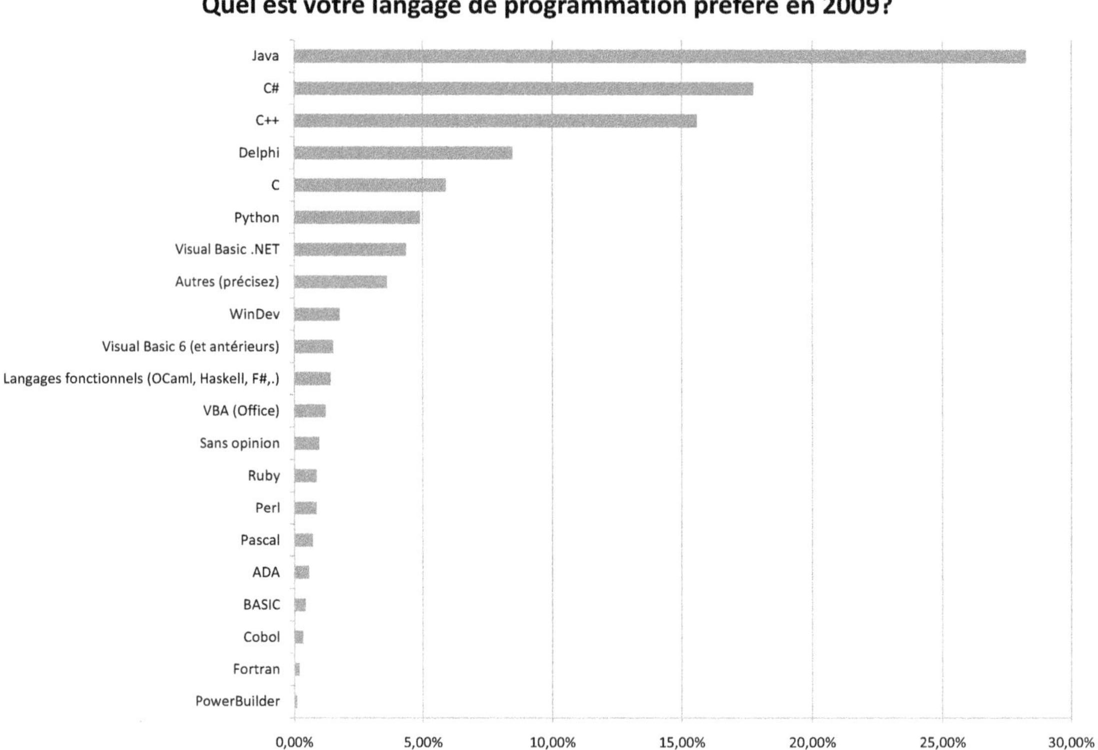

Figure A1-2 : Sondage de « developpez.com »

plus de quarante ans après leur apparition, ou d'applications développées en Java, il y a dix ans, qui ne présentent pas forcément une meilleure qualité que les précédentes).

Dans les deux cas, les symptômes d'obsolescence sont les mêmes : les développeurs initiaux sont partis ailleurs, ceux qui maintiennent le code sont peu au fait des fonctionnalités métier et préfèrent faire des correctifs rapides du type « dupliquer et remplacer » plutôt que restructurer intelligemment le code.

Ajoutons à cela qu'en parallèle à l'évolution des langages et de celle des solutions logicielles proposées par le marché, des changements technologiques majeurs ou de nouveaux modèles impactent profondément la façon de concevoir et mettre en œuvre les systèmes d'information. Ils modifient ainsi durablement le cours de l'histoire informatique. C'est ce qu'on appelle les changements de paradigme tels que, pour n'en citer que quelques-uns : l'apparition des systèmes ouverts, l'ordinateur personnel, l'apparition des communautés open source ou l'offre Software As A Service.

Le paradigme perdu ?

Un paradigme est un modèle de représentation du monde, un schéma de pensée qui oriente la réflexion et la recherche scientifiques sur la base de croyances fondamentales (des principes de base sont posés comme permanents mais de manière empirique).

Que les principes changent du fait d'une découverte qui ébranle les fondamentaux scientifiques, ou parce que l'environnement lui-même change et autorise des méthodes de travail différentes, et nous assistons à un « changement de paradigme ».

L'apparition de vrais ordinateurs portables, les PC (*Personal computer*) ont ainsi mis à mal le paradigme d'ordinateurs réservés exclusivement aux entreprises. Couplés à l'apparition d'Internet, les PC ont permis au numérique, et avec l'avancée des technologies de communication, de modifier profondément la société et ses modèles économiques. L'apparition du système d'exploitation Unix, qui ouvrait le champ aux systèmes dits « ouverts », puis « distribués », est un changement de paradigme par rapport à l'époque des ordinateurs centralisés (mainframes), car il impliquait également de revoir complètement la façon de concevoir et réaliser des systèmes d'information.

Pour autant, un changement de paradigme informatique ne se diffuse pas du jour au lendemain dans les entreprises. Entre la conception en laboratoire d'Unix au début des années 1970 et son utilisation à large échelle dans les années 1990, il se passe près de vingt ans. Entre la création du noyau linux par Linus Torvalds en 1991 et l'expansion large des licences Gnu/linux, il se passe également près de quinze ans.

Les cycles d'adoption des changements technologiques sont longs, bien plus longs que les cycles d'adoption des innovations d'usage. En outre, cela est souvent nécessaire pour mûrir des pratiques de développement, voire les standardiser, et ce n'est pas forcément suffisant pour substituer à une application installée, en exploitation, la même application restructurée avec de nouvelles technologies.

Encore faut-il que le jeu en vaille la chandelle. Or, si l'application répond bien aux demandes des utilisateurs et que l'obsolescence technologique ne représente pas de risques (tels que la perte de compétences ou l'arrêt du support, par exemple), s'engager dans un redéveloppement coûteux de mêmes fonctionnalités est difficile à justifier.

La nécessité de cohabitation initiale entre langages peut très vite se transformer en une série de contraintes quand il n'y a pas de gestion de patrimoine applicatif à l'échelle de l'entreprise. Des applications vieillissantes développées dans des langages qui ne sont plus enseignés vont devoir faire face à une raréfaction des compétences.

Il sera également contraignant de les faire entrer dans le cadre architectural de nouveaux développements. Car pour certains langages anciens il n'existe pas d'environnement de développement intégrés, par exemple et les moyens mis en place pour contrôler la qualité du code en maintenance ne sont souvent pas à l'échelle de ceux mis en place pour les nouveaux développements. Ensuite, il sera difficile de faire communiquer les applications entre elles, dès lors que les standards et protocoles de communication des unes sont largement postérieurs à ceux des autres.

Le défi de la communication

Le problème initial – « Comment communiquer avec la machine ? » – à l'origine de différentes générations de langages, s'est complexifié au cours du temps en « Comment faire communiquer la machine avec l'utilisateur ? » puis « Comment faire communiquer toutes les machines entre elles ? », et nous conduit à des machines virtuelles. Les systèmes d'information sont multiformes, ils reposent non plus sur une génération de technologie mais sur plusieurs générations qui doivent cohabiter et communiquer.

Depuis les années 1960, le système d'information s'est construit avec des strates technologiques et applicatives hétérogènes, entre progiciels divers et variés aux sigles multiples[5], applications spécifiques en langage Cobol sur mainframe, plate-forme .Net cohabitant éventuellement avec des applications Java, solutions d'e-commerce, etc.

Les composantes du système d'information constituent une constellation d'applications, d'architectures, d'infrastructures (système d'exploitation, réseaux, bases de données) différentes, mais qui doivent impérativement pouvoir communiquer, et de préférence indépendamment de leurs particularités d'implémentation physique.

C'est ce à quoi s'emploient les technologies d'intégration, évoluant progressivement d'une logique « point à point », proche des «tuyaux» physiques d'échange avec des formats standard et des logiques de file de messages, vers l'établissement de couches d'abstraction. Celles-ci mettent en œuvre des processus plus complexes autorisant à piloter un « bus d'intégration » entre applications (ESB pour *Enterprise Service Bus*).

Ce dernier est l'évolution de ce qui n'était au départ qu'une simple couche intermédiaire (ou middleware) entre logiques applicatives, devenue ensuite couche d'intégration transverse à l'entreprise (EAI : *Enterprise Architecture Integration*) pour évoluer, en une troisième étape, vers une approche orientée métier de l'intégration avec la composante BPEL (*Business Process Execution Language*) des architectures orientées services (SOA).

5. Pour exemples, MRP : *Manufacturing Resource Planning*, ERP : *Enterprise Resource Planning*, PDM : *Product Data management*, PLM : *Product Lifecycle Management*, SCM : *Supply-Chain Management*, CRM : *Customer Relationship Management*, etc.

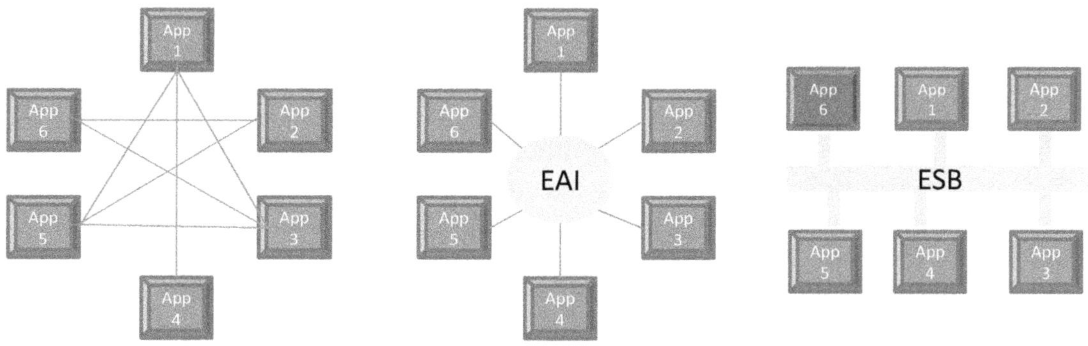

Figure A1-3 : L'évolution des méthodes d'intégration

Tableau A1-1 : Les méthodes d'intégration

	Définitions
Mode point à point	Les interfaces sont développées entre une application et une autre. À l'ajout d'un nouveau système, il faut développer, de façon spécifique, chaque échange de flux (asynchrone) avec chaque système avec lequel il communique.
EAI	C'est un centre de traitement où tous les échanges passent. Il permet d'organiser et de normaliser ces derniers avec des formats pivots, de mutualiser des fonctions techniques, de minimiser les interfaces. Ainsi, si une donnée est mise à jour dans une application « maître », l'EAI transmet l'information à toutes les applications clientes.
ESB	C'est l'évolution de l'EAI dans une architecture orientée services. C'est un système bâti sur les standards des Web services qui fournit une vue logique d'un ou plusieurs réseaux avec une ou plusieurs entités connectées, lesquelles fournissent des services à d'autres entités qui les requièrent. Les services ont une méthode d'invocation standard avec des déclencheurs et des sorties également standard (en général des messages).

La communication est d'ailleurs loin de se cantonner à l'aspect machine. Un des aspects les plus structurants de l'informatique d'entreprise est que la construction de systèmes permettant d'optimiser avec des outils automatiques l'exploitation d'informations, nécessite une vraie réflexion collaborative sur la valeur et le cycle de vie de l'information, ainsi que sur la meilleure façon de la stocker, la partager le cas échéant, et la traiter.

Or, faire communiquer les différents acteurs de cette réflexion – utilisateurs, responsables métier, responsables fonctionnels, architectes, experts techniques, développeurs, etc. – est l'un des défis les plus épineux depuis plusieurs décennies. Ce défi est lui-même à l'origine de nombreux modèles, voire des paradigmes d'échanges eux aussi sujet à des changements de paradigme dans l'échelle de l'évolution, tel celui déclenché par l'arrivée des méthodes agiles face à la séparation française traditionnelle de maîtrise d'ouvrage (MOA) et maîtrise d'œuvre (MOE).

Reste qu'il n'y a pas de solutions miracles pour favoriser le dialogue et que sans collaboration effective entre tous les métiers, la construction ne peut s'aligner sur les enjeux auxquels elle doit répondre.

Maîtrise d'ouvrage et maîtrise d'œuvre, le SI avec « pelles et truelles »

La séparation « Maîtrise d'ouvrage » et « Maîtrise d'œuvre », inspirée du domaine de la construction, est française, comme l'est l'approche urbanisation au départ. La maîtrise d'ouvrage est le donneur d'ordres pour lequel l'ouvrage (ici le projet informatique) est réalisé (l'équivalent anglais est *project owner*).

C'est ce donneur d'ordres qui doit formaliser l'expression de ses besoins dans un cahier des charges (CDC) qu'il remettra à une maîtrise d'œuvre qui exécutera, comme dans le bâtiment, la conception détaillée et la réalisation effective du projet.

Le Club des maîtres d'ouvrage des systèmes d'information, association loi 1901 créée en 1997, donne la définition suivante : « La fonction de maître d'ouvrage du système d'information, apparue dans les années 1990, a pour objectifs de :

- définir le système d'information, étroitement couplé aux objectifs et stratégies de l'entreprise ;
- piloter les développements informatiques nécessaires. »

Les changements de paradigmes

Toute théorie, y compris scientifique,
ne peut épuiser le réel,
et enfermer son objet dans ses paradigmes.

Edgar Morin

Ce chapitre évoque les grands changements de paradigme du monde des systèmes d'information en trois périodes de quinze à vingt ans. Ce choix, tout arbitraire qu'il soit, vise à refléter partiellement les durées de cycle d'adoption de « rupture » dans les méthodes et usages traditionnels, jusqu'à ce que le ferment de la rupture d'une période devienne les assises mêmes des fondamentaux de la suivante. La dernière période – « les architectures distribuées » – a vu toutefois une accélération des cycles à partir de l'arrivée d'un catalyseur des changements : la plate-forme globale Internet.

Première époque : la période centralisée (années 1950-1960)

Le règne des titans

Au début régnaient les *mainframes*, c'est-à-dire des grands systèmes centralisés avec un système d'exploitation (OS) propriétaire. Les programmes ne sont pas « portables », c'est-à-dire qu'ils ne peuvent pas s'exécuter sur n'importe quelle plate-forme car ils ont de fortes adhérences aux machines (chaque ordinateur est différent de par la structure matérielle, l'OS, etc.). La logique est de développer des applications indépendantes (sans réutilisation de fonction de l'une à l'autre), les données sont redondantes (car non indépendante de la structure de la base) et les utilisateurs sont… hors système d'information.

En effet, le système est un peu autiste vis-à-vis de ses utilisateurs. Les interfaces sont en mode caractère, les traitements en « batch », c'est-à-dire que les instructions sont exécutées par lots, de manière non interactive. On parle exceptionnellement de système « conversationnel » quand il y a interaction entre l'utilisateur (un analyste programmeur dans la plupart des cas) et l'ordinateur, à travers une interface qui autorise des choix dans le déroulement d'un programme. Certes, l'interface est rudimentaire. En 1970, l'apparition des terminaux 3270 d'IBM avec leurs lignes de caractères verts sur fond noir, représente déjà une grande avancée dans le domaine.

L'usage de ces grands systèmes est restreint aux grandes entreprises et/ou aux grands programmes de recherche (notamment spatial, avec Apollo). L'ordinateur ne cherche pas à plaire au plus grand nombre, il n'a rien de « personnel », il est programmé pour des applications de gestion propre à l'entreprise, ou des applications de calcul scientifique.

Ce sont les années de la course à la performance, il n'y a jamais assez de puissance, mesurée en MIPS (Million d'instructions par seconde), que l'on paye d'ailleurs très cher.

> **Comment ça marche ? – Les MIPS : une unité de mesure qui ne fait pas l'unanimité**
>
> Les coûts logiciels pour des mainframes sont des coûts de licence récurrents à payer annuellement ainsi que des coûts de maintenance qui se sont établis longtemps sur des unités de mesure au MIPS. Les MIPS, ou Million d'instructions par seconde, sont censés représenter la puissance de calcul d'un processeur. Toutefois, la vitesse d'un processeur et donc le nombre d'instructions par seconde, variant en fonction de nombreux paramètres (taille cache mémoire, charge, fréquence d'accès des I/O, niveaux logiciels, partitions...), cette mesure ne convainc pas sur sa représentativité générique. Elle a ainsi connu d'ironiques substitutions quant à son sens, de *Misleading indicator of processor spead* à *Management impression of processor speed*, en passant par *Marketing Indicator of Processor Speed*.

La programmation se fait en langage de bas niveau (assembleur, par exemple), jusqu'à l'arrivée de langages procéduraux de deuxième génération, notamment le Cobol. De même, le stockage des données se fait sous forme de fichiers. La conséquence en est une lourdeur d'accès aux données, de par la nécessité de connaître le détail de l'implantation physique pour y accéder, un manque de sécurité (n'importe qui peut modifier le fichier) et l'absence de contrôle de concurrence entre utilisateurs, d'où le risque que les modifications s'annulent.

Les amorces du changement

Au début des années 1960 apparaissent les premiers systèmes de gestion de base de données calqués sur les structures de données Cobol, qui donnent naissance aux bases de données hiérarchiques. Une des plus célèbres est celle créée par IBM en 1966 pour le compte de Rockwell et le programme Apollo, IMS (Information Management System).

Certaines annonces de la fin des années 1960 et du début des années 1970 préfigurent le changement de paradigme de l'époque centralisée vers l'époque des systèmes ouverts et les futures ruptures technologiques, à travers :

- l'arrivée de langages permettant de manipuler les données avec des pointeurs d'adresse ;

- l'apparition de bases de données dites « en réseau » (le modèle de données est organisé en mailles), élargissant le modèle hiérarchique initial (un fils peut avoir plusieurs pères) ;

- l'apparition de terminaux ligne, puis écran (3270) ;

- l'apparition des systèmes transactionnels à partir de la fin des années 1960.

Deuxième époque : la rupture des systèmes ouverts (décennies 1970-1980)

Les applications alors développées avec leur traitement d'instructions par lots, souvent de nuit, ne satisfont pas aux besoins qui apparaissent d'applications plus proche du temps réel. Car si une comptabilité, un système de paye, des statistiques, peuvent se satisfaire d'opérations à fréquence annuelle, trimestrielle, mensuelle, hebdomadaire, voire au mieux quotidienne, un système de réservation – la gestion de stocks – ne peut s'en satisfaire.

Ces systèmes ont besoin d'accès fréquents aux données par de multiples opérateurs simultanés qui doivent, pour des traitements courts et répétitifs, pouvoir obtenir des temps de réponse faibles (une à quelques secondes), et être assurés que toute opération de mise à jour effectuée sera bien prise en compte par le système.

Les systèmes transactionnels

À cette période (1970-1980), ce sont les besoins à l'origine des systèmes transactionnels et des premiers moniteurs homonymes qui gèrent les parties télécommunication et base de données indépendamment des transactions, pour la plupart écrites en Cobol. La partie gestion indépendante est ainsi généralisable et réutilisable. Des systèmes transactionnels « multiserveurs »[1] apparaissent, ainsi que des systèmes transactionnels « multitâches »[2].

En parallèle, les systèmes de gestion de base de données évoluent de façon à ce que la gestion de la structure de la base soit progressivement séparée des données elles-mêmes. Les prémices du modèle relationnel apparaissent pour la première fois dans le journal ACM à travers la description d'un modèle théorique issu des travaux d'Edgar F. Codd, chercheur d'IBM, dans le cadre du projet System/R. Les principes du modèle : établir des relations logiques entre les données de types équivalence, négation, infériorité et même des opérations comme la jointure. Le modèle logique permet de s'affranchir d'une grande partie des problèmes physiques liés au stockage.

1. IMS d'IBM, TPS sur GE-600

2. CICS d'IBM, OLBS sur GE-400, TDS-6 puis DMIV/TP, TDS7 et TP8 dans le monde BULL, STRATEGE chez CII

Entre cette communication en juin 1970 et la sortie du premier système de gestion de base de données relationnelle (SGBDR) commercialisé d'IBM, onze ans d'expérimentations vont s'écouler.

Entre-temps, SQL (*Structure Query Language*) fera son apparition en 1976. Il s'agit du langage SEQUEL issu des premières expérimentations d'IBM et renommé pour éviter une confusion avec une marque existante.

Onze ans mis à profit par une société inconnue alors, Software Inc., pour commercialiser un SGBDR doté du langage d'interrogation SQL. En l'occurrence, il s'agissait du produit ORACLE, de la société (désormais) éponyme.

En parallèle, des universitaires de Californie, Michael Stonebraker et Eugene Wong, commencèrent à réaliser à titre expérimental un nouveau prototype au sein de la prestigieuse Berkeley University. Avec quelques autres professeurs, ils formèrent alors la société Relational Technology Inc. et annoncèrent, en 1981, la première version commerciale de leur SGBDR : Ingres et le langage d'accès QUEL étaient nés.

Une kyrielle de produits SQL firent ensuite leur apparition : DG/SQL (1984), SYBASE (1986), INFORMIX, RDB, UNIFY, etc.

Des transactions acidulées qui suivent des protocoles

Une transaction est une série d'opérations indivisibles et est valide uniquement si l'exécution s'est effectuée convenablement. Ce mode est une transaction ACID (*Atomic Consistent Isolation Durable*) dont les propriétés sont :

- Atomicité : une transaction est soit exécutée entièrement, soit non exécutée (auquel cas l'état du système est celui qui précède le lancement de la transaction).
- Consistance : l'état après l'exécution respecte l'invariant d'état.
- Isolation : l'exécution de la transaction est indépendante des autres transactions. Elle n'en attend rien et ne fournit rien autrement que par l'état des données (implication : parallélisme, performance, etc.).
- Durabilité : ses résultats survivent à tout dysfonctionnement pouvant survenir après sa terminaison. Pour défaire ce qu'a fait une transaction, il faut une autre transaction.

  Pour les bases de données, une transaction correspond à un ensemble de requêtes cohérentes indivisibles. Les opérations de COMMIT (validation en fin de transaction) et ROLLBACK (annulation en fin de transaction) assurent que l'exécution s'effectue correctement.

  Les modèles d'échanges transactionnels entre l'ordinateur central et les terminaux sont de trois types, dépendant du protocole réseau utilisé :
- conversationnel, basé sur APPC (IBM) ;
- client serveur, basé sur l'usage du RPC (*Remote Procedure Call*) ;
- queue de messages (MQ : *Message Queueing* – mode asynchrone), basé sur le modèle « OSI-TP » (7e partie)[3]

Unix : une rupture significative

Toutefois, la rupture de cette période, le vrai changement de paradigme commence avec un article des communications de l'ACM (Association for Compu-

3. Modèle de référence appelé modèle OSI (Open Systems Interconnection). Ce modèle décrit les concepts utilisés et la démarche suivie pour normaliser l'interconnexion de systèmes ouverts (un réseau est composé de systèmes ouverts lorsque la modification, l'adjonction ou la suppression d'un de ces systèmes ne modifie pas le comportement global du réseau). Ce modèle est en sept couches, dont la septième traite des protocoles d'échange au niveau applications.

ting Machinery) de juillet 1974 qui éveille l'attention sur le système d'exploitation Unix[4].

Ce dernier est un système temps-partagé (time sharing), c'est-à-dire qu'il répond au besoin de développement d'applications pour un usage interactif sur terminaux (d'abord télétypes) et à l'interrogation de données au coup par coup, au contraire des applications transactionnelles qui permettent la manipulation contrôlée de grands volumes de données au moyen de transactions pré-écrites.

4. D. M. Richie, K. Thompson, *The UNIX Time-Sharing System*, CACM, vol. 17, p. 365-375, July 1974

Ils l'ont dit

« Un OS puissant pour un usage interactif n'a pas besoin d'être coûteux, que ce soit en matériel ou en efforts humains. [...] Nous espérons que les utilisateurs d'Unix trouveront que les plus importantes caractéristiques de ce système sont sa simplicité, son élégance et sa facilité d'utilisation », Ken Thompson et Dennis Ritchie dans le journal de l'ACM.

Unix est révolutionnaire pour l'époque et il bénéficiera de plusieurs avantages majeurs : sa facilité d'utilisation, comparée aux autres systèmes, sa portabilité (de principe, voir encadré ci-dessous), sa logique de développement initiale non propriétaire et son faible coût. Créé à l'origine sur un mini-ordinateur (DEC PDP-7), il n'a pas besoin d'un ordinateur central d'un demi-million de dollars pour tourner et son principe de licence unique viendra également mettre à mal le modèle de coûts annuels des mainframes.

Unix marque également l'arrivée des systèmes dits « ouverts », avec des interfaces de programmation standardisées, des interconnexions de périphériques et encourage le développement du matériel et du logiciel par les tiers. Certes, il faudra attendre les années 1990 pour une véritable standardisation avec l'*open group*, mais les graines sont semées.

Un peu d'histoire – La guerre des clans Unix

De la première mouture de l'Unix Time Sharing System inventée aux Bell Labs d'AT&T par Ken Thompson et Dennis Ritchie à nos jours, de nombreuses versions d'Unix ont vu le jour, avec deux branches rivales issues de la même racine. D'un côté (celui d'AT&T), la famille des Systèmes III et V et de l'autre, la distribution BSD (*Berkeley Software Distribution*).

Les deux clans ne s'entendent pas sur un standard commun, et des clones Unix apparaissent et se multiplient comme des petits pains. La guerre des clans connaît de nombreux épisodes. En 1984, Sun Microsystems et AT&T travaillent en commun, au sein d'un comité de standardisation réunissant des éditeurs commerciaux et nommé X/Open, sur un Unix unifié, hybride de System V et BSD et qui deviendra System V Release 4. En raison d'une lutte de pouvoir et surtout d'une lutte économique, IBM (en rival de SUN) et huit autres constructeurs forment, en mai 1988, dans le dos d'AT&T, l'Open Software Foundation (OSF) pour standardiser Unix et lui donner une interface de programmation graphique. Les spécifications de l'OSF se basent ouvertement sur BSD.

AT&T réplique avec un consortium ralliant 46 marques – Unix International – mais sans plus de succès. La société fonde alors USL (Unix System Laboratories) en 1992, et lui transfère tous les droits Unix. Cette société est rachetée par Novell la même année qui cédera à son tour la marque Unix à X/Open en 1993. En 1995, ce dernier lance le programme Unix 95 pour l'implémentation d'une spécification Unix unique. X/Open ralliera définitivement tout le monde quand il fusionnera en 1996 avec l'OSF pour devenir l'Open group.

Les systèmes ouverts marquent une ère où les logiciels ne sont plus dépendants des constructeurs informatiques traditionnels. La concurrence peut jouer à plein régime pour les nouvelles applications. Ainsi, les implémentations d'Unix sur des architectures propriétaires (par exemple l'interface Unix sur MVS) n'ont pas connu de succès, tant pour la pauvreté du catalogue d'applications qu'en raison du prix d'accès élevé pour qui n'a pas déjà de mainframe.

L'arrivée des ordinateurs personnels

L'ouverture amorcée avec Unix prend aussi une voie parallèle avec la commercialisation, en 1975, du MITS Altair 8800, le premier représentant de ce qui allait devenir les ordinateurs personnels – autrement dit, les PC (*Personal Computer*). Le changement de paradigme potentiel n'est pas moindre que celui déclenché par Unix (qui va bouleverser le paysage des constructeurs traditionnels), mais il n'est pas perçu alors, sauf par… deux étudiants, Bill Gates et Paul Allen.

Ces derniers voient avec l'Altair une machine qui peut sortir du cercle des grosses entreprises et des gros budgets de recherches scientifiques, une machine que tout le monde peut acheter et potentiellement programmer : c'est une révolution ! Cependant, il n'existe alors pas de langage permettant de programmer l'Altair 8800.Qu'à cela ne tienne, les deux étudiants développent un outil permettant de programmer cette machine en Basic. Ils fondent alors une entreprise dont les cinq premières années sont dominées par la commercialisation de Basic pour les ordinateurs personnels de l'époque, y compris l'Apple II, ainsi que par celle de compilateurs C, Fortran et Cobol.

Ainsi naît Microsoft, petite société touche-à-tout qui ne décolle vraiment qu'en 1980, grâce à un accord historique. Elle achète à Seattle Computer Products les droits de son système d'exploitation 86-DOS, le retravaille pour en faire MS-DOS, et le licencie à IBM. L'association durera une décennie, jusqu'à ce que Microsoft développe sa première interface graphique pour DOS, Windows.

Ils l'ont dit – Le marché des PC

« Je pense qu'il y a un marché mondial pour quelque chose comme cinq ordinateurs », Thomas Watson, président d'IBM, 1943.

Cette phrase prête à sourire hors de son contexte, mais imaginez les ordinateurs de trente tonnes de l'époque, valant des millions de dollars, et vous comprendrez en quoi le marché d'alors n'avait rien à voir avec celui qu'ouvrait la révolution détectée par les fondateurs de Microsoft.

Bill Gates, de son côté, avait prédit : « un ordinateur pour chaque bureau et dans tous les foyers.

La vision de Microsoft autour de ce que pourrait être l'avenir du PC a très vite incorporée la nécessaire dimension de l'interface graphique. Windows a ainsi été largement inspiré de l'environnement graphique qu'avait développé les chercheurs de Xerox au PARC (Palo Alto Research Center) et qui allait également équiper les machines d'Apple.

Un nouveau modèle économique

Est-ce la visite de Steve Jobs (fondateur d'Apple) à Microsoft qui inspira Bill Gates ? Au-delà des querelles éventuelles sur la propriété de l'idée initiale, le fait est que, sans interface graphique ergonomique, intuitive, les PC étaient destinés à rester dans un cercle restreint de programmeurs et de technophiles. De la même façon, Internet n'est pas né avec le Web, mais c'est l'apparition de la Toile, autrement dit, de l'interface graphique, qui a permis le déploiement de son usage.

Les années 1980 ont donc créé une nouvelle donne avec :

- l'apparition des systèmes ouverts ;

- les ordinateurs personnels couplés à des interfaces pour les utilisateurs dépassant le mode caractère ou ligne (ce sont les « GUI » – *Graphical User Interface*). La généralisation du remplacement de terminaux traditionnels (53270 et VIP) par des micro-ordinateurs marque également le tournant vers l'époque des architectures distribuées ;

- la logique de licence logicielle perpétuelle et la possibilité de développer des applications qui ne tournent pas uniquement sur la machine d'un constructeur en particulier.

Le principe de licence perpétuelle est d'avoir des frais d'acquisition unique (on ne paye qu'une seule fois le logiciel) pour un droit d'utilisation définitif dans la version achetée. Cela n'empêche pas d'avoir des frais de maintenance annuel, ni d'avoir éventuellement à payer pour des montées de version. Mais par rapport à une logique de paiement récurrent suivant des unités de mesure plus ou moins représentatives, cela peut entraîner des économies de coûts conséquentes.

Ces changements de paradigmes voient aussi l'effondrement des constructeurs informatiques traditionnels de l'époque dont le modèle économique était fondé sur les systèmes propriétaires. Autrement dit, des systèmes à forte marge, difficiles à remplacer dès lors que des applications critiques à long cycle de vie ont été développées dessus et y adhèrent fortement. Le coût ou les risques de migrer ces applications, les refondre (en les redéveloppant dans de nouvelles technologies) ou les remplacer par des progiciels est d'ailleurs tel que souvent, les systèmes et les applications restent imbriqués pendant des décennies, jusqu'à ce que les risques d'obsolescence ou les contraintes de l'existant face à de nouveaux défis d'évolution imposent le changement.

Les systèmes ouverts n'ont toutefois pas fait disparaître le modèle du mainframe, qui séduit encore par des performances et des garanties de sécurité et de disponibilité. En revanche, ils ouvrent bien la porte à une nouvelle période de l'informatique, celle des architectures distribuées.

Troisième époque :
les architectures distribuées (1990-2000)

Le modèle client-serveur

L'architecture centralisée des débuts, avec des relations maître et esclaves entre un ordinateur central dominant et des terminaux passifs, laisse progressivement la place au modèle client-serveur, où un ordinateur en interroge un autre (lui transmet une requête pour lui demander ses services) et attend sa réponse, le tout dans un protocole de communication prédéfini.

> **Définition – « À votre service, cher client » – le modèle client-serveur**
>
> - Client
>   Processus demandant l'exécution d'une opération à un autre processus par envoi de messages contenant le descriptif de l'opération à exécuter et attendant la réponse de cette opération par un message en retour.
> - Serveur
>   Processus accomplissant une opération sur demande d'un client, et lui transmettant le résultat.
> - Requête
>   Message transmis par un client à un serveur décrivant l'opération à exécuter pour le compte du client.
> - Réponse
>   Message transmis par un serveur à un client suite à l'exécution d'une opération et en contenant le résultat
>
> Le mode de dialogue entre clients et serveurs peut être synchrone ou asynchrone. Dans le premier cas, il n'y a pas de file d'attente, les messages sont émis aussitôt et on attend leur traitement (mode bloquant, par exemple : RPC – *Remote Procedure Call*). Le mode asynchrone quant à lui utilise une file d'attente dans un mode non bloquant qui favorise le multitâche (Files FIFO, e-mail...).

Ce modèle suit d'abord une logique traditionnelle pendant quelques temps, où l'ensemble des opérations s'effectue sur un serveur centralisé, avec des postes clients plutôt passifs dédiés aux interfaces utilisateurs. Mais petit à petit, l'apparition d'ordinateurs plus puissants avec des systèmes d'exploitation ouverts, l'évolution des réseaux, l'apparition d'interfaces et d'API (*Application Programming Interface*) standard qui facilitent l'interopérabilité, transforment durablement le modèle pour aller vers une architecture répartie, d'abord à deux niveaux (un niveau client, un niveau serveur).

Une partie des traitements peut se faire sur un poste client, un client peut avoir un à plusieurs serveurs, un serveur peut avoir plusieurs clients. Il y a trois composantes-clés dans cette répartition : la présentation (interfaces textuelles ou graphiques, interactions, entrée des données, validation, etc.), la logique d'application (les traitements associés) et les données, au sens stockage et accès. Selon la répartition entre le client et le serveur de ces composantes-clés on parlera de « client lourd » ou de « client léger », comme illustré dans la figure ci-dessous.

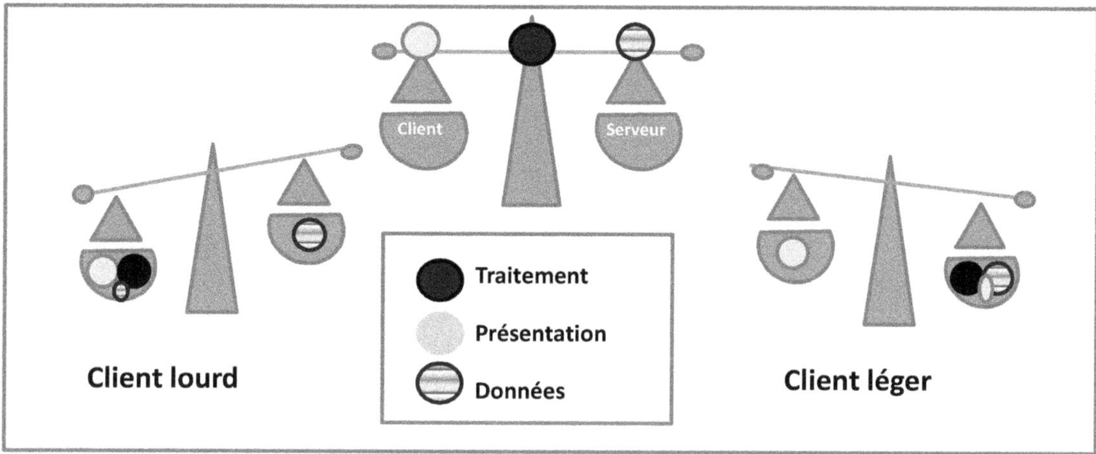

Figure A2-1 : La balance entre client lourd et client léger

Dans le cas d'un client dit « lourd », on stocke les données et les applications localement, le client effectue une bonne partie du traitement et le serveur stocke les fichiers mis à jour. À l'autre extrême, un client dit « léger » ne dispose que de fonctionnalités minimales (impliquant dès lors beaucoup de charge sur le serveur et le réseau).

Entre les deux, il y a plusieurs modèles. Le Gartner en identifie cinq classes pour les systèmes client-serveur à deux niveaux (aussi nommés two-tier pour les deux rôles, celui de client ou de serveur) : base de données réparties, données distantes, transactions réparties, présentations distantes, présentations réparties.

Les niveaux d'architecture

Peu après le milieu des années 1990, notamment avec l'expansion des premières applications Web, est apparu le besoin de diviser la couche serveur, particulièrement dans des environnements hétérogènes où le nombre de clients n'est pas connu précisément, ce qui nécessite une architecture souple, qui peut s'adapter à un redimensionnement des paramètres de volumétrie. Ce nombre de clients pouvant atteindre des milliers, il devient plus rationnel de mettre à jour la logique applicative sur un niveau serveur dédié, plutôt que sur tous les postes clients, et également d'avoir un niveau dédié pour gérer l'accès aux bases de données.

C'est l'apparition des architectures client serveur à trois niveaux. Apparaît une sorte de couche du milieu sous la forme d'un serveur d'applications. Ce sont des couches logiques, c'est-à-dire que plusieurs niveaux peuvent être sur la même machine physique. Cette couche du milieu sera nommée *middleware* en anglais, et officiellement *intergiciel* en français, même si cette traduction n'a jamais rencontré de succès.

> ### Définition – Un middleware millefeuille
>
> Un middleware a pour objet, dans le contexte d'environnements hétérogènes, de fournir une couche logicielle de services de communication transparents entre différentes applications informatique, serveurs et clients, indépendamment de leurs plates-formes.
>
> Le middleware peut lui-même être séparé en plusieurs couches logicielles spécialisées. Pour assurer les connexions entre les serveurs de données et les clients, il va disposer de services de communications entre composants et applications avec des protocoles synchrones ou asynchrones. Par exemple, l'*Object Request Broker* (ORB) qui est le conduit/bus par lequel les requêtes sur les objets transitent au cœur de l'architecture Corba (*Common Object Request Broker Architecture*). L'ORB est un protocole synchrone qui a joué un grand rôle dans la standardisation des middlewares. Les middlewares d'échange asynchrones, quant à eux, sont principalement à base de message (MOM – *Message Oriented Middleware*).
>
> Le middleware ne fournit pas que la gestion des protocoles de communication pour faire appel aux services offerts par une application. Il fournit également d'autres natures de services, qu'ils soient spécifiques (par exemple accès aux bases de données avec des protocoles tels qu'ODBC, services de groupware MAPI) ou plus généraux (répertoires répartis, services d'authentification, service de temps, services de fichiers, services d'impression, services répartis de type NOS – *Networked OS*).
>
> Les serveurs de composants ont ainsi pour objectif de libérer le programmeur de tous les aspects techniques de l'architecture distribuée pour qu'il se concentre sur la logique métier. Si bien qu'un middleware peut devenir un millefeuille de serveurs d'applications logiques, tous dédiés à différents types de services d'accès, de transactions et d'échanges.

Ce découpage permet de mieux penser les applications et de tirer parti de l'orientation vers l'objet qui commence à apparaître au milieu des années 1990. En effet, des couches indépendantes favorisent l'évolutivité, la maintenance du système et la réutilisation de composants applicatifs. L'interfaçage est plus aisé avec les SGBD existants du fait d'un serveur de données dédié, le développement s'affranchit de la localisation physique des composants et la montée en charge est facilitée.

Pour autant, il faut nuancer l éloge. Avec le client-serveur et la multiplication des interfaces, les problèmes de sécurité, de temps de réponse et de performance se multiplient, d'autant que de trois niveaux au multiniveau (architecture N-tiers), la barrière est vite franchie. Une architecture à plusieurs niveaux s'impose dans un univers où les rôles entre clients et serveurs sont de plus en plus interchangeables (chaque serveur peut agir comme un client vis-à-vis d'un autre serveur), où les clients mobiles sont considérés (dès lors un poste client devient le serveur du client mobile) et où les fonctionnalités sont déléguées à des serveurs spécialisés (communication, Web, applications, serveur de données).

Bien sûr, plus il y a de « boîtes », c'est-à-dire de parties distribuées du système, plus il y a de connexions à faire entre les parties du système et à gérer de protocoles de communication. Ainsi, dans l'exemple ci-dessous, les flèches représentent les connexions à faire entre les parties de ce système extrêmement distribué. Mais le dessin est simplificateur car, entre chaque couche, il faut considérer un tiers.

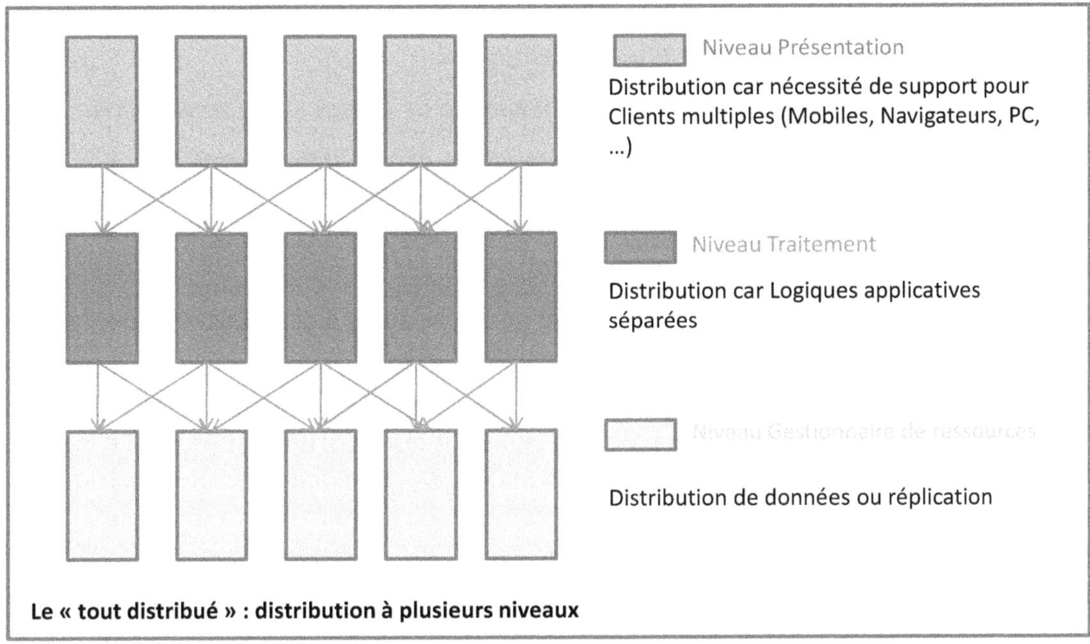

Figure A2-2 : Les « boîtes » du tout distribué

Entre le niveau présentation sur les clients et le niveau applicatif, il y a un tiers d'accès (avec des protocoles de communication comme http, XML, etc.), qui lui-même communique avec la couche des traitements applicatifs à travers des protocoles comme MOM, ou encore SOAP (Simple Object Access Protocol, protocole orienté objet bâti sur RPC).

Entre le niveau traitement applicatif et le niveau gestionnaire de ressources, il y a un tiers d'intégration qui communique des deux côtés avec les protocoles adéquats (MOM vers le niveau traitement, ODBC ou JDBC vers le gestionnaire de ressources, par exemple).

L'intérêt de cette représentation simplificatrice de boîtes est de montrer ce que l'on gagne d'un côté en modularité et parallélisme à multiplier les boîtes, les opportunités d'encapsulation de conception orientée composants, de réutilisation, et ce que l'on perd de l'autre en simplicité, de par la complexité à gérer les sessions de connexions et la coordination nécessaire.

Plus il y a de boîtes, plus il y a de changements de contexte et d'étapes intermédiaires à exécuter avant de pouvoir accéder aux données. Les performances s'en ressentent inévitablement. Ainsi, il y a un équilibre à trouver entre les avantages et les inconvénients à multiplier les indirections.

Comment ça marche ?

Quel type de répartition de composants doit-on choisir dans une architecture distribuée ? Faut-il couper les tiers en quatre ?

Toute la complexité des architectures client-serveur et distribuée réside dans la répartition des composants. Il n'y a pas de recette miracle car chaque cas est particulier. Cela dépend du contexte de l'entreprise (réseaux et matériels), du type d'application, du type d'interactions, des temps de réponse demandés.

Le client léger, par exemple, implique beaucoup de charge sur le serveur et le réseau.

Les architectures à deux niveaux sont typiques des environnements avec peu de clients (du moins un nombre limité et connu), des environnements plutôt homogènes et éventuellement propriétaires.

Les architectures à trois niveaux sont plus adaptées quand le nombre de clients n'est pas fixe et peut s'étendre à des milliers pour gérer des accès à des sources de données hétérogènes.

Quand les systèmes se complexifient, le choix du nombre d'interactions dépend de la conception (un niveau d'indirection en plus peut résoudre un obstacle à la conception) et de la performance requise (un niveau d'indirection en moins améliore la performance).

Les débuts d'Internet

La décennie 1990 voit apparaître le Web, la fameuse toile qui allait couronner définitivement Internet, le réseau de « tous les réseaux ». La toile allait prendre dans ses fils des générations jusqu'alors complètement indifférentes à l'informatique. Le Web et l'augmentation de puissance des micro-ordinateurs allaient accomplir la révolution numérique prédite dès ses débuts (pour ceux qui en ont eu la vision, sachant ce que les visions valent, voir la citation de Bob Metcalfe dans l'encadré « Ils l'ont dit » ci-après). Mais comme tout changement de paradigme, cette révolution a pris son temps. Pourtant, Internet a changé profondément le paysage économique en diffusant l'usage de l'information numérique et, de ce fait, il n'a pas fini d'imposer ses rythmes de changement aux systèmes d'information des entreprises.

Internet ne commence pas avec le Web, pas plus que ce n'est une invention de hackers, ainsi que certains se plaisent à réécrire l'histoire. Comme toute innovation informatique des débuts, il naît des évolutions d'un programme de recherche initié par… l'armée, ou plus exactement l'Arpa (l'Agence militaire de recherche en projets avancés). Le projet initial de réseau informatique donnera Arpanet, dont les trois premiers nœuds verront le jour aux États-Unis en 1969.

D'autres réseaux suivront et, pour résoudre le problème de leur interconnexion, Vinton Cerf et Robert Khan – deux universitaires américains mandatés par le groupe de travail interréseau (très loin de l'image de hackers) – publièrent en 1974 le protocole TCP/IP, devenu le mode de transmission natif d'Unix et l'acte de naissance du mot « Internet ». Pourtant, les bouleversements futurs que cette naissance engendrera vont rester dans l'œuf encore un bon moment.

Ils l'ont dit – L'art de la prédiction est un art difficile

« La puissance de calcul des ordinateurs, et aussi les applications spécifiques, pourront un jour être vendues sur le modèle de l'électricité ou de l'eau. » C'est la vision que John McCarthy, spécialiste américain de l'intelligence artificielle (détenteur d'un « Turing Award » en 1971) a défendue en 1961 durant la célébration du centenaire du MIT.

« Il n'y a pas la moindre raison pour que quelqu'un puisse vouloir d'un ordinateur à la maison », Ken Olsen, fondateur de Digital Equipement (1977).

« Au tournant du siècle, nous vivrons dans une société sans papier », Roger Smith, président de General Motors, 1986.

« Je prédis qu'Internet va devenir une supernova spectaculaire avant de s'effondrer complètement en 1996 » Bob Metcalfe, InfoWorld, 1995, qui mangea l'article où ses propos avaient été publiés un an plus tard dans une démonstration publique où il avouait s'être trompé.

« Ces types de Google, ils veulent devenir milliardaires et rocks stars et ils sont à toutes les conférences et tutti quanti. Nous verrons bien s'ils veulent encore dominer le marché dans deux ou trois ans », Bill Gates, en 2003.

Le réseau prendra de l'ampleur tant en usage que dans l'esprit du public grâce à un développement de Tim Berners-Lee, un informaticien du CERN (Centre européen de recherche nucléaire), devenu depuis le directeur du Consortium international World Wide Web (W3C), gardien des standards du Web. Pour aider les chercheurs du centre à trouver les informations dont ils avaient besoin (dans les différents serveurs de fichiers), Berners-Lee inventa le World Wide Web et quelques protocoles associés (URL, HTML, http).

Les débuts du Web coïncident avec ceux des années 1990 et restent essentiellement dans le monde de la recherche jusqu'à l'arrivée d'un navigateur, Mosaic, développé par le Centre national de superinformatique (NCSA) de l'université de l'Illinois, qui a la particularité d'être disponible non seulement sur environnement X-Window, mais aussi PC et Macintosh, et de ce fait nettement plus accessible au grand public – qui est encore tout relatif en 1995 mais qui ne tardera pas à prendre de l'essor.

Un peu d'histoire – Comment le Web a étendu sa toile
- Fin 1994 : le Web comptait 10 000 serveurs, dont 2 000 à usage commercial et 10 millions d'utilisateurs.
- Fin 1997 : 1 million de serveurs.
- 2004 : 50 millions de serveurs.
- 2006 : 100 millions de serveurs.
- Janvier 2008 : 155 millions de serveurs
- 2009 : 234 millions de sites Internet.
- 2,2 milliards d'internautes sont prévus pour 2013.

Grâce à la diffusion de technologies et d'outils qui vont en faciliter l'usage, notamment en simplifiant de plus en plus l'interaction, l'interopérabilité des applications et la richesse des interfaces, la montée en puissance des ordinateurs personnels, la plate-forme globale Internet va permettre et accélérer d'autres changements de paradigme.

Internet : l'évolution des modèles vers plus de portabilité et d'agilité

Java et le rêve d'indépendance aux plates-formes

Le langage Java, présenté officiellement en 1995 à Sun World, est le premier jalon de ces mutations nées d'Internet. Son concept poursuit la lignée des systèmes ouverts, en allant un degré plus loin : celui de développer des applications qui pourraient s'exécuter dans n'importe quel environnement, sous réserve que ce dernier dispose d'une machine virtuelle Java (JVM). Un principe appelé « write once, run everywhere » (« un seul développement qui peut s'exécuter partout », sous-entendu sur toutes les plates-formes). Java doit adresser l'ensemble des plates-formes existantes : postes client, serveurs, équipements mobiles, cartes à puce…

Le rêve de l'époque va jusqu'à envisager des applications Java incorporées au frigidaire pour refaire la liste des courses. La réalité au démarrage est plus décevante, dans la mesure où le rêve doit se confronter à la difficulté de développer des machines virtuelles homogènes sur l'ensemble des plates-formes ciblées. Ce n'est pas si simple et le slogan est vite détourné, comme tout bon slogan se doit de l'être, en : « write once, debug everywhere » (traduisible en « un seul développement à corriger partout »).

Reste que Java se répand, notamment grâce à des environnements de développement de plus en plus perfectionnés (dont Eclipse), et trouve sa place sur le serveur avec J2EE (Java2, Enterprise Edition), les classes Java et les EJB (Enterprise Java Beans) sur les serveurs d'applications.

> **Les EJB : pour répandre des grains de Java dans mon serveur d'applications**
>
> Les serveurs EJB (*Enterprise Java Beans*) sont des serveurs d'applications entre les services de présentation qui peuvent être sur client lourd (par exemple Win32 ou client léger (navigateur html) et les services d'accès aux données, transactions et messages.
>
> Ce sont des serveurs de composants, au sens où ils hébergent des conteneurs de composants métier ainsi que des services de nommage, de moniteurs transactionnels, de déploiement, de mapping sur base de données, et également des API sur les services (par exemple JDBC pour l'accès aux bases de données).

Si Java permet aussi bien de développer des applications client-serveur que Web, de ce côté, les sites Internet s'enrichiront rapidement de langages scripts pour dynamiser les pages Web, dont JavaScript et PHP, s'en forcément en passer par des développements Java. Un objet EJB, un *Bean*, est un composant logiciel d'un serveur d'applications à la norme J2EE, écrit en Java, qui remplit une fonction déterminée parmi trois catégories. S'il s'agit d'accès à une donnée métier (par exemple produit, client, etc.) qui va être stockée de manière persistante entre deux sessions, dans ce cas on utilisera des EJ B*ean Entity*. Il existe deux autres catégories d'EJB, l'une dédiée à l'exécution de services, éventuellement métier (par exemple la facturation), avec ou sans conservation d'état entre les appels (EJ B*ean session*), l'autre au traitement de messages asynchrones (EJ B*ean message*).

JavaScript, conçu initialement par Netscape et à ne pas confondre avec Java, est un langage interprété. C'est un langage de script incorporé dans un document HTML qui permet d'exécuter des commandes du côté client, c'est-à-dire au niveau du navigateur et non du serveur web.

PHP est également un langage de script, interprété, exécuté du côté serveur ; gratuit (distribué sous licence GNU GPL, voir l'encart « Libre jusqu'où et à quel prix ? » dans la section « Les logiciels libres, l'union fait la force » de l'annexe 2). Il dispose en atouts d'une grande communauté de développeurs partageant de nombreux scripts, d'une grande simplicité d'écriture de scripts et d'interfaçage avec des bases de données. Il est notamment intégré au sein de nombreux serveurs web (dont Apache et Microsoft IIS).

Côté client, Java sera vite éclipsé par des technologies concurrentes qui permettent plus facilement de réaliser des RIA ou *Rich Internet Application*, applications destinées à s'exécuter pour partie sur le poste client, pour partie à l'intérieur du navigateur.

> **Définition – Ajax en RIA**
>
> Les applications dites RIA pour *Rich Internet Applications* ont pour vocation de fournir une interface dynamique puissante qui réponde immédiatement à toute entrée de l'utilisateur. En général, l'interface consiste en une page simple qui contient toutes les informations dont l'utilisateur a besoin pour compléter la transaction. Les données de la page peuvent être actualisées sans procéder au rechargement total de cette dernière. Les exemples de RIA sont nombreux aujourd'hui, de la personnalisation du modèle d'un véhicule d'occasion, recherché sans rafraîchissement de la page, au plan personnalisable d'une maison, à la possibilité de feuilleter un livre virtuel, en passant par la « customisation » d'un tee-shirt sur un catalogue d'e-commerce. Les RIA apportent à Internet le niveau d'ergonomie des applications du poste de travail des années précédentes, jusqu'alors non égalé sur le Web.
>
> Ajax, pour *Asynchronous JavaScript And XML*, correspond à un ensemble de technologies les plus utilisées pour concevoir ce type d'interface dont XHTML, CSS, JavaScript/DOM (*Document Object Model*), XML et les requêtes http.

La montée d'Internet correspond à la fois à l'avènement du « tout distribué » grâce à un environnement dans lequel n'importe quelle machine peut communiquer avec une autre pour peu qu'elles emploient toutes deux le protocole IP, et la poursuite de la bataille entre le monde « ouvert » versus le monde « propriétaire ». Ce dernier, en l'occurrence, s'incarne à cette époque dans Microsoft, devenu un géant de l'édition avec l'hégémonie de Windows comme système d'exploitation des PC.

Or Java va faire rapidement peser une menace sur le rôle du PC et de Windows, menace doublée par l'apparition de Linux. C'est de la conjonction de ce dernier et du projet GNU que naîtra l'open source et la mouvance des « logiciels libres ».

Les logiciels libres : l'union fait la force

5. Pour plus de détails, lire Richard M. Stallman, Sam Williams, Christophe Masutti, *Richard Stallman et la révolution du logiciel libre - Une biographie autorisée*, Eyrolles, 2010

Tout commence en 1984 avec le projet de Richard Stallman[5], en réaction à l'évolution commerciale autour d'Unix, devenu de plus en plus cher avec ses différentes branches généalogiques poussées par des constructeurs/éditeurs. Face aux HP-UX, AIX (IBM), Unixware (Univel/SCO) de la famille système II et V d'un côté, et de l'autre Sun OS puis Sun Solaris, Next puis Mac OS, issus de la mouvance Berkeley Software Distribution, Stallman veut revenir à l'esprit ouvert des débuts.

Ce chercheur en intelligence artificielle lance le projet GNU pour faire une copie d'Unix, gratuite et… « libre », au sens où le code source serait accessible par tous pour en faire des copies, des évolutions/améliorations, le diffuser et l'utiliser partout, sans redevance commerciale pour ce faire (attention toutefois aux différents types de licences et droits d'auteurs).

Le code source est ouvert (open source), tout le monde peut regarder les programmes, à l'inverse du code Windows qui reste une boîte noire. En 1991, un étudiant finlandais, Linus Torvalds, crée un noyau d'OS : Linux. Les deux démarches s'avèrent complémentaires entre les programmes dits « libres » développés par Stallman (programme de copie de fichier, suppression de fichier, éditeur de texte) et le cœur développé par Linus Torvalds.

Certes, Linux est loin, au démarrage, de pouvoir concurrencer les systèmes d'exploitation tels que Windows ou Sun Solaris, faute d'offres d'applications d'entreprises disponibles sur cet OS. Mais ceux qui ignorent cette menace s'en mordront les doigts car ils n'ont pas compté sur le formidable potentiel de développement des communautés open source du Web, et le levier des protocoles standardisés. Avec Java, on peut faire du Web une plate-forme d'intégration.

> **Comment ça marche ? – Libre jusqu'où et à quel coût ?**
>
> La liberté des uns s'arrête là où commence celle des autres.
>
> Un logiciel open source stricto sensu ne garantit que l'accès à son code source. Ensuite, il y a des conditions plus ou moins permissives qui en restreignent ou non l'usage, la copie, la diffusion (à caractère commercial ou non), la modification, etc. Ces conditions sont formalisées à travers de nombreuses licences. Une des plus célèbres est la GNU *General Public License* (GPL), qui donne l'autorisation, pour tout logiciel soumis à cette licence, de l'exécuter pour n'importe quel usage, de le diffuser et de le modifier librement, sous réserve de rendre publique les versions ainsi modifiées qui devront être également sous licence GPL. Ce qui veut dire : permettre l'accès à l'ensemble du code source et donc aux risques induits pour des logiciels modifiés dans un contexte spécifique d'utilisateur.
>
> La licence GPL n'interdit pas de vendre une version modifiée d'un programme open source. L'inconvénient, c'est qu'elle autorise, ou plutôt impose aussi sa diffusion gratuite.

Elle limite ainsi la possibilité de développer un logiciel sur la base d'un module propriétaire (cas par exemple de bibliothèques spécifiques à une entreprise, ou module logiciel propriétaire) qu'on souhaiterait étendre avec des modules libres. D'où l'apparition de la licence LGPL (*Lesser General Public License*), dérivé de la GPL, qui autorise l'intégration de modules non libres.

Les licences du libre ne s'appliquent pas qu'aux programmes. Ainsi, il y a également des licences pour la documentation (telle la GFDL) pour rendre l'étude, l'utilisation, la modification et la redistribution libre et les licences *Creative Commons By* ou *Creative Commons by SA* s'appliquent pour tout type de création (texte, film, site web, video, musique...)[6].

6. Pour en savoir plus sur les licences, voir la liste sur ce site : www.gnu.org/licenses/license-list.fr.html

Ensuite, la « liberté » logicielle a un prix. Libre ne veut pas dire gratuit et gratuit ne veut pas dire libre.

Si l'open source permet de ne pas payer de coût de licences logicielles, sous réserve du type de licences, encore une fois, il reste d'autres natures de coûts à considérer, dont ceux liés à la formation et à la maintenance sur des logiciels spécifiques, non supportés par un éditeur. C'est ainsi que le modèle économique d'un fournisseur tel que Redhat (connu pour sa distribution linux et le middleware Jboss) repose sur les services de support et de maintenance. Le choix d'un logiciel libre doit toujours être accompagné d'une grande vigilance sur l'activité de la communauté qui le supporte, sous peine de se retrouver à terme avec des coûts cachés inflationnistes du fait de l'obligation, par exemple, de mettre en place des équipes de maintenance spécifiques.

Reste que l'open source bénéficie d'une puissance de frappe en développement, avec les communautés du Web, qu'aucun éditeur ne peut égaler.

Une nouvelle façon de penser les développements

Microsoft n'a pas réagi tout de suite aux nouvelles perspectives d'Internet. Quand l'éditeur de Redmond le fait, c'est pour proposer aux débuts des années 2000 Microsoft .Net, un environnement de développement pour prendre en compte l'univers fondamentalement hétérogène de ce nouveau monde distribué où le PC n'est plus le terminal de prédilection face aux portables, smartphone et autres PDA et où les services peuvent être hébergés sur des serveurs Unix, Linux ou Windows.

La promesse de .Net est celle, comme Java, de l'interopérabilité et de la portabilité. .Net propose un environnement de développement multilangage où on peut choisir son langage de programmation parmi plusieurs dizaines en faisant abstraction des plates-formes cibles, grâce à une compilation dans un langage intermédiaire (MSIL pour *Microsoft Intermediate Language* devenu CIL pour *Common Intermediate Language*), qui sera ensuite exécutée dans une machine CLR (*Common Language Runtime*), installée sur chacune des plates-formes cibles (ce qui n'est pas sans rappeler la machine virtuelle Java).

Aussi bien le *framework* Microsoft .Net que J2EE bénéficient de l'évolution des préoccupations méthodologiques en matière de développement et des outils associés, respectivement à travers Microsoft Visual Studio pour l'un, et Eclipse pour l'autre. Ainsi, ces IDE (*Integrated Development Environment*) sont bien loin des simples compilateurs du début pour traduire en langage machine un code source.

Ils offrent de multiples services, éditeur de texte, *debugger* (pour rechercher l'anomalie en exécutant le programme pas à pas), gestionnaire de versions, restructuration de code, utilisation de langage de modélisation comme UML (*Unified Modeling Language*), etc. Ils sont également accompagnés par une évolution de la réflexion sur le lien entre la conception et l'implémentation.

Parmi les derniers nés des environnements de développements figure Ruby on Rails (ROR). C'est un environnement de développement Web écrit en Ruby[7], pas un langage (à se rappeler quand il est comparé à Java). Il s'adresse aux développeurs issus d'horizons aussi variés que celui des scripts en Perl ou Python, de la programmation objet en Java ou du Web avec PHP (devenu une génération de « legacy »).

ROR est réputé apprécié car d'une facilité déconcertante et il introduit la maintenabilité des applications au moment de la programmation. Parce qu'il est fondé sur le motif de conception MVC (Modèle-Vue-Contrôleur)[8]et en vertu d'un de ses deux principes fondamentaux « les éléments de l'application ne doivent être qu'à un seul endroit », ce qui évite aussi la redondance de code. Le deuxième principe fondamental étant « convention plutôt que configuration » d'où la concision du code généré (en effectuant une migration de PHP à Rails, une entreprise serait passée de 50 000 lignes à 5000). Son principal problème serait actuellement son déploiement dans un environnement de production.

L'évolution des modèles de conception

Concevoir un système d'information nécessite de passer par des modèles. Ce sont des représentations abstraites d'une réalité, exprimées à l'aide d'un formalisme conventionnel et des règles de représentation. Ces règles sont subjectives, au sens où elles visent à faire ressortir les points auxquels on s'intéresse et à répondre aux questionnements liés (quoi ? comment ? qui ? quand ?), et simplificatrices au sens où elles doivent faciliter une compréhension commune de systèmes complexes. Ces représentations doivent pouvoir être partagées et exploitées par les différents acteurs qui interviennent de la modélisation à l'implémentation.

Il existe plusieurs types de modèles, selon qu'on s'intéresse plus particulièrement aux structures de données, aux organisations, aux processus organisationnels, aux traitements… Un modèle est un instrument de travail collectif. Complété par les langages, les outils, les démarches, il fournit un cadre méthodique qui fixe un vocabulaire et des normes de spécification précises. On peut considérer quatre générations de méthodes de modélisation, chacune avançant d'une étape dans l'abstraction :

- Années 1970 : approche cartésienne

  Méthode d'analyse illustrée par SADT avec une décomposition fonctionnelle des traitements.

- Années 1980 : approche systémique

7. Ruby est un langage open-source dynamique et interprété qui met l'accent sur la simplicité et la productivité. Sa syntaxe serait inspirée d'Eiffel et d'Ada.

8. Le Modèle-Vue-Contrôleur (en abrégé MVC, de l'anglais *Model-View-Controller*) est une architecture et une méthode de conception qui organise l'interface homme-machine (IHM) d'une application logicielle. Ce paradigme divise l'IHM en un modèle (modèle de données), une vue (présentation, interface utilisateur) et un contrôleur (logique de contrôle, gestion des événements, synchronisation), chacun ayant un rôle précis dans l'interface.

> Méthode marquée par MERISE et le modèle entité-association. L'idée est de privilégier une approche conceptuelle globale du SI basée sur la recherche des éléments pertinents du SI et de leurs relations.

- Années 1990 : approche conduite par les objets

  Approche objets marquée par *Unified Modeling Language* (UML, né de la fusion d'OMT, OOSE et Booch) basée sur le concept d'objet et de relations entre objets.

- Années 2000 : approche conduite par les modèles

  Approche marquée par MDA (*Model Driven Architecture*), poussée par l'OMG (Object Management Group) basée sur le concept de méta-métamodèles (modèles décrivant les modèles).

UML est aujourd'hui un standard incontournable. Il est fondé sur un métamodèle[9] qui utilise un formalisme de représentation graphique de diagrammes (classe, objet, cas…), mais avec MDA apparaît un changement de paradigme et de vision qui élève encore d'un cran le niveau d'abstraction au-dessus des plates-formes de déploiement.

L'objectif est d'améliorer la collecte des besoins et les spécifications du système et de construire un modèle indépendant de l'implémentation dans un langage métier (*Platform Independant Model*), mais dont l'implémentation peut en être dérivée sur différentes plates-formes cibles via des modèles d'implémentation spécifiques (*Platform Specific Models*).

La possibilité de génération automatique de code permet également de développer les logiciels dans une logique de chaîne de production entre la conception et la construction, tandis que le capital intellectuel (la logique métier) de la modélisation reste dans les modèles, pas dans le code. Toutefois, il s'agit encore d'une démarche assez lourde dans la pratique, même si, à moyen terme, elle porte les fruits de l'investissement initial.

Vers une gestion de projets logiciel agile

Les différents modèles de cycle de vie des projets

Les modèles de cycle de vie décrivent la séquence des phases d'un projet, de l'expression des besoins initiales à l'implémentation et aux tests, en passant par la conception.

Ces modèles ont pour objectif en donnant un cadre méthodologique aux projets de professionnaliser les métiers logiciels. Il s'agit de s'inscrire dans des approches qui optimisent la qualité du résultat, tant en termes d'absence d'erreurs en production que de satisfaction des besoins clients.

Au fil du temps différents modèles sont apparus, cherchant à corriger les lacunes des précédents. Ainsi le très connu « cycle en V », décrit ci-dessous, est réputé également pour générer un « effet tunnel » dans la phase descendante, au sens où le client ne voit rien de l'avancement concret du projet avant longtemps. Il lui est également reproché l'intégration « big bang », qui, arrivant tar-

9. La description de ce métamodèle est standardisée (OMG-MOF).

divement dans le cycle du projet, ne peut commencer que lorsque tous les éléments sont réalisés et disponibles. Ce qui augmente les coûts des erreurs dès lors qu'elles sont décelées tardivement dans le cycle de vie. Pour pallier ces inconvénients, des méthodes itératives ou incrémentales sont apparues à leur tour, chacune ayant leurs avantages et inconvénients propres, comme nous le décrivons ci-après.

Le choix d'un modèle dépend dès lors des spécificités de chaque projet, par exemple de la maturité des utilisateurs pour exprimer leurs besoins, de leur disponibilité, de la probabilité de changements au cours du cycle de vie, etc. À vrai dire, un projet n'est pas tenu de se tenir stricto sensu à un des cycles décrits, il peut être la combinaison de plusieurs, pour tirer parti des avantages des uns et des autres dans le cadre des contraintes du projet lui-même et paralléliser ce qui peut l'être pour optimiser les délais.

Le cycle en cascades (waterfall model)

Dans ce modèle, chaque phase doit être complétée entièrement avant de pouvoir passer à la suivante. À l'issue de chaque phase une revue d'ensemble, livrables y compris, doit déterminer si le projet est sur la bonne voie et peut continuer, ou pas.

Si ce modèle a l'avantage de la simplicité, chaque phase ayant des livrables précisément décrits et un processus de validation, les phases ne peuvent se chevaucher, ce qui ne permet pas de lotir et paralléliser certains lots du projet. Par ailleurs, il exclut les allées et venues entre le cahier des charges et la conception et ne permet pas de modifications du périmètre fonctionnel durant le cycle de vie. De plus, il faut attendre la fin du projet pour disposer d'un logiciel qui fonctionne.

Il est à considérer uniquement dans le cadre de petits projets où l'expression de besoins est claire et sans ambiguïté.

Le cycle en V

Ce modèle exécute également, comme le précédent, une suite séquentielle. Chaque phase doit être complétée avant le démarrage de la suivante.

Toutefois, il donne davantage d'importance aux tests. Les procédures de tests sont développées tôt dans le processus, avant tout codage, durant chacune des phases précédant l'implémentation.

Dans la branche descendante du cycle (voir figure), on peut parler de tests statiques, où on teste sans exécuter l'application par lecture croisée des spécifications et en produisant les plans de tests et les cas de tests qui seront exécutés (tests dynamiques, d'abord structurels puis fonctionnels) dans la phase remontante.

À chaque phase de la branche descendante correspond un plan de tests pour une phase de tests (unitaire, intégration, applicatifs puis validation métier par la recette finale).

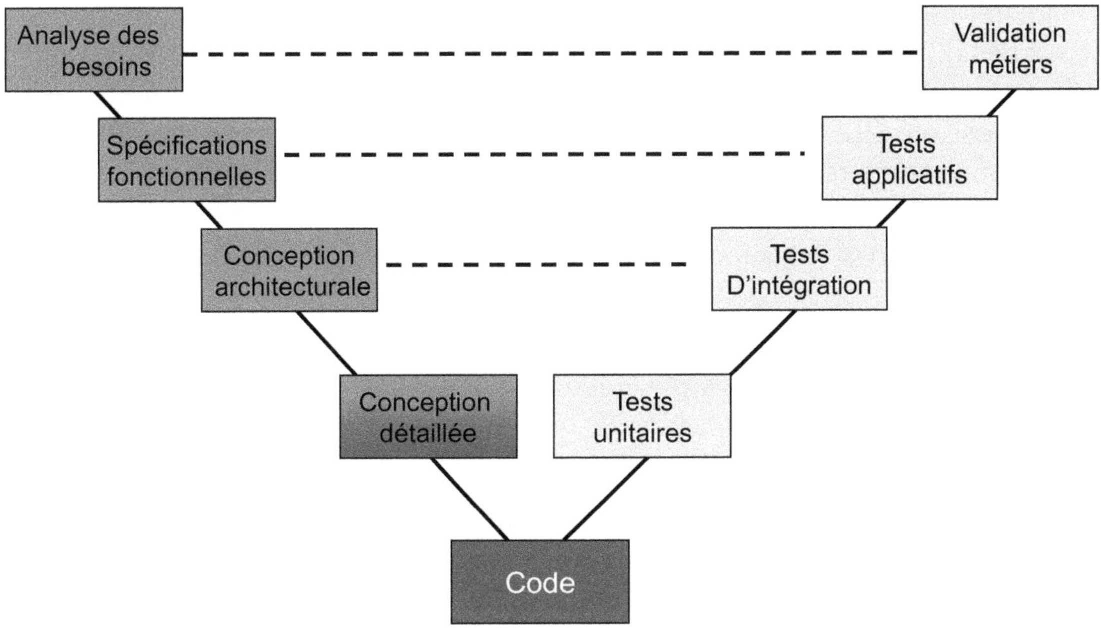

Figure A2-3 : Le Cycle en « V »

Ce modèle a les avantages de simplicité du précédent (en cascades) tout en minimisant les risques par le fait que les plans de tests sont développés plus tôt dans le cycle de vie.

Cela dit, il n'en reste pas moins rigide et ajuster le périmètre fonctionnel est difficile et coûteux. Cela nécessite dans tous les cas une gestion rigoureuse du changement. Dans le cycle en V puriste, le logiciel est développé durant la phase d'implémentation, ce qui fait qu'il n'y a pas de prototypes tôt, ce qui peut être un inconvénient pour vérifier certains choix dans la conception de l'architecture avant le codage complet. D'autre part, si le modèle propose une logique de production des plans de tests il ne précise pas de processus quand aux traitements des problèmes découvert durant les phases de tests qui pourraient justifier des retours arrières dans la conception. Si cette dernière est défectueuse, une petite incompréhension initiale peut conduire à un désastre. En effet, les défauts risquent fort d'être trouvés tardivement ce qui implique des remises en causes très coûteuses. C'est pourquoi des méthodes de tests statiques, de relectures croisées des spécifications et du code existent pour diminuer ces risques.

Modèle incrémental

Une première version du logiciel, qui peut être mise en production, est livrée à la fin de la première itération, ce qui permet de réviser la logique des itérations suivantes en fonction du résultat produit. Ainsi, on évite « l'effet tunnel » des cycles séquentiels ou les utilisateurs ne voient que tardivement les résultats opérationnels du projet. Il devient dès lors moins coûteux de changer le périmètre en cours de projet et les défauts de conception sont identifiés plus tôt grâce aux itérations. Certaines itérations peuvent se concentrer plus particulièrement sur des difficultés techniques, par exemple.Il s'agit de réduire la complexité d'un projet en le décomposant en de multiples cycles de développements. Chaque cycle est ensuite divisé en de plus petites itérations, facilement gérables, dont les couvertures respectives incrémentent le périmètre fonctionnel et/ou technique. Chaque itération passe par les phases d'expression de besoin, de conception, d'implémentation et de tests, qui peuvent être gérées selon différents modèles.

Certains problèmes peuvent toutefois être générés par l'architecture du système dès lors que l'ensemble des besoins ne sont pas collectés et approfondis dès le début.

Modèle en spirale

Similaire au modèle incrémental il rajoute les aspects de gestion des risques. Il comprend quatre phases : planning (détermination des objectifs, des alternatives et des contraintes), analyse des risques, ingénierie (conception, implémentation et tests) et évaluation (revue des résultats et vérification du cycle suivant). Un projet logiciel passe plusieurs fois par ces phases selon des itérations, appelées spirales dans ce modèle.

La spirale de base démarre durant la phase de planning avec une analyse préliminaire des besoins et des risques. Pour les autres cycles, on détermine les objectifs et les contraintes à partir du résultat du cycle antérieur.

Durant la phase d'analyse des risques, un processus est suivi pour identifier les risques et les alternatives. Un prototype est produit à la fin de cette phase.

Le code logiciel est développé durant la phase d'ingénierie qui comprend les tests. La phase d'évaluation autorise le client à évaluer les résultats intermédiaires du projet avant d'entériner et d'entamer la phase suivante.

Les avantages du modèle tiennent principalement à l'importance de l'analyse des risques, pertinente pour des grands projets critiques. D'autre part, les clients peuvent voir un résultat logiciel assez tôt dans le cycle de vie. Toutefois, ce modèle peut s'avérer coûteux (s'il y a beaucoup de spirales) et requiert une expertise pointue pour les phases d'analyse de risques. Il ne convient pas aux petits projets.

Le modèle en spirale a été défini par Barry Boehm en 1988 dans son article « A Spiral Model of Software ».

Agilité et logiciel

Le défi des méthodes agiles est de produire des logiciels de meilleure qualité, c'est-à-dire qui satisfassent aux besoins sans erreur et sans oubli, dans des délais plus courts. Ce qui peut paraître contradictoire de prime abord.

Précurseur des méthodes agiles, le RAD, *Rapid Application Development*, fait son apparition au début des années 1990[8]. Il s'inscrit en rupture par rapport aux cycles séquentiels classiques.

8. James martin a développé la méthode RAD à la fin des années 1980, à IBM, en se basant sur les publications de Barry Boehm (modèle en spirale), Tom Gilb (cycle de vie évolutif), Scott Shultz (production en itérations rapides) ainsi que Brian Gallagher et Alex Balchin. Il l'a formalisée en la publiant en 1991. *Rapid Application Development*, James Martin, Macmillan Coll. Div., 1991, ISBN 0-02-376775-8

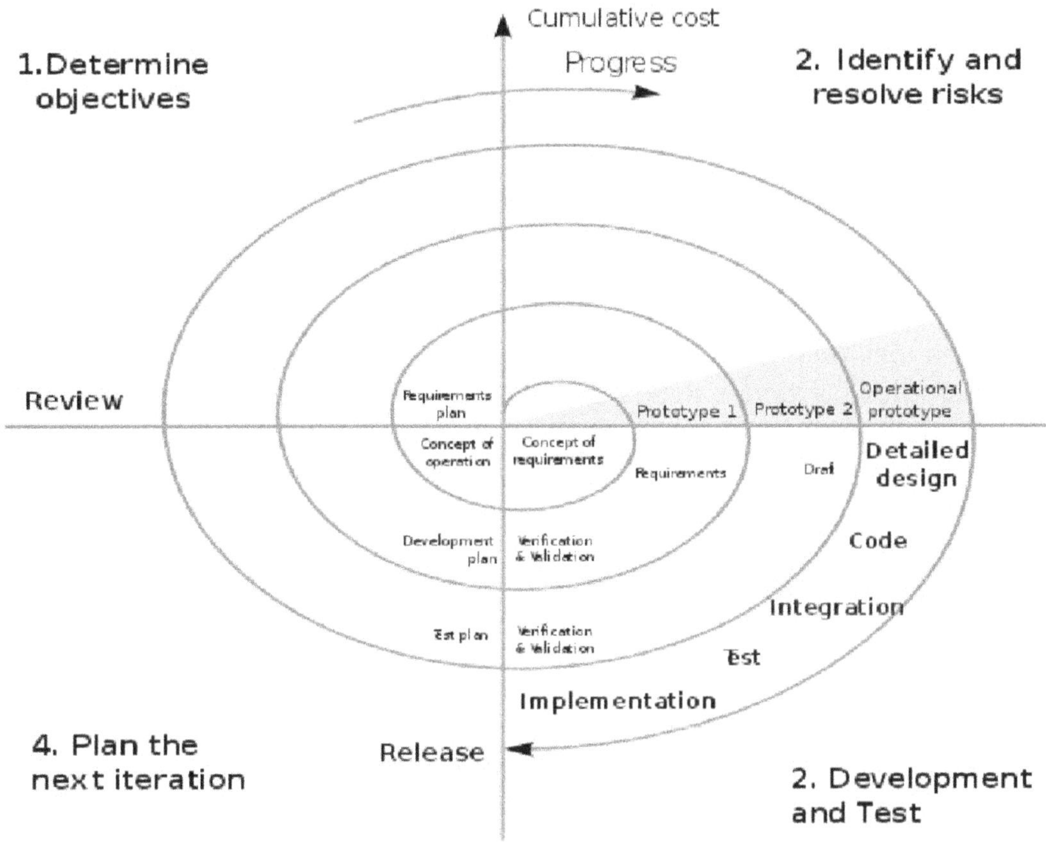

Figure A2-4 : Le Cycle en spirale (Boehm, 1988).

Après une courte de phase de cadrage des besoins (réalisée à travers des sessions d'interviews des utilisateurs) et de « design » ou conception de l'architecture technique, l'approche est incrémentale, itérative et adaptative. Ainsi des principes tels que le « time boxing », ou développement à calendrier contraint, ou le « design to cost », conception à coût/objectif, forcent le projet à s'adapter aux contraintes et à prioriser les développements de fonctionnalités. L'objectif est de produire dans les meilleurs délais, selon les contraintes fixes (délais ou budgets ou ressources, par exemple), en jouant sur les contraintes variables (délais ou budget ou périmètre fonctionnel ou ressource) un logiciel qui satisfasse au mieux les utilisateurs impliqués dans des cycles de validation permanent.

Les cycles de développement sont nécessairement courts (90 jours optimum, 120 jours maximum) et la construction se fait sous forme de prototypage actif, avec implication des utilisateurs dans la validation permanente.

La finalisation se fait sur site pilote avec un contrôle final de qualité.

La méthode RAD permet la sérialisation et la parallélisation, laquelle est possible à partir de la phase de design, qui inclut un prototypage explicatif pour présenter l'ergonomie et la cinématique de l'application.

Annexes – Un héritage hétérogène

Autre méthode itérative et incrémentale, la méthode PU (Processus unifié ou UP Unified Programming) est une méthode générique pour le cycle de vie de développement des logiciels orientés objets. RUP (Rational unified Programming) en est l'implémentation la plus connue, qui donne un cadre aux développements.

Une réalisation conforme à PU, doit utiliser UML, être à base de composants, être pilotée par les cas d'utilisation, centrée sur l'architecture, et être itérative et incrémentale.

Les méthodes agiles sont essentiellement itératives et incrémentales. Pour en finir avec les effets tunnels de conception de longue durée, qui produisent souvent des résultats défectueux avec des erreurs ou des oublis dont on s'aperçoit trop tard, les méthodes agiles mettent en avant la livraison régulière de petits incréments du produit au client final pour qu'il exprime au plus tôt son avis. L'aspect humain est prépondérant car les méthodes agiles privilégient le travail en réseau de petits groupes autonomes, c'est-à-dire d'équipes de développement réduites, à taille humaine (7 à 10 personnes), autogérées et colocalisées, qui font des points très rapprochés.

Les pratiques les plus utilisées sont les plus souvent issues d'XP (*eXtreme Programming*[9]), qui donne une importance toute particulière à la qualité du code, ou de Scrum.

En particulier, pour XP, l'intégration continue, le remaniement de code (ou refactoring, voir la section « Rénover en profondeur avec la réingénierie logicielle » du chapitre 8) et le développement conduit par les tests (Test Driven Development, TDD), méthode qui préconise d'écrire les tests avant de coder (on écrit ensuite juste le code suffisant pour passer le test, puis on refactorise et ainsi de suite).

Scrum[10] met l'accent sur le développement itératif et incrémental et les mêlées quotidiennes.

Les méthodes agiles fournissent à l'équipe un ensemble de petites tâches surmontables, plus faciles à appréhender. Elles ont toutes pour principe fort la participation active du client et la définition de priorités dans les fonctionnalités du logiciel (pour mieux gérer les contraintes fixes). Dans la méthode Scrum, le client choisit celles qui seront réalisées dans chaque sprint.

Des méthodes agiles pour l'innovation – Les motivations de l'agilité

Que cachent les méthodes agiles ? Quelles sont les motivations de ceux qui les utilisent et quels résultats en sont retirés ? Pour répondre à ces questions, le Scrum User Group France, organe affilié à la SCRUM ALLIANCE, a mené une enquête nationale sur l'adoption en France de ces méthodes. 230 personnes de plus de 150 petites et grandes entreprises y ont répondu[11].

L'enquête a montré que les principales motivations à l'adoption de l'agilité sont : la capacité à intégrer le changement, l'amélioration de la qualité logicielle, la motivation des équipes de réalisation, les livraisons plus fréquentes et la réduction des risques. D'autre part, selon l'enquête : « Les entreprises les plus utilisatrices des méthodes agiles sont celles chez lesquelles l'informatique leur permet d'acquérir un avantage concurrentiel

9. La méthode agile Extreme Programming a été inventée par Kent Beck, Ward Cunningham et Ron Jeffries, pour des équipes réduites avec des besoins changeants. La méthode est née officiellement en octobre 1999 avec le livre *Extreme Programming Explained* de Kent Beck. Pour en savoir plus, Kent Beck, *eXtreme Programming - La référence*, 2002 (ISBN 2-7440-1433-8)

10. Le terme Scrum est emprunté au rugby à XV et signifie mêlée. Ce processus s'articule en effet autour d'une équipe soudée, qui cherche à atteindre un but, comme c'est le cas en rugby pour avancer avec le ballon pendant une mêlée. Le principe de base de Scrum est de focaliser l'équipe de façon itérative sur un ensemble de fonctionnalités à réaliser, dans des itérations de durée fixe de une à quatre semaines, appelées sprints. Un sprint aboutit toujours sur la livraison d'un produit partiel fonctionnel. Le ScrumMaster a la charge de réduire au maximum les perturbations extérieures et de résoudre les problèmes non techniques de l'équipe.

11. www.frenchsug.org/pages/viewpage.action?pageId=591296

dans le cadre d'une stratégie d'innovation continue. Ainsi les activités comme les sites web marchands, la Banque Assurance, les activités scientifiques, les éditeurs, les prestataires de services informatiques (pour leurs clients) sont les plus grands utilisateurs. ».

Si les retours d'expériences montrent que les méthodes agiles tiennent leur promesse (voir l'enquête citée ci-dessus), le développement agile nécessite toutefois des équipes motivées, rigoureuses et expérimentées en génie logiciel. D'autre part, elles impliquent également de pouvoir mobiliser répétitivement le client final en lui demandant plus de disponibilités que dans les phases de développement « classiques ».

Du service informatique aux services informatisés

Si J2EE et Microsoft .Net reflètent au niveau des développements spécifiques le nouveau paradigme d'un environnement tout distribué, la diffusion d'applications sur Internet, l'accès de plus en plus répandu, les standards d'interopérabilité, une bande passante élevé, conduisent aussi à de nouvelles façons de penser l'organisation des développements, ou la localisation des applications.

Après tout, si les communautés du Web s'organisent pour développer ensemble des logiciels open source, qu'est-ce qui empêche une entreprise de sous-traiter une partie de ses développements n'importe où dans le monde, de façon transparente pour le résultat final, si cela lui apporte un bénéfice ?

Pourquoi une entreprise devrait-elle investir dans une infrastructure lourde et des ressources pour la maintenir quand elle peut faire héberger ses applications chez un sous-traitant qui la gèrera pour elle, en lui offrant la mutualisation de services d'administration et de sauvegarde ? La première idée conduira à l'infogérance et l'externalisation, la seconde, d'abord aux ASP (*Application Service Provider*), puis aux offres SaaS (*Software As A Service*).

Le SaaS s'inscrit dans la lignée de l'évolution de l'informatique d'une orientation technologique vers une orientation services. L'idée au final est de fournir un service d'usage avec les technologies de l'information et des communications aussi simplement que de l'électricité. Les moyens de production, les usines, les câbles, tout doit être transparent pour l'utilisateur qui doit pouvoir accéder simplement au service et ne se soucier que de sa valeur d'usage et de sa disponibilité.

SaaS sert à quoi ?

Il y a différentes variantes de ce qu'est le SaaS, acronyme de *Software As A Service*, dépendantes du modèle de tarification et de l'architecture. Plus précisément, un modèle SaaS peut être évalué sur trois axes : économique, architectural et opérationnel.

Pour exemple, sur l'axe tarification, l'abonnement peut être mensuel ou annuel, voire à la demande au sens où le paiement se fait à l'usage, celui d'une transaction ou d'une fonctionnalité du logiciel. Le paiement à la demande (*pay as you go*) peut s'appliquer également ment au matériel. Dans ce cas, les clients payent pour la capacité de stockage ou la puissance de calcul qu'ils utilisent.

> Une définition simple et large du SaaS serait « logiciel déployé comme un service hébergé accessible via Internet ». Dans ce cas, les ASP (*Application Service Provider*), les maintenances à distance, les applications à la demande avec des éditeurs d'applications naturellement conçues pour le mode en ligne seraient des variantes plus ou moins mûres du modèle SaaS.
>
> Le *Gartner* donne une définition plus restrictive du modèle SaaS à travers trois principes qui le caractérisent: Le service est hébergé chez le fournisseur ou un partenaire du fournisseur, il est utilisé avec un modèle *one-to-many* (appelé également architecture multitenant), de façon à ce que chaque société l'utilise avec le même code et le même modèle de données, et le service est tarifé en fonction de l'usage, en mode ponctuel ou abonnement.
>
> Dans cette définition, les ASP ne répondent pas aux principes d'architecture multitenant. Or, ce sont ces principes qui permettent de réaliser le déploiement immédiat à tous les abonnés de modifications sur le modèle. Le SaaS a l'avantage par rapport aux ASP de pouvoir proposer des évolutions de fonctionnalités très rapides et partageables par tous.

Certes, le logiciel comme un service d'électricité est un principe qui a de l'intérêt dans le cadre où les fonctions recherchées sont standard, c'est-à-dire relativement indifférenciées selon les entreprises. À partir du moment où le service est très spécifique à un contexte, la démarche trouve ses limites et nous entrons dans des logiques de construction avec des plans fait sur mesure.

Néanmoins, même dans cette approche où un architecte va prendre en compte l'environnement, le contexte, les fondations éventuellement existantes et l'intégration dans un paysage existant, une logique orientée services, où des briques de construction sont réutilisables pour des usages prédéfinis chez différents clients, est à envisager.

Il serait en effet ennuyeux qu'un architecte n'utilise pas certains matériaux standard de construction, voire n'applique pas les réglementations liées à l'évacuation des eaux usées ou la sécurité des circuits électriques.

Vers un SI construit par assemblage de services

Nous entrons ici dans le cadre des concepts SOA (Service Oriented Architecture), d'architecture orientée services, qui ne sont pas si neufs, bien que l'on en ait beaucoup parlé seulement les cinq dernières années. Là encore, il s'agit d'un processus de maturation à long terme pour lequel le développement des échanges sur le Web a servi de catalyseur et d'accélérateur d'évolution.

En effet, l'accélération des développements et les échanges entre entreprises plaident pour la réutilisabilité de modules fonctionnels qui puissent livrer le même service à tous les partenaires et/ou acteurs d'un domaine ainsi que pour des logiques de communication de données métier entre machines.

L'objectif, au final, est celui de l'entreprise dite étendue, où il devient possible de piloter automatiquement l'activité d'un processus métier de bout en bout, même si les données qui s'échangent entre les tâches de ce processus passent du système d'information d'une entreprise à une autre, et que ces entreprises sont localisées à deux pôles différents.

Un peu d'histoire – La longue route de la SOA

L'Architecture orientée services n'est ni un outil, ni un concept nouveau. Dès 1990, l'architecture Corba (*Common Object Request Broker Architecture*), poussée par l'OMG, Object Management Group, est née du besoin de faire communiquer ensemble des applications en environnement hétérogène (plusieurs systèmes et plusieurs langages). Corba intègre, sous la forme de l'ORB (*Object Request Broker*), un routeur de messages, une sorte de bus-communication qui permet de faire transiter des requêtes sur les objets entre applications, indépendamment des langages de programmation, grâce à des interfaces d'accès aux objets exprimées en IDL (*Interface Definition Language*). Corba fait partie d'une vision globale promue par l'OMG, l'OMA (*Object Management Architecture*). L'OMA est du SOA avant l'heure, mais avec la logique SOA, l'intégration franchit encore une étape.

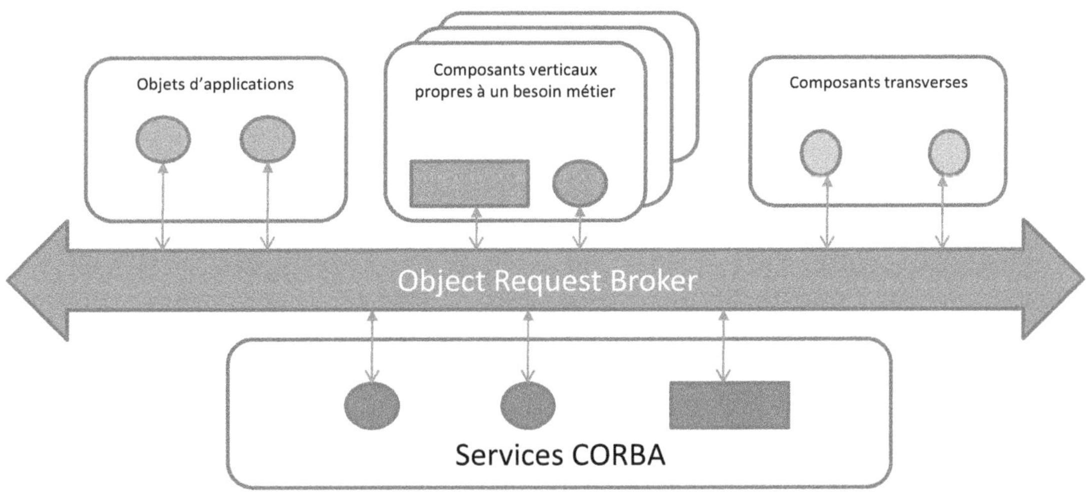

Figure A2-5 : Le modèle OMA, préfigurateur du concept SOA

La logique d'échange de données automatisé entre machines a une histoire, celle de l'EDI (*Electronic Data Interchange*). Ce dernier a connu beaucoup de formats propriétaires, si on peut dire, car localisés souvent dans un secteur et un segment géographiques, sans même parler des réseaux privés d'échange historiques très coûteux. On peut citer par exemple Odette pour l'industrie automobile européenne, ou EAN devenu GS1 officiant pour la grande distribution et le commerce en général (c'est ce qui est derrière les codes à barres). Avec l'essor du format d'échange XML définissant des méta-données, c'est-à-dire décrivant les données que doivent contenir des documents d'échange, avec l'accès généralisé à Internet de toutes les entreprises, avec l'apparition d'outils facilitant l'intégration d'applications entre elles (EAI), l'EDI a pris une autre dimension.

Si l'on ajoute à cette dimension celle de l'automatisation et l'optimisation des processus métier, d'une part, et d'autre part, celle de la réutilisabilité de composants d'applications aussi bien sur des plates-formes internes à l'entreprise qu'externes, alors on est assez près de couvrir les concepts d'architecture orienté services. C'est sur ce paradigme que se joue aujourd'hui l'assemblage entre composants applicatifs hétérogènes d'un ou plusieurs systèmes d'information, pour constituer une réponse optimisée à des besoins métier, d'échange, de partage, de traçabilité et d'exploitation d'information.

Web et maîtrise de l'information : les forces en marche

*La vitesse est la forme d'extase
dont la révolution technique a fait cadeau à l'homme.*

Milan Kundera

L'évolution est un processus lent. Ce n'est pas le cas des conséquences d'Internet. Elles entraînent des bouleversements économiques et sociaux au fur et à mesure de l'extension et des modifications de la toile. Elles changent les habitudes culturelles, facilitent le partage de l'information comme elles mettent en lumière ou accélèrent des inégalités.

Le Web ressemble plus à un moteur à révolutions qu'à une évolution. C'est une remise en cause d'équilibres anciens, un repositionnement des rôles, un mélange d'idéaux coopératifs et d'économie ultra-libérale. C'est aussi un modificateur de frontières, un catalyseur de changements aussi bien dans les sociétés, que, par voie de conséquences, dans les organisations, qui ont du mal à suivre.

Le Web n'a d'ailleurs pas fini ses mutations et, dès lors, il n'a pas fini de révolutionner les habitudes. Car des premières versions de sites institutionnels au Web sémantique qui se profile à l'horizon, en passant par le Web interactif, ou Web 2.0, ce sont plusieurs révolutions qui donneront corps à la « révolution numérique » prédite.

Ce chapitre évoque brièvement, à travers une définition des métamorphoses du Web et le constat d'un monde à deux vitesses, les forces en marche qui vont profondément changer l'univers des systèmes d'information d'entreprise.

De la communication à la connaissance

Une évolution en cours

Les architectures orientées services sont l'aboutissement de la première époque du Web vécue dans le début des années 2000. Grâce aux standards d'interopérabilité nés du Web, l'informatique d'entreprise évolue d'une logique de machines à une logique de services, où l'objectif est de pouvoir de plus en plus s'abstraire de la complexité des couches basses et des technologies employées pour se concentrer sur la valeur d'usage du service fourni. Derrière, à terme, peu importera où se situera l'infrastructure.

La seconde époque commence en parallèle, c'est celle de la popularisation des technologies de l'information et des communications. Depuis l'apparition, en 1995, de Microsoft Windows 95 qui a généralisé les interfaces graphiques sur les PC, à aujourd'hui, on a vu apparaître une notion d'interface avec le monde numérique plus accessible à tous, aussi bien que plus étendue.

Pour les employés des entreprises, l'interface avec des données informatiques est de moins en moins liée à un appareil fixe. L'utilisateur doit pouvoir accéder facilement aux services d'information de l'entreprise quels que soient ses déplacements, en tous lieux et à toute heure. Le navigateur Web devient de son côté l'interface de prédilection d'accès aux informations pour une partie grandissante de la population.

Si, à l'époque des premiers sites Internet, l'entreprise pouvait se contenter d'exposer une vitrine de son savoir-faire et de ses services sur un site de communication institutionnelle, elle doit aujourd'hui aller beaucoup plus loin et offrir non seulement des services spécifiques à travers le Web, mais aussi utiliser ce dernier pour en construire de nouveaux. Avec le Web 2.0, les réseaux informatiques prennent une autre dimension, ils donnent naissance aux réseaux sociaux. La Toile relie les individus davantage que les machines ou les entreprises et ces dernières ne peuvent négliger la transformation qui en résulte. Les frontières entre l'entreprise et ses partenaires, ses fournisseurs, ses employés et ses clients ne sont plus les mêmes. Les contraintes physiques et temporelles n'ont plus le même sens. Dès lors, les référentiels organisationnels qui traduisaient la perception de ces contraintes ont vocation à se déplacer aussi.

Pour cela, il faut être capable d'exploiter l'intelligence dissimulée dans une information multiforme et tentaculaire, s'inspirer des traces laissées par les usagers du Web pour mieux comprendre les clients potentiels et s'adapter à leurs besoins, trouver le sens des évolutions pour innover à bon escient au bon moment et ne pas nager à contre-courant des changements socio-économiques. Exploiter l'intelligence que recèle la masse d'information du Web, passer de l'information à la connaissance, c'est ce que promet sa troisième métamorphose, le Web sémantique.

Reste, avant d'y arriver, à exploiter pleinement le potentiel de la métamorphose précédente, davantage subie que comprise. Les entreprises continuent à fonctionner sur des modèles d'organisation clos et des relations unilatérales avec leurs consommateurs ou leurs collaborateurs, alors que leurs clients choisissent leurs fournisseurs ou leurs produits, publient leurs avis, passent commande sur Internet, et que leurs nouveaux employés échangent aux quatre coins du monde à travers des réseaux sociaux, la visioconférence, ou la téléphonie sur IP.

Pourtant, nous sommes bien entrés dans une nouvelle ère, celle du numérique et, au milieu de l'évolution en cours, nous n'en percevons non seulement pas encore tous les potentiels, mais, emportés par le mouvement, nous ne voyons pas toujours combien il modifie déjà radicalement le paysage qui nous entoure.

Le monde interactif de l'information

Pour comprendre la première métamorphose sociale du Web, ce qui a été nommé « le Web 2.0 », il faut s'abstraire de la logique d'interface de l'homme avec la machine pour raisonner en termes d'interface avec la connaissance que représentent potentiellement (avec des limites à ne pas négliger) les informations du Web. Dès lors que l'utilisateur a de plus en plus accès à la connaissance, non pas en mode passif mais en mode interactif, avec la capacité à réagir et à partager avec tout un réseau de pairs, la révolution des usages se répand à celle des organisations.

Le Web 2.0, avec ses blogs, ses forums, ses réseaux sociaux et tous ses outils d'interactivité (y compris les RIA – *Rich Internet Application*) est le ferment d'une révolution organisationnelle.

Les logiques d'intelligence collective bousculent peu à peu des organisations hiérarchiques pour leur substituer des organisations matricielles et des communautés d'expertises. L'individu, professionnellement, n'est plus limité au cadre géographique de son entreprise, il rayonne dans un environnement ouvert : les réseaux sociaux.

La « génération Y », censée représenter des traits communs aux personnes nées entre la fin des années 1970 et le milieu des 1990, naturellement adaptées à l'usage des TIC, cristallise la perception du changement dans l'idée d'un effet générationnel. Or ce n'est pas tant une question de génération que d'usages qui se sont adaptés. La génération X précédente, née dans les années 1960-1979, a été la première à être confrontée à l'entrée massive des technologies de l'information et des communications, à une modification rapide des clivages géopolitiques et à une première prise de conscience des impacts environnementaux de l'ère industrielle. On a pu la juger « sans repères ». En réalité, les points de repères ne pouvaient rester les mêmes quand le temps (les rythmes) et l'espace (la géographie) des échanges socio-économiques se modifiaient.

Les us et coutumes changent en même temps que la nature des échanges économiques mais en suivant une évolution accélérée par les technologies de l'information et des communications.

La logique d'interactions des réseaux, grâce aux évolutions du Web et la nature de l'homme, un « animal social » comme le désignait Schopenhauer, ont conduit à deux mouvements complémentaires. D'un côté, il y a de nouvelles perceptions des rapports de force et de la logique de dualité entre liberté et contraintes de l'ordre social. De l'autre, il y a construction d'une intelligence collective centrée sur le renouvellement des usages, la production d'information et d'interrelations et la consommation non plus subie mais interactive et responsable.

La satisfaction d'un individu dans une entreprise, le sentiment d'un travail librement consenti et jugé valorisant, dépend d'une équation. Celle entre l'engagement de l'individu (la productivité du travail fourni) et la reconnaissance personnelle qu'il en retire (ou la valeur de cet engagement selon son échelle). Dans un monde où les frontières ne sont plus physiques, où les nouvelles technologies ont permis aux uns et aux autres d'afficher leur identité (via un simple blog, par exemple), cette équation repose sur une nouvelle interprétation de la reconnaissance. Dès lors, le niveau d'acceptation des contraintes d'organisations restées sur des modes classiques de type hiérarchique n'est plus le même.

En effet, l'individu n'a plus besoin d'être reconnu par des chefs directs ou par une communauté close avec des normes qu'il n'a pas choisies. Il cherche la reconnaissance en s'engageant dans des communautés informelles de pairs en dedans ou en dehors de l'entreprise, qui satisfont à son aspiration d'être reconnu en tant que personne humaine, avec ses convictions propres. Ce qui naît est un individualisme « collectif », où chacun veut participer et être écouté. L'efficacité se mesure à la capacité de pouvoir faire écouter ses opinions et de mobiliser des groupes de pairs avec lesquels interagir, pas à celle de gérer hiérarchiquement des ressources voire même pas à la capacité de créer des solutions ou d'analyser des problèmes de manière autonome.

Quand les contraintes d'interactions entre individus dans les entreprises n'ont pas de sens par rapport à ce qu'il est désormais possible de faire au dehors, elles sont perçues davantage comme des freins politiques de pouvoir personnel que comme des motivations organisationnelles raisonnées. Il est logique dès lors qu'elles soient remises en question.

Les employés sont des individus qui se meuvent dans un environnement en perpétuel mutation. En entreprise, aucune organisation n'est plus acquise, rien n'est immuable. Sauf à souffrir excessivement du changement, il faut accepter que se mouvoir en dehors n'est pas plus risqué que de ne pas se mouvoir en dedans.

Si la société/l'entreprise en réseau ne sait pas tirer parti des individus de manière bilatérale, ils vont « voter avec les pieds » et chercher ailleurs engagement ou reconnaissance. À l'inverse, il y a un potentiel certain à utiliser les nouveaux comportements en tant que forces de proposition pour innover dans les services et les relations, toutes générations confondues, ne serait-ce qu'en créant des communautés transverses mobilisées de manière agile (avec l'identification des bonnes expertises complémentaires) sur des projets concrets, ou en utilisant l'échange entre pairs (en dedans ou en dehors) pour partager de l'information utile, des retours d'expérience et des meilleures pratiques, ou trouver des expertises manquantes.

L'ère numérique n'est pas l'ère industrielle car ce ne sont plus les machines qui prévalent, mais les hommes. Depuis le multicanal, les solutions de marketing personnalisé, le client-consommateur voulait que l'on s'adresse à lui de manière instanciée, individuelle. Maintenant, il peut interagir, il se renseigne sur Internet, publie ses opinions, lit les avis, fait partie de panels de béta testeurs. Quand plus de la moitié des internautes utilisent le net pour se renseigner avant l'achat d'un produit ou d'un service, quand cette même moitié peut annuler un achat pour un commentaire négatif lut sur un forum ou un blog, l'entreprise n'a pas d'autre choix que d'entamer le dialogue avec ses consommateurs, en sachant qu'elle ne peut maîtriser complètement sa communication. Ce qui peut tendre à la rendre plus écoresponsable devant les attentes sociales et environnementales.

L'entreprise doit également intégrer la logique de dialogue avec des individus dans son organisation interne et passer en mode « individuel-collectif ».

Les entreprises se sont adaptées (plus ou moins bien) aux outils de l'ère numérique comme canaux (Web, PDA, téléphones mobiles, smartphone, ..) en modifiant leurs systèmes d'information pour pousser leurs offres vers le client-consommateur grâce à la relation centrée client et le multicanal. Elles commencent à peine à s'adapter à la culture du coopératif et du partage sur le développement de leurs affaires et de leurs images de marque. Le consommateur peut très bien repousser l'offre avec la même force qu'elle a été poussée, en s'appuyant sur cette dernière pour la retourner contre l'émetteur grâce au Web social (réseaux et médias sociaux, micro blogs et blogs, wikis, tags, etc.). Il est donc impératif d'apprendre à communiquer bilatéralement et répondre aux critiques correctement.

Plus encore, le mode consommateur critique et responsable se répand au-delà de la seule relation entre une entreprise et ses produits (biens ou services) et ses clients éventuels. Il devient aussi le mode de relation entre les citoyens et les administrations et collectivités locales et il s'immisce également dans le lien entre les entreprises et leurs collaborateurs.

Aujourd'hui, il faut non seulement, via les systèmes d'information, offrir des services spécifiques à travers les outils du Web, mais aussi utiliser ces derniers pour améliorer les services existants et en construire de nouveaux en collaboration avec les consommateurs visés par ces services (clients potentiels, employés, administrés, etc.), en collectant leurs attentes, leurs retours et leurs réactions.

La communication unilatérale ne passe plus. Le dialogue et l'interaction sont une nécessité de l'évolution et vont construire de plus en plus du sens après avoir construit de la réaction. Il va falloir repenser l'entreprise en réseaux, ensemble de communautés autonomes centrées sur les individus et inter-reliées par les outils de la mobilité, du travail coopératif et du partage de la connaissance, avec des plateformes de mutualisation de services (d'infrastructures, de logiciels, d'objets métiers, d'information..) que les uns et les autres peuvent enrichir. Ce n'est certainement pas juste donner les outils type « Web 2.0 » sans comprendre les règles de l'interactivité et sans associer les individus à un mouvement volontaire, sauf à vouloir reproduire la caricature des fonctionnaires russes sommés par le pouvoir de se mettre à créer leurs blogs et rejoindre les réseaux sociaux : le résultat consiste en des blogs alimentés par des assistants et remplis par des communiqués de presse.

A contrario les organisations rêvent encore d'apprendre à « manager la génération Y », comme s'il s'agissait d'un problème à circonstancier au pilotage d'une catégorie de population et non une nécessité d'adaptation plus large à de nouveaux rapports avec le travail, l'information et la connaissance. Il ne s'agit pas seulement d'intégrer de nouveaux arrivants dans le monde du travail d'aujourd'hui, il s'agit de relever le défi de changer les repères des organisations pour s'adapter pleinement à l'ère numérique.

Au cœur de ce défi, l'exploitation intelligente des interactions entre les individus représente le plus fort potentiel d'évolution que les nouvelles technologies de l'information et des communications permettent, voire imposent de prendre en compte dans les systèmes d'information d'entreprise aujourd'hui. La logique industrielle a jusqu'à présent utilisé ces technologies pour répliquer des logiques de rendement, de productivité et de performance. Il est temps d'aller au-delà des limites de la rationalisation du travail humain pour se pencher sur une autre voie, la richesse d'innovation des échanges inter-métiers et inter-organisation, et la force d'évolution des mouvements spontanés d'adhésion et de construction collaborative.

Ainsi les entreprises viendront-elles aux technologies de collaboration du Web 2.0 car elles s'avèrent pertinentes dans bien des cas et correspondent à des modes de travail plus actuels. Le partage d'informations favorise le partage des connaissances, d'où un fort potentiel d'amélioration des performances de l'entreprise.

Les risques en termes de sécurité, confidentialité et fiabilité ou non-détournement des informations diffusées sont à la mesure des gains potentiels.

En diluant les frontières entre information structurée et non structurée, entre infrastructure interne et externe (à travers la virtualisation, le cloud computing), la plate-forme Internet introduit progressivement toujours plus de perméabilité entre le lieu clos de l'entreprise et l'univers extérieur. En bien, comme en mal.

Ainsi, la rapidité de partage d'informations tronquées ou inadéquates peut conduire à un enchaînement rapide de mauvaises décisions, de même que l'utilisation à outrance du Web comme outil tant professionnel que privé conduit, en entremêlant informations personnelles et professionnelles, à des confusions dangereuses. L'exemple des informations personnelles de John Sawers (chef des services secrets britanniques), publiées par sa femme sur Facebook, ou les divulgations de marines, sont des exemples flagrants des problèmes de sécurité que posent ces nouveaux outils. L'usage du Web pour publier un bout de code d'un programme confidentiel « buggé » dans l'espoir que la communauté des internautes vienne à le corriger, également.

La surexposition de l'information

La facilité apparente de recherche sur le Web est également un dangereux miroir aux alouettes quant à l'absence de réflexion qu'elle peut induire. L'accessibilité n'est pas gage de fiabilité, pas plus que de pertinence.

Il est toujours intéressant de vérifier jusqu'à quel point la surabondance d'informations ne cache pas un seul angle, un seul regard, une répétition spontanée d'un parti pris. Le rapport « State of the news media 2006 » du Pew Research Center's Project for Excellence in Journalism, affilié à l'université de Columbia, montrait que sur une journée, les 14 000 articles accessibles en ligne via Google News ne recouvrait en réalité que 24 sujets. Ce rapport, actualisé en 2009, montre également qu'AOL et Yahoo News relaient essentiellement des informations de Wire[1] . Les flux RSS ne changent rien à la donne, au contraire, en permettant la réplicabilité de l'information, jusqu'à aboutir à une éventuelle surexposition d'une information dont la valeur tant pour l'usage que la connaissance qu'elle apporte, est au final très limitée au regard de sa diffusion.

Les risques induits par le foisonnement et le côté presque intrusif du Web sur le pouvoir de contrôle de l'information, ne signifie pas qu'il faille en revenir à un cloisonnement strict des informations internes à l'entreprise et externes. Cela reviendrait à une tentation de protectionnisme qui, pour l'information comme pour le commerce, ne résoudrait rien à l'échelle mondiale, parce qu'on perdrait d'un côté ce qu'on gagne de l'autre avec la « coopétition»[2]

Maîtrise de l'information : régulation et coordination

Pour autant, cela n'empêche pas de s'interroger sur le minimum de régulation et de coordination nécessaires à un accès à et une diffusion maîtrisés de l'information.

Rappelons que la valeur d'une information, le pouvoir qu'elle peut procurer si on l'utilise à bon escient, dépend beaucoup de sa fiabilité et de sa pertinence. De ce fait, la valeur du système d'information est liée à la qualification de ses informations par les métiers et la direction générale. Le Web pose plus clairement que jamais le problème de la qualification et du contrôle parce qu'il accélère le volume des données à traiter et qu'il multiplie les sources et les redondances, tout autant que les risques d'intrusion et de récupération d'information.

La capacité que développent progressivement les systèmes d'information à manipuler sur un même plan l'information structurée et non structurée, du fait

1. Wire est une abréviation pour Business Wire (www.businesswire.com), un distributeur de communiqués de presse international.

2. Coopétition : un mélange des deux mots coopération et de compétition (concurrence). La coopétition est la collaboration opportuniste entre différents acteurs économiques qui, par ailleurs, sont des compétiteurs. Il s'agit d'une mutualisation des compétences de deux entreprises concurrentes.

de l'impulsion donnée à cela par le Web, doit conduire, d'une part, à développer davantage les politiques de qualification et de contrôle des informations nouvelles et, d'autre part, à mieux exploiter et protéger le capital de connaissance enfoui dans l'existant.

Il s'agit tout autant de vérifier la pertinence des informations, leur fiabilité, que d'en connaître le potentiel de réutilisabilité, et d'en valider l'accessibilité. Quitte pour cela à passer à des techniques nouvelles pour mieux gérer les données de références ou les règles métier afin d'améliorer la qualification et la qualité, donc la valeur de l'information. Il est également impératif d'avoir une réelle politique de sécurité en termes de définition des profils et des habilitations, sachant toutefois que les niveaux d'autorisations ne peuvent se définir sans avoir qualifié au préalable l'information.

Encore faut-il donner du temps à cette entreprise de qualification et de contrôle. Mais dans une société où justement le partage rapide de l'information implique que la durée de sa valeur soit plus courte, prendre le temps de vérifier les sources ou de bien qualifier la pertinence, va a contrario de la nécessité d'agir vite pour obtenir un avantage concurrentiel. La tentation est grande alors de déléguer ce rôle à des professionnels de l'information. Mais là encore, cette délégation induit une déresponsabilisation sur l'estimation de la valeur de l'information et, dès lors, une perte de pouvoir. Et qui sera juge de la légitimité des juges ?

Pour les systèmes d'information, ne pas faire qualifier la valeur des informations qu'ils recèlent pour la plupart déjà, par ceux qui doivent les utiliser, soit les métiers et la direction générale, c'est tout simplement passer à côté d'un enjeu de pouvoir, celui de l'avantage concurrentiel qu'ils peuvent conférer à une entreprise (performance interne, connaissance du marché…) et à la réelle création de valeur qu'on pourrait en attendre.

Donner du sens à l'information : l'ambition du futur

Reste que la masse d'informations du Web est encore chaotique, voire peu fiable et pas toujours pertinente. Si on pouvait chercher plus efficacement les informations utiles pour un objectif de recherche précis, nous serions plus près de cette interface avec la connaissance évoquée. Aujourd'hui, l'interface en question nous confronte à des millions de pages de textes et nous autorise des discussions avec quelques êtres humains à la fois. Il faut naviguer dans des présentations et des documents multiples, prendre beaucoup de temps à échanger avec les uns et les autres, sans garantie que les réponses offertes soient les bonnes si notre question souffre d'une quelconque ambiguïté.

Potentiellement, il y a un gisement de connaissances et d'intelligence collective énorme mais pas vraiment exploitable rapidement, sauf à… créer un « Web sémantique ». C'est l'ambition de ce qu'on appelle le « Web 3.0 ». Un Web où les informations seront reliées entre elles par des liens de sens, et où les moteurs de recherche pourront répondre au plus près des concepts de la question posée, autrement qu'en envoyant des milliers de pages pour chaque mot d'une phrase.

Trouver le sens des mots ne suffit pas, encore faut-il pouvoir garantir la fiabilité des informations et borner malgré tout les droits de les étudier, utiliser, diffuser, et modifier. Le rêve libertaire d'une information sans contrôle a ses limites, justement dans le respect des droits des individus et la volonté de ne pas nuire à autrui. En d'autres termes, les contraintes existent et la liberté bien employée, c'est aussi la connaissance de ces contraintes.

Cette seconde métamorphose du Web, à peine amorcée, nous fait quitter définitivement l'héritage des systèmes d'information pour entrer dans le futur. Un futur peut-être pas si éloigné en termes d'usages pour les internautes, alors que les entreprises peinent déjà à s'adapter aux usages du présent.

Les deux pressions d'évolution sur le SI

Cette rapide description des métamorphoses du Web illustre un monde à au moins deux vitesses où les entreprises, qui étaient autrefois les premières à disposer des dernières technologies de l'information et de la communication, peuvent être dépassées par l'usage qui en est désormais proposé au grand public.

Il y a dès lors deux logiques de pression d'évolution des systèmes d'information. Une logique endogène qui pousse à des travaux de fond pour remettre de la cohérence dans un système construits par strates d'hétérogénéité, au fil de l'eau des changements de paradigmes, afin de limiter les redondances et les différentes contraintes d'intégration nuisibles à l'agilité. Une logique exogène, où la mutation du monde environnant impose de prendre en compte les demandes d'employés, de clients, de partenaires ou de fournisseurs qui attendent de l'entreprise ou des organisations des services d'information matures par rapport aux accès à l'information et à la connaissance dont ils disposent par ailleurs.

Pour clore cette annexe, le schéma ci-dessous illustre, sans prétendre être exhaustif, quelques grandes étapes des évolutions et changements de paradigme des débuts de l'informatique en entreprise à aujourd'hui.

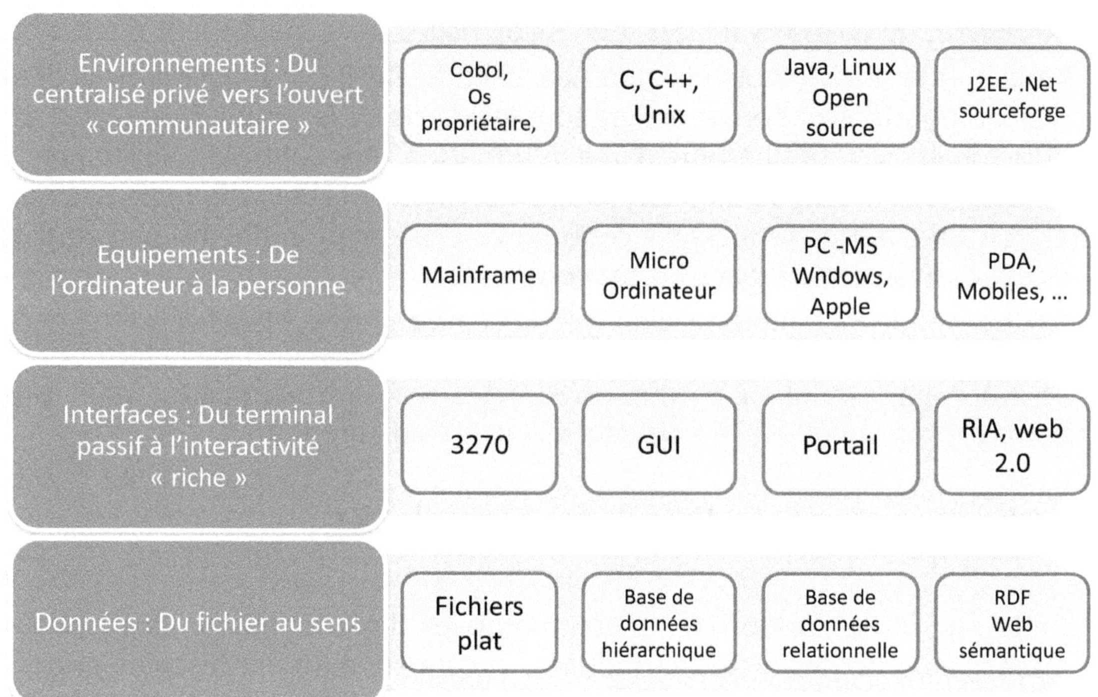

Figure A3-1 : Les grandes étapes de l'évolution informatique